后羿计划与嫦娥计划

——应对日本型文化侵华的策略构想

严加红 著

学苑出版社

图书在版编目（CIP）数据

后羿计划与嫦娥计划：应对日本型文化侵华的策略构想/严加红著.
—北京：学苑出版社，2016.9（2018年7月重印）

ISBN 978-7-5077-5110-9

Ⅰ.①后… Ⅱ.①严… Ⅲ.①文化侵略—研究—日本
Ⅳ.①G131.3

中国版本图书馆CIP数据核字（2016）第242352号

责任编辑：任彦霞
封面设计：陈四雄
出版发行：学苑出版社
社　　址：北京市丰台区南方庄2号院1号楼
邮政编码：100079
网　　址：www.book001.com
电子邮箱：xueyuanpress@163.com
销售电话：010-67601101（销售部）、67603091（总编室）
经　　销：全国新华书店
印 刷 厂：保定市彩虹艺雅印刷有限公司
开本尺寸：710mm×1000mm　1/16
印　　张：23.5
字　　数：346千字
版　　次：2016年9月北京第1版
印　　次：2018年7月北京第2次印刷
定　　价：68.00元

前 言
Preface

　　日本列岛传统上隶属"大中华文化圈"的范畴，而中国大陆正是"大中华文化圈"的核心地域。但中日却在文化性向和价值取向上存在明显的差异。中国选择儒家体系作为"正统"思想，更倾向于选取社会伦理的视角；然而日本则选择中国传统经典《易经》作为传统文化范本，注重其中阴阳变易的思想，将自然物质世界的变幻作为视角，更加关注物质世界方面，而在精神和伦理方面坚持"日本主体"意识，明治维新以来更是强化本土化的特色。这样做的最终结局，就是在"大中华文化圈"中出现悖逆中华文化的诸多现象，并形成具有"去中国化"特色的日本型文化。由此看来，日本社会存在极为浓烈的反华制华的思想、意识、观点和行为，确实为日本型文化所决定的必然结果，即反华侵华是日本型文化的本质特征。这是需要认清和理解的重大问题，并需要寻到某种应对性的策略。这对中国乃至中华文化的持续发展而言至关重要。

　　虽然日本社会呈现出"虚实共生"的显著特征，但日本并非真正就是"魔幻"的国度，而是现实性的存在。虽然日本社会呈现出"泥潭"的突出印象，但日本也并非实质上就是浑浊不堪的"泥潭"，其社会自有运行的系统状态和发展规律。从系统角度来讲，明治维新以来，日本型文化的特性决定了日本社会和教育中诸特征的存在。"日本型"文化的延续发展是现代日本社会的内在需求，毕竟日本存在特殊的社会条件和环境氛围，而破解其文化和社会的本质内涵与特征则是近邻中国所需要亟待解决的战略性问题。日本型文化和社会中存在"反华邪性"和侵华本质，现实日本社会存在诸多反华制华的思想、意识、观点和行为，但此并不能抹杀日本在教育这种微观层面上所具有的些许光辉，虽然其中也同样存在诸多反华制华的成分。中国对待日本的态度，确实需要采取鲁迅先生所提出"拿来主义"的策略，要有鉴别地取其精华、去其糟粕、去伪存真和取长补短。因此，从某种角度而言，日本虽然不是中国的"善邻"，然而却可认为是中国的"诤邻"，当然在特定历史阶段日本确实还是中国的"恶邻"，关键还是要看中国如何战略性和策略性地应对。

教育与文化存在极为紧密的"孪生"关系。日本教育的最大特色与优势就是确立起"学力社会"教育理念和"大教育"系统模式。前者密切日本教育与社会之间的联系，将教育的范畴由学校拓展到社会，并强调"学力"育成在教育发展和治理中的核心地位，由此导致日本教育观念、模式、方法和管理等方面的改革与发展；后者拓展学校和社会"两大"教育系统，从而形成"大教育"系统模式，即在社会大系统中建构学校与社会"两大"教育系统并行的发展模式，并在此两者之间建立起相互联系和交互作用的运行机制。社会教育系统的确立、发展与完善是日本教育系统建构与职能配置中的比较优势，毕竟由此日本确立起"大教育"系统模式。当然，日本还通过一系列规制性的措施，确保这种系统的有序、顺畅和高效运行，由此也就摒弃日本教育的传统观念与模式，确立起"学力社会"教育理念和"大教育"系统模式，从而超越传统社会和教育中的诸多观念樊篱与政策障碍，由此也就改善日本教育与社会之间的关系，促进日本教育和社会的和谐发展。

对社会和政治现实而言，文化并非就是最为重要的事情。但对民族国家存在而言，文化却是最为重要的标志物。当然，文化也是民族和国家对外部世界施加影响与作用最为持久的有效工具。其实，日本文化就是这样的鲜明实例。善于学习是日本文化的重要特质，这与其岛国根性存在显著的差异，主要性向就是善于学习外部的物质世界，表现为注重学习某种自然观和化物成分。明治维新以来，借重西方科学技术就是日本注重学习外部化物的突出表现。但在日本文化和社会伦理中，则坚守"日本主体"意识，强化本土化特色，这也是日本善于学习的重要表现。日本文化强调主体意识和本土化特色，这对保持日本民族和国家的独立性存在重大的社会价值与意义。但发展到"日本型"文化的阶段，日本却踏上另外的发展道路，即呈现出"膨大化"和"极端化"的发展倾向，出现军国主义思潮，这是"日本型"文化发展的必然产物，至今仍在日本社会绵延不绝。当然，近代日本军国主义思潮还与西方法西斯主义存在合流的过程，并在东亚侵略与殖民中体现出极为强烈的反人类性特征，其实这正是日本过度强化民族和国家的主体意识和本土化特色所导致的必然结局。由此可知，日本"右翼"并不是"一小撮"，而是存在"日本型"文化的社会基础，即建立在神道教、天皇制度和武士道精神"三大支柱"的基础上，日本社会的"反华邪性"就是渊源于明治维新以来所逐步形成的"日本型"文化特色，它在日本近代转型阶段出现，并构筑在悖逆中华文化的基础上。"日本型"文化存在侵华本质，表现在日本社会就是充溢极为浓烈反华制华的意识、观点、思想与行为。当今日本所存在诸种反华制华的社会现象，其实就是"日本型"文化影响与作用于日本社会的现实反映。中国应采取联合东亚乃至世界诸国的做法，并采取诸种应对性的战略、政策与措施，用以杜绝日本东亚侵略和殖民的历史重演。

现行对日外交政策建立在中国政府对日本侵华战争进行这样历史分析的基础上，即明治维新以来日本侵华是由"一小撮"军国主义者所主导发动的东亚侵略和殖民战争，日本人民同样也是受害者，有意识地将明治维新以来日本的政府和人民隔离开来，但这并不是符合历史事实的陈述，而是历史认识上的虚构，其结果就是自取其辱。实际上来讲，目前日本政府和社会正采取"以其道还治其身"的特别手段,比如表现在战后解决对华赔偿、道歉和反省等问题上,现实性地将中国的政府和人民割裂开来。其实,中国政府应大胆和毅然决然地站出来,声言中国政府所放弃日本侵华战争的赔偿为国家赔偿,而并非是民事赔偿,中国受害者所要索取的是民事赔偿,并奉劝以人权和民权等西方精神为社会舆论标榜的日本社会,当然包括日本的政府和人民,不要再以中国政府放弃日本侵华战争的国家赔偿,或以追诉期已丧失等陈述为借口,肆意地践踏中国人民(受害者)的人权和民权,以及国际社会和日本社会的法治原则。当然还应及时地做出这样的提醒:若中国政府继续对日本采取宽容和怀柔的绥靖政策,必将会造成中华民族和文化,以及中国未来的灾难,更表现为中华文明发展中的重大决策失误。

当然应该意识到,或许"愤青"一词是日本"网特"所故意散布的,其意在于对秉持民族主义和国家主义思想与精神的中国青年,进行策略性的人身攻击,让中国青年以被称"愤青"为羞耻事情。然而,具有民族主义和国家主义思想与精神的中国青年,实际上是中国获取发展、崛起与强盛所不可缺少的"种子",他们能在历史与现实中以"中国主体"的意识与精神,理性地看待中日及中国与世界之间的关系。关键问题:作为"愤青",需要保持高度的理性,而不要成为"街头的混混",甚至被别有用心的社会组织和个人所利用,这是至关重要的事情。因此,应鼓励中国青年声言:我是"愤青"——理性的"愤青",我自豪。其实在此方面,日本是中国的绝好榜样。钓鱼岛渔船事件发生特别是中方詹其雄船长获释之后,日本社会频繁出现"右翼"的言行,然而当问及日本"右翼"是否就是日本"愤青"时,当时身在中国的加藤嘉一评论道:"日本不存在所谓的'愤青'。"看来这也是现实性的陈述,毕竟日本社会只存在"右翼"及其势力,具有一定思想和行为的准则,已作为社会组织,或不妨说以"准政党""跨政党"或"超政党"存在,并不像中国的"愤青",呈现散兵游勇的活动状态。况且,日本"右翼"还存在"日本型"文化的坚实基础,以及社会组织、制度和政策等方面的支撑。然而对中国的"愤青"而言,上述一切保障与条件都处在极度缺乏的境况之中,其实这也是客观的事实。

认识与理解日本的文化、社会和教育,需采取战略性的态度,即要从战略层面上认清日本文化和社会的反华本质,以及理解日本教育可供吸收与借鉴处,这正体现出客观分析的态度,而并非保持固定和僵化的探究心态,避免出现一味地针砭或盲目地崇拜日本等不良倾向与社会现象,在本质和现象层面上有差别地认识与理解日本文化、社会和教育中的诸种事情,从而更为深刻地认清中日之间所存在既相关又特殊的关系,在历史与现实之间找到处理中日关系的新路径与新方式。观察和认识日本社会的诸种思想、行为和现象,需要进行必要的伦理换位,即不可单纯地依据中国社会的伦理,看待日本社会的诸多思想、行为和现象,因为中国视为大逆不道和有悖常理的事情,则可能会顺乎日本文化和社会的逻辑,这样的情形时常会发生。其实,日本"右翼"思想和行为就非常适应"日本型"文化的基本逻辑、本质规律和思维过程,但却与人间正道和正义,以及中国社会的伦理存在相违,并成为中华文化的"悖逆物"。由此看来,中日之间的冲突属于文化冲突的范畴,只是处于东亚文化冲突的范畴之内,甚至可以在"大中华文化圈"内部来加以认识与理解,即中日之间的文化冲突,而并非就是美国在世界范围内推行文明冲突的行为逻辑。但日本文化和社会的诸种现象与作为,需要中国在战略和策略层面上做出谨慎的对待,并提出应对性的相关策略构想,从而有效地开创东亚社会和中日关系新的发展局面。

目录 Contents

引言 ·· 001

卷一　绪论：日本型文化的侵华本质 ···················· 003
　日本型文化侵华的时代赓续 ······································ 003
　日本型文化侵华的典型例证 ······································ 005
　日本型文化的初步分析 ··· 010

卷二　应对构想（一）：后羿计划 ·························· 016
　文化冲突与后羿计划 ·· 016
　后羿计划的特征与内涵 ··· 018
　后羿计划实施的基本步骤 ··· 022

卷三　应对构想（二）：嫦娥计划 ·························· 028
　日本型文化：嫦娥计划提出的文化根源 ·················· 028
　五大攻略：嫦娥计划的基本内涵 ······························ 032
　网络攻略：嫦娥计划内涵的时代发展 ······················ 169

■ **卷四　公论："两大"计划提出的社会基点** …………… 181
　　国际格局中的日本因素：世界系统的分析视角 …………… 181
　　日本型文化的确立与变迁：历史文化的分析视角 …………… 194
　　战后日本反华制华的"泥潭"印象：思想行为的分析视角 ……… 221

■ **结束语** ……………………………………………………………… 288

■ **附录** ………………………………………………………………… 292
　　日本暗号现象及对中国的启示 ……………………………… 292
　　日本鼓励接收中国游学生政策的应对策略 ………………… 301
　　日本"综力战体制"的理论来源与延续发展 ……………… 311
　　若中日再战的战术预想 ……………………………………… 319

■ **参考文献** …………………………………………………………… 334
■ **后记** ………………………………………………………………… 361

引 言

日本型文化是对明治维新以来日本文化类型的全新概括，具有三方面的显著特征，即本土化、"去中国化"和西方化，其中本土化为实质目标，"去中国化"为路径选择，西方化为现实道具。由此可知，日本型文化的核心特征就是确立实现本土化的发展目标，即不断地推进日本文化的本土化进程，"去中国化"和西方化则服从和服务于实现本土化的实质目标。但"去中国化"却是本土化和西方化的路径选择，虽然西方化只存在工具和手段的功能与作用。因此，无论是本土化还是西方化，本质上又都是以"去中国化"为策略对象与路径目标。由此看来，日本型文化鲜明地具有侵华的本质特征。其实关键是要认清日本型文化的上述三大特征，即本土化、"去中国化"和西方化，以及这种类型文化的本质所在，从而获取认识和理解日本社会乃至教育的全新方法与途径。当然，日本社会还存在"虚实共生"规律和"泥潭生态"特征，并存在其内在的本质。上述核心概念的提出与阐述有助于深刻地认识与理解日本社会所存在极为浓烈的反华制华现象，反映出日本型文化所具有的侵华本质，并由此提出中国应对的策略构想："后羿计划"和"嫦娥计划"，具体包含经济、社会、政治、军事和文化等五大攻略，以及在现代信息社会日渐重要的网络攻略等内容。现代日本文化存在深刻的国际影响与社会作用，特别是在美国东亚"围堵中国"战略中，日本因素日益成为中国必须慎重考虑的重要方面。因此无论是"后羿计划"还是"嫦娥计划",都需要中国拿出"敢教日月换新天"的无畏气魄,特别是要实现对日战略、政策和策略的时代性转变,确立在社会大系统中进行全局规划与系统发展的思维模式。

卷一

绪论：日本型文化的侵华本质

日本型文化侵华的时代赓续

日本型文化侵华可谓由来已久。明治维新以来，日本在东亚地域实现了崛起，并逐步发展成为世界性的强大帝国，而基础就是对东亚诸国，特别是朝鲜半岛和中国的侵略，其中就含有文化上的侵略。熟悉东亚历史的都会知晓，东亚文化在很大程度上表现为"大中华文化圈"的范畴内涵，在地域上包括中华文化的孕育地——中国，以及中华文化辐射地——朝鲜半岛及其周边地区，甚至涵盖日本列岛。因此，日本对东亚文化上的侵略，在较大程度上就表现为对中国的文化侵略。当然，日本对中国文化侵略的手法是多样的，比如战争劫掠、文物盗取和非法走私，其中战争劫掠是日本文化侵华的主要形式。由于日本是中华文化的辐射地，因此其对中华文化可谓"情有独钟"，可以说这是日本文化侵华的有利方面。毕竟这是日本相当熟悉的文化形态，甚至可以说这是其文化的"母体"。从历史角度来讲，中国的皇帝是"天子"的化身，日本的天皇则为"天孙"下凡，足见中日之间存在文化上的紧密联系。

在走向近代化的发展进程中，日本对中国进行大规模的战争劫掠，其程度可以说是"史无前例",而且确实也表现为这样的情形。劫掠出现之后,大批中华文物"迁徙"日本列岛,成为日本政府和民间的文化收藏。当然,由于日本所占有诸多中华文物的来历颇不明确,因而在出示中华文物时就会存在难以言说的尴尬,这就导致诸多中华文物被永久性地封存在列岛的诸角落,短期内难以与大众谋面,这是文化上的悲哀,更是中华民族和文化悲剧的延续。在战争年代,大批中华文物遭到劫掠,有的甚至现在还不知是否存世,比如周口店北京猿人头盖骨,这对中华民族和文化而言是难以言说的隐痛。但还是应该坚信,诸多中华文物依然珍藏在某角落,并且可能就在列岛上。

在日本国家博物馆中,矗立着独立设置的中华文物珍藏馆舍,此即位于其正门右侧的东洋馆。其实中日两国在"东洋"概念上存在歧义:中国称日本为东洋,称西方为西洋;日本则称西方为西洋,这里不存在差异,而称中国和朝鲜半岛上的诸国家为东洋,这里确实存在地理常识性的错讹。毕竟中国和朝鲜半岛上的诸国家大多位于日本列岛的西面而非东面,可以称为东亚而非东洋,但日本就是这样称呼中国和朝鲜半岛上的诸国家,当然这是日本社会惯常的思维模式。在东洋馆中,除存在少量朝鲜半岛文物之外,90%以上都是中华文物,而且大多数在中国大陆诸多博物馆都难得一见的珍宝级文物,比如夏商时代石器和青铜器。关键的问题还在于诸多中华文物在此难以标明出处,大多只是采取民间捐献形式进行标注,而这种标注的背后其实就是一段不一般的历史,这里存在近代以来日本的发展、东亚的变局,以及中国的衰落,特别是日本对东亚地域所进行侵略和殖民的历史。因此,中华文物的在日展示也正是日本文化侵华的历史证据。当然,其中也存在合法进入列岛的中华文物,包括通过交易等手段所获取的部分,但不能抹杀其中所存在大量在特殊时代非法进入列岛的中华文物。

确实,这里也存在历史发展的辩证法。历史总是对现实存在一定程度上的关照,这是历史思维模式在现实社会的反映。日本存在令人难以理解的诸多社会现象,其实也正是这种历史思维模式的反映,并不存在任何超越历史和现实之间的逻辑。外国人有时难以理解日本人的某些举动,中国网聊总会出现日本人变态的说法,其实这是对日本现实行为的误读。实质上来讲,日本人的言行在很大程度上是日本历史思维模式的现实性释读，并不存在日本人变态的情形。近代以来的发展史确实给日本人带来无尽的财富，并造就近代以来日本的强盛与辉煌，而且这种历史逻辑基本上已成为日本型文化和社会的思维模式，并在很大程度上表现为文化形态与社会状态。由此角度认识日本社会出现的诸种现象，就不会感到难以理解，相反对日本人的诸多作为会找到合乎历史逻辑的释读路径，其实上述就是认识和理解日本型文化重要的历史逻辑与思维模式。

三 日本型文化侵华的典型例证

由上述对日本型文化的理解与释读，反观在社会现实中日本型文化对中华文化的影响与作用，基本上可以获取这样结论，即从文化角度来讲，日本已经并将继续对中华文化产生长远的冲击，而且其影响与作用还具有现实性的特征，即已形成在和平时代对中国的文化侵略。然而"反华邪性"是日本社会推进文化侵略的突出表现形式，也是日本对华战略发展中重要的组成部分。当前日本社会充斥极为浓烈的"反华邪性"，实质上含有文化侵华的意味，并以思想、观念、意识和行为等多种方式表达出来。比如在东京访学期间，发生过这样的事情：上课时，日本教师讲述"牛郎织女"的故事。故事缘起为中国人所周知，当然传播日本也是很久远的事情。但在日本教师看来，故事俨然已成为日本文化的组成部分。因此在讲述故事时，只讲述故事的内容，并将此作为日本文化的内容传播给国际访学者，而不讲述故事的来龙去脉，其中的标签就是日本文化的内容。作为中国人，坐在这样的课堂上，倾听其讲述这样的内容，却全然没有提及隶属、关涉中国神话故事的标签，确实感到有点很不舒服。

但仔细想来，日本教师确实也讲述了忠贞爱情的真谛，而且故事已融入日本文化，因此也就理解了此种讲述的手法。从这样的事件中可以获取一些启示：日本文化是中华文化的重要分支，并是"大中华文化圈"的组成部分。"大中华文化圈"的概念包括中华文化及其辐射地域之内的文化范畴。由上述角度来讲，若不存在恶意的歪曲，这种借用还可以理解。但从科学角度来讲，这种做法显然存在问题。毕竟在现实社会中，中华文化和日本文化被看成两种类型的文化，这是近代以来所形成的文化分类，其中的关键就是日本文化已出现了特别的定型，存在更多有别于中华文化的具体内涵，比如相关研究学者归纳出日本"耻感文化"的类型特征。由这样角度出发做出判断，日本教师的这种做法存在严重的问题，毕竟中华文化的内容就应归属中国，而不能依然包括日本，这是在做文化研究时应注意的基本常识。由此看来，日本教师尚未完整地理解日本文化的内涵，犯有日本文化认识上内涵泛化的错误。但从另外角度来讲，这里不乏存在文化侵华的问题。毕竟在国际学生参与的课堂中，这种文化宣传的本身就具有文化侵略的含义。上述个案确实还只是不太典型的事例，只是反映出日本社会存在类似方面的事情，但还未能完全地表明现实日本社会存在文化侵华的本质特征。其实，日本型文化侵华存在诸多典型的例证：

其一，日本在选取诸多汉字名称时，存在某些与中国相关层面上的对应性暗示。主要体现为两种类型：一是日本内部的地名。日本把与中国台湾地区相毗邻的小岛屿定名为"与那国岛"，而把获取美国转让管治权的琉球改名为冲绳县，无论是"与那国岛"还是冲绳县，其中汉字的含义存在令中国人回味的地方。毕竟，这些汉字名称大多出现在近代之后，即日本社会对中华文化的态度出现急剧转折的悖逆时期。当然，还会存在更多这样需要特别分析与探究的汉字名称，特别是一些标志性的地名，比如御岳山和洞爷湖。二是日本对中国的称谓。近代之后，日本人为了报复历史上中国人称日本为"倭"，而改称中国为"支那"，虽然只是英文读音的译法，但其中明显含有浓厚的嘲弄意味，其实这是日本人对中国历史记载的现实回应。日本人认为，中国历史记载中称日本为"倭"，表达出对日本的蔑视态度，近代时期其终于有机会做出这样现实的回应。其实对现代中国人而言，值得进行历史性的深刻反省，毕竟虽然只是古代中国人以"中央之国"自居，但终于为近代日本人所报复，以致这样的影响还存留在现实日本社会之中。确实这是历史性和现实性的悲哀，但其中也足见日本人的"岛国根性"。当然，从中还可以部分地窥视到日本社会所存在浓厚的"反华邪性"，及其存在内在和本质的情形。

其二，日本现实性地存在文化侵华的社会环境与氛围。若没有前往日本，当然难以深入地观察与分析其社会的诸多现象，也就难以理解与揭示其中的事实真相及相关论理。若旅居的时间过短，往往会为表面上的日本社会文明所蒙蔽；若旅居的时间较长，或产生崇日的心态，也难以探察日本社会的本质根性。因此，要深入分析与探究日本，就必须做到如下两点：一是时间要有足够长期，至少应在一年以上；二是要有足够细心与耐性，多在日本社会发现一些细节的问题。前者可以保证分析与探究的内容具有足够理性，能历史和辨证地看待日本社会所存在的现象和问题；后者足以做到以小见大，通过"解剖麻雀"的办法，更为深刻地认识与理解日本社会所存在的现象和问题。在上述方面存在诸多切身的感受：

一是在大学图书馆中发现的《满铁会报》。在"学艺"访学，闲暇时总爱到图书馆走走，当然也就惯性地翻阅一些图书资料。在图书馆入门处，曾发现回忆性的资料集，采取杂志编辑的方式，主编为日本社会所存在有关"满铁"的社会组织。其实对此并不感到奇怪。日本社会组织发达，各种历史研究和"右翼"组织相当多，而且当前"右翼"组织喜欢拿历史说事，通常注重近代的事件，以及秉持"右翼"思想。《满铁会报》就是"右翼"思想的观点凝结，通过分析占据中国东北时期修建"满铁"的历史，反思其中的历史得失，当然集中表现为"右翼"特征。《满铁会报》记述"伪满洲"铁路100周年纪念会议，其中有原"满铁株式会社"总裁及相关社会组织的核心成员发言，并且还刊登以中国东北地方命名的各种组织，甚至包括一些学校名称。上述方面充分地表明，日本社会对日俄战争以来实际控制中国东北，仍心存旧念，并通过回忆和记述的方式，给予重新的梳理与反思。可以想见，一旦国际和日本的社会现实再次出现其所认为"成熟"的发展态势，日本社会的军国主义思潮还会卷土重来。其实资料的存在也从另外方面表明，日本社会存在极为强烈的文化侵华意图，即通过历史性的记述和回忆，把一些相关历史事件转化为现实性的社会文化,而且这种蓄意图谋具有长期性影响的特征,这也正体现出日本型文化侵华的重要社会功能。由此可知,上述资料及相关社会组织的存在都代表日本社会还存在文化侵华的政策思想与意识,中国人在这一点上应具有思想观念上的充分认识。

二是日本社会存在大量充满"反华邪性"的出版物,包括各种杂志、报纸和书籍,当然还存在电子光盘。由此可见,日本文化侵华的意识与行为表现在诸多方面,而不是单纯地表现为某一方面。比如,在杂志方面,出版有《正论》和《诸君》等,其中《诸君》由于存在客观性的原因,听闻已于2009年停刊。但日本社会还有较多"右翼"主办的杂志,或者在诸多杂志中刊有"右翼"思想的论点,比如《中央公论》中经常会出现"右翼"言论,特别是刊登具有反华色彩的政论文章。当然,还存在专门针对在日中国人阅读的杂志,其中也不乏存在反华观点;在报纸方面,不仅诸多日文报纸中刊有反华思想的文章,而且中文报纸也存在持反华立场的文章,出版发行由邪教组织所举办的《大纪元时报》,以及其他存在反华观点的报纸,比如《联合时报》;在书籍方面,则表现得更为明显,比如日本学校历史教科书问题,其中不仅存在否认日本发动侵华战争所出现的诸多历史事件,竭力地为军国主义招魂与翻案,而且还存在与中日两国之间已达成相关协议精神相背离的内容,比如在日文教科书中将中国台湾地区视为国家。在"学艺"校方所选取的国际游学生日文教科书中,就存在将中国台湾地区与韩国并列的内容;在会馆大厅里的诸多国旗阵营中,同时存在中国大陆的五星红旗和台湾地区的青天白日旗,但却不存在香港和澳门地区的旗帜,表明日本社会存在制造"两个中国"和"一中一台"的险恶意图,蓄意地破坏中国的和平统一大业。诚然,上述杂志、报纸和书籍等出版物可以产生文化上的巨大力量,即形成经常所提及的文化软实力,在国际社会中产生较大的负面影响与作用。

其三,散布"中国威胁论",并现实性地阻止中国的时代崛起。21世纪来临之后,中国的时代崛起已成为国际社会的重要现象,但却在日本造成极度的社会恐慌,于是出现各种反华思想、观点、理论、意识和行为。其实这是日本人对近代以来侵华历史的内心恐惧,并由此形成这种特定类型的社会思维模式，其实此也是日本社会所存在"反华邪性"和"明治记忆"的现实呈现形式。当前，日本社会存在诸多充满"反华邪性"的社会理论，最初还只提出"中国威胁论"，把中国社会各领域的发展与壮大看成是对日本的威胁，甚至还扩大为对西方的威胁；随后提出"围堵中国论"，实质上长期以来日本就奉行这样的思想观点，并逐步地形成如此思考中国社会问题的固定方式，并在澳洲和东南亚诸国中寻找合作伙伴，通过经济和技术等援助措施，以达不可告人目的，同时伙同以美国为首的西方国家，妄图孤立与围堵中国；日本前首相麻生太郎还提出"自由与繁荣之弧论"。其实，上述思想观点都在试图千方百计地阻止中国的崛起。在中国已实现崛起时，日本社会又出现新的理论，即举办北京奥运会时，中国政府容许日本"右翼"、东京都知事石原慎太郎，到北京参加奥运会的开幕仪式，其返回东京之后接受采访时，谈及日本的衰运时代已经到来，即提出"日本衰运论"。其实这种理论是"中国威胁论"的变种，同时也表明日本对中国的崛起存在极为强烈的畏惧情绪，本质上也还是"中国威胁论"的思想观点。当然现实日本社会还存在诸多反华言行，这是"反华邪性"的重要表现，比如肆意地攻击中国，并就中国社会问题阐发各种邪性的论议，以及破坏中国与周边国家之间的合作和交流，蓄意地恶化中国周边和国际环境，而且还采取诸多措施，试图离间中华民族的社会人心，涵育各种中国人反政府的组织及其势力，以达到损害中国政府威信和社会稳定，以及阻止中国实现时代性崛起的战略目标。由此可见，上述论理在日本社会、政治、文教和科研等领域中营造出极为浓郁的反华舆论与学术氛围，其实这也是日本型文化侵华的重要形式，并在国际社会中造成一定程度上的影响与作用，给中国的时代崛起带来巨大的阻碍与迟滞力量。

当然，日本型文化侵华的实例还有很多，而且表现在诸多方面。基于上述日本型文化侵华的诸种论议，足见在历史与现实中都存在日本型文化侵华的问题，值得给予必要的思考、分析和探究。目前，中日之间呈现为较为和平的关系氛围，而且20世纪70年代建交以来，还存在政府和民间等层面上的种种互动与交流，但上述现实和表面现象难以驱离日本社会所存在浓烈的

"反华邪性",毕竟这其中存在来源于历史与现实之间的文化根性。正是由于存在这样的文化根性,因此日本社会必然且将长期存在文化侵华的问题。由此可见,目前日本对华侵略的意识与行为具有内在的文化驱动,存在历史和现实的文化因素,其影响与作用也更加具有长期性、战略性和隐蔽性特征,需要中国政府和人民未雨绸缪,站在历史与现实基点上,宏观性和战略性地思考与分析相关问题,并相应地提出战略性的对策与措施。

二 日本型文化的初步分析

无论是在历史还是现实中,中日之间都难以进行整体性和全面性的对比分析。毕竟日本是小型国家,中国则是具有悠久历史发展和深厚文化积淀的东亚大国。但正是在近代特殊的发展阶段,中日两国走上截然不同的发展道路,呈现出具有鲜明差异的社会状况,关键还在于此时日本成为继西方侵华之后,对近代中国产生巨大危害与影响的国家,这在中国社会和历史发展进程中很少见。毕竟中华文化具有极为深厚的社会积淀,即使出现外族入侵,中华文化还是以强大包容性征服其他民族,并进行同化的过程,最终扩大中华文化的影响范围。但近代日本依靠强大的军事力量,不仅占据原本隶属中国的藩属国家,比如朝鲜和琉球,而且还对中国台湾和东北地区进行分割、占据,造成中国台湾地区出现50年殖民统治,中国东北地区短暂地建立"伪满洲国"。这是日本分裂和并吞中国的实质步骤,最终目标是要落实其长期奉行的"大陆政策",妄图完整地占据中国的全境。其实,这种政策早已成为日本的国家和社会理想,并融入其社会文化。由此可知,当前日本社会所出现比较浓烈的"反华邪性",存在其社会文化的历史根源,而并非无缘由出现的社会思潮。

对中国而言,日本是社会和历史发展中的"鸡肋"。若借以征服眼光来讲,中国从未统治过日本列岛,即使文化上曾经对日本存在深刻的社会影响与作用。实质上日本曾是向中国进贡的国家,当然也正是存在这样的历史,日本社会产生并长期存在强烈的报复感。这是日本民族性中的"岛国根性"，即日本人觉得这是其耻辱的历史。或许，这就是日本所谓"耻感文化"的显著表现，全然不考虑中华文化对日本社会文明的促进作用。其实从进贡角度来讲，也并不能简单地认定为被迫的行为，毕竟古代中国奉行的进贡制度是外交上的安排，而并不存在侵略的行为。何况为争取前往中国进贡机会，甚至在日本历史中发生两诸侯国之间的战争，上述方面都可以作为历史事实的依据。但近代之后日本社会出现极为强烈的反华风潮，不仅文化上放弃对中华文化的尊崇，而且现实上也蔑视中国社会和人民，并依靠军事实力多次对中国进行侵略战争，这里存在深厚的文化和社会根源。从日本"大陆政策"发展角度来讲，肇端并非在明治维新之后，而应早在丰臣秀吉时代。丰臣秀吉最终因侵略朝鲜失败而亡，而日本的这次失败是朝鲜和明代中国军队合力作战的结果，这就表明日本"大陆政策"首次遭到挫败。实质上来讲，近代以来日本奉行的"大陆政策"就是丰臣秀吉时代政策的延续，而并非仅仅在近代时期才产生的侵略与殖民政策。

通过上述历史分析，可见"大陆政策"已成为日本的文化根性。由此可知，日本社会存在军国主义的历史根源，而不仅是近代以来国际法西斯主义影响与作用的产物。因此，日本军国主义的实质含义只能理解为：在国际社会环境中，并与日本社会文化环境相结合，所形成具有法西斯主义特征的社会思潮，实质上还是日本"大陆政策"的发展结果，具有列岛的本土化特色。可以肯定地讲，这种社会思潮具有延续性的特征，此即日本社会还现实性地存在"右翼"思想观点的根本原因。由此可知，日本社会存在浓烈的"右翼"倾向，并不是偶然的现象，而是日本社会和历史延续发展的现实呈现，实际上其中存在列岛本土文化的深厚基础，因此其社会影响与作用也具有历史发展性的特征。

另外，对日本的认识必须秉承一些基本的原则，需要理解某些范畴的内涵。概括地来讲，就是要把日本的历史与现实、外交与社会、政府与民间等相关范畴认识与理解清楚：一是历史与现实。现实的存在往往具有历史文化的内在因素，认识与理解日本社会的现实情形，不能脱离其历史文化的因素，而且正如天皇制度，这些因素也具有长期性和延续性的特征，对日本社会的现实产生深远的影响与作用。二是外交与社会。日本外交与社会之间存在奇妙的紧密关联，有时不存在任何的一致性，或许这是由日本文化所造成的结果。毕竟日本文化中最为突出的就是武士道精神，并已内化为日本型文化重要的组成部分。这种文化具有极为鲜明的军事谋略色彩，由此决定了日本外交与社会之间存在一定程度上甚至完全的背离，若完全地听信日本外交的言辞，必将导致不可能清晰地认识与理解日本社会所发生的诸多事件和现象。三是政府与民间。过去在对待日本侵华历史时，中国惯常采取把日本政府与民间相分离的方式，其实这是解决现实问题中的思维错误，毕竟日本是政府与民间相关度极强的国家。从宗教文化上来讲，神道教确立了天皇制度的存在，并形成"万世一系"的特征。而且日本的政府表现为有序更迭的状态，当然绝对也是向天皇负责，这是由以神道教为信仰的天皇制度所决定的结果，而这种宗教信仰又是日本民间思想和文化的基石，由此决定日本政府与民间存在高度一致性的特征，而并非呈现为截然分离的状态。若中国将日本政府与民间相分离来认识与理解，固然可以对日本侵华的历史进行某种视角的解读，但肯定是不符合历史和现实的误读，往往对相关现实的决策产生误导，当然也就会对更为深刻地认识与理解日本文化和社会等方面，产生各种消极性的影响与作用。由上可知，传统和文化对现实日本社会的各种事件、现象和政策等方面，都存在深刻的影响与作用，当然也必定会对其相关文化政策产生影响与作用，由此决定日本社会仍具有浓厚的反华色彩及其侵华本质特征，集中地体现为存在"反华邪性"和"右翼"言辞，并深刻地渗入日本政治外交、宣传出版和文化教育等领域。

鉴于日本社会存在这样的状况，以及由此引发日本型文化侵华的历史与现实情形，特别是日本社会存在浓烈的"反华邪性"，以及由此产生诸多现实性的反华行为，中国必须在对日本社会的上述情形进行认真和细致分析的基础上，提出相关的应对策略，即有必要提出应对日本的策略计划。上述内容就是提出对日本实施"后羿计划"和"嫦娥计划"的思想基础。但要实现诸种策略的计划目标，还必须首先对日本文化和社会等背景做更为深入的认识与了解。首先要认清日本列岛的地理位置与国际坐标。其实，日本列岛散布在太平洋西岸和东亚大陆的边缘地域，距朝鲜半岛最为近便。因此落实"大陆政策"时，日本采取的基本步骤都是以朝鲜半岛为"跳板"。与此同时，中华文化波及日本列岛的路径，也是以朝鲜"半岛之桥"最为著名，虽然还存在诸如遣唐使这样的史实。毕竟在中华文化传入日本列岛过程中，朝鲜半岛的中介作用不容忽视，主要原因还是处在交通尚不发达的历史阶段，朝鲜半岛具有比较优越的交通条件，即在半岛与列岛之间只有比较狭窄的海峡，而且中间还有较大的岛屿。正是岛屿的存在便利了半岛与列岛之间的沟通和交流，大批具有知识文化和先进科技的半岛人前往日本列岛，从而将当时先进的中华文化播入日本社会。当然，物质交流也是中华文化播入日本列岛的重要路径。由此可见，中华文化的光辉曾经普照日本列岛，以致日本社会现今仍存在中华文化的诸多遗存，并成为日本传统文化的重要组成部分，比如唐代中国传入的和服。但近代之后日本对中华文化基本上都采取否定的态度，实施"脱亚入欧"政策，由"东洋化"转变为所谓"西洋化"，并重拾"大陆政策"，对中国实施大规模的侵略殖民战争。

战后日本基本上成为美国的附属国，美国不仅军事上进驻日本列岛，而且还对日本进行系列的社会改造，但日本社会仍存在比较浓烈的"反华邪性"，并形成以反华制华为显著特征的"右翼"思潮。其实，这种社会思潮是日本社会盛行国家主义和民族主义的鲜明体现，而不只表现为提出反华制华的思想观点，并对中国具有较大消极和负面的国际影响。虽然在日本现实的人心中可能会更为仇恨美国，但表面上却表现为更为泄恨中国，实际上体现出日本采取以怨报德的社会态度。战后中国政府非常大度地放弃日本发动侵华战争的国家赔偿，也没有对日本侵华期间所造成中华文物和文化遗产的损毁与破坏，提出应有的赔偿，而且诸多非法进入日本列岛的中华文物，也都没有追缴回中国，迄今还保存在日本列岛。当然，还存在非法占有甚至时至今日依然尚未露出真容的中华文物，更有诸多珍贵的中华文物以各种缘由隐藏在战争的历史烟尘之中，比如周口店北京猿人头盖骨。在现实社会中，某些日本人甚至还对侵华历史进行各种歪曲性的解读，以及对造成中国人的个体伤害拒绝做出任何道义和民事赔偿，基本的理由就是申诉过期或中国政府已放弃国家赔偿，完全脱离正义与人权等西方国家所遵奉的社会伦理。由此可知，日本政府和社会奉行的"脱亚入欧"政策只是处世的技巧，最终还是以日本国家和民族利益为依归。这就给中国政府和人民敲响警钟，即要警惕日本在国际事务中奉行的灵活原则，不能以日本的社会表象为依据，做出简单化的判断，更不可以日本的外交言辞或特例行动作为依据，轻易做出某种分析结论，应在历史与现实之间对日本诸多社会现象进行更为深入地观察、分析和权衡。

实质上来讲，日本社会依然存在浓厚的"反华邪性"，并出现诸多反华制华的思想观点和社会理论，比如"中国威胁论""围堵中国论""自由与繁荣之弧论"和"日本衰落论"，以及制定诸多仇视中国政府和人民的对华政策，比如借助美国制衡中国的军事政策、容许日本社会成为中国人反政府基地，以及制造诸多反华制华的国际舆论。正是在这样的背景下，日本容许美国在列岛和琉球建立军事基地；李登辉、达赖和热比娅相次访日，以及联合周边诸国，借以围堵中国的时代崛起，比如给予印度巨额的ODA援助，以用于后者扩充军事，从而妄图"借刀"制衡中国。当然，日本还存在其他反华手法。其实，中国的时代崛起已成为国际事实，日本企图依然采用近代以来的强国思维，对待中国的时代崛起，应该说是日本社会存在冷战思维的突出表现。何况，日本也并非与中国处于同等级的竞争者，毕竟它只是在东亚的小型国家，虽然日本经济和文化在国际社会还具有较强的实力。但从目前实力状况来讲，除经济和文化外，日本都已难以与中国相抗衡，这已成为不争的国际现实。但日本人却不是这样的认为。由于日本取得了战后经济上成长的奇迹，日本社会也就产生并存在过分的自信，以致在中国实施改革开放政策30余年之后，仍然以过去的眼光看待中国，其实这已是不合时宜的社会思维模式。然而，日本"反华邪性"和"右翼"思想的社会存在却正是这种思维模式指导下的结果。

针对日本文化和社会背景存在上述这样的状况，中国有必要制订有效应对性的长远策略计划，而且还必须具有彻底性和深刻性的特征。所谓彻底性和深刻性，就是要从根性角度上彻底铲除日本社会存在的反华制华现象，而这种根性就是日本民族的岛国心态，其中最为突出的就是日本文化所存在的民族根性。追究这种文化上的民族根性，最能表现的就是其中所秉持的社会理想，即日本长期以来所奉行"大陆政策"的社会思维模式，表达出来就是"八纮一宇"。即使在目前国际社会环境中，日本政府和民间还未放弃上述这样的社会思维模式，毕竟其已融入日本文化与社会，当然由此也就可以知晓日本型文化侵华的思想根源。

卷二

应对构想（一）：后羿计划

文化冲突与后羿计划

日本是崇奉"太阳神"的国家，"天照大神"在神道教中处于至为尊显的特殊地位，并且天皇制度的文化根源就是神道教。由此可知，中日两国的文化源头存在差异。在古代社会中，由于日本长期处于文化发展的低端和边缘位置，中华文化却长期占据东亚文化的中心位置，文化发展程度上的差距造成日本长期处于文化输入的状态，而中国凭借文化发展上的先进程度，长期以来形成对日本文化上的比较优势。正是这种比较优势的存在淡化了中日两国文化上的本质差别，从而迟滞了中日两国在文化发展上的冲突。但近代之后，中日两国出现文化发展上的历史性逆转，日本成功实现其社会发展模式上的时代转型，而中国却沦为任人宰割的国家，这就为中日两国文化之间提供了冲突产生的极大可能。与此同时，由于日本文化已形成并长期存在"大陆政策"思想，这种反华根性导致其近代以来进行大规模的侵华战争。

由上可知，侵华战争并不是社会和历史发展的偶然现象，而是中日文化之间的冲突现象。只是在古代文化长期发展进程中，日本文化处于比较劣势的地位，从而迟滞日本对华侵略的行径，或抑制其对华侵略的行为。其实，这里存在可供历史证实的事实。比如，丰臣秀吉发动侵略朝鲜的战争，在朝鲜和明朝中国军队合力作战下，最后以日本失败而告终，这就成功地制止日本占据朝鲜半岛，并妄图达成侵华的战略目标。然而近代以来，中日两国之间出现文化和社会发展上的差异，日本文化在东亚地域中存在比较强势的地位，即具有了时代性的比较优势，因而日本也就具备了侵华的条件，实际上这是日本敢于悍然发动黄海大战和后来全面侵华战争的根本原因。其实，近代历史的变迁充分地透露出中日文化之间所存在这样的发展差异，以及由此带来中日文化之间的冲突局面。

日本文化与中华文化的具体内涵也存在显著的差异。日本是信奉武士道的国家，这种精神和文化强调谋略与战争。因而在历史中分裂的列岛上，经常会发生各诸侯国之间惨烈的战争。但毕竟列岛上还存在神道教的文化因素，最终还是逐步地实现了融合与统一，当然这也是通过多次战争实现的。实际上日本近代战争更多的还是表现为对外侵略战争，即吞并周边各诸侯国，其中包括陆奥、虾夷和琉球等。当然，吞并琉球的思想在近代时期暴露出来，以及在现代阶段部分地变成现实，此即美国转让琉球的管治权，后来日本改琉球为冲绳县，从而达成吞并琉球的战略目标，其实这是通过非法途径所达成的战略目标。但中华文化则表现为内忍与宽容，特别是不轻言采用战争的手段解决问题，这正是"不战而屈人之兵"的实质内涵，进贡制度就是这种社会思维逻辑的突出体现形式。因此在长久的古代时期，中日文化之间基本上就是采取纳贡的办法实现了平衡，但近代以来却难以实现这样的状态，而只能表现为战争的形态，其实这也是由日本型文化的本质特征所决定的必然结果。

基于上述中日文化之间存在冲突的思想观点，现代中日两国就有必要寻到能保持长期平衡状态的策略机制，而唯一的选择就是要保持中华文化的比较优势，这是相当重要的分析结论。为此，也就有必要提出具有策略特征的"后羿计划"。

后羿计划的特征与内涵

神话传说"后羿射日"在中国可谓家喻户晓,长期流传,已成为中华文化重要的组成部分,同时也传播到包括日本在内"大中华文化圈"的范围。作为远古神话人物,后羿是理想的化身,这样的人物塑型至少存在下述特征:一是壮士体魄。相传后羿身材魁梧、力大无穷。这样的人物塑形表明,作为中国人,首先必须强壮体魄。二是科技先进。弓箭代表当时最为先进的武器和工具,体现出科技先进的程度,这也符合马克思主义经典理论关于生产力学说的论述,以及邓小平"科学技术是第一生产力"的相关论断。三是技能高超。作为中国人的化身,后羿已掌握当时最为先进的弓箭技术,这项传统在中华文化中逐步失去关注,而在日本文化中却获取了继承与发扬,但其中的精神不可以轻易地抛弃,即要保证中国人智能的发达。四是理想宏远。远古时代的中国人就已仰望天空,由最初对身边自然的认识,扩展到对遥远天际的关注,这是中华民族眼界开阔与理想宏远的突出表现。五是追求正义。在神话传说的天际中,存在十个异常火热的太阳,炙烤着大地,而后羿射去九个,从而翦除危害人间生灵的恶毒之日,而保留其中的一个,显示出中华民族的主体选择和聪明睿智,关键还是所留下的一个,正是人间生灵的必需之物,这就凸显出"后羿射日"存在追求正义的特征。

所谓"后羿计划",实质上就是中华文化实现战略发展的宏观规划,当然也是中华文化应对日本文化侵华的策略计划。其实,此计划建立在文化冲突理论和中日文化变迁规律的基础之上。基于神话传说"后羿射日"所存在的深刻含义,"后羿计划"的主体内涵集中体现在如下方面:

一是强健国体。中华民族的时代崛起已成为国际社会的发展趋势,但肯定不会存在畅达的前进路途,必然会存在种种源于内外部巨大的阻滞力量,其中存在现实性的特征,而并非理论性的虚构。比如,目前国际社会盛行"中国威胁论""围堵中国论"和"自由与繁荣之弧论"等思想观点,显然是西方政府、民间和社会的"稀世杰作",日本则更为竭力地摇旗呐喊。在种种阻力下要实现中华民族的时代崛起,就必须强健国体。具体地来讲,就是要让中国逐步地强大起来,并应具有根本性的意义,典型的体现就是要实现国家和人民的富裕与安康,努力地做到藏富于民,然后才能实现万众一心,即实现经济的发展和人心的凝聚。按照邓小平的话来讲,就是"发展才是硬道理"。其实,这必然是极为庞大的社会系统工程。确实,这也正如后羿一样,必须具有强健体魄。

二是发展科技。科学技术的发展与进步是社会发达程度的重要标志,并且日益对社会整体的发展产生极为重大的影响与作用。其实,这是存在社会理论支撑的思想观点。比如,马克思高度地重视生产力的发展,强调指出"科学也是生产力";邓小平响亮地提出"科学技术是第一生产力"的口号。现代科学技术的发展程度日益成为划分社会发展阶段的重要依据,以致在社会理论构建上出现以科学技术发展阶段为依据所进行的划分,这就逐步地弱化以意识形态为标准对社会发展阶段所进行划分的惯例。也就是说,当前国际社会的发展趋势并不是社会主义和资本主义之间的殊死较量,而是两者之间的相互吸收与借鉴,并在此基础上形成以科学技术发展阶段为标准对社会发展程度的划分。由此可见,发展科技对社会发展阶段具有非常重要的意义。要改变近代以来中日文化之间的发展状况,就必须高度重视科技的发展,并将这样的思想观点融入中华文化的时代内涵,这样才能建立注重发展科技的社会思维模式,从而实现中华文化的超前发展。这是实现对日本文化的比较优势,以及中华文化处于相对优位的战略与策略举措。

三是能力社会。作为强国的重要标志,就是公民能享受完善和发达的教育过程,实现各种能力的综合育成,并逐步建成以注重能力为特征的社会,即能力社会。当然,能力并不能以统一的标准来衡量,社会应鼓励诸多能力的综合育成,这就要求社会能在制度和政策等层面上实现对多种能力的承认,因此就必须建立具有多面度标准的评价体系,以对社会中所存在的诸多能力进行分门别类的评价,而不是以统一性的评价标准来衡量。除了评价体系之外,社会还需要建立一整套用人、工资和福利等方面的制度、政策与措施,而不仅仅是完善和发达的教育及其评价体系。当前中国社会尚存在诸多的矛盾和问题,表现在社会制度层面上,就是在用人、工作、福利和机会等都存在比较严重的不平衡,这种状态在一定程度上是社会所存在矛盾和问题的反映。比如,中国社会还存在城乡之间和贫富之间的差距;诸项规章和制度还很不完善,以及各种腐败现象还时有发生。确实上述矛盾和问题必然会现实性地造成各种机会的不均等,比如教育机会的不均衡,以及就业机会的不公平,从而造成社会公平和正义受到严重的侵害。因此,要实现中华民族的时代崛起,以及推进中华文化的持续发展,就必须建成能力社会。确实,还需要在相关社会制度、政策和措施等方面,进行更为深入和细致的调研与分析,并在发展战略、策略和措施等层面上,观察、考虑和解决相关的社会矛盾与问题。

四是坚定理想。顾名思义,理想也就是抱负,对特定的国家而言,就是要树立战略性的标杆,并由此衍生出诸多社会制度、政策和措施。然而,这样的理想却带有根本性的特征。就中华文化而言,就是要实现可持续的发展,从而长期保持比较优势。在中日文化之间,就是要长期保持对日本文化的发展优势,从而达成两种文化之间的实力均衡。当然,这样的状态必须以中华文化具有比较优势为标准,毕竟这里存在中日文化之间特性上的差异性原因。但若只是采取消极和宽容的方式,终究难以根本上实现永久性的比较优势,因而这就必须在战略与策略等层面上消除日本文化对中华文化的威胁,即使这种威胁尚处于潜在的状态。其实这样的威胁并不是表现为潜在的状态,而在历史与现实层面上已呈现出来。从历史角度来讲,近代以来日本秉持"八纮一宇"的社会理念,在"大陆政策"指导下展开侵略朝鲜半岛和中国的东亚殖民"大幕",这部"活剧"对中国的历史教训相当沉重,实质上就是中日文化之间最为激烈的正面交锋;从现实角度来讲,日本社会仍具有浓烈的"反华邪性",存在极为严重的"右翼"思想观念,而且日本政府、社会和民间行为也还存在突出的反华制华表现,比如多次邀请"台独""疆独""藏独"前往日本列岛,并容许邪教组织在日本列岛上肆意地开展各种中国人反政府活动,更有甚者还借助日美之间的非法协议,在侵占琉球同时企图非法占有本属中国的钓鱼岛及其附属岛屿，而且还利用"冲之鸟礁"肆意非法扩大日本经济海域的范围。凡此诸种作为都充分地表明，日本文化对中华文化存在现实性的威胁。由上述角度来讲，中国政府应放弃先前所奉行对日宽容和怀柔的绥靖政策，需要长期坚定地树立对日战略性与策略性的社会理想，即最终翦除中华文化发展中所存在的心腹大患，为中华文化的持续发展奠定更为坚实的基础。

五是抉择正义。其实中华文化具有较大的包容性特征，因而在历史发展中能将周边民族文化吸收进来，从而丰富和发展中华文化的具体内涵。但日本文化却存在极大的威胁性，主要反映出存在谋略与好战的特征，对东亚大陆存在文化侵略的心态，而且这样的心态已融入日本型文化，并成为日本文化重要的组成部分。在这样的情形下，中华文化的包容性特征就难以把日本文化揽括其中，除非长期占有对日本文化的比较优势。但中国社会和历史发展也难免存在曲折，何况日本还经常发挥各种谋略性的影响与作用，比如日本早已成为中国人反政府基地，从而造成中国社会政局在某个阶段内存在不同程度上的震荡，从而为日本提供难得的契机，即也正是在这些时候，日本利用中国内部势力之间的各种矛盾和问题，促使中国社会呈现出有利于日本文化发展的社会动荡，甚至改朝换代，这在历史和现实中都能找到诸多有力的证据。因此，在当前国际发展局势中，对日本社会的各种势力甚至民间组织都应存在历史和辩证的判断，而不应单纯地考虑和看待其某种言行。毕竟在日本社会特别是政治外交领域，比较明显地存在所谓的灵活原则，由此日本社会内在的各种欲望往往被巧妙地掩藏起来，而表面上则表现为谦卑与服从甚至屈膝的态度，但在日本社会中却表现为另外的情形，甚至呈现为截然相反的状态，其实这就是日本社会的现实表现。在上述情形之下，中国社会包括政府和民间都不应以日本社会的某种表现，就轻易地判断日本人言行的内在本质与精神。事实往往是这样的：日本所有的表现都是暂时性和表面上的呈现，而并不是表里如一的表达。针对这样狡猾的对手，就必须坚定中国的社会理想，始终以中国社会和人民的利益为重，坚守和保持中华文化对日本文化的比较优势，甚至可以为此不惜一切的代价，其实这就是选择了正义。当然，正义并不是空中的楼阁，其中的含义也具有民族性的特征，而且这样对正义的认识与理解，对中华文化的现实存在和长远发展，都具有相当重要的社会和现实意义。

综合上述基本的思想观点，"后羿计划"的实质内涵可以概括成如下三点：一是社会和谐与国民富裕。其实，这是国家强盛的重要标志，当然还要有一整套科学、合理和高效的社会制度和政策等体系，作为有力的支撑。二是注重科技生产力与建成能力社会。其实两者之间存在"一体两面"的关系，而且相互之间还存在补充和促进的影响与作用，涉及科技、文化和教育等领域，并在社会大系统中紧密地联系在一起，以及作为社会大系统中重要的组成部分。三是在理想与正义之间坚定信念。两者是同一层面上的意思，即对待日本社会的"右翼"思想观点，特别是其中所存在浓烈的"反华邪性"，以及各种反华制华的行为表现，要存在历史与现实相结合的眼光和思维，并以此来对待日本在国际政治和外交领域中的各种言行，更为深入、全面和整体性地去认识与理解，彻底地认清日本社会和文化的实质精神，从而更为坚定中国自身的主体信念和意志，而不会为日本社会特别是其政治和外交中的各种言行所干扰，在坚守理想与正义之间保持必胜的信念和意志，从而长期性和持续性地促使中华文化所具有对日本文化的比较优势。

三 后羿计划实施的基本步骤

从长远角度来讲，日本文化对中华文化的存在与发展会产生现实和潜在的社会影响与作用。若要最终解决日本的威胁，传统的方式难以适应这样的状况，更遑论达成战略性和策略性的理想目标。其实，这里也存在历史实证的结果。在古代中国长期实施朝贡政策的发展历程中，日本文化对中华文化的威胁，长久性地潜伏在日本吸收中华文化的社会表象中，而一旦出现时代性的转机或国际条件上的成熟，日本社会就会出现极为激烈的反华迹象，并由"反华邪性"发展为对华"邪行"，这里存在日本社会理念或理想的深厚根源。毕竟日本社会存在"八纮一宇"的传统理念，并由此经常性地导致"大陆政策"复苏，上述方面甚至已融入传统日本文化，因而产生的社会影响与作用就具有发展性的长期特征，即难以急速地消除日本社会所存在这样的思想观念，结果就突出体现出日本社会所存在的诸多反华现象，当然日本社会也就大量地存在反华制华的各种社会组织及其代表人物，最为典型的就是"右翼"团体及其代表人物，当前最为著名的"右翼"就是多次蝉联东京都知事的石原慎太郎。因此，要想把日本文化重新纳入中华文化的范畴，存在一定程度上的历史和现实困难，这也存在历史性和现实性的实证，比如唐代中国曾经对日本文化产生巨大的社会影响与作用，但最终还是成为日本文化的外衣，并没能渗入日本文化的内核，即日本文化的核心还是神道教以及由此所确立的天皇制度，外来的文化都逐渐地融入这样的宗教文化，比如佛教和基督教都存在"日本化"的历史过程，佛教还在不同程度上出现"神社化"的现象。其实，中国的某些传统文化在日本社会也存在本土化的发展过程，并逐步成为日本文化重要的组成部分，比如日本传统服饰的和服。因此，对日本型文化及由此所形成的近现代日本文化，采取包容和怀柔的政策，难以获取实质性的现实成效，此即中华文化难以收纳日本文化的重要原因。在上述这样的情形下，就有必要采取比较现实性的应对战略、策略和措施，其实上述内容就是提出"后羿计划"的思想和理论基础。

在对日本历史与现实、文化与社会进行深入分析之后，制订长远性地消除日本"反华邪性"的策略计划，就显得尤为重要。基于此种慎重的考虑，提出实施"后羿计划"的具体步骤：

第一，社会发展超越。其实，这是异常复杂的社会系统工程。新中国成立之后，中国曾发起赶超美英的社会运动，但最终是以失利而告结束。实施改革开放政策以后，中国社会经济和文化教育等各领域都出现空前的发展，这为中华民族的重新崛起奠定了坚实的基础。在目前国际发展情势之下，日本社会呈现出诸多惊愕与恐慌，与此相关联的就是在日本社会出现诸多反华制华的思想观点，并逐步发展成为社会理论，比如"中国威胁论""围堵中国论""自由与繁荣之弧论"和"日本衰运论"等，上述理论显著地体现出日本社会所存在比较浓烈的"反华邪性",其中具有历史与现实、文化与社会等方面的深刻原因。当前,中国要实现对日本的超越,就必须首先揭示日本社会所存在对中国的各种诽谤与攻击,虽然目前还只处于言语和舆论等社会层面上,但这样的揭示绝不能只是宽容与谅解,而更应针锋相对,主要还要表现为争取国际社会的话语权,从而在最大程度上掌控国际舆论的倾向,当然还需要以获取在国际经济和政治等方面的比较优势为条件。由此看来,"发展才是硬道理"是至理名言。

第二,中华文化回归。在传统与现代之间,中华文化的发展存在诸多机遇与挑战。在上述这样的情势下,就必须处理好继承与发展之间的关系,即过分地强调传统或现实,都存在某种程度上的偏颇,关键要做好取其精华和弃其糟粕的功夫。中华文化的回归也并不是传统文化的回归,而是文化发展中的回归,必须是文化创新的回归。日本大量地存在传统中华文化的因素,但都已与其文化和社会因素紧密地结合,即并非原本意义上的传统中华文化。因此,中华文化的回归也绝不是简单意义上的吸收与借鉴日本文化,必须消除各种崇日的文化倾向。当然,中国实施改革开放政策,正常意义上的吸收与借鉴是这种政策的要旨,并不能否认存在这种意义上学习和借鉴的思想与行为。其实,要实现中华文化的回归,关键还是表现在文化创新方面,这是其中核心的思想,而且还不能完全地否定宗教文化的社会价值与意义。毕竟西方社会存在基督教等宗教文化,伊斯兰世界供奉安拉,日本社会崇拜神道教,世界诸多国家都是在信奉宗教之后创设出具有特色的社会制度。当然,其中最为明显的就是日本,其在神道教基础上创设出"万世一系"的天皇制度,这是日本其他社会制度的文化基础。但中华文化却难以形成这样的状态,具体地表现在如下方面:儒学难以形成儒教,道教难以占据社会的优位,舶来的佛教文化也难以成为主流,其他门类的宗教文化更难以成为普遍的信仰。在上述这样多元文化混杂的传统中,现代中国社会如何确立具有较强聚合力的文化系统,确实是需要关注和考虑的重要问题。由此出发,在探求中华文化回归的基础上,以及在发展和创新现代文化之时,必须考虑中华文化与现代社会制度之间所存在诸多方面的适应问题。其实上述内容依然表明，中华文化的回归也是现代社会系统工程的重要组成部分，并在中国社会发展中具有最为根本的地位。

第三，科技人才育成。在多元文化背景之下，以及中华民族处于时代崛起路途之中，科学技术的发展日益成为相当急迫的事情。按照马克思主义的基本观点：科学也是生产力；按照邓小平的精辟言辞：科学技术是第一生产力。其实，科学技术的阶段发展是社会历史发展阶段划分的根本标准。在上述这样的分析与判断基础上，就要强调科学技术的发展与创新在现代中国社会所具有极为重要的地位与作用。当前，国际社会中的实质性竞争就集中体现在科学创造与技术发明上，特别是前沿性的科技发明与创新。比如，战后美国凭借其强大的社会和经济等各领域实力，大力地发展科学技术，并由此成为其社会发展与繁荣重要的推动力量；战败后的日本抓住朝鲜战争的机遇，获取其社会和经济等方面的重新崛起，最终也确立起"科学技术立国"的战略，由上可知科学技术在现代国际社会所受到重视的程度。当然，科学技术的发展与创新并不是一蹴而就的事情，而需要一定的社会和人才条件。上述方面的阐释揭示了国家发展与繁荣所需要的社会条件。其实，关键还是在于人才条件，这是最为根本性的事情。诸多国家在尚不富强时，就开始高度注重人才育成的问题。当然中国在逐步走向时代崛起路途之中，人才育成问题的解决就显得更为重要，最为突出的当然是科技人才的育成。因此，育成科技人才是现代中国社会极为重要的时代任务，日益成为摆在中国政府和社会面前的重要使命。当然对中国教育界和文化界而言，其中的责任则显得更为巨大。由上可知，科技人才的育成是现代中国社会获取发展与繁荣的重要基础。日本早已高度重视科技人才的育成，并形成具有一定特色的社会文化，中国应学习和借鉴日本某些有益的经验与做法，特别要关注其中的思想与精神，以及由此所形成注重科学技术的发展与创新及其人才育成的社会文化，并在社会制度等层面上创设有利于科学技术发展和繁荣以及人才育成的社会环境与氛围。

第四，国际纠纷处置。新中国成立之后，中国社会经历了比较曲折的发展过程。在此过程中，中国与其他国家之间存在诸多国际纠纷，有的是历史发展中形成的，有的是现今国际秩序中出现的，有的则是某些国家战略怂恿下产生的。但诸多成因下的显著表现就是恶化了中国与其他国家之间的关系，以及形成了某些国际之间的纠纷。在上述这种复杂的国际情势下，要求中国政府和社会必须拿出解决纠纷的策略与方针。现代格局中的国际关系集中体现为诸大国及地域联盟之间的关系。中国的国际关系也集中体现为与诸大国及国际联盟之间的关系，比如中美、中俄和中德关系，以及中国与欧洲、非洲、东盟和拉美等国家或国际联盟之间的关系。其中，日本因具有极为特殊的地理和经济情状，在中国的国际关系中处于比较特别的地位。当然，还表现为日本对中国社会发展的影响程度，不仅体现为对中国经济发展存在较大的影响，而且还对中国社会发展也存在较大的作用。比如，日本在经济上显得较为强大，处于国际和东亚社会中发达国家的地位，但其在政治和军事上却严重地依赖美国，并极力地获取美国在政治和军事上的支持，妄图在东亚地域长期占据比较优势的地位，以延续其近代以来的霸主地位。为达成上述这样的目标，日本社会仍存在比较严重和浓烈的"反华邪性"，这是日本历史中所存在思想观点的延续，同时也是日本社会现实中的需要，因此日本在国际社会中经常制造各种反华的舆论和行动，"右翼"组织更是急先锋，并形成包括日本政府、民间和"右翼"组织等在内的反华大合唱，其反华的动作对中国的国际影响力和社会发展已产生极大的负面影响与作用。日本还借助各种内外部力量，特别是在非法侵占琉球的同时，挑动与中国之间的领海和领土纠纷，集中体现为东海和钓鱼岛及其附属岛屿主权归属问题。日本还在国际社会中散布各种反华舆论，以阻扰和迟滞中国的时代崛起，并设法激化中国与周边国家及与其他相关国家之间的关系，这样的国际情势就更复杂了中国与日本和周边及其他相关国家之间的关系。由上可知，对待日本这样的对华社会政策和思维模式，就必须寻到更为适宜地对付其社会情势的策略与措施，集中起来可以概括为"刚柔相济"和"软硬兼施"："刚者"就是要有足够能力射下九日；"柔者"就是要有足够肚量留下一日，即中国对日本需要采取打击与怀柔相结合的方式，并以打击为主要的特点，而不是以怀柔为主要的方式。同时，要做到软实力与硬实力之间的结合，前者集中表现为中华文化对日本的统合力，后者集中体现在中国社会对日本的威慑力，包括外交和军事上的震慑力，这是具有相当必要性的重要策略，而且还必须以这样的力量为主要的选择方式。从长远角度来讲，中日关系更具有复杂性的特征。对中国而言，日本还具有长久的威胁性特征。毕竟中日关系已渗入文化层面，即是文化之间的冲突与对抗，而且由于中日文化上的渊源和地理上的邻近，更增强了中日冲突和对抗的社会现实性与未来面向性特征。由上述思想观点出发，提出解决中日关系的策略措施，即"后羿计划"。实际上来讲，内在的含义集中体现在：中国应在历史与现实、文化与社会等层面上，全面考察中日关系，系统地认识与理解日本对中国的潜在与现实威胁，在必要情形下可以采取全局威慑策略，即在国际舆论和现实策略上以日本为假想的敌国，对日本实施全面的震慑力，当然自身需要以获取上述方面的发达为根本前提。

卷三

应对构想（二）：嫦娥计划

日本型文化：嫦娥计划提出的文化根源

　　日本位于太平洋西岸和亚洲东部的群岛上，历史上长期处于人类社会发展的边缘地位，即无论是在社会经济发展还是在科技文化进步上，都处于边缘的地位。在近代之前的较长时期，日本文化只作为中华文化的附属部分，但又存在其本身的特点，即存在其本土文化的成分。在列岛文化发展进程中，这种本土文化逐步地形成日本宗教上的文化内涵，即传入中华文化之后，发展出神道宗教的信仰，并形成列岛上的独特文化。在神道宗教信仰之下，各诸侯国经过长期的兼并战争，最终逐步地走向统一，并由此形成独具特色的社会制度，即天皇制度。由上可知，天皇制度的文化基础就是神道教，这样的制度是建立在宗教信仰的基础上，而并不是建立在现实政治的基础上。在日本社会长期发展过程中，天皇制度作为上层建筑最为主要的组成部分，虽然也具有一定社会和文化上的号召力量，但在某些时候天皇只作为宗教信仰的存在。然而，在近代之后特别是明治时期，天皇不仅具有文化和信仰上的权力，而且还掌控现世的权力，建立起"政教合一"的"天皇制"国家。

战败之后，在美国军事和政治压力下，日本走向现代发展的道路：政治上宣称摒弃天皇制度，经济上严重地依赖美国的支持，军事上接受美军驻扎列岛，文教上引进西方制度，诸此种种社会变革都是美国强制下的结果。但战后国际局势又迅速地发展为东西"两大"阵营，即以美国为首的西方"北约"和以苏联为首的东方"华约"，这就为日本社会转型创造了有利的国际条件。其实，正是在上述"两大"阵营争斗中，特别是日本在朝鲜战争中凭借支持美国的策略，不仅获取了美国"绝对"的信任，而且抓住社会和经济崛起的机遇，从而出现20世纪60、70年代的空前发展，重新恢复天皇制度，并在70年代获取对琉球的管治权。上述方面促使日本更进一步地成为东亚地域中的西方国家，其社会和经济也借助西方国家的支持，更加迅速地发展起来，而且还以此为基础，促使其科技和文教等领域也获取较大程度上的发展，从而逐步成为科技研发和人才育成中心，并导致日本企业遍布全球。在当前国际局势中，日本俨然已成为国际信息收集和分析中心，遍布全球的日资企业成为其信息来源的主要渠道。在战后50年内，日本由此迅速地由战败国家转变为发达国家，这样的变化体现出日本文化所具有的特色：灵活原则，其中蕴藏着武士道的内在精神，以及强调容忍和注重谋略的本质特征。

日本社会的现状并不是无源之水，源泉正是日本文化。美国学者将日本文化概括为"耻感文化"，但从近代以来日本文化的现实状况来讲，这只探察到日本文化的侧面。其实，日本文化的核心在于神道教，以及由此导引出的天皇制度。在这种宗教文化和社会制度下，以及在历史发展进程中，列岛上的诸侯国进行长期和持续地征战，并形成武士道的精神。日本文化包括三方面重要的内容，即神道教、天皇制度和武士道精神，并由此构成传统日本文化的核心内涵。但文化并不同于其他的社会现象，它存在一定的符号现象，比如日本社会存在"家纹"崇拜的现象。确实，此类现象只是符号象征，但却具有重要的社会意义，表明日本是以家族为单位形成的国家。在探究天皇及其家族的相关信息时，多数研究者习惯上称"天皇家"，其实就是以家族为单位阐述其中的相关问题。由上可知，把日本文化概括为"耻感文化"，并没有抓住日本文化的实质内涵，而只是见到其中的表面现象，即忠君和殉道等武士精神。其实日本文化的本质内涵是"耻感文化"所难以概括出来的，其中涵盖对神道教、天皇家和武士道的崇奉，这里存在"三位一体"的文化内涵。当然，存在史实上的证据：战争之时，远离列岛的日本军人定期地面向皇宫遥拜；战败之后，众多日本国民（男女老幼，或称臣民）齐集皇宫广场，面对皇宫跪拜与祈告。由上可见，日本人对"天皇家"的真诚度并不逊于任何宗教，以及日本人对天皇（"真人神"）的尊崇已达何等程度。其实，可以认识与理解日本所出现这样的社会现象，毕竟天皇制度正是由神道教而产生，这是日本作为"天皇制"国家的重要表征。

正是日本文化存在上述特征，造成其社会出现各种特色，当然成因来源于诸多方面，比如日本人具有节俭、容忍和秩序的习惯，其中存在地理、环境和文化等方面的原因。其实，传统中的日本领土是贫瘠之处，古代时甚至难以做到农产品的自给，以致又称为"瑞穗"，借以祈求能有好的收成。当然，这是可以想见的事实。现代日本社会也必须大量地进口各类农产品，才能满足基本的生活需求。日本的发达起步于明治维新，而且伴随日本国力的增长而走上侵略别国的道路。因此可以说，世界步入工业化之后，日本才存在了走向发达的条件与可能。侵略的行径为日本社会积累了充裕的财富与资源，同时导致出现东亚文化的中心移位；工业化的发展为日本社会的发展提供了持久和根本的动力，因此日本高度重视人才育成和科技创新，致力保持其在科技创新中的领先地位。目前，日本已建成为信息收集与分析中心、科技研发与创新中心，以及人才培养与育成中心，即"三大中心"，并且逐步成为全球金融的重要枢纽。当然，日本社会的发达还得益于其产业布局和贸易发展。现代日本的产业布局基本上可以概括为两种类型：一是科技创新型企业。这类企业的总部都设在日本的本土，主要职责是完成科技研发与创新的任务，而分部遍布全球，主要职责是承担科技产品的应用与开发。前者体现为注重脑力劳动的特征，后者体现为注重体力劳动的特征，即属于劳动密集型的性质，并负责产品营销的任务。很显然，这样的产业布局体现出日本着眼全球的市场，而不仅仅着眼其国内狭小的发展空间。二是营利发展型企业。日本之所以能在较短时期积累巨大的财富，与日本企业的全球布局存在紧密的关系，具体表现在如下方面：不仅注重科技创新型企业的发展与壮大，而且还利用现有雄厚的资金，以及先进的各类技术，在全球范围内创办和经营各种营利发展型企业，包括各类服务型企业。这类企业完全依赖全球性市场，并以资金、技术和管理的提供为手段，利用其他国家的资源、设施和人员，通过市场运作的方式，获取最大化的利润。上述的企业布局具有多种信息和经营上的利益，并成为日本全球战略重要的组成部分。

但无论是日本文化的性质还是日本社会的发展，都具有为其宗教精神服务的目的。这种宗教精神的物化形式是尊崇天皇，而文化形式是神道教，社会形式是天皇制度。可是，在这种宗教文化和社会制度中，却存在诸多极端的思想观点，比如"八纮一宇"的社会理念，显著的标志就是设有"八纮一宇塔"；具有侵略性特征的"大陆政策"和"右翼"思想，重要的目标是要实现对东亚大陆的掌控，而核心是要实现对中国的分割与控制，最终是要建立所谓"大日本帝国"。在中国历史中央王朝更迭中，曾多次出现少数民族入主中原，并建立起政权，但这些政权最终还是为中华文化所融合。在东亚历史发展中，日本曾是中国的附属国，具有归属中华文化的强烈情感，但却具有其特殊的方面，即存在比较强烈的"岛国根性"，甚至近代以来形成日本型文化，其中征服成为鲜明和重要的特征，具体表现在如下方面：建立以神道教为精神的宗教文化，以天皇制度为根本的社会制度，以武士道为工具的实现技术。然而，实现的路径其实就是征服的过程。实质上来讲，这样的扩张方式更多地表现为政治和军事层面上的政策，难以从文化角度上深化这样战略的内涵，毕竟日本型文化虽然具有本土化特色，但其依然来自中华文化的因素。因此从文化角度来讲，日本型文化最终会融入中华文化，即使日本战略和策略的目标获取了实现。但这样的征服也只是日本社会和日本人的一厢情愿，由此造成的征服与反征服必将激化日本与周边国家之间的矛盾，比如与朝鲜半岛及与中国之间的冲突。因而，从历史发展进程上来讲，这样的矛盾与冲突逐步会演化为民族之间的矛盾与冲突。但只要中国仍依从和主张忍让与宽容的文化精神，日本对中国这样的威胁就将长期性地存在。若中国采取主动和进取的方式,则中国就极有可能除掉这样存在于历史、现实和发展中的祸患,这是中国人可以认识与理解到的社会事实与发展趋势。由此出发,提出具有策略特征的"嫦娥计划"。所谓"嫦娥计划",顾名思义,来源于中国传统神话"嫦娥奔月",同时借用中国登月战略"嫦娥工程"。当然,这里还存在另外特殊的含义。

从策略层面上来讲,无论是在历史还是在现实中,日本对华政策都呈现为积极和主动的态度,而且这样的主体精神表现得非常鲜明,但中国对日本的政策则明显地表现得相当"猥琐",难以称得上是大国对临近小国的外交政策。从历史角度来讲,中国近代的发展确实存在某种程度上的社会原因,但新中国成立之后面对全新的国际局势,在对日本的政策上仍呈现出强烈的弱国心态,并且还显得非常被动与消极,这与中国的大国身份极不相称。目前的国际局势表明,中国对日本的政策亟须进行必要的调整,甚至可以说要经历极大程度上的转型过程,这对中国的进一步发展日益显得具有必要性。毕竟,首先,中国是东亚的大国;其次,经历改革开放政策之后,中国的实力已出现明显的增强;再次,在与日本的比较中,中国已在诸多方面获取了超越,应有信心地争取更大程度上的超越,更应表现出足够的自信和意志,而不是从历史到现实甚至在走向未来中,都表现出相当"猥琐"和"弱势"的心态。其实,对中国的长远发展来讲,存在这样的心态没有任何益处,这也并不是韬光养晦的表现。由此看来,中国对日本应更多采取积极和主动的政策,以应对日本社会所存在诸多"反华邪性"的现状。其实,这也是中国在国际社会中的现实需要。

二 五大攻略:嫦娥计划的基本内涵

中国制订和实施"嫦娥计划",存在社会性的现实必要。毕竟消极和被动地应对日本对华政策,难以获取显著的实际成效。在这种历史与现实背景下,对日本就必须采取积极和主动的应对策略。当然,这应是策略性的设计，而不是临时性的安排。就上述角度而言，实质上"嫦娥计划"就是中国对日本的策略性计划，主要的目标是有效地应对和清除日本社会及其对华政策中所存在的"反华邪性"，从而为中华民族的长治久安和繁荣崛起创设良好的社会发展环境与氛围。作为世界大国和地区强国，中国应在国际和东亚社会发挥更为重要的影响与作用，特别是要积极和主动地应对各种内外部的挑战，而不应一味地考虑各种国际环境和外交条件，比如美国因素在东亚的存在与地位，以及日本在其中的影响与作用。对东亚诸国来讲，美国完全是外部的因素，地缘政治过分地考虑美国因素，就难以凸显中国在东亚的地位与作用。况且，日本在政治和外交上高度依赖美国，军事上更是美国的附庸，在上述这样的状况下过分地看重日本的影响，也不是实事求是的态度。其实在很多情形下，甚至可以将日美因素结合起来，以"日美国"的概念来分析东亚地域所出现的诸多问题，而不是把日本因素单独地陈列出来。在处理国际和东亚某些问题时，上述这样的因素分析具有重要的意义，其实也是策略性地考虑某些国际和东亚问题的有效方式。当然，更不能无视国际现实和发展形势，毕竟日美之间也存在巨大的利益分歧，而且在某种层面上还具有分别对待策略上的比较优势，其实这也是中美日"三角"关系所确立的基点。但东亚政局的关键还在于中美关系和实力较量，并可以将日本看成附属美国的政治力量。在上述这样的观察和分析视角下，中国对日本的政策就更存在调整的必要，单纯地拉拢与绥靖日本，已成为并非上策的选择，而应在更大程度上采取以美国为主要对手，并采取"软硬兼施"办法制约日本的对策，从而促使日本为自身的根本利益而采取某种相关的政策，这样的办法或许比目前单纯的宽容与忍让策略，更易见到实际的成效。毕竟从历史角度来讲，日本不应反华更甚于反美，而应表现得正好相反。实际上，在日本社会也确实能清晰见到这样的表现，比如在"学艺"图书馆，浏览到太平洋战争的历史宣传手册，其中称呼参与太平洋战争的美英两国为"鬼畜"，即"鬼畜米英"，还对美国向日本投掷原子弹的场景，进行极为细致的描述，明显地呈现出极为强烈的反美情绪。

然而，社会现实中的日本却呈现出这样的情形，即反华远甚于反美。

无论是报刊中出现的各种评论性文章,还是随处穿行的"右翼"车辆招贴,以及每逢特殊时日在街道咆哮的"右翼",矛头总对准中国,而很少提及美国。当然,对美的抱怨往往也出现在一些社会团体编辑的文集之中。由上可见,日本反美的态度相对比较缓和,但这并不能排除日本对美国的憎恨,虽然表面上并没有充分地表达出来。出现上述这样的状况,存在现实性的原因:毕竟日本现在仍处在美国的掌控之下,特别表现在外交、经济和军事等领域,当然成因并非就是这样的简单。战后日本逐步成为美国在东亚的代言人,代表的是美国在东亚的根本利益,即日美两国在东亚的利益已呈现出高度相关的状态。目前的情形集中体现在:日本减损美国在东亚的地位,就是在损害自己在东亚的现实利益。在这一点上,日本人比谁都更清楚。因此在诸多国际事务中,日本唯美国马首是瞻,怎敢再表达对美国的负面情绪。但历史的创伤难以愈合,况且日本又是充满"岛国根性"的国家,日本社会这样的历史记忆及由此产生的报复心态,依然呈现为现实的存在。在这一点上,当前日本对美国的态度也难以掩盖起来。实际上,日本早年与中国恢复外交关系,与上述这种对美情绪存在一定程度上的相关,主要的考虑就是制衡美国对自身的控制程度。当然中国也存在同样的考虑,即借助与日本之间的关系,制衡美国在东亚的影响与作用。在上述方面,其实美国也非常清楚,而且战略上还看得更远,比如考虑到与苏联之间的势力争夺。当然在与苏联的争夺中,美国确实占据了上风,最终导致苏联的解体,以及东欧国家的剧变。

  国际局势总处在变化与发展的进程之中,中国的崛起已成为时代发展的必然趋势,但这又引起美日的担忧。前者存在现实性的忧虑,毕竟这必将会冲击美国独霸全球的局势;后者则带有历史性的担忧,毕竟近代以来日本对中国采取野蛮的侵略政策,造成中国社会财产的损失和人员的伤亡,以及中华文化的劫掠与破坏,这样的历史记忆还会存在某些现实性的回应,这是日本最为担忧的事情。这样的国际局势导致美日存在对华策略上的契合点,因此共同围堵和遏制中国的崛起。大致可以做出这样的初步结论:美国主要是在战略上决策与中国之间的相关事情,而日本则主要是在策略上制造与中国之间的一些事端。在上述这样分析结论的基础上，就可以更为细致地观察与探究国际社会出现的诸多关系问题，阐释一些难以释怀的社会现象，比如日本社会存在浓烈的"反华邪性"，以及出现反华制华的社会行为与现象。当然，清除日本在对华策略上的诸种手法，还是相对较为容易的事情，关键是要破除美国在对华战略上的一些运筹。从上述这样的思想观点出发，中国所面临诸多问题的解决，依然取决于如何处理与美国之间的关系，这是具有战略性特征的重要问题。然而解决问题的关键，则在于增强中国的实力。有实力才有话语权，有实力才能平等地与美国进行对话与协商。当然，这种实力是综合性的实力，而不单纯地表现为经济或军事的实力，即包括科技和文化等领域的实力。只有在上述这样的基础上，才能谈对日本的政策和策略转型问题。由上可见，中国应在处理好与美国之间的关系基础上，积极和主动地解决与日本之间的关系，从而应对由日本所导演各种反华制华的社会行为与现象，并由此提出"嫦娥计划"制订与实施的"五大"攻略，即经济攻略、社会攻略、政治攻略、军事攻略与文化攻略。

一、经济攻略

经济基础决定上层建筑，这是马克思主义的重要论点。由此足见经济因素在社会发展中的重要作用。新中国成立初期，由于不懂经济发展的基本规律，中国走过诸多的弯路。但可以看成社会历练的过程，毕竟历史不能重复。改革开放之后，给予经济规律足够的尊重，这是近些年来中国获取经济发展与繁荣最为重要的原因。但现实中也还存在诸多的挑战，其中具有内外部影响与作用的因素。就内部因素而言，中国经济发展还存在诸多差别，比如在城乡之间、地域之间和阶层之间，导致产生不均衡的问题；就外部因素而言，中国经济发展还面临诸多障碍，比如中美货币汇率问题、中日产品质量问题、中欧市场销售问题，反映出国际社会对中国经济发展所存在历史与现实芥蒂。而处理上述问题，需要中国政府和人民足够的智慧与意志。

然而，在上述问题的背后，还存在社会发展中的诸多矛盾，甚至涉及战略性的发展问题。毕竟近代以来，西方长期处于比较优势的地位，不仅反映在经济领域，而且还涉及社会广泛的领域。但经济始终处于基础的地位，这是关键的问题。中国经济获取较大增长之后，西方国家普遍存在危机感，即全球经济的重心又出现由西方转向东方的时代问题。因此，西方国家采取各种措施与办法，妄图阻止中国经济发展与社会崛起的进程。但这又与日本的想法存在某些差别。日本热衷于作为西方发达国家，近代以来又长期奉行"脱亚入欧"政策，但从地理角度来讲，毕竟日本还是东亚的国家，因此面对近邻中国近些年来出现的经济发展与社会崛起，内心中存在较大的危机感，其产生既存在现实性的因素，也存在历史性的因素，可以理解日本人所秉持这样的心态。其实日本采取的策略也与其他西方国家存在显著的差异，比如其他西方国家更多从经济领域入手，大多谈论经济问题，但日本则并非这样：日本经济的发展已在很大程度上依赖中国，日资企业遍布中国内地，而且获取巨大的经济效益，并长期保持对华贸易的出超，即出口额高于进口额，但同时日本社会却表现出足够的忧虑，即担忧中国经济的发展对日本产生各种不利的影响与作用，并加剧日本在东亚经济方面比较优势的丧失，从而促使日本在中国经济发展问题上存在"右翼"的言论，出现各种反华制华的不和谐声音。其实，存在这样的现状也可以认识与理解，毕竟依然存在日本侵华战争中的施害与受害等历史问题，以及中日社会现存的各种利害关系，比如东海油气田权益和钓鱼岛及其附属岛屿主权的纠纷。当然，上述方面也正表明，中日之间存在某些特殊的问题，以及中国对日本的经济政策，也应具有某种特殊性的特征。

在当前国际发展环境中，日本因素对中国经济发展具有重要的意义。在上述方面，需要给予充分肯定。但过分强调和依赖日本因素在中国经济发展中的影响与作用，对中国经济实现长远战略性的发展并无益处。在这一点上，也应存在充分的认识与理解。中国对日本的经济依赖，主要存在于科技及其产品方面，而且中国对日贸易长期处在入超的状态，因此首先要对中国科技及其产品研发提出急迫的要求，其次要改变长期存在与日本贸易的入超现状。其实这里涉及社会大系统的问题，特别涉及内外部系统因素。科技及其产品研发并非一日之功，这是系统性发展的成果，需要在制度、政策、措施及其诸多做法上给予配套，需要站在战略与策略等层面上进行科学和合理的设计。从上述方面而言，"后羿计划"是"嫦娥计划"的重要基础。只有先在诸多方面达到强大，才能有足够的实力，以及积极和主动地落实各种策略性的计划，从而切实实现诸多攻略所设置的目标。在经济发展战略上，当然也存在同样的道理。

　　谈及对日本的经济攻略，要特别关注其中的实质内涵。其实，这是对日本相关政策与做法的应对策略。概括地来讲，包括如下方面：一是科技优先，兼顾平衡。针对日本科技相对发达的现实，中国对日本的经济交往，应更多以科技及其产品为大宗，力求在上述基础上追求两国之间经贸上的平衡，而不应一味地呈现出中国入超而日本出超的现状。二是远交近攻，还治其人。日本向来采取远交近攻的方式对付中国，近代以来表现得最为明显，比如奉行"脱亚入欧"政策，对近邻朝鲜半岛和中国采取进攻的政策，即"大陆政策"。因此，当前中国应采取"还治其人"的手法，在经贸上采取更倾向于非洲、拉美和美欧等地域的政策，而对日本采取经济孤立的政策，并适时采取某种打击的策略，以应对日本在中国经济发展上的说教与阻碍。三是布局全球，挤压日资。在当前国际经济布局中，必须确立全球战略，放眼世界范围，这在经济战略发展中具有重要的价值与意义。由于日本在早先时期已抢占全球市场，因此就有必要通过各种途径，挤压日本资产和企业经营，压缩日本在海外资金和企业的发展空间。其实就是在重要支点上，以及在全球范围，动摇日本经济的影响与地位，从而为确立中国经济上的比较优势，创造必要的条件。四是珍惜资源，击其弱项。除了渔业和海洋资源之外，日本在其他诸多资源方面都呈现出贫乏的状态，甚至在诸多工业和生活资源方面，都高度依赖从周边国家进口。近代以来存在不合理的全球贸易定价机制，周边国家在出口资源上没有充足的定价权，因而遭到日本多方面的盘剥与欺诈，比如中国农产品、煤炭和稀土等资源。在当前国际经济情势下，中国应具有战略眼光，对相关资源要采取严格控制出口和夺取定价权的措施，从而扭转长期以来日本科技产品价位高，而周边国家初级产品价位低的状况。当然，最为重要的战略还是要在经济上尽速地发展起来，并形成对日本的比较优势。其实，这是对日本最为根本的经济攻略。

二、社会攻略

日本社会已形成具有国际性特色的反华阵线和基地，参与人员的成分显然比较复杂，比如"右翼"团体、邪教组织，以及"藏疆台独"等，其中包括中国人反政府和国际反华人员。当然还存在诸多具体的反华行为，比如"右翼"在街头反华宣传和参拜靖国神社；境内外异见的中国人在日本闹市肆意拉出反对中国政府和执政党的横幅；追求所谓独立的人员，利用日本社会的讲堂，宣传各种反对中国政府的思想观点，而且日本报刊和出版业界，以保障言论和出版自由为招牌，肆意地编辑、出版各种反华制华的著述或文章。其实在日本这并非新奇的事情，也并非新近才出现这样的社会情形。从历史角度来讲，列岛从近代时期开始就逐步形成反华基地；从现实角度来讲，北京奥运会举办前夕中国出现的诸多社会安全事件，其实就是境内外反华组织及其人员的策划与实施。然而在上述事件的策划与实施中，日本起到国际"桥头堡"的重要作用，比如国际舆论的营造、反华思想的提出、反华组织的创建与发展，以及反华人员的聚集与生存，诸如此类的反华因素和举动都存在于日本社会之中。当然这与日本政府和社会的纵容与支持，甚至直接性的参与，都存在紧密的关系。诸此种种的表现都充分地表明，在诸多国际反华的舆论和事件中，日本都具有相当重要的影响与作用。

由上可知，在国际时局的视野中，日本是全球范围反华舆论和行为的策划者、唆使者与纵容者，当然更是支持者。从地理角度来讲，日本是全球性的反华基地，即"右翼"策动反华舆论与行动的基地、异见中国人反政府的基地、追求所谓独立的人员宣传思想和显示存在的基地，即各类反华组织和人员活动的基地。对中国政府和社会来讲，日本无异于就是反华分子集聚、生存和发展的基地。针对此种基地的存在，中国政府和社会应提出具有策略性的方针，并采取必要和断然的措施，致力铲除这样危及政权稳定和民族发展的基地。基于上述分析与判断，制定对日本的相关社会攻略，就显得尤为必要。基本的内涵体现在如下方面：

第一，正视现实，切莫"投鼠忌器"。其实，造成中国目前所面对国际境况的成因，确实存在诸多方面，但在很大程度上则在于中国政府和社会难以做到正视现实，对日本政府和社会还存在一丝的幻想，毕竟中日之间及其政党组织之间还存在各种联系，既存在于中日战争这样的特殊时期，也存在于中日友好这样的和平时代。但在很大程度上，中日之间的和平发展是以中国政府放弃对日本侵华的责任追究为代价。当然，这里涉及20世纪70年代所签署中日政府之间的和平条约。但这样的条约也不应完全地包揽中日之间所有的社会事务，比如保障中国受害者对日本侵华战争的责任追究，以及要求日本政府和社会进行侵害赔偿的民事问题。

从目前现实情形来讲，中国政府已处于两难的尴尬境地，毕竟过去曾高调地表达放弃日本发动侵华战争的国家赔偿承诺，但却忽视中国社会要求日本给予民事侵害赔偿的心声。从性质角度来讲，这是行政主导型政府在决策时的短视，并没有考虑人民对日本发动侵华战争的责任追究态度。当然也可以这样说，这是当时中国政府在决策时所出现历史性的失误。正是存在这样时代性的失误，日本政府和社会就多次以中国政府的承诺或申诉已过时为借口，肆意地侵害中国受害者的人权与民权，从而逃避所应承担的侵害责任和历史义务。因此，在解决问题的过程中，中国政府只能扮演无为的角色，经常三缄其口，难以采取非常有力的措施，及时督促日本政府和社会承担侵害责任和历史义务。但没有中国政府的参与和支持，针对日本各种争取权益的司法审判，就难以获取朝向利于中国受害者的方向发展，这又无异于再次伤害中国受害者的感情与利益。

基于存在上述的情形，中国政府应正视现实，转变在历史和现实问题处理上的态度与方式，以人权和民权为主要的舆论工具，督促日本政府和社会对中国受害者做出民事赔偿，特别是日本相关责任性的社会组织，包括日本军事部门和企业单位，督促自觉承担国际民事责任与历史义务。对中国受害者来讲，中国政府存在这样的转变，不仅可以增强追究日本侵害责任和敦促日本承担历史义务的信心，而且还可以起到惩诫日本"右翼"与预防战争重演的现实作用，从而正告日本"右翼"并警示其政府和社会，莫重蹈历史的覆辙，真正地以和平友好的心态，处理好中日关系，而不是目前日本社会所呈现这样的反华景象。

第二，针尖对麦芒，毫不手软。近代以来，中日关系以日本为主角展开，战败前日本以侵华为主要的目标，对中国采取积极和主动进攻的战略，策略上先侵占朝鲜半岛，然后分裂中国，既而展开全面侵华战争，以及做好占领全中国的打算。但转入太平洋战争之后，日本面临东西两面夹击的被动局面。随着美国和苏联对日宣战，最终出现日本战败的结局。然而，战后日本又奇迹般地实现时代崛起，并对中国重新采取历史中存在的进攻战略。虽然这次并非表现为激进的侵华，但在社会舆论和言行等方面，不断地刺激中国政府和社会，具体表现为日本社会所存在浓烈的"反华邪性"，以及所出现反华制华的社会舆论、思想观点和意识行为，特别是所创建的相关组织基地，以及所提出的相关社会理论。

由上充分表明，在历史与现实中，日本社会都存在极为强烈的相似特征，需要中国政府和社会给予足够的关注。面对日本凌厉的对华攻势，中国政府长期所采取的是宽容和怀柔政策，并自我设限地把日本政府与人民、军国主义与日本社会相分离，长期秉持这样的原则，造成诸多对日决策出现历史性的失误，包括承诺放弃日本所发动侵华战争的国家赔偿。但即便采取这样的对日政策，日本政府和社会还是出于政治和战略上的考虑，对各种反华制华的言行采取纵容、支持和参与的态度，提出"中国威胁"和"围堵中国"等思想观点，借以阻止中国实现快速发展和时代崛起的步伐。这样的现实情势迫切要求中国政府和社会转变对日本的思想观念，重新审视对日本的相关政策与决策，并提出应对日本"反华邪行"的具体措施，从而为中国社会发展和时代崛起扫平障碍。

其中存在这样的原则：针尖对麦芒，毫不手软。前者的内涵：以其道还其身，以其术还其体；后者的内涵：打击要有力度，"言必行，行必果"，做到铿锵有力，达到惩前毖后的成效，即战略上要以其道还其身；战术上要以其术还其体；手法上要毫不手软，保持打击的力度。目前日本已演变成国际性的反华基地，中国政府和社会面对这样的情势，应采取应对性的两手：舆论上的反击和利益上的打击。前者主要针对日本社会所存在的反华舆论，包括思想、报刊与图籍，以及"围堵中国"等制华理论，甚至更为直接地开展对中国具有现实威胁的制华行为，比如主持或协助在中国境内所制造的社会安全事件，以及通过外交、经济和科技等手段，制压中国发展和时代崛起的步伐。当然还包括利用各种规制上的漏洞，采取歧视和攻击中国的国际行为，比如在处理在美国和中国的问题车辆时，丰田公司实施区别对待的赔偿政策。

针对日本上述种种手法，中国政府和社会应采取强有力的应对措施，其中就应包括战略、战术和手法等诸多层面。比如，针对日本社会舆论所存在浓烈的"反华邪性"，中国的媒体应适时地应对，并在有条件的情形下，在日本社会中给予必要的反击，甚至必要时也可以"邪性"地应对，而非一味地采取回避和退守的态度，甚至去封锁报刊媒体和电子网络中的相关信息。又比如，针对日本社会所存在"右翼"反华的言行，包括采取纵容、支持和参与等手法，鼓励在中国境内制造各种社会安全事件等行径，不妨运用具有针对性的相应手法，即在言行上采取直接和有力的应对措施。当然，同时要特别注意讲求策略与方法，但这不应成为损伤应对力度的理由。

第三，系统集中出击，制压"群魔"。系统论是解决社会和国际问题的重要方法。从一个国家系统角度来讲，日本是注重社会大系统的国家，比如在教育的战略发展方面，日本已构建比较完善和发达的大教育系统，高度重视社会教育系统的影响与作用。在大教育系统的内涵方面，日本已整合与构筑学校和社会"两大"教育系统，并建立完善与发达的相互协调、合作和交流机制。非但体现在教育方面，而且在日本社会的其他方面，同样也高度重视系统的构建及其作用的发挥，甚至在对华政策的决策方面，同样也存在这样的系统及其运作机制。日本成为国际性反华制华的基地，内在的系统原因是其社会大系统所存在的"反华邪性"，以及由此所产生的各种反华组织及其运行机制，并导致其社会出现反华制华的言论、著述与行为。其实存在这样的情形，也就充分地表明，中国政府在处理与日本之间的关系问题时，在政策决策上存在重大历史性的失误。毕竟日本政府难以与其社会相分离，军国主义也难以与日本人民相分离。但中国政府却在这样的分离原则基础上，制定对日本的各种政策与措施，并把"中日世代和平友好"作为政策决策的出发点。但深入日本社会去认识与分析，就会赫然地发现，上述思想观点只是中国政府的一厢情愿，既难以在日本政府和社会中寻到认识上的共鸣，当然也难以在中国社会和人民中获取理解上的共识，这样情形的出现必然会导致背离国际社会的现实和中国人民的意愿。当然，在处理与日本之间的关系时，也就会产生诸如无法处理日本发动侵华战争的民间赔偿等问题。

在新的国际和社会发展背景下，中国政府对日本的政策与决策必须及时地改弦更张，正视国内外社会所存在的现实因素，而不是将对日本的政策与决策，建立在理想和想象的基础之上。然而，对待日本社会所存在浓烈的"反华邪性"，以及由此所引发诸多的"反华邪行"，中国政府和社会应采取统一的步调，特别应认识与理解诸多社会性因素的影响与作用，而不是刻意地遵循历史中所存在的所谓和平条约。当然，这也并非让中国政府去做不诚实的事情，而要在新的国际和社会发展环境中，积极和主动地改革发展相关政策与决策的理念，而非固守历史中所存在的思想观念，其实这是思想解放和与时俱进的具体表现。改革开放政策已历时三十余年，中国社会的思想观念也已出现跨越性的发展与变化，但在对日本的政策与决策中却明显地呈现为保守和固步自封的状态，并没有随着国际和社会的发展而进步。但必须看到这一点，中国社会的意志就是民意，它是任何力量都不可违抗的潮流，中国政府也必须顺应这样的趋势，而不能因为某种历史性的限制，试图阻止其实现持续性的发展。因此，在处理与日本关系的问题时，中国政府必须适应这样社会民意的发展与变化，及时对所出现的各种问题，做出适当的积极回应，而不是在历史框架中止步不前，或者说成为特殊的局外者，特别是在中国公民有组织性地到日本法院申诉其侵华暴行，并要求给予适当民事赔偿之时。毕竟，虽然这样的索赔行为只是公民民事纠纷，但由于发生在中日两国之间，中国政府就有责任和义务去为本国公民争取合法的权益，而绝不能成为特殊的旁观者。

上述方面只是其中部分的认识。中国政府和社会还要特别关注日本社会中的"反华邪性"及其"邪行",这是中国政府和社会所面临的重大战略与策略问题。毕竟日本已成为现时期全球性的反华制华基地。对中国政府和社会而言,这里已汇集诸多反华组织及其势力,虽然还没有达到诸如阿富汗和巴基斯坦中恐怖活动显著性的猖獗程度。其实对中国政府和社会而言,阿富汗和巴基斯坦的恐怖分子应另当别论,如果他们存在某些正当社会理由的话。但日本社会所存在的各种反华组织及其势力,却对中国存在直接或间接的社会影响与作用,其形式则表现为多种多样:既会呈现为显性的状态,也会呈现为隐性的状态;既表现为思想和理论上的阐述,特别是在媒体、报刊和图籍中的表达,又表现为中日两国及其人民之间的矛盾,以及在中国境内谋划与实施诸多社会性的事件。其实上述方面并不是单一的呈现,而是具有系统性特征的运作和表现,即日本社会所呈现出的"反华邪性"及其"邪行",并不能简单地归结为其社会组织及其成员所为,而存在社会性的理念和战略。可以说,这是日本社会大系统运行的必然结果。从这样的观点出发也就可以发现,中国政府对日本的政策与决策在理论和实践上存在一定的历史失误。因此,既不能将日本的政府与社会相分离,也不能将军国主义与日本人民相分离。其实日本存在产生军国主义及其侵略行为的文化与社会基础,即侵略中国是日本社会大系统运行的必然趋向。毕竟日本还存在强调"八纮一宇"的社会理念;尊奉"天照大神"的神道宗教;沿袭"万世一系"的天皇制度,以及宣扬舍身殉道的武士精神。在上述社会理念、宗教、制度和精神的影响与作用下,日本依然存在以侵略朝鲜半岛和中国为主要性向的"大陆政策",并已成为日本型文化的基本组成部分。早先曾查阅日本历史图籍,在19世纪出版的《二千五百年史》(撰述于1896年,即中日签署《马关条约》的翌年)中,就发现这样的内容阐述:强调朝鲜半岛是从日本叛离的地区,认为其曾是日本的藩属。由上可知,日本侵略朝鲜半岛和中国大陆的行径,已渗入其历史与文化,而并不是历史中偶发性的国际事件。上述的理解与判断存在确凿的史实依据。

日本社会的现实情形已充分证实这样的事实。在这一点上，应存在清醒的认识与理解，而不应一味地沉浸在理想和想象之中，以及按照历史中的思维逻辑，沿袭过往对日本的政策与决策，而是需要吸取历史的教训。毕竟由于存在日本型文化上的因素，必然会导致这样的惨痛经历和历史事件，甚至极有可能出现现实的重演，这是"世代和平友好"和"永不再战"等口号所难以掩盖的发展趋势。在上述这样的情形下，就需要提出应对性的战略与策略。其中，最为重要的是要发挥社会大系统的影响与作用，集中力量对日本进行必要和全面的制压，甚至可以采取积极和主动出击的非常规方式，从而把这种长远和潜在的威胁，消灭在萌芽和未成型的状态。概括地来讲，就是要采取系统集中出击的策略。但为什么又要说制压"群魔"？这里存在这样的事实：目前日本社会已成为反华制华的基地，这里随时会出现反华制华的大合唱，并且在日本政府及社会的支持、纵容和参与下，各种反华组织及其势力会经常在列岛内部、中国境内和全球范围，导演各种反华制华和排华等事端。比如，纵容"藏疆台独"频繁前来列岛，开展以反华制华和反政府为目标的各种窜访活动，宣传所谓追求独立的思想观点，并在日本社会中寻求舆论、资金和人员等方面的支持，当然也包含日本自身制造各种反华制华的国际舆论等目的。又比如，在看到中国在非洲和拉美地区日益扩大的影响与作用之后，日本立即采取各种途径和开拓各种渠道，加强与上述地域中诸多国家的联系与交流，借以消解中国的社会影响与作用。当然这并不就是说，日本不应增强其国际性的社会影响与作用，但日本更倾向于与中国在全球范围争夺发展的空间，并通过社会舆论、媒体、图籍、外交和援助等形式显著地表现出来，甚至导致中国在与上述地域国家的交往中，只能采取曲线影响与作用的方式，借以吸引日本资金和技术等发展性的资源，援助上述地域中的相关国家，其实这也不失为解决上述地域中相关国家所存在资金和技术困境的上上策。但透过日本这样行为与做法的背后，就可以清晰地看出，日本早已将中国作为竞争的对象，而且在军事上更作为首要的假想敌，并且由于日本反华基地性质的存在，导致在其社会存在诸多反华制华的因素，比如存在复杂结构和有序运行的社会组织，其中有日本人"右翼"组织，也有中国人反政府组织，比如邪教组织和"藏疆台独"势力，更有各种国际性的反华组织。其中不乏各种具有反华性质的情报组织。诸多反华组织现今都已齐聚列岛，从而造成上述组织中的人员成分表现得相当复杂多样，存在各具特色的反华目标及其行事方式，因此可以称为"群魔"。把上述诸种原则概括起来，即系统集中出击，制压"群魔"。既然是制压，就要显示出强大的力度，这是相当重要的前提条件，同时也是中国综合实力的突出显现。

三、政治攻略

政治攻略揽括的范围比较广泛，甚至与其他方面的内涵存在一定程度上的交叉，但这并不妨害在此层面上攻略的独特处，最为突出的特点就是更多地体现为政府战略、策略与行为。其实，日本政治的运作模式非常具有独特性，主要体现在：一是传统固化。日本具有特别的文化，这种近代以来成型的文化可以称为日本型文化，具有本土化、"去中国化"和西方化的显著特征。然而，其中最为独特的方面就是存在神道教、天皇制度和武士道精神"三大"基本的内涵。其实上述"三者"在日本社会和政治中存在"三位一体"的关系，构成日本文化的传统特色。即使战败之后，这样的特色还为其社会所延续与发展。二是外力推动。战败之后，美军进驻列岛，日本基本上成为美国的附属国家，政治上依照美国模式，进行具有现代性的改造。但发展的结果是美国模式与日本传统相结合，构建出具有日本本土特色的所谓西方政治模式。正是由于存在这样的历史和现实背景，日本在政治上高度依赖美国的支持，并亦步亦趋地紧随美国的国际战略，表现在政治和外交中，就是在中美关系的夹缝中，求取其自身的生存与发展。

但日本并非采取消极和被动的方式，往往显得相当积极与主动。这里存在两个具体事例：一是中日建交。中日建交要比中美建交还要顺利，并且时间上还略微提前。日本在听闻中美即将建交之后，迅速地采取与中国建交的行动。二是日本对中美两国态度上的差异。在美国对日本进行两番原子弹攻击之后，昭和天皇被迫宣布无条件投降，从而出现战后美国改造日本的历史。由此看来，从内心而言，日本应更为仇恨美国。但在现实社会中，无论是日本政府还是日本社会，却较少显性地仇视美国，更多地隐藏内心的仇恨，即对美国表现出顺从的模样，当然这是由日美关系特别是美国现实的实力所决定的结果。毕竟美国对日本的影响仍呈现为显性的状态，而且日美两国在战略和现实上还存在较多共同的利益，特别表现在东亚地域之中。但在对待中国的问题上，日本采取与对美国截然相反的处理态度，不仅不承认侵华战争的具体史实，而且在现实政治中采取敌视中国的态度，并且还是显性表达的方式。

其中存在历史和现实中的诸多因素。时至今日，日本"右翼"仍沉浸在近代以来对中国的比较优势和侵华战争的历史荣光中，毕竟这是日本历史发展中的最盛时期，并为其累积巨大的物质和文化财富，对日本历史发展具有实质性的推动作用。这样的心态反映到现实日本政治中，就导致日本再次成为全球性的反华基地，而且其中还存在日本型文化的重要特征，即欺软怕硬的民族本性，以及这样的战略考虑，即紧随美国的对华政策，并借机挑唆中美关系，以求从中获取渔翁之利，极为明显地表现出实用主义的态度。这样的心态表现在日本社会中，就是存在极为浓烈的"反华邪性"，并由此产生诸多反华的思想观念与社会行为，以致成为全球性的反华基地。从政治角度来讲，这样的态度实质上就是日本反华战略、策略和手法的重要表现，主要体现在外交、宣传和经贸等领域之中。

第一，外交领域。政府外交是解决国家之间关系问题的最主要方式。在当前的国际社会，建交国家之间普遍设有大使馆或领事馆之类的外交机构，并作为在建交国家中具有特别主权的地域。即使在与没有建交国家或地区间，往往也设有负责外交的机构，比如办事处等。当然，领导和民间的外交也是国家之间进行沟通和交往的重要形式。

日本外交的空间非常有限，主要依赖美日同盟关系，以及日本在世界经济和科技中的实力与地位。中日外交关系还存在历史问题，只有解决了上述问题，才能谈中日外交关系。但战后日本对华外交，最初主要还是凭借对华经济援助和科技产品贸易，目前开始向生活产品贸易和文化教育交流的转换。中国在对日经济贸易上主要还是以资源和初级产品出口为主要特征。近些年来虽然出现新的发展与变化，但也还并未改变历史与现实中所存在这样的状况。实质上而言，外交关系还是以政治为主要特征，中日外交并不存在例外，而其他方面只是由此所引发的内容，比如两国在经济、文教和科技上的关系。日本对华外交的主轴，也还是考虑中美日在东亚的战略"三角"关系。日本也充分地利用了这样的特殊关系，比如战后初期在美国的指导下，日本进行了社会的现代改造，但实质上却已成为美国在东亚的现代殖民地。

战后国际社会出现以美苏为代表的"两大"阵营，即"北约"和"华约"。也正是利用了这样的机遇，特别是朝鲜战争和越南战争，日本成为了以美国为首联军的后援基地，彻底改变了其战后的国际地位。通过支持与依赖美国的策略，不仅改变了日本在国际社会的经济地位，而且也改变了日本在国际社会的政治地位，成为了西方国家在东亚的重要盟国，凸显出日本利用中美日之间这样的战略"三角"关系，从而在最大程度上获取在东亚的战略与现实利益。现代以来日本同样在充分地利用这样的特殊关系，因此在诸多国际事务中，日本通常还采取与美国保持一致的外交政策，甚至可以说仰美国的"鼻息"，其实这也正是日本社会很少表现出反美情绪，而主要表现为"反华邪性"的重要原因。在当前国际政治格局中，日本将依然继续仰仗美国在政治和军事等方面的支持，借助美日同盟关系，妄图抑制中国在东亚的实力增长与国际影响，其实这也就是日本社会存在各种反华组织及其思想观点的重要原因。当然，历史文化因素也是其中重要的原因。由此看来，在现实国际政治中，处理与日本之间关系的战略背景，其实还是中美关系，这是中日外交关系中最有实质性的重要问题。

第二，宣传领域。宣传工作是国家政治生活中的重要事项，既可以是显性的呈现，直接对社会产生重要的作用，又可以是隐性的呈现，渐进对社会产生重大的影响，而且宣传工作还可以影响与作用于其他国家，比如日本对中国政府和社会中诸多事项的深入报道，其立场和观点对受众会产生直接或间接的影响与作用。日本社会存在诸多对中国政府和社会的歪曲报道，比如以"右翼"眼光对待中国的发展与崛起，以意识形态视角点评中国政府和社会的现状，甚至以民族主义观点阐释中国的政策与决策。其实，诸此种种做法都会向受众传播各种反华的思想与观点。这里可以举出三个典型的例证：

一是制造中国"台藏疆"诸地方"独立"的气氛。在与中国对峙中，日本时常不得不处于下方的地位，此时其就会拿出手中的杀手锏，即发给中国人"藏疆台独"签证，并容许访问及发表各种中国人反政府的思想观点，并按照当时中日关系的情形，决定哪位日本政治人物在哪里会见，以及安排怎样的媒体宣传活动。当然，对日本和"藏疆台独"来讲，这里各取所需。但非常明显，日本借助这样特别的动作，主要用以牵制中日关系的发展走向，以达到影响与作用于国际舆论和媒体的宣传目标。这样的行为超越了中日外交的相关约定，也在某种程度上对中国政府和现实外交起到威慑的作用。当然成效还要看中国政府和社会的反应。由此看来，中国政府和社会也应及时放弃对日宽容与怀柔的绥靖政策，采取更为积极和主动的策略，回击日本这样的国际政治和外交企图。

二是日本社会存在大量的反华出版物，在文化深层次上对中国的国际声誉和影响造成重大的冲击。在日本社会中，经常会遇到来自诸多国家的学生和旅游者。在阅读日本反华出版物之后，外国学生和旅游者大多以怀疑眼光对待中国与中国人。但很多外国学生和旅游者还是难以抵挡住中国发展的辉煌成就，创造机会前来实地参访与考察，回去之后总会大发感慨，并由此参透日本舆论和媒体宣传的歪曲本质，并逐渐地改变对中国和中国人的诸多看法。确实，最初外国学生和旅游者在日本社会中会接受到各种反华的信息，特别是对中国和中国人负面的报道与介绍，但实地调研之后普遍地发现，先前日本的舆论宣传都是臆测的歪曲，从而发现日本社会所存在"反华邪性"的事实。曾私下与赴日访学的国际学友闲聊，谈及日本社会的"反华邪性"问题，国际学友也很有认同。另外有位国际学友还借机到京沪等地参访与考察，回去之后表达出一番感慨，深深地感到日本对华舆论宣传的不可信任，声称可谓有百闻不如一见的感受。

三是新闻媒体习惯性地对中国社会的负面现象和问题进行诸多报道，借以蛊惑不明真相的普通日本人和在日外国人，在日本社会中营造浓烈的反华氛围。曾在日本主流报纸《产经新闻》中看到这样的信息，报道内容是中国的污染问题，其中谈及中国环境污染的严重程度，声言中国上空的烟尘飘浮到列岛，以致造成日本的农作物每年减产10%。其实这纯粹是蛊惑民心的作为，充分地体现出日本反华的本质。若西方的言论和出版自由实质上就是这样的情形，中国也可以借机以"此矛"攻"彼盾"，大声喊出日本樱花的花粉飘浮到中国，以致让众多中国人都患上"鼻炎"。日本社会存在的诸多反华作为，确实只能博取世人一笑，着实令人有嗤之以鼻的感觉。

由上可知，日本宣传领域存在诸多反华的作为。虽然西方惯常以保障言论和出版自由为借口，但这样的政治宣言难以掩盖其实质上的政治需要。可以这样地说，无论是日本还是西方国家，宣传工作从来都是为政治服务的，这是具有本质性特征的揭示。日本政治存在特殊性的方面，比如日本接受美国西方式的改造过程，但这并未本质上改变日本政治的传统特色，即确立在神道教基础上的天皇制度，并由此形成系列的社会政治制度。因此，认为日本是西方国家，只是看到日本政治的"虚像"。实质上日本是以专制和集权为特色的"天皇制"国家，这才是其政治的"实像"。其实这里存在日本政治所具有本质性的特征，即"虚实共生"原则。若通晓古代中国典籍《易经》就可以知晓，实质上日本是非常具有典型特色的东方国家，由此可以清晰看出日本可谓参透传统中国典籍《易经》中的阴阳转换规律，这也是中华文化对日本所存在深刻社会影响与作用的事实证据。但这却难以掩盖日本社会所存在"反华邪性"的本质特征，以及由此导致在诸如宣传领域所存在各种反华的作为。从本质上来讲，这是日本历史和文化的充分体现，也是日本社会和政治的具体表现，当然对中国的发展与崛起存在较大负面的国际影响与社会作用。

第三，经贸领域。经济基础决定上层建筑，这是经典马克思主义的基本思想，当然这也是揭示人类社会发展规律的重要观点。在现代全球化的国际环境中，任何国家都难以摆脱在全球经贸上的合作与交流，闭关锁国的思维和政策难以适用现代和未来社会发展与变化的根本要求。中日在地理上是相邻近的国家，经贸关系也可以追溯到遥远的古代时期，当然那时主要呈现为中国的产品传入列岛，毕竟当时中华文化的发展处于世界的前列。但近代以来中日之间出现时代性的社会逆转，日本的发展逐步地超越尚未摆脱故步自封的中国，从而出现日本在中华大地上所导演的惨烈活剧。当然此时日本对华经贸占据比较上的优势。改革开放之后，中国社会和经济获取较大程度上的发展，但与日本相比还存在较大的差距，中国对日本的经贸还处于入超的状态。但国际局势已出现极为显著的发展与变化，外部因素的影响力已变得相对较小，主要呈现为内部因素的作用。从当前中日经贸的现实情势来讲，主要取决于产品的科技含量。具体地来讲，中国对日经贸的货物是以农产品和初级工业品为主要的类型特色，而日本对华经贸的货物则是以具有科技含量的应用产品为主要的类型特色，日本还掌握更大的产品定价权和话语权。其中存在客观方面的原因，但还是要探讨人为方面的原因。

一是对中国资源和初级产品进行巧取与豪夺。曾看到这样的报道：日本企业低价购买中国的稀土资源，用船装载后运至列岛，然后倾倒在海滩，用于填海贮存。中国传说有"精卫填海"，现代国际社会有日本"稀土填海"。前者用的是什么，可能任何人都不知晓，毕竟那只是传说；后者却是现实，用的就是从中国低价购入的稀土资源。日本为何要蓄意贮存稀土资源？稀土是现代高科技工程中的重要资源，特别是可以广泛应用于现代军事工业，而且现代科技的诸多应用材料也不能没有这种资源中的矿物成分。正是稀土资源存在这样大的应用价值，日本才会低价购入这种资源之后，采用填海贮存的方式，以备将来的不时之需，这是具有战略性特征的长远考虑。由此足见，日本人具有远见与卓识，令中国人投以钦佩的目光。在科技水平尚未发达的时期，中国政府和社会并未认识到这种资源的应用价值，为了追求 GDP 的增长，还是以超低价进行大量的销售，但现在逐步地认识了其真实的价值，因此开始控制出口，并采取某种定价机制，借以提升出口的经济与社会效益。经过长时期的巧取与豪夺之后，日本已部分地贮存这种资源，并对其发展现代高科技的相关产业，具有诸多潜在和现实的重要价值与意义。

长期以来，日本热衷把中国作为资源和初级产品进口的重要来源地。确实中日两国可以实现产业互补的综合成效，毕竟中国幅员广阔、资源丰富、人口众多，然而日本却明显狭狭，土地和资源贫瘠、人口老化，难以适用其内外产业的发展需求。日本在20世纪60、70年代实现崛起之后，掌握了东亚地域之内经贸产品的定价权和话语权，因而在中国对日本的经贸活动中，中国的资源和初级产品只能以低廉的价格销售，而日本的科技产品却长期享有高昂价格的地位，当然这也是国际经贸产品定价权和话语权的归属所决定的必然结果，然而日本正是利用了这样的比较优势，获取在定价和话语上的某些特殊权利。在科技水平还不高的情形下，中国只能接受这样的权力配置。目前虽然已出现某些改观，但并未实现本质上的改变。按照经济学术语来讲，上述方面属于国际产业布局差异的范畴，其实这是发达国家通过国际社会中的话语权和定价权差别，剥削、夺取其他发展中国家资源和劳动的做法，应该属于国际上的政治行为，而并非单纯的经贸行为，这才是这样问题存在的本质。

二是渲染中国制造商品存在质量与服务等方面的问题，借以影响和决定中国制造商品的日本价格乃至国际价格。在日本社会生活中，最为鲜明的印象是存在一些百元店，其中汇集日常所需的杂用器皿和小型工具等商品。这样商店中的商品价格都是百日元，交纳5%消费税之后也就是105日元。初次到日本之后，首先光顾的就是这样的百元店。其中90%以上都是中国制造商品。由此可见，中国制造在日本社会不可缺少，但同时日本却经常炒作中国制造产品质量问题。刚开始时，也是非常疑惑地与其他商场的商品进行对比，试图发现其中的原因。但时间稍长之后，终于发现其中的奥秘，原来这是日本社会对中国制造产品的杀价谋略。

其实这已不是表现为某个人的购买行为问题，而是表现为日本社会的商业策略问题，并以国家的形式表达出来。也就是说，日本社会通过过分地渲染中国制造商品质量与服务等方面的问题，借以破坏中国商业和制造商品的国际声誉与社会地位，从而影响中国制造在日本社会乃至全球范围的竞争力，影响和决定中国制造商品的日本价格乃至国际价格。对日本社会来讲，这样的做法存在诸多益处，具体表现在：一是中国制造商品进入日本社会之后，因日本民众对中国制造产品的质量与服务存在诸多疑惑，尽量减少购买中国制造商品，从而降低中国制造品牌与产品在日本社会的声誉与销售；二是利用这样的渲染手法，极力造成杀价的社会氛围，从而降低中国制造商品在日本社会的销售价格，对日本消费者来讲本身肯定存在利好。当然采取这样的商业策略，还会对中国制造商品的国际价格产生某种不利的影响与作用，比如日本媒体和图籍报道中国制造商品质量与服务等方面的问题，从而对中国制造品牌及其产品造成负面的社会与国际影响。

当然还存在另外的情形，即中国某些制造产品确实存在一些问题时，日本社会就会形成抵制中国制造商品的热潮。实际上，日本难以抵制中国制造的日常商品，比如小型螺丝刀。试想，日本人家庭总会存在小型器件损坏的问题，此时这些小型工具就能派上用场，而日本人不会采取直接舍弃的策略，更多的是维修之后继续使用；再比如，日本曾热炒所谓"问题饺子"，虽然出现事情之后，短期内可能会对中国农产品和初级产品的销售产生某些不利影响，但长远来讲日本难以摆脱对中国农产品和初级产品的依赖，这本身就是基本的社会事实。日本喜欢抓住这样的"机遇"，乘势炒作中国制造产品的质量问题，目的其实很简单，即借此影响与作用于中国制造产品的日本价格乃至国际价格。从经济发展战略角度来讲，就是尽量减少日本对中国制造产品的进口额，并保证对华贸易长期保持出超（日本称"黑字"）的局面。由此可知，日本这种商业策略的本身就是政治作为，这是显而易见的社会事实。

日本对华政治的表现还集中在科技和教育等领域，比如对中国采取极为严格的科技保密制度与措施，特别是前沿的科技成果。但与此同时，却存在另外的两种表现：一是借机盗取中国的科技机密。新中国成立后中日友好关系开始起步，交往也日益增多，为了表达中日进行科技和产品等方面的沟通与交流，中国政府和企业容许来访日本人士参观某著名的制瓷企业。当时由于存在保密制度上的缺陷，竟然将具有机密内容的信息作为交流材料，张贴于公开栏之中，而日本来访者正是利用这样的机会，偷拍机密级的内容，后来就出现日本制瓷技术上的进步，最后导致的结果：一是在国际市场中，日本瓷器产品超越中国，并占据国际制瓷业的首席地位；二是日本社会存在大量谣传，指称中国盗取其科技机密的诸情形。谣言传播造成的恶果，主要体现在如下方面：一是打击中国的国际信誉，以及在科技上的发展成就，借以凸显日本的科技实力，并扩大其影响力；二是冲击中国制造的科技产品在国际社会和市场中的影响力，造成国际经贸中出现抵制中国科技产品的实际情形，以达到维护日本商业利益的根本目标。实际上日本社会存在的上述两种表现，都体现为政治的作为，而并非仅仅是商业的行为。

再比如，日本教育领域存在历史教科书的问题，这里存在具体的例证。近代以来，侵华行为是日本文化和社会发展的必然趋势：从"八纮一宇"的社会理念到织丰时代的"大陆政策"，以及近代以来从"征韩论"开始，以致在占有琉球之后再吞朝鲜半岛，并在"柳条湖事件"之后策动"伪满洲国"建立，从而开始在行动上实施分裂中国的计划。此后，日本反华和侵华的作为更为凸显，不仅策动"外蒙古"的独立，而且还发动对华全面战争。太平洋战争之后，日本面临东西两面作战的被动局面，战败的结局在所难免。但日本战后却奇迹般地实现崛起，之后日本社会大量出现否定侵略行为的"右翼"言行，提出各种反华制华的思想观点，特别是极力否定已定谳，诸如南京大屠杀这样重大惨案的死亡人数等具体史实。另外就是历史性延续的一些现实问题，比如东海油气田权益和钓鱼岛及其附属岛屿归属问题，甚至到现在还在插手中国"两岸"问题。日本"右翼"不仅不承认存在历史教科书问题，而且指责中国和韩国等受害国家存在历史教科书问题，认为在中韩两国历史教科书中捏造了日本在东亚的侵略行为，强调日本的侵略是正当的国际行为，并且还制造出这样的论调，即日本在东亚的战争为部分军国主义者所发动的，这样的思想观点还为中国政府所认同，让人感到不可思议，其实这是中国政府在特定时期政策与决策上的历史性误判。事实上，日本的上述作为是有组织的侵略行为，不仅是政治行为，更存在日本文化上的支撑与决定力量。当然这里也存在日本历史和文化上的事实根据，其中充溢着浓烈的"反华邪性"。

其实教育领域还存在其他的事例，比如中国赴日游学生和技能研修生的遭遇问题。日本政府和社会对上述两类中国在日学生采取截然不同的政策与做法：对前者，更多采取思想感化和行为改造的诸手法，着力造就中国人亲日和反政府的知识精英；对后者，则更多表现为资本和劳动力的剥削与压榨，严格意义上并不能属于实质上的教育范畴，更多是为了填补日本社会青壮年技工的相对缺乏，即解决缺乏青壮年劳动力的问题，因而经常会出现摧残和迫害中国技能研修生的社会事件。这里也存在事实的证据：曾在早稻田大学参加湖北受害纺织女工的法律后援会，其中在日著名记者莫邦富携两位受害女工参加。其实这些女工都是以技能研修生的身份进入日本社会。但到日本之后，除了艰苦和繁重的劳动之外，甚至连人身自由都不能获得充分的保障。在遭遇女工反抗之后，雇主采取暴力的途径，强迫这些女工服从规定的各项纪律，几位女工于是决定集体出走，但雇主却没收其护照。这就意味没有了合法的身份，不仅在日本的生活存在现实性威胁，而且随时还会遭到日本政府的遣返，然而此举又将造成女工难以讨要欠薪，以及被中介骗取钱财。其实此事件已涉及大教育的问题，甚至已不属于学校和社会的教育范畴，很大程度上已演变为国际间劳动力转移的社会问题。其中存在对中国技能研修生权益保障制度的缺失，确实这也是国际政治范畴的问题。

基于上述日本对华的政治现实及其诸种情形，中国政府和社会应凝聚智慧，深入观察、调研和分析其中的特点与规律，以便相应地提出各种有效的战略、政策和措施。概括起来，可以归结为如下方面：

第一，切实转变对日外交思维，摒弃宽容和怀柔的绥靖政策，同时采取积极和主动的外交策略与手法。中日两国在20世纪70年代建立了外交关系，这里存在特殊的国际背景。新中国成立之后，中国经历了初期的较快发展。但十年左右的较快发展之后，在自然灾害和人为因素的双重影响与作用下，中国社会发展出现历史性的困境，具体表现为经历持续三年的特大自然灾害，以及"大跃进"和"文化大革命"等社会运动。然而与此同时，国际局势也出现深刻的发展与变化：以美苏为首的东西方"两大"阵营加速形成；中苏之间出现深刻的矛盾。当然还包括长期封锁之后，美日等西方国家出现与中国之间关系的缓和迹象。在这样的困境和机遇中，中国政府做出缓和与美日等西方国家之间关系的政治决策。在上述这样的国际社会背景下，中日及中美之间的关系出现改善,并先后建立外交关系。与此相应,中国恢复在联合国的合法席位。但在上述这样的历史和国际变换中,中日关系的改善和建交存在诸多令人匪夷所思的问题:一是在日本并未对侵华战争做出真正的道歉之前,中国政府为何做出了建交的决定?二是遭受日本多年的暴虐之后,中国政府为何还宣布放弃日本所发动侵华战争的国家赔偿?三是在中美宣布建交之前,为何中日两国出现迅即建交的情形?需要对上述方面的问题进行更为深刻的分析与反思。

可以肯定地说,中日建交是国际局势发展的重要结果,其中体现出中国政府对日本的外交思维,即"不计前嫌"和"开辟未来"的原则,但也体现出中国政府对日本所采取宽容和怀柔的绥靖政策。这里存在历史的实据:中国政府在与日本交往和建交的过程中,秉持了这样的根本思想,即侵华战争是部分军国主义者操纵下的作为,日本人民只是遭到了蒙蔽,也是战争的受害者。这样的思想是对日本文化和社会的历史性误读,更是对日本政府和人民之间关系的误识。其实在传统时期,日本已存在"八纮一宇"的社会理想;在织丰时代,日本已制定侵略朝鲜半岛和中国的"大陆政策";在明治维新时期,日本已规划建立"大东亚共荣圈"的发展道路,终极的目标就是灭亡中国,建立"大日本帝国"的庞大政权。上述的阐述就是要表达这样的思想与信念,即日本存在侵华的文化和社会背景,因此侵华战争并非偶然发生的事件,而是日本在取得对中国的比较优势之后,必然会发生的社会和历史现象。上述的诠释就是要指出这样的重要论断,即侵华战争的发动并非只是部分军国主义者的作为,而是日本在取得比较优势之后的必然行为,这里存在日本文化和社会的基础。由上述认识出发,也就可以获取这样的分析结论,即侵华战争并非与日本政府和人民没有关联,相反存在非常紧密的联系。

战后日本出现的各种社会事件和现象,充分证实了上述的基本观点:一是在皇宫广场的跪拜行为。二战结束之时,日本裕仁天皇发布无条件投降的诏书,称为"玉音放送",又称"终战诏书"。当时众多日本民众自发地聚集在二重桥附近的皇宫广场,以最具传统的跪拜方式,表达内心的悲哀情绪。中国政府和人民应记取这样的历史场景，而不应无视与遗忘。二是日益猖獗的"右翼"势力。日本"右翼"组织的名称众多，但思想观点基本上都体现出日本的国家主义和民族主义精神，而这样的精神在日本社会"土壤"中集中地表现为军国主义的思想观点。每逢重要的节假日（在日本称为"红日子"），日本"右翼"势力就会采取聚集街宣等形式，把反华制华的思想观点表达出来，并且在日本社会"右翼"这样的言行是可以接受的，因而也就经常会出现这样具有日本特色的社会风景，当然这也是日本政府和社会的现实需要。目前日本已成为战后少有可以划为现代殖民地或半殖民地的国家，但即使存在这样的国际身份，日本还是没有放弃"八纮一宇"的社会理想。这里就存在日本文化和制度等层面上的支撑与决定力量，具体表现为神道教的宗教文化、天皇制度的社会规制，以及武士道的殉死精神。正是存在上述因素的影响与作用，导致日本社会存在比较浓烈的"大陆政策"意识，这就是其发动侵华战争的深层原因。三是充溢社会的"反华邪性"。中国政府秉持这样的思想观点："反华邪性"只是日本社会中"右翼"思想观点的反映，并非日本社会的普遍现象，其实这是对日本社会诸多问题的误识。日本社会的"反华邪性"存在其文化和社会层面上的坚实基础，甚至还渗入教育领域。上述思想观点的依据就在于日本社会存在日本型文化以及反华制华的社会理论，比如"中国威胁论""自由与繁荣之弧论""围堵中国论""分裂中国论"和"日本衰运论"等。其实这也足以表明，军国主义并未在日本社会灭绝，而且还存在死灰复燃的可能迹象，这并非耸人听闻的观察与分析结论。

　　针对日本历史、文化和社会的现实状况，中国政府和人民应保持清醒的认识，并在日本侵华的责任追究方面获取必要的共识。集中表现在：一是要切实加强对日本历史和文化的深入分析与研究，而不是无视日本历史和文化的本质与独特性质。二是要认真对待日本社会存在的"反华邪性"及其作为，而不应采取回避的态度，或寻找蒙蔽大众的借口。三是要准确把握中国社会存在的反日行为，而非简单借用"愤青"之类的说辞，以降低其社会影响力。四是要坚决支持各种应对性社会组织的建立与发展，而非采取刻意压制的政策与措施。五是要在政府和社会层面上，有针对性和策略性地开展各种应对性的活动，而非呈现为政府与社会之间的游离状态。同时必须注意到，在日本侵华赔偿问题上，中国政府需要与民间达成高度的共识，深化对中日两国政府之间所达成条约内涵的解读，即中国政府所放弃的国家赔偿是属于国家层面上的行为，而不能揽括民间受害者所追究日本侵华在国际民事上的法律责任与社会义务，即国家赔偿与民间赔偿是不同范畴的问题，而不是日本政府和社会的故意曲解与假托。从社会制度角度来讲，毕竟日本属于西方国家，信奉西方社会的价值理念，包括人权和民权。可以这样说，日本侵华战争对中国人民的人权和民权造成极大的伤害，应敢于承担这种属于国际民事的赔偿责任和社会义务，而不应极力推诿与塞责。无论是达成中日政府协议还是超越法律追究时限的托辞，都不应超越人权和民权的社会权利规范。在这一点上，中国政府和人民必须首先取得共识。另外在日本侵华的责任追究方面，中国政府的托辞也值得商榷。日本侵华战争绝不能简单地以部分军国主义者所策动为借口，而把日本政府和人民从战争责任与义务中脱离出来，当然也不能把日本政府和人民相脱离，日本政府和人民实际上在战争中存在共生体的密切关系。在上述认识与理解的基础上，可以获取这样的分析结论：中国政府和社会要切实转变对日外交思维，摒弃长期所秉持宽容和怀柔的绥靖政策，同时采取积极和主动的对日外交政策。

第二，针对日本政府和社会对华舆论宣传的攻势，应采取具有战略性和策略性的实际步骤，从而分离与瓦解日本政府和社会的诸多政治图谋。日本社会存在浓烈的"反华邪性"、历史优越感和民族危机感，其中具有深刻的社会根源，存在于日本文化、历史和现实状态之中，并在社会舆论宣传手法上突出地表现出来。

从文化状态角度来讲，近代之前日本有文字记载的历史，还是从中文典籍中点滴搜寻出来的，比如《魏志·倭人传》。可以这样说，日本文化在此时基本上依附于繁荣和发达的中华文化，长期处于东亚的边缘地位。但近代之后随着中日之间比较优势的变换，日本传统文化的诸多要素逐步地表达了出来，比如神道教、天皇制度和武士道精神，造成其文化的本土化特色呈现出日益凸显的状态,并形成日本型文化的显著特色。西方著者甚至将此归结为"耻感文化"。其实,"耻感文化"只是日本文化特征的侧面阐述,并没有概括出其中全部的内涵。战后日本面临国际制裁的重大风险,其文化也同样遭受到严峻的考验:美国对日本进行强制性的系列社会改造,比如推行政治制度的改革,试图废除天皇制度。但历史事实却表明,美国在日本的政改尝试出现失败的结局,或许这是日本值得骄傲的地方。在天皇制度遭受废止的短时期内,日本又恢复了这样的社会制度,即天皇仍然是日本民族和国家的重要归依。其中的道理非常简单,毕竟天皇制度的思想基石是日本神道教的教义,属于宗教文化的性质。当然也存在其精明处,比如一位曾到美国游学归国的日本美女,对驻日美军迈克·阿瑟将军进行诸多劝诱活动,以及日本在朝鲜战争中对美国支持的强大力度。由于存在上述种种原因,促使美国政府和社会同意日本恢复天皇制度,从而使日本从文化到制度层面上重新建立特殊的内在联系,并且这种联系也存在根深蒂固的状态特征。另外,战后经济奇迹般的崛起也为日本重拾其近代文化提供了信心与力量,表现在日本社会又充溢近代以来的文化特征,最突出的表现就是"脱亚入欧"政策的特性,当然战后表现为"脱亚入美"政策。但战后日本对中华文化仍采取刻意摒弃的态度,其社会充溢浓烈的"反华邪性",并在诸多社会现象中充分地表达了出来,形成对中国的文化攻势。毕竟这样的"反华邪性"一旦表达了出来,就会形成社会舆论宣传的特定攻势。长此以往,必将逐步导致日本文化和政治状态具有浓烈的反华色彩。在上述方面,存在诸多的史实,可以作为有力的佐证。

从历史状态角度来讲,在两千余年文字记载中,日本长期处于东亚的边缘地位。毕竟日本只是太平洋中毗邻东亚大陆的群岛国家,而且最初的记载文字还是在中文古典图籍之中,先前已有较为详细的阐述。当然列岛社会还长期处于分崩离析的状态,存在诸多分裂状态的诸侯国家,并没有形成政治上统一的状态。但近代以来日本社会情形出现深刻的发展与变化:一是强化统一国家的形势。明治维新之后,日本出现历史性的社会转折,社会、经济和军事等实力明显增强。在这样的社会发展情势下,日本不仅实现对幕府政权的清理，而且还加强对陆奥和出羽等自治地区的控制，这样也就强化了作为统一国家的形势。二是奉行扩张周边的政策。明治天皇控制日本国家政权之后，颁布"五条御誓文""教育敕语"和"军人敕令"，并落实扩张周边的东亚侵略和殖民政策，这样就逐步吞并了虾夷和琉球，并侵占中国台湾地区，以及扩张至库页岛南端（日本称"桦太"），确立日本在东亚的强国地位。三是实施"大东亚共荣圈"计划。实质上来讲，上述计划就是日本实施侵略朝鲜半岛和中国等周边国家的"大陆政策"，其中也包括侵略东南亚诸国家的内涵。从文化上来讲，上述计划的文化基础显得比较深厚与长远；从起点上来讲，"征韩论"是最为明显的开端。当然在日本社会内部，针对上述计划曾引发巨大的政治论争，以致发生"西南战争"，最终西乡隆盛为代表的主战派在军事上失利，但形势的发展却导致主战派逐步占据时局的上风，转折点就是"二二六事件"，即发生包括藏相高桥是清在内的政府高官遭遇青壮军官袭击的重大社会事件。此后，主战派就占据了时局的上风，这是当时政治的实态。其中根本的问题就在于，明治天皇赞成主战派所倡导"征韩论"的思想观点，随后就出现殖民朝鲜、侵略中国和太平洋战争的历史过程。现代日本社会还真实存在对近代明治时期的眷念情结，并具有历史的优越感，这也是其中仍存在诸多反常和特别社会现象的重要原因。

　　从现实状态角度来讲，日本是国际社会中危机意识最为强烈的国家，其中的原因相当复杂，既表现为岛国的"根性"，又表现为历史的作为，更为重要的还是现实的忧虑。当然这样的忧虑既是历史和文化上的反应，也是国际和日本社会现实上的表现。具体地来讲，主要原因在于：一是地理环境上的原因。日本属于文明开化迟缓的地域，近代之前基本上处于人类文明的边缘地带。从自然状态上来讲，日本是自然资源较为贫瘠的地域，而且还是各种自然灾害与次生灾害相对频繁发生的地方，比如地震、火山、海啸和风暴等。由于日本处于海岛之上，土壤也很贫瘠，农业发展长期处在比较落后的状态。日本社会出现较大的发展与变化，主要还是发生在明治维新之后。此时日本凭借侵略战争，积累了富足的社会财富，包括文化和物质财富，并在此基础上推进了近代化的发展过程。工业化的发展最终促使近代日本成为东亚的强大国家。因此，从地理环境角度来讲，日本并不占有比较上的优势。二是历史氛围上的原因。明治维新及实施侵略政策之后，日本虽然获取了社会的进步与发展，但却是通过野蛮战争和劫掠手段来实现的。应该说，日本的近代化是以丧失人性方式获取的。正是由于存在这样的历史氛围，因此日本社会心理必定面临来自内外部两方面的压力。就内部而言，又存在诸多的矛盾情结。日本人对其近代发达史存在内心的煎熬，但却做出反向的社会表达，比如存在浓烈的"反华邪性"和猖獗的"右翼"势力。日本社会的矛盾情结以民族危机感的形式表达了出来，体现出其现实社会存在强烈的忧患意识。三是现实发展上的原因。战败后日本借助东西方"两大"阵营的战略对峙，以及朝鲜战争和越南战争爆发的机会，积聚了再次出发的经济基础，获取了社会发展的国际空间，从而实现了经济和社会的全面振兴。此即日本保持经济社会持续和高速增长的时期：20世纪60、70年代。但战后遭受日本侵略的国家也逐步走出经济和社会发展的困境，特别是在经历重大自然灾害和社会运动之后，中国确立了改革开放的政策，经济和社会也获取了高速的发展。然而对日本来讲，这样周边状况的存在具有社会性的现实压力，自然也就会导致产生强烈的民族危机感。其实在上述方面，存在诸多的例证，比如日本的反华言行、舆论和宣传，当然还存在诸如对中国军事演习的过度敏感。诸此种种现象与作为都充分地体现出日本社会所存在诸现象和问题的内在本质，当然其中也包括日本社会充满民族危机感的根本原因。

从上述方面可以清晰地看出日本社会诸多表象背后的实质内涵，也就可以揭示日本政府和社会对华所存在舆论宣传攻势的本质成因，也就在历史、文化和现实等层面上，给予中国政府和社会诸多的警示，因此切实需要提出战略性的应对策略，有计划和步骤地推进对日舆论宣传上的"反围堵"措施，分离与瓦解日本政府和社会对中国的诸多政治图谋。其实目前日本与周边国家之间的领土纷争，都不存在其所谓的立论基础，或者说都是建立在非法占有的基础上。中日在东海油气田和钓鱼岛及其附属岛屿等权益上的论争，更是建立在对琉球非法占有的基础上。明治之前琉球是东亚的独立国家，并且是隶属中国的藩属国家，但日本在明治时期逐步吞并了琉球、战后美国接管琉球，并在朝鲜战争之后的20世纪70年代，美日两国私自签定协议，把琉球的管治权转给日本。后者在琉球设置冲绳县，从而纳入领土的范围。然而在上述过程中，日本却将中国所属的钓鱼岛及其附属岛屿也一并占有，这就导致出现日本占有中国钓鱼岛及其附属岛屿的现状。非但如此，日本还依据这样现实占有的状态，提出划分东海经济地域范围的无理要求，企图继续侵害中国的海洋国土。在这样的现实情势下，中国政府和社会就必须采取战略性和策略性的现实举措，彻底粉碎日本的政治图谋。其中主要包括如下方面的重点内容：

一是联盟周边，掐头去尾。针对日本围堵的举动，中国应提出反围堵的应对策略，即联盟周边，这也是中国获取和平周边环境所需要的重要步骤。同时还应针对日本分裂中国的企图，采取应对性的实际步骤，即掐头去尾的反击策略，其中的细则就是要采取实质性的必要步骤，特别是舆论上的攻势和现实上的行动，把琉球和虾夷从日本的辖区内分离出来。当然这里存在历史和文化上的合法依据：琉球在历史上本为独立的国家，在太平洋战争中又遭到日本政府和军队所策动集团自决的战争伤害，而且在文化上又与中华文化更具有亲近感，况且琉球的管治权转让日本，也是美日两国战后的非法交易，并没有获取国际社会的广泛认可，即日本占有琉球，在国际上不存在法理上的基础。在上述这样历史、文化和国际的背景中，琉球自有获取独立的充分理由。再者，虾夷在古代也存在独立国家的建制，并形成了比较单一化的民族。但在日本长期侵蚀和占有的过程中，特别是在明治时期日本掀起开拓疆土的社会热潮，致使虾夷逐步沦为日本的属地，并被更名为北海道，因此在历史和文化上虾夷也存在其谋求独立的充分理由。上述内容确切地表明，琉球和虾夷争取独立的地位，存在历史和文化等方面上的法理基础。

二是支持自治，断颈废咽。可以这样地说，当前日本社会充溢"反华邪性"，当然这里存在事实的依据。日本社会存在"中国威胁论"，这是众所周知的事情，但"自由与繁荣之弧论"的提出者可能还有人难以搞清楚，其提出者就是日本前首相麻生太郎。当麻生太郎被选为日本首相时，其著述的《自由与繁荣之弧论》在日本社会热销，针对的就是中国。可以这样地说，这样的所谓理论就是现实性地围堵中国的具体行动计划。当然还存在分裂中国的论理，观点就是要阴谋地把中国分裂成为几个独立的地域，其提出者就是日本著名"右翼"而且还多年占据东京都知事职位的石原慎太郎。无论是在日本还是在中国，石原慎太郎都相当有名。当然在日本，石原慎太郎获得日本政府的信赖和日本人民的拥护，因而居然多次连任此关键性的政治职务。然而在中国，石原慎太郎也是臭名昭著的日本"右翼"典型代表，而且还参加北京奥运会的开幕式。但离开中国之后，石原慎太郎立马提出一个理论，即"日本衰运论"。虽然此理论看似与中国没有关联，但其实不然。道理非常简单，提出的背景就是其从中国返日之后，而且是在记者询问其参加北京奥运会开幕式之后感受时的回答，因此这并非偶发的事情。可以这样地说，日本社会的"反华邪性"已达到根深蒂固的程度，并已成为日本型文化的重要组成部分。针对存在上述这样的现实情形，中国政府和社会需要做出正确的政治决断，特别是要摒弃以前对日本存在的各种幻想，必须及早制订出周密的应对规划，并采取"以其人之道，还治其人之身"的应对策略，即秉持支持自治，断颈废咽的原则。所谓"支持自治"，就是要针对日本历史与现实的特点，选择合适的地域作为攻关对象，促使其特定地域走向自治的步骤，比如陆奥和出羽地区曾是独立的地域，但在日本势力长期的渗透之下，最终合并到日本的版图。作为策略性的第二步，即在促使琉球和虾夷走向独立之时，可以敦促此两个地区先以争取自治为政治目标。所谓"断颈废咽"，就是在本州的东北端，即历史上称为陆奥和出羽的地区，达成在享有高度自治权利的基础上，最终实现完全独立的政治目标。应该说，上述的策略是促使日本最终走向完全分裂的重要步骤。

三是促成分立，支解其体。作为应对性策略的第三步，就是要实现促成分立，肢解其体。日本是西太平洋的群岛国家，历史上由于存在交通工具落后等原因，各诸侯国家之间长期保持着隔绝和封闭的社会状态，只是发展到近代之后，才实现了实质上的统一状态，并发展出以水路运输的船舶和陆路运输的轨道电车为主要的交通系统。从政治角度来讲，日本也长期保持政治分立的状态，即统一国家并不是日本政治的常态。比如在明治维新之前，日本诸大岛屿都建有诸侯国，相互之间存在诸多的纷争，甚至爆发相互之间的战争。武士道精神就是建立在诸小国之间的战争形势之中，并延续到现今的日本社会，成为日本型文化的重要组成部分。既然日本社会存在上述的发展状态，就有可能造成这样的局面，即推动日本内部诸小国思想意识的勃发，从而实现促成分立的策略目标。上述过程可以细分为如下步骤：首先，是诸多小岛屿的小国分立。现今的日本主要由本州、九州、四国和北海道等四大部分构成，北海道也就是虾夷，主要的策略目标是实现政治上的独立；其他三岛则是开发较早的地方；另外包括其他一些离岛，可以作为首先争取促成分立策略目标的对象。其次，是九州和四国的诸国离乱。主要的途径是实现九州和四国从日本政治文化中心——本州分离出来，以及在九州和四国实现小国治理的政治状态。再次，是本州的诸国蜂起。在日本社会发展中，本州地域经常爆发战争，而且日本的历史也是以本州社会变迁为主要的标志。明治之前即使是幕府时期，本州也还未能实现政治上统一的社会状态，诸侯国的并立是此时列岛社会的重要特征，甚至文化上也还并未达到成型的状态，或者说并未形成日本型文化。至少可以这样说，日本实现政治统一和文化成型的社会状态，实质上是从明治维新之后才真正获取实现。由上可知，达到促成分立和支解其体的策略目标，并不是遥不可及的事情。当然，这是针对日本社会所存在"分裂中国论"而提出的应对策略目标。

第三，调整产业发展的战略设计和产品布局，提升中国制造产品的国际品位，夺取产品销售的定价权，从而获取比较上的优势。从全球贸易的诸种情形来讲，目前中国制造产品面临来自西方诸国新闻舆论和媒体宣传上诸多社会性的影响与作用，比如习惯性地报道所谓中国制造产品存在质量与服务上的诸多问题，借以打击中国制造产品的国际影响力。解决上述问题的关键还是要确立中国制造产品的品牌战略，最为重要的是要保证产品的质量与服务。当然还与产品科技含量的提升存在紧密的联系，但这又必须与产品销售定价权的获取结合起来，否则就难以取得比较上的优势。

一是调整中国产业发展的战略设计和产品布局。在新中国成立甚至到改革开放初期，中国制造产品的科技含量较低，中国产业呈现为劳动密集型特征，产品大多是家庭日用的小商品，而且多为一次性或少次性使用的商品。既然只存在一次或少次性使用的保证，也就不存在销售后的诸多服务问题，毕竟这类产品的服务只存在于销售的过程之中。但在日本媒体舆论宣传中，还是造成中国制造产品存在质量与服务问题的社会印象。其实，上述中国制造商品属于劳动密集型的低端产品，大多属于一次性或少次性使用的类型，这在商品价格上存在显著的反映。但日本却在此类商品的质量和服务上大做文章，故意渲染此类中国制造产品的质量与服务问题，令人有些匪夷所思。现今中国制造产品正在向高端科技产品的方向迈步，并且在质量与服务提升了保障的等级。当然，此类中国制造产品的价格也将向同类商品的国际价格看齐，这是必然的发展趋势，日本也难以在此类商品的质量与服务上形成舆论影响与社会作用。从上述方面来讲，中国更应在产品升级改造上大做文章，逐步确立中国制造产品的品牌，这样才能最终摆脱日本对中国制造商品价格的舆论影响与社会作用。实际上，日本难以摆脱中国制造的商品，这是日本社会的事实。从这一点上来讲，中国制造商品存在极大的国际需求，大可不必过分考虑日本商业谋略上的舆论影响与社会作用，而要竭力提升产品的科技含量，并在质量与服务上再下功夫，从而获取国际经贸中的定价权。其实，这就是获取中国制造产品在国际经贸中比较优势的策略过程。

　　当然，上述过程与中国制造企业的发展战略及其产品的生产规划等方面存在紧密的关联。其实这就是要促进产业技术的升级与换代，逐步增加其中的科技含量，并依托品牌战略及其在国际经贸中的现实效应，最终夺回中国制造产品的国际定价权，从而确立比较上的优势。确立这样的目标是对日本企图采用渲染的方式，影响与作用于中国制造产品国际价格的有力回击，实际上也是对日本进行的政治回应。当然还存在另外层面上的含义，即逐步占据对日本同类产品的比较优势。其中存在系统性和战略性设计的问题，比如转变中国人对诸如日本制造产品的偏好意识。若要解决此问题，还需要努力提升中国制造产品的质量与服务，增加产品的科技含量和日常适用性，并在产品宣传与销售中增添更多的服务环节。然而目前还并不令人感到满意，比如在内销和外销产品的质量与服务上都明显存在诸多的差距。作为中国制造的生产商，若任凭类似这样存在，国内消费者在对待内外产品的态度上就会存在偏好意识，其实这是可以想象到的事情。由上可见，中国社会存在崇洋的恶俗和问题，与中国制造企业的发展战略和系统设计等方面存在紧密的关联。

调整中国产业发展的战略设计和产品布局，要解决好如下问题：一是要加强社会系统和产业的战略设计。乍看上去，中国的社会系统设计与产业发展战略似乎不存在直接的联系，但事实并不是这样。其实两者之间存在密切的关联，比如工人工资和福利制度、社会保险与保障制度等。上述社会制度直接会影响中国产业发展战略的内涵，涉及产品质量、服务和价格。二是注重中国制造产品的研发。科技研发对产业实现战略发展至关重要，创新产品肯定在国际社会中受到应有程度上的欢迎，并赢取比较上的优势，从而获取国际市场中同类产品的定价权。当然产品创新并不仅仅体现为提升科技含量，还含有产品设计的诸因素，但上述方面都属于研发的范畴，因而，一些日常用品的生产并不仅仅表现为科技上的提升，而且还表现为创新性的设计，并且应体现到产品布局的战略规划之中。三是实现中国制造产品的逐级转型，包括要实现从劳动密集型向智力密集型的产业转型。所谓逐级转型，就是要实现中国制造产品的内涵创新，而不仅仅表现为产业规模的发展。无论是在怎样发达的社会，都既需要高端的产品，也需要低端的产品，关键是要不断地实现内涵创新，并通过战略布局和有效措施，获取国际市场中的产品定价权。

二是提升中国制造产品的国际品位。就日本制造产业而言，大多处于较高端的层次，这对中国而言就存在挑战，即如何处理好高端和低端产品的布局问题。中日之间长期以来存在这样的产品布局特色，即中国大多生产较低端的产品，而日本则大多生产较高端的产品，这样状态的结果肯定是日本获取产品的定价权，其实这是由中日社会发展程度所决定的必然结果。毕竟国际社会中的发达国家还是少数，而大多数国家仍处于发展中的水平，或者说依然属于发展中的国家，制造的产品也还是以低端为主要特色，由此形成买方市场，由购买者决定产品的市场价格。但对高端产品而言，就不存在这样的问题，而是处于卖方市场，由销售者决定产品的市场价格。当然相比而言，这样的情形就对日本非常有利，即可以消费较低价位的低端产品，而销售的则是较高价位的高端产品。这就要求中国不仅要在低端产品上保持特色和持续创新，而且还需要大力发展高端产业，生产出高端层次上的产品，这就需要持续提升产品的科技含量。从上述方面而言，也就是需要不断发展科技和教育，以及增强科技的应用程度，从而创造性地生产出更多高端层次上的产品。在上述方面，中国对日本具有比较上的优势，主要体现在：中国幅员广阔、资源丰富，原材料供应充足，在发展较低端的产业上存在天然的比较优势；中国人口众多，文教发展较快，人力资源非常丰富，当然也就在发展较高端的产业上也存在内在的比较优势。从上述两方面分析，中国实现产业战略发展和产品布局的关键，就在于大力发展科技和教育，其实这正是实施"科教兴国"战略的重要内涵。

但是，产品的国际品位并不完全类同低端或高端的层次上，而且更在于产品内涵上的创新程度，表现在生产、销售和服务等环节之中。所谓产品内涵，包括如下因素：一是适用。产品必须具有适用性，没有适用性就不会存在客户，因此适用是基本的要素。二是质量。产品质量存在层次性的特征。相比而言，一次或少次性的产品对质量的要求就很特别，但这也绝不是说不需要质量，其实这样的产品同样也需要质量。但必须承认，这种产品的质量标准与其他高端产品存在明显的差别，集中体现为只保证一次或少次性的使用，当然价格上就相对较为便宜。但也并不是说，这样的产品就存在质量问题，或者说不可以视这样的产品就是市场中的垃圾。毕竟这样的产品获得生产的关键因素，就是存在社会市场需求，符合市场中的社会适用性特征，即满足了社会适用的质量要求。三是服务。服务应该具有差别性，并不是任何产品都享受同样的服务。但服务的精神却同样需要。一次或少次性使用产品的服务更多体现在销售使用的过程之中，而耐用性的产品则需要提供销售后较为长期的服务，这里包含低端和高端两种类型的产品。当然就会存在价格上的差别，相对而言前者比较便宜，而后者则比较昂贵，这符合市场经济的特点。在保证上述方面的产品内涵之后，就要关注和重视产品的品牌问题。可以这样地说，品牌是产品内涵在社会市场的外在表现形式，即社会市场接受这样产品内涵的程度，比如著名的品牌产品在社会市场中就存在较强的认可程度。

当然，产品的国际品位并不仅仅局限于高端的产品，低端的产品也可以打造出国际品位。日本制造产品的国际品位集中于较高端的层次上，这是日本社会生产的发展状态所决定的结果，而此并非具有普遍性特征的国际标准。中日之间存在显著的差别，中国完全可以打造出低端和高端两种层次上的产品，推出具有较高国际品位的中国制造产品，并形成具有中国制造产品的特色品牌。这样的结合也正是由中国社会生产的发展状态所决定的结果，比如开发工艺制造业的中国特色品牌。中国文化具有多样性的特点，诸民族文化的特色可以通过工艺品这样的载体呈现出来。工艺制造业在中国制造产品中存在较大的创新发展空间，可以形成这样类型产品的国际品牌。当然，除了开发上述产品的品牌之外，还可以发展具有通适性特征的产品，这就是当前饱受日本诟病、处于较低端层次上的产品。其实这种层次上的产品并非都存在质量和服务上的问题，在适用性上更不存在问题，只是属于这种通适性产品的范畴。日本社会强调这类中国制造产品存在质量与服务问题，其目的就是要打压所有中国制造产品在国际市场中的价格，即企图获取这类中国制造产品的定价权，从而为日本消费者争取利益空间，因此这只是日本在消费中所采取的策略问题，并非中国制造产品的质量与服务确实就存在问题。当然这种通适性的产品也可以形成国际品位，即在大众化消费中形成品牌效应。但这绝不能就涵盖中国制造产品的全部类型，因为中国制造产品还存在具有科技含量和国际品位的品牌产品。中国制造的品牌产品可能处于较低端的层次上，也可能处于较高端的层次上，即较低端的产品也可以形成品牌。开发上述不同类型和层次上的产品，是中国制造产品追赶国际品牌的主要方向，也是中国与日本等发达国家争夺产品定价权的重要策略。

三是获取对日本的比较优势。目前中日两国在产业发展上存在差距，这是国际产业发展中的基本状态，中国必须认知存在这样的国际现实。当然还必须承认，虽然中日经济总量上的发展差距已不算很大，但从人均产值角度来讲却存在巨大差距，可知中日经济发展的现实环境还存在明显差异，其实中日产业的发展也呈现为这样的情形。上述只是综合性的评价,难以觑见中日产业发展存在巨大差距的根本成因。毕竟对中国而言,日本产业发展存在比较上的优势,集中体现在:首先,是产业的布局。日本产业发展集中于较高端的层次上,虽然不是天然的比较优势,但确实是日本产业发展的重要特色。然而国际社会目前还处于这样的现状:掌握了较高端产品的生产,就掌握了国际市场中产品的定价权,而较低端产品的定价权却在国际市场中具有依附性的特征,操控于以较高端产品生产为特色的发达国家。毕竟较高端产品的生产需要科技和资金上的强力支撑,而较低端产品的生产则具有普遍性和大众性的特征。物以稀为贵,这句话深刻揭示了其中的关键所在。虽然中国制造产品也存在较高端层次上的产品,但还是以较低端层次上的产品为主要特征,而且相对日本的同类产品而言,中国生产的较高端产品还存在某些程度上的差距,或体现在科技的含量,或存在于制造的质量,或表现为提供的服务等方面。上述差距的现实存在就造成日本可以掌握某些中国制造产品的定价权,而中国则往往受制于日本等发达国家,比如在摄影技术产品方面。其次,当然就是科技含量和研发创新。从科技含量角度来讲,中国诸多高端产品难以与日本的同类产品相比。虽然不能用以偏概全的说法来论断产品质量上的差距,以及中国制造产品在科技含量上已获取局部和程度上的改观,但也确实曾存在这样的国际现实,以及造成这样的国际舆论和社会印象。因此,中国应加大产品的品牌建设,要增强在国际社会的宣传力度,同时还应对日本等发达国家的逆向宣传进行必要的反制。从创新研发角度来讲,中国产业也未建立顺畅和高效的体制机制,相比日本而言也还存在某些程度上的差距。

针对存在的现实差距,中国产业的发展需要出现这样的质变过程:在发展低端产业的同时,还需要大力发展高端产业,基础工作就是要解决科技含量、研发创新、人才培养和体系通畅等问题,涉及发展科技和教育及其体制机制构建等方面。但就中日相比,中国都还存在某些程度上的差距,这是国际社会中的基本现状。在上述这样的情形下,可以先做出这样的判断:相较于中国而言,日本产业发展存在比较上的优势,而且背后就是一些社会性的因素。从上述角度来讲，中日现存的诸多差距并不是单一的国际和社会现实，而是具有系统性特征的国际和社会问题，解决这样综合性的系统问题，必须从构建和改造社会大系统的途径，而非单纯从提升产业发展层次角度入手：首先是社会体制的改革。谈及中国社会存在的具体问题时，往往最终会归结到社会体制的问题，这并不是在特意寻找其中的毛病，而是具有分析性特征的重要结论。社会体制并不存在特定的模式，更不应照搬与照抄，寻求中国特色目标，需要符合中国社会的现实情形，中国产业发展也需要遵循这样的目标。其次是社会子系统的构建与调整。从系统论角度来讲，社会大系统的诸子系统之间存在紧密的必然联系，其构建与调整必然会对产业发展产生深刻的影响与作用。再次是产业系统的构建与调整。此方面已产业发展战略和产品布局问题，特别是产业发展战略中的策略问题，比如需要确立中国产业发展的重点领域。其实上述方面之间也存在必然的内在联系，而不能采取各自为政的分析态度。

按照中国传统军事学上"知己知彼"的战术和原则，要消除日本产业发展对中国的比较优势，还需要对日本产业发展的特征做更为深入的分析。从战略层面上来讲，日本产业发展具有鲜明的个性特征，并突出体现在日本产业的生产之中，比如日本文化产业中的动漫产品、科技产业中的电子产品和机器人技术、交通产业中的磁悬浮技术。诸此种种情形表明，日本产业发展战略存在重点发展和优先选择的策略，而并非呈现为综合发展的状况。人的发展也是这样。在大学博士阶段学习过程中，导师经常会教导博士生，要注重博约结合和由博返约，其实也正是这样的道理。日本社会已达到一定程度上的发展，社会制度已达到和谐与顺畅的状态，因此日本产业发展也就存在较好的社会环境。在这样的社会情形下，日本产业发展战略就开始出现重点和优先发展的选择，而并非追求综合性的发展模式。然而日本对中国的态度则存在差别，其策略就是搅乱中国产业发展的社会环境，蓄意制造和渲染中国的社会问题，比如日本社会容许中国人邪教和"藏疆台独"组织的存在，并形成国际性的反华阵线与基地，牵制中国产业和社会发展的步伐。其实，这里也存在系统性的社会问题。就产业系统角度来讲，日本经常会寻找中国产业发展中所存在的问题，比如产品质量和服务问题，往往用以偏概全的方式来诋毁所有中国制造产品的质量与信誉，从而获取日本同类产品上的比较优势，或借此实现压低中国制造产品价格的长期战略与现实目标。

由此看来，中国应针对日本产业发展的现实情形，运用"知己知彼"的策略原则，采取具有针对性的措施与做法：一是注重社会系统的合理建构，维护稳定和谐的社会环境，其实这是实现产业发展重要的基础条件和社会氛围。日本采取诸多的策略与做法，借以搅乱中国的政局和社会，关键是削弱中国产业发展所需要和谐与稳定的社会环境。但这样社会氛围的形成是系统建设与发展过程，必须在社会制度、政策和举措等层面上强化系统的合理构建与运行，并需要统筹国内外两方面的影响与作用因素，包括正视和消除日本社会充斥的"反华邪性"，以及由此产生的诸多反华行为。二是发挥传统产业的发展优势，增强产业发展的竞争能力。中国与日本产业发展存在根本性的差异，并不仅仅表现在产业的发展现状，而且还表现在产业的传统基础。从中国产业发展战略角度来讲，中国产业发展绝不可照搬日本产业发展的模式，即致力发展高端产业，而应采取低端与高端相结合的模式，这是由中国社会现实和产业传统所决定的必然结果。相对日本产业而言，这样的发展模式既存在比较上的优势，也存在发展上的劣势，关键是要解决如何把这样的发展劣势转换成为比较优势，积聚更大的竞争能力，从而推进中国产业的发展与壮大。三是强化产业的重点发展和优先选择，确立中国制造产品的比较优势。中国产业发展的思想应该是：低端产业以创造和宣传品牌为主导，高端产业以科技和服务为主导，提倡在科技研发及其产品生产方面既保持循序渐进的风格，也不放弃加快跨越式赶超的步伐，力求在低端和高端产业都打造出中国制造产品的国际品牌。若要实现上述目标，就应做到科学和合理的决策。概括地来讲，就是要强化产业的重点发展与优先选择，确立中国制造产品的比较优势。当然这还需要中国产业发展战略确立起重要的标杆。四是增强同类产品的科技含量和服务质量，获取相关产品在国际市场的比较优势。国际产业竞争异常激烈，同类产品在生产、质量和服务等方面同样存在激烈的竞争。要提升中国制造产品在国际市场的影响力，首先需要提升和保障产品质量、研发与创新特色，以及做好售前宣传和售后服务等工作，最为关键的是要努力解决产品质量问题。然而，提升和保障产品质量的关键，又在于其中的科技含量和特色研发，前者借以提升产品的质量，后者借以提升产品的形制，包括提升适用性和美观度。售前与售后服务也是相当重要的事情，包括产品在国际市场的宣传，即确立和稳固中国制造产品在国际市场的优秀品牌地位。由上可见，品牌战略应成为中国产业发展中战略设计和产品布局的重要组成部分。

四是获取中国制造产品在国际市场的定价权，这是非常复杂的社会和国际问题。从社会角度来讲，这是实现中国人有尊严生活的重要社会和经济基础。但当前的情形并非就达成了这样的目标。由于中国产业发展还是以劳动密集型为基本特色，而且中国制造产品并未在国际市场获取充分的定价权，造成中国人付出较大的劳动量，却难以获取应有的劳动报酬，即中国制造产品在国际市场存在定价权上的困局，这就难以获取中国人有尊严生活的重要社会和经济基础，因此夺取中国制造产品在国际市场的定价权，应成为中国产业发展战略和产品布局的重要环节。当然这也并非简单可以实现的目标，而是社会大系统中的巨大工程。毕竟当前中国社会并未发展到发达的程度，而且诸多国际事务的决定权还掌握在西方发达国家的手中。中国在国际金融、经济和贸易等领域还处于较为边缘的地位，虽然近些年来中国综合实力已获取显著的增强，比如在世界银行组织占有的份额已获取较大程度上的增长（但只是历史性的补偿，并未在国际诸多领域占据主导的地位，人民币汇率还是存在争议的国际问题）。

当然还存在其他诸多典型例证。比如，国际金融依然处在西方发达国家主导下的多边金融体系，中国充其量也就是积极参与者的角色扮演；国际经济的中心也还是以美日欧为主要的地域，并未实现向中国等发展中国家的时代转移，中国还只处在金砖国家的地位，即处于发展中的水平；在国际贸易中，无论是低端还是高端产品，定价权还操控于西方发达国家，中国难以获取国际贸易中的比较优势。这样的情形就造成目前中国社会所面临这样的发展困局："劳力者伺人"。况且随着现代科技的发展，不仅是"劳力者伺人",而且还出现"劳心者伺人"的局面,主要成因在于:发达国家掌握了现代前沿科技之后,其他发展中国家的科技人才也只能从属于这样的国际分工,即从事基础性的科技研发,这样的结局当然就难以推进发展中国家的科技发展和产业升级,从而长期丧失国际市场中产品的定价权。中国制造产品正存在这样的发展困局。在上述这样国际社会发展环境中,中国需要制订利于构建社会大系统的设计框架,改革与调整运行的体制机制,以便加速在科技、教育、金融、经济和贸易等领域获取比较优势,从而逐步成为国际诸领域决策的主导者,并有力掌握中国制造产品的定价权。需要重点考虑如下方面:

第一,设立行动标杆:享有尊严的生活。东京访学时,在网络中看到温家宝的诗作《仰望星空》,当时很受感动,之后又看到他在纪念"五四"时对北大学生的箴言,即"脚踏实地"。两事例结合起来考察,确实非常具有哲理的意境,仿佛是古代贤哲在忠告后人。其实无论是国家领导人还是普通黎民百姓,都应具有"仰望星空"和"脚踏实地"两种思想境界。对国家和民族而言,中国也应具有这样的宽广胸襟。胡锦涛在接见劳动模范时,也谈到要使中国人过上有尊严的生活。看似平常的这句话,却富含哲理的成分,中国人何曾过上有尊严的生活!新中国成立之前不曾有过,即使新中国成立之后也未达成这样的目标。但现在此已成为中国政府所设立的行动标杆,应该说具有时代性的进步。其实西方人权与自由的基本含义也莫过于维护人的尊严。毕竟有了尊严就有了人权与自由,而且尊严比人权与自由的内涵更为丰富。由上足见,中国时任政府(2009)具有非常强烈的现实和亲民色彩,并已成为政府执政重要的发展方向。上述这样标杆的设立,对中国实现和谐发展与社会稳定,以及对中国产业获取战略发展和比较优势,都具有相当重要的价值与意义。

第二,制订社会规划:进行系统的变革。标杆设立之后,最为紧要的问题就是要进行社会大系统的规划与设计。改革开放之后,中国社会经济获取了长足的发展,但过程中却出现诸多政策性的失误。其实发展与失误归结起来就是存在社会规划的问题,然而最为关键的方面是社会大系统的构建与发展。在目前社会情势下，就是要在原来社会规划基础上，进行社会大系统的变革与发展。其实改革开放政策的实施发展也就是对社会大系统的变革与发展，实质上是对中国社会的系统规划。但无论是国内还是国际社会，都处在不断发展与变化之中，这就要求社会大系统的变革与发展也必须做到与时俱进，以利于更适合于国际和国内社会系统发展的实际，即改革开放政策的深度没有尽头，社会大系统的变革与发展也没有止境，社会规划应是永续发展的过程。这样的情形存在历史与现实的证据。比如，近代洋务运动难以获取成功的原因，关键就是存在太多思想和制度的障碍，特别是没有确立改革开放的政策，社会也难以接纳改革开放的思想观点，这样情形造成的必然结果就是社会大系统的变革与发展遭到诸多阻力与困境。再如，新中国成立初期面对社会经济发展所存在的问题，邓小平对中国经济进行了政策性的调整，但却遭到诸多阻挠，导致错失扭转社会经济的发展良机，而只有在改革开放之后，中国社会经济才获取了较大的发展。上述事例充分地表明，变革与发展对社会大系统的健康运行具有非常重要的作用与意义。

第三，形成发展战略：获取比较优势。发展战略是设立标杆和制订规划的核心部分。当前中国制订有诸多重要的发展战略，但很多战略并非存在战略层面上，而是存在规划或计划层面上。既然是发展战略，就应存在战略的对象，必须强化竞争的意识与精神，同时还必须存在激励意志与行动的成分。但在现实中国社会中，无论是科教兴国战略还是可持续发展战略，都未揽括上述诸多的方面。其实，假想敌在战略制订中具有相当重要的地位与作用。认识到上述的思想观点之后，才能更为确切和深刻地理解日美等西方国家所惯常通过确立假想敌的实质精神。由此看来，国际社会中的诸多敌我之分就是战略性的需要。而就制订战略来讲，不仅要存在这样的假想敌，更要有意志与行动。日本不仅将中国视为假想敌，而且还落实在意志与行动之中。比如日本长期支持中国人反政府组织，历史中有反对清政府的维新派和革命派，现实中有反对中国政府的邪教和"藏疆台独"组织；组建日本人和西方人共同参与的国际反华阵线，并将列岛作为国际反华基地；提出诸多反华思想观点和社会理论，并制造诸多制华的社会行为；制订实施围堵中国的战略，不仅结成美日等西方国家之间的军事同盟，还妄图构建围堵中国的"自由与繁荣之弧"。其中的表现远不止在上述方面，而且还体现在国际金融、经贸、科技和文教等领域。因此可以说，日本的反华作为体现出的是系统性的国际战略，而不仅仅是在某一领域的规划或计划。鉴于存在上述方面的原因，中国完全有必要参照国际社会的诸多现实，制订有利于社会发展的战略，其中就要选定社会发展的假想敌，并通过制订与实施特定的社会发展战略，从而获取系统性的比较优势。当然这种战略假想敌有的呈现为公开的表象，有的则呈现为隐秘的状态。毕竟这是具有战略性特征的构想，以及具有现实性倾向的精神、意志与行动。

第四，落实具体计划：掌握决定的权力。发展战略必须落实到计划层面，而且计划也具有层次性的特征。按照经典马克思主义理论中的相关思想观点，计划涉及诸多核心的因素，比如人、经济、科技和文教。人是生产力中的最革命因素，这是历史唯物主义的基本观点。"人定胜天"是中国传统智慧的重要内容。因此无论从哪方面而言，人的问题都是最为关键的问题。当然这里人的因素存在比较复杂的具体内涵，而不仅仅是单个人。从一定程度上来讲，存在人民和民族等群体性的含义。从中国角度来讲，可以理解为中国人民和中华民族这样的概念。经济是社会发展的基础，经济基础决定上层建筑，这是辩证唯物主义的基本观点。贫穷不是社会主义，这是中国社会建设经验中的重要总结。由此看来，经济趋势也是重要的社会因素。当然，这里经济因素还包含金融这个核心的部件。偶尔翻阅宋鸿兵编著的《货币战争》，发现其中就强调金融在国际竞争中的特殊地位与作用。认真想来，某些道理值得关注和引发深思。"科学也是生产力""科学技术是第一生产力"，这两句话分别是马克思和邓小平对科技因素在社会发展中地位与作用的精辟论述。其实从社会发展阶段划分角度来讲，科学技术的发展阶段还是社会发展阶段划分的根本标准。从人类科技发展成就与经验角度来讲，科学技术出现质的飞跃时期，人类社会就会出现具有历史阶段性特征的跨越和质变过程。比如，铁制工具和牛耕的出现导致人类社会进入封建社会；蒸汽机车和近代诸多科技成就又促使人类社会发展到资本主义社会。由此看来，科技在人类社会发展中具有重要的作用。最后就是文教因素，其与上述人、经济和科技等因素存在紧密的关联。毕竟文教是培养人的重要因素，而人类社会运动都表现为社会中人的活动，因此文教因素应获得必要的关注和重视。综合上述对诸多核心因素的分析结论，可以知晓具体计划也具有系统性的特征，并非只是某领域或方面的计划，而且各项具体计划之间存在系统性的联系，这是关键性的问题。当然，其中也涉及国际和国内诸多的社会范畴，而且重要的目标就是要获取和掌握决定的权力，当然也包括国际社会所存在中国制造产品的定价权。

上述诸多内容是综括性的论述，并无特别强烈的针对性。针对中日之间所存在现实竞争的社会状态，还需要确立具有针对性特征的具体战略与决策，以利于获取对日本的比较优势，即需要依据具体的国际和现实情形，在确立标杆以及制订规划、战略和计划之后，还要制订与落实具体化的实施细则。比如，针对日本社会所存在浓烈的反华现实情形，制订与实施一些应对性的策略计划。当然其中也存在确立标杆和规划，然后在此基础上制订和落实具体的实施细则。其实就是标杆、规划、策略和计划，也在一定程度上具有层次性的特征，而且还显著地存在与时俱进的特征，并不只呈现为一成不变的固化状态，即随着前提条件和社会环境的发展与变化，上述标杆、规划、策略和计划也会存在极为深刻的变革与发展，其实这也符合马克思主义的基本思想，更何况是体现在具体的实施细则上。然而，既然中国选择日本作为比较的对象，或称假想敌，上述诸种作为的目标就是要获取对日本比较上的优势，排除日本对中国发展与崛起的阻挠，并进而在国际社会和市场中掌握相关决定的权力，反映在国际贸易中就是获取中国制造产品的定价权。

四、军事攻略

在现今国际格局中，中美日"三角"关系值得关注，其实这也只是其中的重要方面。在极为复杂的国际关系中，还存在诸如中非、中欧和中拉，以及中国与东盟等大地域之间的国际关系。当然，还可以通过其他分类的形式，界定所存在的诸种国际关系，比如中国与国际经济、金融等组织之间的关系，中国与美、日、英、法、俄、德等发达国家之间的关系，以及中国与诸发展中国家之间的关系。表面上来讲，虽然国际关系就是外交层面上的关系，其实也涉及军事和战略层面上的关系。在现实国际关系中，中国已与其他国家和地域建立了军事信任和战略合作关系，比如中美和中俄等国家之间处于军事战略层面上的关系。正是由于存在上述极为复杂的国际关系，致使中日军事战略关系显著存在系统性和复杂性的特征。目前日本与其他诸国之间在军事战略上的关系集中表现在：

一是日美之间在军事和政治上的战略同盟关系，这是中国战略性地分析与处理与日本之间军事和政治相关问题的关键。从日本角度来讲，其对中国具有特殊性的方面，比如地理位置比较临近，传统文化存在紧密的关联，以及近代以来存在深刻的恩怨与情仇，然而现实又存在竞争与合作；日本文化还存在浓烈的"反华邪性"，日本社会充满反华的意识、思想、观点和行为，当然还明显存在防华和制华的倾向，内心对中国的发展与崛起充满介意与情绪，甚至采取"联美制中"的战略与策略。从美国角度来讲，其在西太平洋充满战略意图，并且其全球战略开始由大西洋转移至太平洋，在东亚选定日本作为坚定的盟友，企图借此干涉中国的内政事务，还插手中国台湾、南海和东海，包括领土和权益问题。日美之间的特殊关系在战后就已发挥显著的影响与作用，比如新中国成立之前介入中国的国共政治和军事争端，以及随后出现"两岸"问题；介入朝鲜半岛，甚至东亚和东南亚诸国的事务，当然还包括介入南海和东海的权益纠纷。上述问题都体现出日美特殊关系的国际影响与社会作用，特别是在朝鲜战争期间，日本更成为以美国为首联军的后援基地，从而改善其在西方国家的形象，并加入西方国家俱乐部，表现为在美军驻扎列岛的基础上，不断强化日美军事同盟关系，共同防范和阻止中国的发展与崛起，并且在军事战略上对中国存在诸多危害。集中表现在：一是威慑，企图借此阻碍中国发展与崛起的步伐；二是压制，企图借此干扰中国实现国家和民族统一的愿望；三是谋略，企图借此制造中国与周边诸国之间的领土纠纷和政治事端。除了存在上述危害之外，日美军事同盟关系还在其他诸多领域对中国产生广泛的社会影响与作用。比如，导致东亚和东南亚等诸国间关系显得更为复杂，突出表现为日本借助日美军事同盟关系，不仅肆意干涉中国"两岸"和平发展，而且还唆使东亚和东南亚其他国家（比如越南、菲律宾和韩国）靠近或加入日美主导的军事战略同盟，即建立所谓战略协作关系，并不断地与中国在领土和资源诸领域产生各种矛盾与纷争，借此损害中国的民族与国家利益，这也必定会对中国有效发挥地域和全球作用产生深刻的社会影响与作用。

二是日本与澳欧等西方国家之间在军事战略上的联盟关系。日本国家存在独特性。近代时日本奉行"脱亚入欧"政策，打造成为富有侵略与殖民性质的近代化国家。基于其国家有限的幅员和力量，日本就把侵略的矛头对准周边国家。首先就是朝鲜半岛和中国，这就是臭名昭著的"征韩论"和"大陆政策"，并由此导致产生以征服东亚诸国为目标的"大东亚共荣圈"计划。战前日本还参与策划外蒙独立，这样的策略与在中国东北地区所策动和建立的"伪满洲国"存在极为近似的战略考量。战后日本再次与以美国为首的西方国家相互利用与勾结，先后参与西方国家所主导在西太平洋的多次冲突与战争，比如朝鲜战争和越南战争，当然还包括蒋介石政权针对中国大陆的"光复计划"，以谋求其在东亚的战略优势。随着战后国际政治和军事的发展与变化，日本又与美国建立军事战略上的同盟关系，以及与澳欧等西方诸国之间建立军事战略上的联盟关系，借以在西太平洋压制中国的势力发展与时代崛起，以及在东亚获取战略上的比较优势。当然主要还是依靠日美同盟关系的基础，以及战后在经济实力、科技发展和国际商贸上的比较优势力量。也就是说，日本这种战略优势是建立在内外部因素相结合的基础上。确实日本与美欧澳诸国之间所建立的关系主要是针对中国的发展与崛起，这是其中所存在的共同点，但它们内部也存在各种矛盾与冲突。其中日本扮演着极为重要的角色，主要的成因还是地理位置和经济实力的存在。毕竟日本是位于西太平洋的列岛国家，注定会成为西方诸国对付中国的天然"跳板"。在走向近代化过程中，西方宗教力量就是利用首先渗透日本的策略，然后才逐步深入中国的内部，从而形成中国近代化中的"西学东渐"过程。目前日本在美欧澳诸国军事战略上的关系中还是在扮演这样的角色，这是显而易见的事情。就日本而言，就是借助西方的力量，以在东亚更有效地壮大声势与发挥作用，并谋求在西太平洋的战略优势，或许还存在试图重新操起其近代历史中的"旧策"，其实这是需要防备日本近代侵华历史重演的重要原因。

三是日本与中国周边诸国之间在军事战略上的协作关系。对中国而言，日本是周边最具有威胁的国家，甚至涉及从文化到行为诸层面，而不仅仅是短暂性的政策问题。从文化角度来讲，日本以明治维新为界限，之前基本上处于潜伏的状态，之后则形成日本型文化，以神道教、天皇制度和武士道为主体和核心内容，以反华为思想和行为特征，在文化层面上树立反华制华旗帜，对中国长远和战略发展存在深远的国际影响与社会作用。在现实日本社会中，日本型文化体现出浓烈的"反华邪性"，并在其社会行为中突出地表现出来，即日本社会存在诸多反华行为，并且覆盖其社会诸多的层面，而并不是一部分人或单个组织的社会活动。实质上来讲，日本社会出现有组织和有计划的反华行为，就是日本型文化存在浓烈"反华邪性"的外在表现。从国际军事战略关系层面上来讲，日本还在中国周边特别是与濒临西太平洋和印度洋的诸国之间，包括印度、越南和菲律宾等，建立了军事战略上的协作关系。在当前国际局势下，日本还在社会和军事上提出诸多思想理论，比如"中国威胁论""围堵中国论"，最为突出的是麻生太郎所提出的"自由与繁荣之弧论"，实质上就是"围堵中国论"的实施计划，即从印度洋到西太平洋沿岸的中国周边，建立围堵中国的战略防线，日本是其中的策划者、组织者、操纵者与实施者。当然还存在石原慎太郎提出的"日本衰运论"，其在叹息日本民族危机的同时，更为突出地体现出强烈的反华意识、思想与观点。在上述这样的社会背景下，日本与印度、越南和菲律宾等诸国建立了政治军事上的协作关系，借以压制中国发展与崛起的步伐。比如，通过提供官方开发援助（Offical Development Assistance, ODA）巨额援助，大幅度地提升印度的军事力量，借以在政治和军事上应对中国在印度洋和南亚的影响与作用。当然，还支持中国西藏和新疆等地区的反政府组织。另外，日本还通过强化社会经济关系的做法，协助与中国存在权益争端的西太平洋国家，比如越南和菲律宾等，采取一些应对性的策略与措施，促使上述国家与日美建立战略上的协调机制，共同应对中国在西太平洋的领土主权、政治利益和军事存在，从而减缓中国对日本政治和军事等方面的压力。在诸如东海油气田和钓鱼岛及其附属岛屿等领土纷争与国家权益上，中日两国也还存在诸多悬而未决的问题。

四是日本与中国之间在军事战略上的互信关系。中日在20世纪70年代建立了政府间的外交关系，比中美建交略微要早一点，其实这是日本的外交策略。但军事战略上的互信关系比中日建交要晚很长时间，应该说是在中国实施改革开放政策之后。即便在当前时期，中日互信关系还尚未形成社会性的心态模式，而只是两国政府之间在外交辞令中呈现的互动状态，即日本社会和政策的基础还显得异常薄弱，"右翼"组织及其势力或隐或现地存在于日本社会，诸多反华行为显示出极为猖獗的发展态势。当然也存在一些鲜明的社会表现：作为天皇制度的坚决维护者，"右翼"仍掌控着日本社会的政治局势，比如石原慎太郎就是著名的"右翼"代表，甚至多次蝉联东京都的知事（市长）职位，其"右翼"思想、言论和行为必然也充斥日本社会，即在日本社会中，"反华邪性"与"右翼"行为还存在显著的呈现。虽然日本政府也认为中日要"世代和平友好"，但这只是外交辞令，并非日本社会的"实像"。其次，日本凭借日美军事和政治上的战略同盟关系，在国际和地域社会打压中国的发展与崛起，借以维持战后重新获取的比较优势，并在全球范围与中国争夺发展的资源与空间。比如，日本发现中国正在努力开拓中非关系，于是就应对性地采取如下策略：一是竭力诋毁中国的对非政策；二是大力发展对非关系。日本的重要目标就是要现实性地削弱中国在非洲的影响与作用。另外，日本在钓鱼岛及其附属岛屿主权和东海油气资源开发上，依靠美国在军事和政治上的支持，不断激发中日争端的因素，比如"右翼"登上钓鱼岛以宣示主权，以及未经容许对中国大陆架进行海底探察。再次，战后日本重新获取军事武装，以及在军事科技上实现重大的发展，并在美国支持下发展核材料工业，在东亚和全球范围中国军事战略利益构成极大威胁。比如日本自卫队配备高科技的军事装备，获取美国航母和隐形战机等先进武器，并大量储备稀土和核材料等军用物资。获得强大经济实力之后，日本又建设了完善的军民两用设施，比如铺设复杂的有轨电车线路。在强大军事装备和日美同盟关系的护卫下，日本更加肆无忌惮地挑战中国的核心利益，以及挑拨中美之间的关系，在最大程度上维护其自身的战略利益。由上可知，中日军事战略上的互信关系只是日本的对华策略，并不存在实质上的内容、价值和意义。一旦在军事和政治上的战略条件获得成熟，日本还极有可能重新拾起反华"旧制"，其实这是由日本型文化的本质精神所决定的事情。

综上可见，日本与其他诸国在军事战略上的同盟、联盟和协作关系，甚至包括与中国在军事战略上的互信关系，本质上都是针对中国而存在的国际策略，即日本仍将中国视为在东亚最为强大的竞争对手，军事战略上视中国为假想敌，必将对中国的发展与崛起造成极大危害。主要体现在：

第一，设置中国作为地区性大国的最大障碍。战后美国与苏联成为东西方两大阵营的现实领导者。其中，日本是接受美国控制的战败国，军事和政治紧紧追随西方阵营，随后日本逐步走出战败的困境，获取作为独立国家的权利，当然除了美国在日驻军之外。从现实性角度来讲，美军驻日现实深刻地表明，战后日本陷入现代半殖民地或殖民地的国际社会角色与处境。由于日本在美国的东亚和西太平洋战略中扮演重要的角色，美国就赋予其政治和军事上的更多自主权，并给予其作为战后西方国家的国际社会地位。因此可以说，战后日本可谓傍上"国际大款"，为此日本政府和社会也不惜代价，以致长期沦为国际社会的附属角色与地位。为了实现西太平洋战略目标，美国还将琉球的管治权转给日本，此即20世纪70年代日美非法操纵的"冲绳归复"事件。然而，美国却顺带将隶属中国主权的钓鱼岛及其附属岛屿管治权也转给日本，此即中日之间所现存钓鱼岛及其附属岛屿主权争议的历史缘由。获取琉球管治权之后，日本进而又提出中日之间的海洋边界和资源争议诸问题，包括东海主权划界和油气资源的争端，这可谓"得寸进尺"和"步步为营"的典型注脚。因此在很大程度上来讲，中日之间的权益争议是由美国制造而形成的,其中也是日本东亚战略与策略的鲜明反映。时至现今,日本还借助美国在东亚和西太平洋的军事与政治存在,压制中国解决与其权益争议的国际和现实空间。当然其中存在战后日美之间的勾结,从而对中国解决"两岸"问题设置诸多障碍。日本还擅自将"冲之鸟礁"视为岛屿,借以扩大海洋领土和经济权益。其实上述诸方面就是美国插手东亚和西太平洋事务的国际和社会现实,更是日本借此获取现实利益的鲜明标注。由上可知,日美军事战略同盟关系已成为中国作为地区性大国的最大障碍。

第二,削弱中国实现发展与崛起的国际空间。明治维新之后,日本看到中国在鸦片战争中悲惨的失败,以及综合实力的日渐减弱,于是吸取中国历史经验与教训,派遣以岩仓具视为首的使节团,出访欧美诸国,提出"脱亚入欧"政策,走上资本主义的发展道路。随着日本国势的发展,日本奉行"大陆政策",对东亚诸国进行侵略和殖民活动,由此而成为东亚殖民强国。在起始阶段,日本采取与其他西方列强联合的政策,比如参与八国联军的对华侵略,其中派遣了最多人数的军队。但随着实力的逐渐强大,日本独立在东亚进行领土扩张和军事行动,并竭力排挤西方列强的势力范围,妄图形成独霸东亚的国际和社会局面。从历史角度来讲,日本与西方诸国之间的联合是为日本国家和民族利益服务的策略,而并非就是日本必然的历史选择。从现实性角度来讲,现今日本与美欧澳诸国之间的军事战略同盟和联盟关系,也是近代同类关系的延续与发展,并没有太多的时代价值与创新意义。当然,或许这也是日本看待和处理国际关系的通则与规律。但对中国而言,无论是在历史还是在现实中,这种关系的存在都具有较大程度上的战略威胁。毕竟日本采取对中国进行肆意诋毁和刻意攻击的态度,在国际舆论中更存在极为浓烈的"反华邪性",以致削弱了中国实现发展和崛起的空间,以及在国际社会的影响与作用。比如,日本在国际社会炒作"中国威胁论"和"中国强硬论"等,宣扬中国制造产品的质量与服务问题,上述诸种行径都会损坏中国及其制造产品的国际声誉与影响。在更为现实性层面上,为了其自身利益,日本甚至采取联合欧美诸西方国家的政策与策略,对中国设置各种人为的障碍。比如,日本在日美同盟关系的基础上,设法阻止中国"两岸"政治和解；在日澳等诸联盟关系的基础上，组织各种以中国为假想敌的联合演习。这里也存在诸多的前例。比如，近代日本借助欧洲贷款等金融支持，不断扩大对华侵略行动。由此看来，无论是在历史还是在现实中，上述关系的存在对中国的发展与崛起都具有深刻的社会影响与作用。

第三，扰乱中国实现和平发展的周边环境。日本社会存在比较强烈的近代优越意识，并通过从日本政府到民间所存在的各种社会现象表达出来。明治维新之后，日本经历社会性质的转型过程：日本文化由东亚文化边缘转变成中心的地位，并逐步形成日本型文化，摆脱对中华文化的现实依赖；日本社会则由传统封建社会过渡到资本主义社会，由传统农业社会发展到近代工业社会；日本政治制度则从幕府政治转变成天皇专制的政治制度，更为重要的还在于日本逐步演变成东亚殖民强国。虽然日本在太平洋战争遭受惨败，但朝鲜战争之后特别是经历 20 世纪 60、70 年代的经济增长过程之后，日本重新占据东亚强国的地位，并成为国际社会著有盛名的发达国家。在上述这样的国际和社会背景中，日本重新燃起民族优越的意识。针对中国在改革开放之后的异军突起，日本的优越意识转化为浓烈的"反华邪性"，表现出强烈的反华行为。但在处理各种国际关系时，日本并非完全依赖西方发达国家，比如美欧澳诸国，而试图通过金融和经济等因素，强化与中国周边国家之间的军事战略协作关系，以便形成所谓盟友来制衡中国。比如，日本制造"中国威胁论"，胁迫周边诸国防范中国的发展与崛起；提供金融和经济等方面的援助，妄图通过与周边国家之间的协同方式，削弱中国在东亚军事和政治上的比较优势；借助美国等发达国家的国际影响与作用，充当西方国家在东亚的代言人角色，试图借此实现围堵中国的梦想。上述诸种作为都充分表现出日本社会所存在浓烈的"反华邪性"，以及扰乱中国实现和平发展所需要周边环境和社会秩序的险恶用心。

第四，创制反华和"右翼"思想言论所存在的均衡器。日本社会存在比较浓烈的"反华邪性"，并成为日本型文化的组成部分，这里存在确切的事实证据。日本文化的属性并非天然地存在，而是在日本社会发展进程中逐步发展而形成的，最为突出的表现在明治维新之后日本型文化的成型与发展过程之中。从日本文化完型过程角度来讲,明治维新是明显的分界点:此前日本文化的发展表现为对中华文化的尊崇,并由此导引出具有列岛本土特色的文化雏形;此后出现明显的逆转,即在对待中华文化的态度上,由过去的推崇转变为摒弃与蔑视,并在大量吸纳西方近代先进文化的同时,加速形塑具有列岛本土特色的文化,即发展出日本型文化,表现出浓烈的"反华邪性"。近代以来,日本存在明显的反华文化,而且反映在社会细节之中,比如对中国称呼的变化,过去对中国多用尊称,近代以来普遍使用带有歧视性的"支那"称呼。当然近代日本的对华文化歧视还不仅在此。在东亚殖民和侵略过程中,日本更发展出浓烈的"反华邪性",这是后来日本侵华所显露出的残暴文化因素,而且还不止表现在日本文化之中,近代以来日本社会也存在明显的反映,现存日本儿童跟随中国游学生身后,并大喊"支那猪"的记载,就是历史的证据。在侵华战争中,日本军队更显露出残暴的特性,南京大屠杀就是特别明显的例证。况且每当日军在华获取胜利之后,日本国内的妇童都会集会庆贺,并成为当时日本社会的时尚风景。战后日本获取重新的崛起,经济、科技和文教等方面都获取巨大的发展,但在侵华历史认识的态度上,却仍延续近代以来诸多反华的思想观点,关键是在日本战败之后,国际社会并未对其采取严厉的惩处措施。可以这样地说,由于国际局势出现新的发展与变化,包括美国和中国在内都逐步放宽战后日本发展的空间,采取宽容和怀柔的绥靖政策,并未促使日本深刻反省东亚侵略和殖民历史。因此当今日本社会仍存在浓烈的"反华邪性",也就不足为奇。在现实日本社会中,"右翼"组织及其势力的制度根基就是天皇制度,而文化根基又在于神道教。神道教和天皇制度及后来逐步形成的武士道精神,共同确立了日本型文化的基本架构。由此看出,日本反华和"右翼"思想及言论的存在,不仅仅是社会现象,更深层次上还是文化现象。战后日本政府在中美建立外交关系之前,先行与中国确立外交关系,中国政府放弃日本侵华所应支付的国家赔偿,此后中日关系逐步向军事和战略互信的方向发展,其实这是中国政府以宽容和怀柔的绥靖政策为代价促成的结果。但对日本而言,却并不仅仅是外交关系的确立,而在更大程度上创制出日本社会所存在反华制华等"右翼"思想及言论的均衡器,此即后来中日政府与社会在思想和言论上所存在隔离的历史成因。对日本政府和社会而言,这样的隔离是策略。但对中国政府和社会来讲,这样的隔离却是真实的存在,导致日本侵华的受害者难以获取所应有国际民事的伤害赔偿,由此也就导致中国政府与社会之间存在事实上的隔离状态。但当初中国政府制定相关政策之时,基本立论点则认定:日本侵华是"一小撮"军国主义者所为,日本人民也是无辜的受害者,即当时日本政府和人民之间存在思想上的隔离。但事实并不是这样的情形。在现今中日关系中,日本可谓"以其人之道,还治其人之身",事实上把中国政府与人民在思想上隔离开来,至少这样的情形真切反映在战后日本侵华赔偿的问题上,当然这样的现实并非当初中国对日政策的设计者所曾想到的政治结果,但现今却已成为社会现实。

基于上述内容,可见日本与其他国家所建立的军事和战略关系,存在文化、社会、历史和现实等层面上的深刻原因,核心因素就在于确保日本在东亚的强国地位,并以中国为假想敌,竭力继续谋求实现日本所谓"八纮一宇"的国家理想,而实现路径就是近代以来所奉行的"大陆政策"。由此看来,战争应成为中国对付日本谋略的重要选项,即在广泛和深入开展对日本的经济攻略、社会攻略和政治攻略,甚至文化攻略的基础上,将军事攻略纳入对日本的战略选择。但在实施这样的攻略之前,必须明了这样的道理:"兵者,国之大事也""战争者,胜败之事也"。因此,必须做到"审时度势""谋定而后动",前提就是要坚持社会大系统的战略思维与视野,以及周密考虑到国际和国内两方面的影响因素。集中体现在:

第一,美国在东亚的势力存在。制订对日本的军事攻略,首先要考虑美国在东亚的势力存在。在当前国际政治和军事发展局势中,或许这是最为关键的因素,毕竟美国仍拥有世界最为强大的军力,以及在金融和经济上也占据比较优势的地位。随着世界金融和经济的发展与变化,美国日益关注东亚政治和军事的发展局势,以致在海外军事力量上逐步呈现为由注重东大西洋沿岸向注重西太平洋沿岸的过渡,主要目标就是要遏止中国军事力量的发展与壮大,从而稳固美国在东亚的势力存在。日美同盟关系是美国在东亚军事和战略中重要的组成环节，当然也存在历史发展的过程，而且还具有日美各自军事和战略上的现实需要。从历史角度来讲，日美在西太平洋制造了诸多领土和资源上的矛盾与冲突，与中国相关的就存在中国大陆与台湾之间的"两岸"问题、中日两国之间的钓鱼岛及其附属岛屿主权问题、东海油气资源和海洋分界问题，上述诸种问题的存在显示出美国在东亚的势力存在。因此，中国要实现在东亚的势力崛起，就必须超越这样的国际和地缘障碍。由此看来，在中国确立东亚大国地位过程中，美国在东亚的势力存在已成为所需要正视的关键因素。但现今美国是世界上唯一的超级大国，不仅具有极为强大的军事实力，更为重要的是美国控制了世界金融和经济的决定权，比如拥有美元世界通行货币的发行权。正是存在金融和经济上的比较优势，美国可以通过美元货币发行权劫掠其他国家的财富，包括支付巨额的军事费用。美国还拥有世界上最为先进的科技力量，其军事武器的科技含量举世无比。上述这样的情形就造成美国在世界范围存在绝对的比较优势，无论是在金融和经济还是在科技和军事方面。美国在诸多领域存在的比较优势，决定其具有世界强权的力量。何况美国现今已将全球战略的重点移至西太平洋。由此足见，美国对中国的发展与崛起秉持强烈的防范态度。然而在美国强化东亚强权过程中，日本是美国物资供给和武器投放的重要中介基地，美日同盟关系已成为美国维护东亚霸权的重要纽带，此即日本在美国东亚军事和战略中具有重要价值与地位的原因。日本正是看重自身在美国全球和东亚军事及战略中所存在的重要地位，才有胆量和强硬的资本，与中国、俄罗斯、韩国等周边国家争夺领土与资源，也才会存在中日钓鱼岛及其附属岛屿、东海油气资源和海洋分界争议问题。其实上述矛盾与冲突的存在就是美国在全球和东亚军事及战略中的环节，而日本则只是美国在东亚战略的工具。由此看来，中日矛盾与冲突在很大程度上体现为美国东亚战略的组成部分，而并非仅仅是中日争端问题。实质上来讲，美国在以日本为代理人，通过制造日矛盾与冲突，实施自身在东亚的地域战略，这已成为战后国际政治与军事的现实。

第二，中国与日本国际影响力的消长。对中国而言，日本因素并不是关键性的现实问题。但对日本而言，中国问题却是关键性的现实因素，这里存在自然与社会,以及历史与现实的原因。从自然与社会角度来讲,日本位于西太平洋的群岛,面积和人口等因素与中国相比存在较大差距,虽然战后日本在金融和经济及科技与文教等方面暂时具有局部上的比较优势;从历史与现实角度来讲,明治维新之前日本长期处在中华文明的阴影之中,处于东亚和中华文化的边缘,然而明治维新之后日本顺利实现资本主义的转型过程,社会各领域都获取飞跃性的发展,并通过殖民和侵略政策而发展成为东亚强国。当然这里存在特殊历史条件和社会环境的影响与作用,比如中国长期闭关锁国政策所造成的国势衰颓,以及西方列强对华侵略战争所导致中国丧失对日本的比较优势。由此可知,近代日本的强盛与清末中国的衰落之间存在紧密的联系。正是上述的缘故,日本社会存在这样的历史逻辑:中国的强盛必出现日本的衰落;中国的衰落必出现日本的强盛。东京都知事石原慎太郎就秉持这样的社会思维模式,参加北京奥运会开幕式回到东京之后,接受记者询问时提出"日本衰运论",虽然只是"中国威胁论"的另类仿版,但足以表明所存在上述的历史逻辑。对中国而言,现实中的日本因素不容忽视,比如在国际金融和经济发展格局中,日本占据相当重要的地位;日本科技及其产品开发居于世界前列;日本文教与人才育成等方面也值得吸收与借鉴。但日本因素绝非中国关键性的现实问题。毕竟日本在军事战略上依附于美国的庇护,在产品研制与开发方面依赖于科技的力量,国民收入对海外投资、经营和贸易的依存度非常强。上述诸种表现足见日本的发展潜力非常有限,社会发展的基础并非很牢固。但这也就促成日本逐步确立外向型的发展模式,呈现为目前这样开放性的社会状态。实施改革开放政策之后,特别是逐步加大对外开放的广深度,中国极有可能快速超越日本经济的发展水平,并在社会制度等层面上实现和谐发展。当然这对日本而言都是极大的挑战,也正是日本社会所出现"中国威胁论"的内在缘由。可以肯定,随着中日国际影响力的消长,在排除不利外部因素的影响与作用情形下,中国超越日本并非国际社会的意外事情,而是发展进程中的必然趋势。但对中国而言,最大的问题是日本现已成为各种反华组织及其势力的基地,这样的情形对中国社会的稳定与发展造成巨大的压力,并深刻影响中国实现时代崛起的发展步伐。

第三，中国社会内部政治和经济的发展与变化。"兵者，国之大事也"，必须存在社会内部政治和经济等因素的协调与配合，而不仅仅是奋战一途。就政治方面而言，政局的稳定是实现中国社会内部和谐发展的重要保证，当然也是达成战争目标的根本保障。日本就是看中了中国政治所存在这样的比较劣势：中国幅员广大，人口和民族众多，社会阶层的分化与差距较大，诸多内部矛盾与冲突难以避免，社会事件时有发生，以致日本采取分化和瓦解中国人心的做法，即把日本社会打造成国际性的反华基地，借以牵制中国发展与崛起的步伐。为此，日本支持中国人反政府组织，比如邪教组织和"藏疆台独"，游说和资助国际社会存在反华思想与行为的国家或组织，甚至容许和鼓动日本社会反华和"右翼"组织开展诸多舆论攻势。上述诸种做法对中国的政治稳定和经济发展具有较大的影响与作用，并在社会舆论方面对中国形成较大的国际压力。就经济包括金融方面而言，目前日本依然占有对中国的比较优势，特别是体现在人均生产值和社会福利待遇等方面。日本在国际社会作为亚洲金融和经济中心的地位并未出现动摇，中国香港、台北和上海也难以与东京等金融和经济中心抗衡，毕竟东京还是著名的国际金融中心，并与国际金融寡头和银行系统存在紧密的联系，这也与日本现有经济发展水平和国际地位存在一致性的特征。正是存在上述这样的金融和经济背景，中国尚需深化金融和经济体制改革，加大金融领域的战略规划，以发展经济为中心，并在社会大系统中进行体制机制变革，从而实现金融和经济等事业的发展。当然在目前社会情势下，中国社会内部的稳定与发展是压倒一切的重要因素，包括政治稳定和经济发展。但国际社会总出现这样的情形：树欲静而风不止。为了自身军事和战略发展的现实需要，美国和日本及其他西方国家总会对中国采取诸多对抗性的作为，包括宣扬反华舆论、实施反华计划、策划反华事端，以及制造反华行为。比如，美国和欧洲发达国家时常策动对中国制造产品实施所谓反倾销调查，提高产品入关税率；日本提出中国制造产品的质量和服务问题，以及强化中国工业化中所存在环境污染的国际舆论环境与氛围。上述方面必会对中国社会的政治稳定和经济发展产生深刻的现实影响与作用。由此看来，在较长发展阶段，保持中国社会的政治稳定和经济发展至关重要。

第四，中国周边国际环境和局势的演进。日本非常注重对中国周边国家和地区施加各种不同程度上的影响与作用，以显示其在东亚的势力存在，比如朝鲜半岛和中国台湾，以及东南亚诸国和南亚的印度，甚至还将触角延伸到中国内部，资助邪教组织和"藏疆台独"等中国人反政府组织及其势力，并容许国际反华组织及其势力把列岛作为前沿基地，妄图实现对中国和平演变的战略目标。当然还包括列岛本土的"右翼"组织及其势力所开展的诸多反华活动，以及出版具有反华制华观点的文论与著述，其中存在诸多针对中国的社会思想与理论，包括"中国威胁论""自由与繁荣之弧论""围堵中国论"和"日本衰运论"。上述反华制华的行为、思想与理论，不仅局限于列岛本土的范围，而且还不断扩展到国际社会。况且日本还在中国周边其他国家中破坏中国的形象与声誉，导致对中国的发展与崛起产生各种恐慌的情绪，必然对中国的现实与长远利益产生深刻的影响与作用。日本政府和社会作为的主要目标就是千方百计地获取对中国的比较优势，并在东亚维持其国家和民族的根本利益。上述方面存在事实的证据。比如，日本拒绝对中国进行ODA贷款的同时，转而给予印度巨额的ODA贷款，帮助其发展军事力量，这样的转变存在深刻的军事与战略意味。毕竟中国与印度是近邻的国家，两国存在藏南在内的主权与领土争端，20世纪中叶发生过激烈的军事对抗。因此，日本这样的转变是在挑拨中印关系，这样的意图存在相当明显的体现。除了印度之外，日本还对中国周边其他国家采取实际的行动，手段也是多种多样的，比如金融和经济的援助、舆论与军事的支持，甚至唆使美国和其他诸国对中国采取或明或暗的行动，当然也包括在中国台湾问题上不断地进行煽动，唯恐中国天下不乱。由上述可知，不容低估日本因素对中国所产生现实和潜在的影响与作用，虽然并非关键性的现实问题。消除这样负面因素的影响与作用，也应纳入中国军事战略的范畴。但其中还存在更为复杂的国际性因素，特别是美国势力在东亚的现实存在。除了东南部之外，中国周边还存在来自西北部安全问题。随着以美国为首的西方国家在阿富汗和中亚国家驻军或租借军事基地，中国西北部的周边环境也日益显示出恶化的发展态势。当然还存在势力强大的俄罗斯，虽然它与中国建立了军事战略关系。由此看来，强化西北部的安全问题，应提上中国军事战略的发展日程。综合上述的情形，近些年来中国周边国际环境的发展局势出现诸多新的变化，为此中国应在社会大系统中分析与思考问题。除了日本因素之外，还应考虑诸如美国和欧洲等西方国家因素的影响与作用，而且中国周边其他国家因素也不可忽视，虽然对中国而言还存在较大转圜的余地。由上可见，采取有针对性的策略，应成为中国军事战略重要的组成部分。

强调"审时度势"，以及"谋定而后动"，并非要排除军事攻略这个重要的应对策略与步骤。在某种特殊的社会发展阶段中，显然存在这种攻略的必要性，中国应做到运筹帷幄决胜千里。在中国安全局势中，美国、俄罗斯和西方诸国暂时不论，单是面对日本，中国就应在上述攻略的基础上，增添一个非常重要的攻略：军事攻略。在对日本的军事攻略中，中国不可能不考虑美欧澳和俄罗斯等西方国家的因素。因为从某种意义上来讲，上述外部性因素或许比日本因素还具有更大的影响与作用。按照实施的进程，可以将军事攻略划分为战前、战中和战后（或战争准备期、进行期和发展期）三个重要的阶段。下面就分别阐述上述阶段的内在含义，以及其中存在的具体发展环节：

第一，战前攻略（准备期攻略）。战前攻略内涵的范畴相当广泛，上述所论诸攻略的内容都可以属于广义上的战前攻略。但此处专门探讨军事攻略的内涵问题。因此这里的战前攻略更多提及军事范畴的含义，而并不再包括上述广义的内涵。就狭义角度来讲，战前攻略主要包括战略、计划、情报、装备、舆论和动员等具体发展环节。

一是战略环节。作为军事攻略的组成部分，战略环节具有非常特殊的价值和意义。当然它与一个国家的发展战略相比，还显得相对具体和详细一些。主要在于这种层面上的战略更多从军事实战角度考虑相关问题，而并不是宏观性的概念及其内涵。从某种角度来讲，这种战略环节更多的是确立实施军事行动的总体框架和布局方案，即执行特定战争的总规划。在明治期间，日本所出现的"征韩论""大陆政策""田中奏折"和"大东亚共荣圈",都是其中战略层面上的重要环节,当然这对日本发动侵略朝鲜半岛和中国乃至发动太平洋战争,都具有指导性的战略意义。在现代国际社会中,日本仍保持美国在琉球及其本土驻军的存在,主要的目标就是对中国形成军事与战略上的威慑作用,当然这样的情形也并非完全是日本政府和社会的意愿。但在美军驻日的国际背景中,日本利用日美军事和战略同盟关系,即战略性的考量,对中国形成军事和战略威慑的效果。从某种价值与意义角度来讲,这样的做法就是军事攻略中的战略环节。针对日本在军事和战略上的威慑,中国必须采取应对性的战略预备。在规划和设计对日本的战略环节时,当然不能无视东亚中的美国因素。毕竟在制订对日本的军事与战略时,中国不能省却美国在日势力的存在,比如朝鲜战争时美国派遣第七舰队,封锁台湾海峡,阻止中国大陆解放台湾地区,并组织西方联军介入南北朝鲜的战争。当然在中国驰援下,最终实现朝鲜半岛的政局稳定。美国在驻军琉球的同时,肆意把琉球的管治权转给日本,并将原本隶属中国的钓鱼岛及其附属岛屿主权也连带性地移交,这就为现今中日领土和海洋权益问题埋下伏笔。上述美国因素在东亚的存在,主要是战略性的考虑,即使朝鲜战争也不例外,即此战略环节是美国要维持在西太平洋的军事与战略存在。由上可知,战争也是为战略服务的,并不仅仅是战胜敌手的问题。在上述方面,中国也存在历史的经验与教训。比如,在对印度的自卫反击战中,虽然向印度的所辖地域进行了深度推进,但最终选择无条件的后撤,这样的做法导致印度侵占部分中国领土的问题依然存在,并增添解决藏南问题的难度,其实这里就存在军事攻略中的战略环节问题。由上可知,战略环节关系到战争的推进、发展与结局,在军事攻略中显得非常重要。

二是计划环节。上述战略环节注重指导性的方针与原则,而计划环节则更为注重可操作性的层面,即实施战略的细则。在诸多情形中,战略与计划环节处于相互重叠的状态。比如在侵华期间,日本在中国东北建立"伪满洲国"的傀儡政权,此后炮制"满洲领有计划",妄图逐步将中国东北纳入其版图。这样的计划就具有双重的意义:既具有战略层面上的意义,又具有计划层面上的意义。从现实性角度来讲,日本采取吞并中国东北的系列动作,比如实施大规模移民的政策。在侵占和扩张的过程中，日本经常采取这样吞并领土的政策与做法，比如在吞并虾夷的过程中，就实施了大规模移民的政策；在吞并琉球的过程中，日本同样采取了这样的政策与做法。由于日本在太平洋战争中战败，因而战后移居到朝鲜半岛和中国东北的日本人，又陆续返回列岛，此即东亚日本遗民的战后遣返问题。在中国、朝鲜和韩国生活和成长的日本遗民，返日之后撰述的回忆性材料，都已成为特殊时期所发生历史事件的重要佐证。同时也表明，日本在战中向朝鲜半岛和中国所实施大规模移民的计划，遭到了历史性的失败。但从这段历史事实也可以看出，计划环节在军事攻略中具有非常重要的价值与意义。当然对计划而言，战前与战中并没有明确的时间性界限，比如日本所实施大规模移民的计划，战前即可以进行规划，战中就可以具体实施。由上可知，军事攻略也是相当复杂的系统工程，而不仅仅表现为军事行动的具体计划。在当前国际局势中，日本出现诸多针对中国的社会舆论和反华思想，比如"围堵中国论"和"自由与繁荣之弧论"，上述论点就是具有战略性特征的计划，其实可以从日本政府和社会的作为发现初始的端倪。比如，日本在中国台湾问题上的实际作为；在中国南海问题上的具体态度；在ODA贷款上援助印度发展军事力量的特殊做法；以及在距离中国非常近的"与那国岛"上部署自卫队的防卫计划。上述诸种政策与做法都具有针对中国的特定意味：对中国进行围堵，存在"自由与繁荣之弧"的战略考量，具有战前攻略中计划环节的含义。针对日本存在这样战前攻略的态势，中国应在对日战略的基础上，设计和构建应对性的军事计划，而不仅仅是采取某种谋略性的具体做法，比如早先提出的"韬光养晦""搁置争议"和"共同开发"等主张。毕竟上述谋略性的手段只存在于具体的语境，以及具有历史发展阶段的适用性特征，后人教条式的解读往往会对中国的国家和民族利益产生现实与长远的极大损害。

三是情报环节。情报也就是信息，主要是获取有益的信息。保密也可以划归情报的范畴。从狭义军事范畴来讲，情报是军事攻略中的重要环节，而且贯穿于战争的始终。战前攻略中的情报环节主要指为达成军事攻略中战略与计划所设定的军事目标，收集、整理和分析敌我双方的信息，并对实施军事攻略提供必要的信息支持与参考。情报还与保密存在紧密的联系，而且具有对立统一的关系。即对敌我各方而言，己方有价值的信息要实施严格保密的措施；敌方有价值的信息则要千方百计地获取，甚至不惜一切的代价。为了获取敌方有价值的信息，世界各国都设有情报部门，而且还不仅仅局限在军事领域，即广泛涉及金融、经济、商业和科技等各领域。当然也会由于我方不慎，导致有价值信息的外泄，比如在中日黄海大战前夕，清末中国海军派遣当时最为先进的镇远号等舰只访日。访问之后，日本加速从欧洲国家购买更为先进的军舰，由此形成对清末中国的海上优势，从而赢得对清末中国的海战胜利。清末中国战败的根源应追溯到访日时最优海军舰只性能情报的外泄，而且还是无意间的自我泄密，值得深入探究与反思。在现代国际社会中，情报与保密依然是重要的话题，在军事领域显得更为波谲云诡，有时还深刻地反映在科技等领域。比如新中国成立之后，日本借来华参访著名瓷器制造企业的机会，在企业展示的壁纸介绍中，发现机密材料配方和制作工艺，以致现今日本在国际高档瓷器贸易中仍占据主要供应者的角色，并与中国瓷器贸易行业展开异常激烈的竞争，其实这也正是在和平时期所出现的科技失密问题，无论是在战争年代还是在和平时期，情报与保密都非常重要。在特殊的社会环境中，情报与保密可能会起到决定性的作用。当前，日本对华情报的力度相当大，已涉及社会广泛的领域，包括军事、经济和社会等各领域。由于日美军事和战略同盟关系的存在，日本更倾向于收集、整理和分析中国前沿和高科技的相关军事情报，比如设计和制造高性能的潜艇、飞机和激光等武器，以及建造航母及其配置等相关的信息。在参与情报获取的组织和群体中，除了境内外的专门情报人员之外，还包括在华企业等组织机构，当然获取的手法也千姿百态，中国必须采取应对的措施。情报与保密的斗争实质上是没有硝烟的战争，也是在和平时期军事攻略的重要组成部分，并贯穿于战争的始终。就战前攻略而言，其中的含义存在部分的局限，主要是为战争的发生与应对做好充分的准备，并对确立和修订军事战略与计划提供必要的信息支撑，确保其中的设计能更为完整与准确，以及更加具有实操性，从而获取与提升必胜的概率，即利于在战争中做到稳操胜券。

四是装备环节。在和平时期，更多的比较在于装备方面，虽然这并非衡量军事实力唯一的标准。毕竟无论在怎样的情形下，人的因素依然占据最为重要的位置。但现代战争装备的科技化水平可以作为衡量军事实力的重要标准。在当前国际军事评论中，关注中国制造航空母舰的事情，就是显著的事例。上述清末中国最为先进的镇远号访日事例，也很能证实装备的重要性。近代日本实施"大陆政策"，最为重要的凭借就是拥有建立在雄厚经济基础上相对较为先进的军事装备，甚至包括机动部队使用的摩托车和汽车等运输工具。改革开放之后，中国军方开始重视武器装备的研发与配备，较多高科技水平的军事装备列装部队，但与具有上百年科技和装备发展历史的西方军队相比，中国军队的武器装备水平还存在较大的差距，其实这是国际军事发展中的现实状况。其实不要说与欧美等早期资本主义国家相比，就是与日本和印度相比，中国军队的武器装备现代化也还存在某些程度上的差距，这也是不能回避的现实问题。近些年来，中国加强军事装备研发与应用经费的投入，军队武器装备的科技含量和现代化水平出现新的变化，比如研制与发展火箭、导弹和航母，以及加油、隐形和无人驾驶等类型的飞机，诸多高科技装备逐步列装部队。但也还存在诸多的缺憾，甚至还存在尚未意识到的问题，比如武器装备的针对性问题。比如，日本的街道一般都非常狭窄，登陆大型的地面武器装备，就难以适应这样的交通运输状况，因此应有针对性地在军事装备上进行特殊的研发与设计，才能在实际对日作战中获取比较优势。由上可见，在军事装备上应早有筹谋，而非等到战争已开始时才仓促列装与更换，这样的情形也不只表现在交通运输工具方面，还存在于战斗性的武器装备方面。比如，日本的建筑分明地存在两种类别：一是处于偏远乡村，或具有古老年代和宗教性的建筑，大多为木质的结构，借以应付多发地震等自然灾害；二是处于城市，大多为相对高层的建筑，基本上是以抗震性能优越的钢筋为主要材料所构筑的支架性建筑，其间的装饰也大多采取现代耐燃的材料。针对上述两种类型特色的建筑，战争中就应选择不同性能的武器装备。针对上述诸如此类的情形，战前攻略就应进行充分的观察、分析和判断，并在军事装备选择中充分地体现出来。在上述方面，日本在侵华时期就存在充分的体现。比如，针对中国军民进行地道战的特点，侵华日军使用了毒气弹，以及开展了活人医学实验。由上可见，除了人的因素之外，装备因素在军事行动中也具有非常重要的作用，甚至某些情形中会产生决定性的作用。比如在太平洋战争中，美国对日本使用了原子弹，最终迫使天皇尽速地所谓"玉音放送"，并及时中止日军的负隅顽抗。虽然上述事例或许存在某些商榷，但必须保持清醒的认识：战前攻略的装备环节不容忽视。

五是舆论环节。在中日黄海大战前后，日本呈现出非常激昂与异常亢奋的社会状态。毕竟从远古到近代的历史发展阶段中，日本都是在东亚大陆的阴影中存在。更为确切地来讲，就是长期在中华文化的阴影中存在，处于东亚文化的边缘。正是地理上的偏僻与文化上的边缘，塑造了日本社会深刻的"岛国根性"。明治维新之后，日本迅速实现资本主义转型与发展过程，并在殖民和侵略东亚过程中不断获得发展与壮大，然而老大的中国却逐渐坠入半封建半殖民地的深渊。此时日本以中日黄海大战的胜利占据东亚鳌头的地位，并将清末中国排挤出强国之列，最终成就近代日本在东亚的殖民强国地位。其中并非"一小撮"军国主义者在兴风作浪，而是日本社会性的国家行动。由此看来，近代日本侵华并非少数军国主义者的作为，而是来源于日本文化的推力。这种文化就是明治维新之后定型的日本型文化。然而，日本型文化经历了特定时期的积淀过程，此即明治日本社会舆论的形成过程，起端就是中日黄海大战。以中日黄海大战为界限，日本社会的中国观出现转折性的发展与变化，甚至产生悖逆中华文化的社会情绪与文化氛围，当然也存在渐进发展的过程。但明治日本社会最终形成对中华文化的悖逆文化，即日本型文化。明治日本文化的成型借助了社会舆论的影响与作用，包括报纸杂志、图文书籍、新闻媒体、宣传指令、社团组织和政治势力等广泛的范畴。在上述方面，也存在诸多显著的例证：翻阅近代日本的报纸杂志和图文书籍，存在诸多中日黄海之战、侵华战争和日俄战争的文字画卷，其中有"战神"和"七勇士"，以及"楠公精神"等记载，甚至出现"乃木殉死"的赞誉，可见新闻媒体起到推波助澜的社会作用。明治天皇两次发布"御敕"，此即决定近代日本走向的两个重要文件：《教育敕语》和《军人敕令》，其中的内容充分体现出明治日本的军国主义特征。由此看来，军国主义者并非日本社会的"一小撮"。天皇发布"御敕"之后，日本社会逐步涌现出法西斯主义思潮，标志日本社会形成了军国主义文化，其中的决策者应当首推天皇，然后是日本"右翼"的社团组织和政治势力，然而其蔓延则依赖于制造和控制社会舆论，从而逐步浸入日本社会的角落，形成具有全民范围的殖民和侵略意识。由此也就能更为清晰地理解，在日本推进东亚殖民和侵略战争过程中，日本社会和民众的热情为何表现出令人惊异的普遍高涨，以及昭和天皇被迫发布投降"玉音"之后，日本人为何跪在皇宫广场外痛哭流涕，可见日本社会舆论存在极大的影响与作用。因此在军事攻略中，不能忽视社会舆论的力量，其实这也要贯穿于战争的始终。但在战前攻略中，更应造成社会舆论上的氛围与力量，这是准备发起和进行战争的重要步骤。由上可知，当前日本社会存在浓烈的"反华邪性"，以及由此产生诸多的反华行为，其中存在军事攻略的成分，而不能简单认定为日本社会存在的变态现象。针对日本社会存在反华的现象和事实，中国应做出冷静和理性的应对，并设计反制性的舆论策略。其实，这就是战前攻略中所提出关注舆论环节意义的根本原因。

六是动员环节。从军事角度来讲，为了防卫上的需要，主权国家都会建立一整套的战争动员机制，以达到有备无患的战略目标。但战前攻略的动员环节却存在更为具体和深刻的含义。毕竟动员环节的内容显得更为具体，而且还更具有实际操作的性质。明治日本为在东亚达成殖民和侵略的总体战略目标，在战前做足了战争的准备，包括上述的战略、计划、情报和舆论等各环节。在做完上述前期准备之后，战前最后的环节就是动员。日本在战前动员的手法上也相当"丰富多彩"，比如制造社会舆论就是其中的重要一环，另外就是宣传、集会、游行、参拜和暴力等做法，甚至为达成战争目的，而采取内部的社会和政治冲突。比如，明治日本因为存在"征韩论"上的争议，而爆发大规模的"西南战争"，以及因为推进全面侵华的社会需要，而发生"二二六事件"，而上述事件的最后平息者都是日本天皇。实际上，上述冲突的结局都是天皇制度所决定的必然结果。由上可见，日本社会即将实施关键性的战争行为，战前都会产生观点争议，甚至政治冲突，但对最高层决策具有非常重要的价值与意义。就近代日本而言，上述冲突与争议有利于日本天皇做出最终的决策。比如"西南战争"之后，虽然西乡隆胜遭遇兵败，但明治天皇最终认可其所强烈主张的"征韩论"，并做出殖民和侵略东亚的战略决策。在"二二六事件"之后，青壮军人刺杀了包括当时大藏大臣高桥是清在内的政府官员，随后昭和天皇做出了全面侵华的战略部署。由上可知，近代日本在军事动员环节上存在极为激烈的社会政治矛盾，甚至不惜以兵戎相见。但作为局外的中国人，必须看到其中还存在最高层的决策者，即日本天皇。就日本社会而言，乱在政治而不在宗教，天皇制度才是日本社会的最高规制与原则。在当前日本社会中，天皇制度依然是日本最高层的上层建筑，而并非首相内阁制度。天皇也并非日本社会中赋闲在家的"象征者"和"失业者"，而是日本最终端的决策者，此即在东亚和太平洋战争中，日本天皇存在最大战争责任的制度成因。当然在国际局势处于和平时期，战前攻略中的动员环节通常赋予专门的军事部门，日本亦如此。战后日本自卫队逐步实现扩充与装备，并由本土防卫向挺进远洋的方向发展，已成为东亚强大的武装力量，并且以日美军事和战略同盟关系为后盾，在东亚周边争夺领土、资源和势力范围，比如日本与韩国、中国存在领土和海洋权益争端。日本动员环节的诸种作为可供中国吸取与借鉴。当然中国具有与日本相异的社会环境与文化背景，动员环节必定也会存在一定程度上的差异。比如实施对日战争之前，爆发社会政治上的论战就不符合中国的国情，关键在于中国难以找到最终端的决策者，或难以寻到平息内争的协调者。毕竟，承担这样的角色者只能是位居宗教文化上的尊崇者，日本有"现人神"的化身：天皇，但中国却难以推出这样宗教文化上的"无上"代表者。若推出孔子，会让人感到不可想象，除非只从文化统一角度而言。但中国也存在比较上的优势，在政治、经济和军事等各方面都存在，也是中国现行制度优越西方诸国的关键处，此即具有极强集权性特征的社会政治制度。中国应确立具有组织集权和协商民主相结合的社会政治制度，反映在战前动员环节就应发挥这种制度的优越性，即以政府动员为主要的特色。对中国而言，这是切实可行的军事与战略选择。

第二，战中攻略（进行期攻略）。在阐述战中攻略之前，必须牢记这样的军事箴言：罔妄言战，出战必胜。上述战前攻略也还要延伸至战中乃至战争结束之后，这是很显易的道理。然而此处战中攻略更多着眼在战前攻略之后，即在社会动员和军事部署完成之后，开始着手进行现实中的战争行动。战争有形但无型。有形者，即形势；无型者，即变化。战争的推移虽然要着眼于社会与军事的形势，包括国际和国内，以及社会大系统的诸多因素，但战争却从来没有固定的模式，必须在急速变化中把握有利的战机，这是获取胜利的根本。这也并非否认一些带有规律性的因素，比如军事上的基本原则和环节。对日本的军事攻略，就是在认真观察与分析中日在文化、社会和教育等层面上的规律性，从而在历史与现实中探究中日两国军事与战略，以及战争推移中所带有的规律性原则、方法与策略。战中攻略还具有自身特殊的范畴与内涵，存在不同于战前和战后的诸攻略方面。概括地来讲，战中攻略主要包括冲突、攻防、战术、宣传、后援和协议等具体发展环节。

一是冲突环节。冲突起始于双方或多方之间所存在的矛盾与利益。冲突的成因存在多样性特征，比如领土、资源、民族和意识形态等范畴；利益存在错位，就会导致出现矛盾，其中包括社会和经济等类型的利益。矛盾与利益的概念存在相互之间的融合。但无论是何种成因，也不管此原因是何等的微末，国家之间的矛盾总是重大的事情。可谓国之重器至高无上。因此，甚至某种很小的矛盾，若不能及时加以清除，就会演变成为国家之间的冲突，甚至爆发战争。冲突是战争激烈化的最初形式，国家之间的冲突也并不一定就是存在客观性矛盾的缘故，甚至对方有可能采取捏造或制造各种矛盾的方式，借以造成相互之间产生激烈的冲突，从而推进而爆发更大规模的战争。比如，明治日本在社会转型的初期，就开始有计划地采取殖民和侵略行动，为此也就制造了琉球与中国台湾之间的民间纠纷，从而为武装侵略中国台湾寻求借口。冲突还可以划分为两种类型：社会的冲突与军事的冲突。其中社会的冲突是非军事性的冲突，虽然也极有可能是由政府之间的矛盾所引发，而不仅仅是因为民间的矛盾，比如存在诸多国家之间的经贸纠纷。但社会的冲突则极有可能激化为军事的冲突。因此蓄意制造或扩大战争的国家，最初往往就是利用国家之间社会的冲突，甚至并无事实的存在。比如，日本在准备扩大对华战争时，就制造了"前线士兵走失事件"，并以此冲突为借口，悍然地发动全面侵华战争。近些年来，由于中日在东海领土和资源等问题上存在社会性的纠纷，日本就经常制造一些矛盾与冲突，比如叫嚣驻军"与那国岛"，以及将"冲之鸟礁"变成"冲之鸟岛"，甚至中国海军在琉球公海的国际水域中实施军事演习之后，还有日本退役军官叫嚣派遣自卫队舰只通过台湾海峡。由上可见，社会的冲突与军事的冲突往往会交织在一起，并可能成为战争的导火索。对中国而言，并不会为日本蓄意制造的冲突所牵引，重要的是要在战前攻略的基础上，审时度势并在维护中国根本和现实利益的基础上，理性地化解中日冲突。慎虑初战应成为看待中日冲突的重要原则。但在条件成熟或迫不得已且存在必胜的把握时，因势利导地发展成为战争，也是对日战略与策略的选择，因为谦让与软弱有时只有一墙之隔。由上可知，理性地处置中日冲突非常关键，这是中日战争爆发的起点，联系着战前与战中阶段。

二是攻防环节。战争一般起始于冲突，除非采取突然袭击的方式，正如存在地震前的自然预兆，但也会有海啸奔涌而来的怒涛。其实，突然袭击的方式也是基于存在冲突的内在成因。战争开始之后就进入到攻防环节。攻是进攻，防是防卫。对立的双方都需要考虑如此致命的问题，即如何保持进攻的时效，以及如何做到防卫的强固。循明治维新以来日本侵攻大陆的史实，可以清晰地发现日本基本上遵循这样的谋略，即保持军事与民事之间的紧密结合。比如，在殖民和侵略朝鲜半岛，以及怂恿建立"伪满洲国"之后，日本都采取了惯常的做法，即实施大规模移民的政策。这样的政策与做法已让日本的领土由最初九州和本州的西部，扩展到四国、本州东部（出羽和陆奥地区）和北海道（虾夷），现今甚至还包括实际掌握琉球的管治权。由此可知，对军事的认识与理解也应秉持大军事的思想，必须注重系统军事的概念，即军事上的攻防是社会大系统的组成部分，应将军事投射到社会大系统中来考察。攻防环节不仅仅表现为军事部门的战争行动，而且还包括社会部门的配合与支持。这种社会性的配合与支持广泛渗透到军事行动前后的全部阶段和环节之中，比如战前的社会舆论和战中的社会参与，以及战后的社会史记。当然，社会部门的参与还包括其他方面的内涵。由此可见，系统军事不仅只是军事学上的概念，而且也是社会学上的概念。其实，战争进行中攻防环节的核心还是军事进攻与防卫。从军事角度而言，明治维新以来日本军事进攻有余而防卫不足。这里存在诸多客观性与主观性的影响因素，比如存在土地与人口的因素，以及战争推进与军事后援之间的矛盾，还存在日本自身战争能力与军事决策的错位问题。正是存在上述的原因，对中国而言，中日战争必定要经历战略防御、战略相持和战略进攻等发展阶段；而对日本而言，则正好相反，最后也只能退出中国。这样的论述清楚地描绘了中日战争所必经的攻防环节。然而在太平洋战争中，还存在日美之间的攻防。首先是日本以突然袭击的方式展开军事上的进攻，随后转入美国的参战，即美国实施对日本的反攻，当然日美实力上的悬殊也就决定了战争最终的结局。在中日战争中，日本还采取了诱降与策反等手段，从军事的侧翼展开对华战争中的"第二战线"。但在太平洋战争中，日本就难以广泛采取这样的策略。毕竟日本对华渗透已非常深入，而对美国等西方国家的渗透则并不深入，因此也就只能采取外交欺骗等手段。由上可知，攻防环节存在诸多差异性的特征，并没有同一攻防的模式。

三是战术环节。如果说攻防环节处于战争时的宏观策略部位（可以称为战时的战略），那么战术环节就是处于战争时微观策略的部位（可以称为战时的策略），其中涉及具体战法和策略采择的问题。从重要性角度来讲，攻防环节中战时的战略固然重要，但战术环节中战时的策略同样也很重要，有时战术环节中的失误极有可能导致整个战争的失败。战术环节也存在中日之间的典型事例：元代中国忽必烈扩展势力时，不仅西扩至欧洲而且还试图东扩至列岛，但征服路途中却遭遇自然飓风因素和日本战术反击。自然飓风因素造成元军船只的沉没，日本人遂把这种飓风称为"神风"，后来就有了太平洋战争中的"神风作战"；在战术因素中，日本人采取进攻性的防卫策略，不断派遣小型船只骚扰元军的大型船只，并以破坏后援辎重和杀伤有生力量为目标，同时还在列岛本土进行具有攻击性的部署。就这样，日本最终成功击退元军的进攻。其中存在诸多的史鉴，比如进攻上的策略性。元代中国在军事行动上还存在诸多的局限，比如在大型船只难以抵御小型船只灵活进攻时，就应迅速调整军事与战略部署，但元军在进攻西部欧洲取得胜利时，却在进攻撮耳小国日本时遭到惨败，以致成为后世人的笑柄。另一事例就是在清末日本侵华时期，日军在大多情形下都采取进攻的策略，而很少顾及防卫的问题。清末早期启蒙思想家宋育仁和甲午战争前云贵总督刘长佑都曾提出改变纯粹防卫，而采取奇袭和进攻列岛本土的战略构想，并制订相关的军事计划，但此谋略最终遭到弃置。其中深层的原因就是当时清政府没有把握好战术问题，只看重本土防卫的因素，而忽视防卫中的进攻对战局转换的重要性，因而难以获取清末政府层面上的认同。在当时中日国家形势和军事情境中，这项战略性计划的可行度也值得进行更深层的商榷。上述两事例可以揭示出中日两国存在这样的军事惯习，即日本人在战术思维中过分地看重进攻，这样的军事思维模式在处于劣势时，能很好地达成进攻与防卫之间的协调，但在处于优势时往往忽视防卫的因素，甚至会出现惨败。在二战中，日本侵华的史实就实证了此规律。然而在中国人的战术思维中，处于劣势时更为单纯看重防卫的因素，这样的军事思维模式存在诸多致命性的弱点，特别是难以把握有利于进攻的战机。因此从此历史规律性角度来讲，今后中国人在处于军事劣势时更应注重进攻的策略，但在处于优势时也要力求保持攻守兼备，并且更应注重防卫策略的价值与意义，而不应只采取以优势兵力取胜的进攻策略。元代中国对日本的军事惨败就是非常显著的事例。当然，无论是处于劣势还是优势时，谋略因素总蕴藏于军事行动的整个过程之中，这里存在相当重要的军事思维模式转变过程。

四是宣传环节。宣传是战中攻略的重要环节，对战争的推进具有非常重要的影响与作用。在推进"大陆政策"期间，明治日本在战时宣传上做足工夫，明治政府和社会中的全部机器都注重战时宣传，比如新闻报纸与杂志、图籍研究与撰述、娱乐游戏与歌诗、艺术书画与布道。尤其值得关注的是,"浪人"文化充斥明治日本社会,仗剑浪迹大陆成为当时日本社会中重要的文化现象,体现出列岛本土特色的武士道精神。上述诸种现象都浸润了战时宣传的意味,体现出明治日本最初所出现军国主义思想与行为的雏形。由此可知,日本军国主义比欧洲法西斯主义出现得更早,而且也具有更为深厚的文化基础。在奉行东亚殖民和侵略政策过程中,近代日本也把战时宣传发挥到极致的程度,比如实施神道的"国教化"和推行"军国民"的体制;天皇发布《教育敕语》和《军人敕令》。由上可见,明治维新以来,日本就进入天皇专制和集权的时代,以致从"现人神"的天皇到普通的黎民百姓,即日本社会呈现为战争癫狂的极度状态,宣传机器的影响与作用遍布,甚至渗透到学生和妇女等社会特殊层面,比如组织妇女"挺进"和鼓励学生"出阵",表现出共同参与和推进战争的国家与社会行为。这种战时宣传还存在更为极端的表现形态,此即在太平洋战争后期,日军"冲绳战"中推行当地居民"集团自决"的政策与做法,时至现在种族灭绝的战时阴影仍未在琉球居民心灵中消失,以致战后日本政府和天皇多次试图弱化琉球居民所存在这样的历史情结。对日本普通民众而言,这样的宣传还体现在日本政府向所谓"拓殖地"进行大规模移民的政策与做法上。在历次领土扩展的过程中,大批列岛居民响应政府的宣传和天皇的号召,前往新近扩张的地域中居住与生活。这样的政策与做法在扩张本州西北部(包括出羽和陆奥)、北海道和琉球时,可谓屡试不爽。在二战中,日本政府和天皇再次宣传性地鼓动移民朝鲜半岛和中国东北地区,但却遭到战败的体验,因而移民归国也就成为战后日本政府需要面对和解决的重要国际与社会课题。由上可见,历史中的日本非常注重战时宣传,甚至将此纳入战争的战略与计划,以及贯穿于战争推进的整个过程。总结起来,大致可以概括出如下基本原则:战略与计划引导,制造战争推进的社会氛围;舆论与政策配合,形成全民参与的战时机制;文化与精神感化,建构国家行为的意识形态。当然,在注重战时宣传的同时,还存在诸多形式的社会压力与暴力,比如出现"西南战争"与"二二六事件"的历史过程。前者以内战的形式,后者以暴动的形式,但最终都是为了达成实施殖民和侵略东亚的"大陆政策"目标。针对日本战时宣传环节的诸种政策与做法，中国也应存在战时对策，比如借鉴日本战时的移民政策，同样这也需要注重战时的宣传环节。当然，战时的宣传环节还存在激励社会民气和部队士气等方面的价值、意义与作用。

五是后援环节。战时攻略目标的达成还需要获取极为广泛的社会后援。按照不同标准，可以划分为多种类型：第一，按照后援地域的标准，可以划分为国际与国内两种类型。国际后援是指来自于国际社会的后援，包括国际同盟与外交的支持，以及民族、种族、组织和信仰等纽带作用下的国际后援。在世界性大战中，总会存在两大对立性的政治与军事集团，实质上也就形成两大对峙性的国际后援力量。比如在太平洋战争中，日本与德国、意大利结成"轴心国"，而美国、英国和法国等组成"同盟国"。除了这样的政治与军事阵营形式之外，还存在其他类别的形式。比如，明治日本在奉行殖民和侵略东亚的政策时，就打出"脱亚入欧"的政策与口号；在现实国际社会中，日美建立起军事与战略同盟关系。其实，上述都是争取国际后援的模式。国内后援是指来自于国内后援的力量，主要是指来自军事和政府之外的社会后援，包括国内组织、社区和居民等后援。明治维新以来，日本就存在诸多社会、社区和居民组织，在战时后援中发挥了极为重要的作用。第二，按照后援形态的标准，可以划分为物质与精神两种类型。物质后援主要是为战争推进提供包括资金在内的后援；精神后援则指对战争道义和价值提供肯定与认同，并对战争推进提供精神层面上的支持。明治维新以来，由于殖民和侵略获取日本社会的肯定与认同，因此其社会充溢战争推进的民众热情与支持，也存在广泛的物质与精神后援。特别是这样的精神后援，至今仍呈现为日本社会的现象。比如，在获取所谓"日清战争"胜利之后，日本举行空前盛大的社会活动，庆祝获取史无前例的军事胜利，并开办诸多设施，陈设战争中获取的战利品，比如回归中国的"镇远舰之锚"，还存在许多尚未回归的中华文物，或流落在日本的民间，或存放在日本各种类型的博物馆，成为中国历史的耻辱仍然面向世界的窗口。这样的后援还体现在天皇宣布无条件投降之后，出现大批日本民众长跪于皇宫广场的悲壮场景。第三，按照后援表现的标准，可以划分为舆论与行动两种类型。在战时日本社会中，舆论和行动后援做得并行不悖与相得益彰。舆论后援主要是指制造战时的社会舆论，表现为对普通民众的战时煽动，比如战时新闻报道和图书文集，甚至文人学者的研究，都参与其中，即使现实日本社会中也还存在相当显著的表现；行动后援是指通过实际行为，达到对战争推进提供后援，比如妇女"挺进"和学徒"出阵"，以及战时提供具有广泛范围的军事后勤支援，比如制造和运送战争物资。由上可知，后援环节在日本战争推进中发挥了相当重要的价值与作用。日本军事后援环节的诸多做法值得吸收与借鉴，充分表现在发挥国际同盟与外交等效用；推动社会、社区和居民等组织参与；以及促成民众思想与行为统一等方面。因此，战时攻略中也可以采取"以其人之道还治其人"的策略，但具体做法还是要保持中国的特色。

六是协议环节。战争胜负的直接原因在于军事攻略的战争成效，而间接原因则在于社会大系统的聚合成效，这是可以想见的平常之理，也符合中国的一句格言："谋事在人，成事在天。"但战争推进的胜利并非就是战时的结束，其实还存在一个重要的步骤：协议环节。对中国而言，这里也存在历史的教训。比如在中法战争期间，清末中国获取"镇南关大捷"，法国因此出现内部政局的动乱，此时可谓中国获取战争推进的胜利。但由于清末政府不明国际的局势，以及怀抱苟安之心，遂与法国签订丧权辱国的《中法条约》，最终获取的是失败的苦果，关键就在于没有把握好战时的协议环节。在日本侵华过程中，也存在类似的情形。比如，日本借口所谓琉球"漂流民事件"，而侵略中国台湾之后，遭到清末中国台湾驻军的沉重反击和时疫的流行，明治日本政府被迫采取和谈的策略，但清末中国政府却采取息事宁人的妥协态度，满足日本所提出战争赔款的要求，遂形成以此次事件中所获取侵华"第一桶金"为刺激的社会印象，并逐步演变成后来对华进行侵略与劫掠的疯狂行动，这样的历史教训可谓深刻，可以为现今解决东海主权和资源等问题的历史龟鉴。上述具体事例充分地表明，战争推进并非就是战时攻略的最后胜利，协议环节也不容小觑。同时还应认识到，协议环节应纳入战时攻略阶段，并需要做出特殊的强调，此即战争意志问题。一般而言，处于协议环节时，战时阶段已发展到末期，但就是在这样特殊的阶段中，战争的发展态势瞬息万变，此时战争意志存在极为严峻的考验。比如在抗美援朝战争中的协议阶段，曾经发生局部性的激烈冲突，形成双方拉锯战的格局。其实这是协议环节中的常态，即双方都在争取协议环节中的主动，此时战争意志就显得极为重要。日本侵华在要求中国政府签署协议之前，总先对中国军队进行局部性的攻击，形成对中国军队的战争优势，然后胁迫中国政府签署相关的协议，借此获取中国政府更大程度上的让步，甚至要求全盘接受其所提出的各项协议条件。除了直接进行军事攻击之外，日本还存在陈兵霸上的计策，形成战略上的有利态势，从而要求中国政府答应其所提出的各项协议条件。协议环节的关键是要形成战略或战争的优势，或直接进行攻击，或采取按兵不动的策略，从而获取敌对双方中的比较优势。在日本侵华时，中国军队不仅存在难以获取比较优势的问题，而且还存在缺乏战争意志的问题。这样的结局肯定是按照日本的要求签署相关的协议。日本军队的战争意志值得吸收与借鉴，比如太平洋战争时，多数情形下都是进行相互之间的拉锯战，此时敌对的日美双方都要保持强烈的战争意志，日本甚至拿出"神风战"这种自杀方式，以期能达成其战争的目标。由此看来，战争中处于比较劣势的一方，也可以通过激发战争意志的策略与做法，弥补军事上的比较劣势，从而对敌对方产生较大的冲击与杀伤，甚至还可能扭转战局发展的方向。中国远征军虽然面临战略上诸多的比较劣势，但却创造抗日战争中国民党军队最为辉煌的战绩，依靠的就是极为坚韧的战争意志。由此可见，战争意志应贯穿于军事攻略的全程，而不仅仅表现在战时攻略中的协议环节。综合上述，协议环节不仅是战时攻略的组成部分，而且还具有非常重要的价值与意义，并对战后攻略的实施，以及战局发展和成果获取等，都会产生极为重要的影响与作用。

第三，战后攻略（发展期攻略）。军事攻略探讨的都是战争过程中存在的问题。从军事角度来讲，不可简单地将战争期间划分为战前、战中和战后等发展阶段。更精确地来讲，可以将战争期间划分为战争准备期、战争进行期和战争发展期。由上可见，此处战后并非是战争后的和平时期，而是属于战争期间中的相对平静时期，属于战争发展的重要阶段。也就是说，此时战争还没有最终结束。从上述角度来讲，战后攻略还是在探究战争期间内的诸多重要问题，即探讨的是战争发展期中所存在的问题。这里还应注意到，战后攻略也并非军事攻略中无关紧要的内容，而是至关重要的组成部分，甚至事关是否能达成军事与战略上的全局目标。概括地来讲，战后攻略主要包括战果、履约、停战、占领、惩处和史记等具体发展环节。

一是战果环节。此处战果并非简单地指获取的战利品，而是指达成军事与战略目标的程度，而且也不仅仅表现为军事上的经济利益，还包括军事上的社会效益。此环节与战时攻略的协议环节存在密切的联系。战争的成因可谓千姿百态，因此对战果的表述也存在较大的差异。比如，因为存在领土和资源纠纷所引发的战争，战果则更多表述为战后对领土和资源划分的变更情形；因为存在历史嫌隙所引发的战争，则更多表述为对历史的重新记忆与回味。也就是说，在由于诸种原因所引发激烈的军事对抗之后，战果的表述也就存在诸多的方式，比如名誉回复和利益获取。日本侵华属于殖民和侵略的范畴，更多表述为经济和社会利益的综合形式，比如日本对中国领土的占领、中国政府对日本的赔偿、日本获取中国的权益等。上述的战果透露出日本殖民和侵略的军事与战略目标。日本在对华展开殖民和侵略战争之后，往往获取综合性的战果，涉及政治、经济、军事、文化和社会等广泛的层面。除了战时协议的原则规定之外，战果中还存在其他非法的内容，包括获取非法劫掠的财富，以及协议之外的其他权益，而且还不仅仅表现为现时的特殊利益，甚至还扩展到未来的发展利益。由此看来，战果环节也是相当重要的战争步骤。从上述战果环节的事例分析也可以看出，战争行为存在诸多利益与价值取向，存在正义战争与非正义战争的分别。但从战果角度来讲，日本追求的结果都存在一定程度上的一致性，即军事利益与价值追求。比如，日本关东军侵略中国东北地区，并成立"伪满洲国"，但实质的追求就是要将中国东北纳入其版图，即"伪满洲国"的建立只是日本的国际说辞，也只是"大陆政策"的实施步骤，随后是采取渗透和兼并的政策，最终将此傀儡国家纳入其版图。在明治日本扩张的历史中，像对出羽、陆奥、虾夷和琉球的占有，基本上都是采取这样的军事与战略途径。战果的获取还不仅存在战争的原因，而且还存在政治、经济和文化等综合性因素的影响与作用，有时也并非战胜者就获取更多的战果。在上述方面，也存在历史的实证。比如，中日因琉球"漂流民"事件所引发战争之后的协议、中法在"镇南关大捷"之后所达成的协议，都是在中国取得战争优势的情形下，所签订的丧权辱国的条约。由上看来，影响与作用于战果的因素呈现为多方面，而且还不仅表现为战争的一途，甚至超越战争的时限，延伸到战后发展的新时期。战果环节处于战后攻略的第一位，因而也就显得至为关键。因此，战争呈现为激烈冲突之后，战果就成为敌对双方所关注的对象。日本对战果极为贪婪，历次侵华战争都对中国政府提出极为苛刻的协议要求，以便在激烈冲突之后获取更大的战果，甚至在处于军事劣势的情形下。因此，针对日本这样获取战果的意图，就必须首先在战争进行期中掌握军事与战略上的比较优势，然后在协议环节上善于和敢于亮剑，即以坚强的战争意志作为战后攻略中获取战果的重要支撑。

二是履约环节。履约的实现需要具备两个前提：协议已签署，履约程序已内涵于协议的文本；战果已达成，战后的前景已较为明朗。在符合上述前提之下，并基于处于军事上比较优势的现实情形，可以步入履约环节。在近代历史发展中，清末中国政府被迫签署诸多不平等条约，详细地规定履约的内容与期限，包括割地和赔款等情节。日本侵华之后，总是提出严苛的停战条件，迫使清末中国政府接受与履行相关的协议，由此获取最大程度上的战果。由上可见，履约环节就是实现协议所规定的最大战果。近代以来，清末中国政府多为履行各种不平等条约，以致在现代国际关系中还难以自拔。比如中日建交时，为获取日本对中国政府的承认，慨然放弃日本侵华战争的国家赔偿，以致现今还存在民间战争赔偿争议和发动战争的责任认定等问题，而且还存在其他方面的表现，比如对外蒙古的承认。时至现在，中国台湾地区还尚未承认外蒙古的独立，并设有蒙藏委员会专门负责处理相关的事宜。上述方面都涉及履约的相关问题。但国际局势总是瞬息万变，国家的势力也存在时代性的发展与变化。因此在各种国际关系的处置中，也存在转变的实际需要。毕竟诸多国家大多采取政党轮替的制度，借机应对履约之后的变化问题。在中国政治制度的情形下，也应设计出制度性的模式，达成对上届政府所签署的协议进行重新地审视，从而在履约环节求取中国最大的时代利益。战后攻略要对履约环节进行必要的探究，目标就是最终在最大程度上实现有利于中国的协议性战果。对日本这样的国家来讲，要求其严格按照协议的要求履约，肯定是非常困难的事情。可谓协议签署为难，履约会更难。可以毫无疑问地讲，即使是在履约过程中，日本也会寻找各种借口，抵制不利于其利益的协议履行，这是必然会发生的事情。比如，在美军驻扎琉球及其本土的事情上，日本就采取了诸多的途径，借以难为美国的作为，甚至发动当地社团和普通居民组织，抗议美国的驻军行为。其实按照日美达成的协议，日本应无条件地履约，但现实并非表现出这样宁静的模样。当然日本的上述行动会对美军驻日产生现实上的社会影响与作用。由上可见，美军驻日都会遭受这样的遭遇，其他国家要求日本履约，就会难上加难。既然是通过战争的途径获取了与日本的协议，至少应在军事实力上存在对日本的比较优势。因此，要求日本做到严格履约，必须持久维持军事上的比较优势，这是基本的条件与前提。

　　三是停战环节。协议进行到履约环节，还并没有达到停战的阶段。由此看来，战争后期保持一定程度上的军事威慑具有存在的必要。在敌对双方的实力存在较大差距的情形下，停战环节中的风险相对显得比较弱小。但一旦敌对双方的实力并不存在较大的差距，失利方为获取喘息的时机，就可能会采取诈降的策略，这就存在卷土重来的忧患。因此在达成协议到履约环节之间，还是要保持战中的状态，从而形成对敌方的军事威慑。鸦片战争之后，清末中国政府丧失战争意志，当然中国与列强之间也明显存在社会发展上的差距。在明治初期，中日发展差距其实并不算大，但由于清末中国政府并未做好对日本的作战准备，或者说并不存在获取战争胜利的意志，因此停战环节也就意味着战争的终结。在世界军事史中，多次出现在签署协议、达成停战之后战争再次燃起，并出现战局逆转的情形。实质上这样的情形就存在一定的战争谋略问题。现今日本也惯常采取这样的策略，比如虽然日本社会存在浓烈的"反华邪性"，甚至表现出非常激烈的反华行为，但还存在诸多人士或组织努力向中国政府和社会传递"友好"的情感，像在中国诸多文化景点中设置樱花苗圃，乃至设立"中日永不再战"的碑石。从某种角度和程度上来讲，上述的做法也只是战后谋略。至于今后中日是否再战，还是要看日本社会政治的各种思想和政策变换，特别是国际和日本等综合性因素的作用效果。说得明白一点，就是要看国际形势的发展与变化。当前中日还存在领土和资源等核心利益上的矛盾，日本还存在"中国威胁论"和"围堵中国论"等，以及充溢"反华邪性"的社会氛围。在侵华期间，日本就多次采取阶段推进的策略。比如，首先侵占中国东北地区，并挟持成立"伪满洲国"，还制造中国华北地区的自治，并签定相关的停战协定。但在形势与条件处于有利的情形下，日本悍然再次发动诸如"卢沟桥事变"和"上海事变"的军事行动，即制造出无端的借口，挑起更大的矛盾与冲突，从而激发和再燃战火。从上述角度而言，甚至在停战环节，还可能成为再次战争的谋略。从军事角度而言，中华伦理道德并不适合于战争，用间是军事中的重要策略，在这样的谋略中很难做出伦理道德上的判断，即使在战争推进中也存在诈降之类的事情，难以进行伦理道德标准上的界定。对中国而言，战时与平时的伦理道德处置问题就显得异常重要。在中华文化长期熏陶下，中国军队很有可能存在更大程度上的平时伦理道德束缚，在战时伦理道德方面就显得相当幼稚，因此存在进行特别强调的必要。由此看来，处于停战阶段而不忘仍处于战中具有存在的必要，而且在军事攻略中还要特别强调，需要确立战时伦理道德，并且还要遗忘平时伦理道德。但这是针对敌对的方面，而并非针对自己的方面。中国军队内部还是要保持中华伦理道德因素，更大程度上推进平时伦理道德。由上可知，停战环节在军事攻略中具有重要的价值与意义。但处于停战环节时，也并不意味着军事行动的终结，需要在此环节上转变先前的思想观念。因此，不忘再战应成为停战环节中极为重要的军事理念。

四是占领环节。在和平时期，虽然"占领"一词很可能存在侵略的意味，但从军事角度来讲，占领环节是军事攻略中重要组成部分，并应编排到协议和履约环节之后，这就表明军事中的占领也具有合法的成分，毕竟这是通过交战之后所达成的共同议决。中国军队很鄙视这样的战争环节，甚至按照平时伦理道德标准来评论这一环节，因此也就错失解决国际纠纷的诸多机会。明显的事例就是新中国成立之后的中印战争。在20世纪60年代中印战争中，存在诸多历史经验与教训。其中重要的一点：中国军队势如破竹般地战胜印度军队，甚至在不知情的情形下"保卫"了印度的国防部长，获取了对印度战争的绝对胜利。但在考虑当时国际形势之后，中国政府慨然决定迅急撤军，甚至连当时已存在印度侵占中国藏南领土问题也未给予解决。时至今日，中印还存在印度非法侵占中国藏南领土，以及印度为达赖集团提供庇护等问题。由上可知，占领环节在军事攻略中存在必要性。不仅限于中印战争的事例，日本侵华战争之后也存在这样的典型事例：日本兵败投降之后，美国决意将琉球的主权转让中国，但当时的蒋介石政权却多次委婉拒绝美国的提议，致使现今不仅琉球成为日本的冲绳县，而且还遗留下钓鱼岛及其附属岛屿领土和东海油气资源等中日纷争问题。若当时中国领有琉球，存在国际上的有利时机与合法理由，毕竟无论从历史还是文化上来讲，对中国而言都存在有利的条件，何况当时美国决意要将琉球置于中国的管控之下。南海和东海也存在这样的问题。现今南海诸岛已成为中国政府和军队亟须解决的重大问题，越南和菲律宾等东南亚诸国已占据诸多岛屿，造成国际上的既成事实，东海也存在日本变"冲之鸟礁"为"冲之鸟岛"问题，很大程度上威胁到中国的国家和民族利益，但中国政府和军队在"搁置争议，共同开发"思想的指导下，采取"韬光养晦"的政策，在处置已经出现的上述问题上，显然表现得有些束手无策。在邓小平时代，这样的战略性决策存在必要性和现实性，但长期实施改革开放政策之后，现今的中国已非比往昔，特别表现在社会、经济和军事等领域。因此，解决南海和东海等边界及利益问题的时机已成熟，应将此提上决策的日程。这里就存在占领与反占领的策略问题。针对存在外国先期占有中国领土和窃取中国资源的现实，需要重点考虑军事攻略中占领环节的相关问题。以日本为具体事例来讲，现已通过立法形式将"冲之鸟礁"纳入其领土范围，这将侵害中国上百万平方公里的海洋权益。中日还存在东海油气田开发及其利益分配等问题。针对上述方面的问题，不仅需要政治上的决策，而且还应考虑军事上的决策，即可以先期将解决上述问题的决策纳入军事攻略的范畴，这里就要重点考虑占领环节。此处占领环节更多地指战后攻略上的含义，即在停战环节之后的重要阶段，这是与上述现实议题的含义存在某些差异。由上可见，需要注意占领环节这一非常重要的方面。

五是惩处环节。惩处环节主要是在停战和占领环节之后，追究发动战争责任者的战争责任，在整个军事攻略中处于必不可少的地位。但在对待日本发动侵华和太平洋战争的责任问题上，由于存在国际形势的发展与变化等方面原因，包括中美在内的众多受害国家和人民，都并未对日本侵略战争进行深入的责任追究，以致现今还难以界定日本发动战争的责任问题，甚至日本社会还出现各种渲染战争细节争议的氛围。若深层思考就会发现，原因在于战后对日本发动战争的责任追究做得还很不到位与不深刻，以致现今日本社会还残存诸多军国主义的思想观念，并结成具有相当政治和经济实力的社会性团体与组织，经常通过政治、经济和舆论等形式，开展各种具有煽动性和回归性的宣传活动，在国际和日本社会中造成诸多负面的影响与作用。现实日本社会存在诸多"反华邪性"及其行为，就是这样残存的鲜明印证与真实写照。当然反华只是其中的突出者，反美也是其中的重要动向。美国现今是日本政治与军事上的重要盟国，因而在反美的问题上，日本政府和社会显然地都表现出相当程度上的克制与违心态度。随着美国在东亚的影响力日渐衰落，日本社会将会出现更为强烈的反美情绪，这是必然的发展趋向。但现实日本社会表现出反华更甚于反美情绪，甚至存在浓烈的"反华邪性"，不仅表现在社会舆论和文化之中，甚至还暴露在现实社会活动之中，即存在诸多的反华行为。比如，任由中国人反政府组织以日本列岛为基地开展各种活动，包括支持邪教和"藏疆台独"等社会组织，还存在日本深度介入的证据，包括组织、编印和出版各种反华刊物（杂志）和图文（书籍）；甚至在国际社会以中国为假想敌，大肆地制造与宣传"中国威胁论"和"围堵中国论"，以及极力以损害中国的国家和民族及其他的现实利益为能事。存在上述社会现象的重要原因：战后缺乏对日本的战争责任进行极为必要的深入追究，即缺乏针对日本所发动战争的惩处环节。中华文化存在强烈的"爱人"思想。在对日本侵华战争的责任追究上，也显然存在这样宽容的"爱人"意识。在和平的社会环境中，这样的"爱人"思想应成为中华文化中重要的社会价值，但当这样的传统文化精髓运用到战争的社会环境，特别是解决历史与现实中的战争问题时，宽容的态度就会具有再次纵容的意味，从而增加这样悲惨历史重演的可能性。从上述方面来讲，进行必要的战争责任追究是更为正确的选择。因此，战后攻略的惩处环节就具有存在的必要性。比如，战后美国就对日本的本土进行军事上的强力占领，以及社会上的制度改造。只是由于后来国际局势出现深刻的发展与变化，美国对日本的惩处环节出现方向性的转变，不仅容许日本恢复天皇制度，而且还把日本变成针对中国的战略前沿与基地，甚至将琉球的管治权转让日本（此即所谓"冲绳返还"），并连带性地引发中日在钓鱼岛及其附属岛屿领土和东海油气资源等方面诸多的争议问题。由上可见，由于战后对日本发动战争的责任追究做得很不到位和不深刻，以致在现实社会产生中日双边和国际性的诸多问题。因此惩处环节也是战后攻略中的重要组成部分，切莫对日本发动战争的责任追究采取敷衍塞责的态度。由于缺乏对日本发动侵华和太平洋战争的责任追究，在可以预见的不久将来，美国也必将会"品尝"到纵容做法所造成的国际性和历史性恶果。这样的必然结局也是由日本型文化的本质特征所决定的事情。现实日本已存在突出的社会表现，"鬼畜米英"的社会叫嚣就是其中显著的实证。

六是史记环节。掩盖历史的真实是社会性错误，而掩盖战争的史实则更是历史性过失。由上足见，史记环节在战后攻略中具有格外重要的价值与意义。国家之间的战争都具有民族性色彩，史记也存在同样鲜明的特征，即国家本位和主体的意识表现得非常显著，这也是可以想见的事情。日本的战争史记就存在非常明显的实证，存在诸多宣扬日本型文化精神的战争史述：首先，"尊武保皇"的战争记述，主要是弘扬武士道精神，以及维持"万世一系"的天皇制度传统；其次，明治日本的战争记忆，主要是阐述在明治天皇时期，通过实施"脱亚入欧"政策，以及发动东亚侵略与殖民战争，不但实现资本主义转型，成为东亚殖民强国，而且在当时政治、经济和军事等领域中显赫一时，还形成日本型文化，并实现从东亚文化边缘到中心的发展与变化；再次，"军神"榜样的战争标杆，主要是记述从古到今日本战争史实中所出现典型军人的形象及其事迹，比如古代日本武尊、明治殉死者乃木希典，以及日俄战争中所出现的"七人神"，甚至将侵华和太平洋战争中的甲级战犯也揽括其中。由上可见，日本的战争史记存在极为显著的大和民族本位和主体意识，甚至没有正义与非正义的区分，体现出极为强烈的武士道思想与精神。从上述典型事例来讲，日本的战争史记是日本战后攻略的重要组成部分。军事话语存在这样的一句话："以其人之道，还治其人之身。"也就是说，要按照对方的战争思维模式，思考制定相关的军事对策。针对日本战争史记这样的现实存在，以及日本社会所存在这样浓烈的战争记忆，中国应相应地提出战争史记的原则。从历史记述来讲，中国的战争史记也非常丰富，从"炎黄战争"到"战国七雄"，从"五代纷争"到"十国并立"，从唐代盛世到清末"乱象"，都充溢诸多战争记忆，以致后世史家发出中国历史其实就是"帝王家史"的慨叹。然而在中国的战争史记中，则明显缺乏民族（国家）本位和主体的思想与精神，甚至难以找到存在这样的社会意识。中国是多民族的国家，在古代漫长发展时期中，更多地呈现为内部的纷争，而不是表现为外部势力的入侵，这也与中国长期处于比较优势的国际地位存在紧密的关系。鸦片战争之后，这样的比较优势逐步丧失，外部列强的入侵成为战争重要的起因。在这样国际和国内的战争情势下，中国的战争史记也应存在显著的发展与变化，即由正义与非正义的区分转变成高扬中国本位和主体的意识与精神，这就是民族主义和国家主义的历史态度。刻意把秉持民族主义和国家主义意识、思想与精神的中国青年，统称为"愤青"，应该说是失当的话语，毕竟中国应适时弘扬国家（民族）本位意识与主体精神，这也应成为现今中国社会所需要的战争史记态度。由上可见，史记环节在战后攻略中也是不可缺少的组成部分，甚至可以说是军事行动或战争的变种与延续，并会极为深刻地影响和作用在现实社会舆论与环境氛围。

以上阐述军事攻略中的内容大多存在于中国与日本之间。但也不可否认,诸多方面都涉及中国与世界特别是西方发达国家之间的关系。但要实现军事攻略的目标,就要处理好国际和国内两层级社会大系统中所出现的诸多问题。就中国对日本而言,就是要吸取历史经验与教训,针对日本在战略和现实上对中国的军事威胁与攻势,提出具有针对性和应对性的军事攻略。同时尚需指出,除了上述重点陈述的军事应对攻略之外,还需要再次更为深刻地强调:应注重军事筹划攻略。两类军事攻略存在实质上的诸多差别,最为主要的就是存在于本位思想和主体意识上的差异。虽然两类军事攻略都强调中国本位思想和主体意识,但两者之间存在些微的差别。比如前者体现出强烈的被动性色彩,虽然日本并未遮掩攻略内涵中的主动性策略,但军事应对攻略毕竟具有显著的防御型特征;后者则体现出强烈的主动性色彩,中国本位思想和主体意识表现得非常明确,具有强烈的进攻型特征。中日存在爆发军事对峙与冲突的可能性,虽然在目前的情形之下,这样的可能性并非很大,但其中却存在这样的显著特征,即日本明显处在进攻型的态势,不仅体现在军事表达之中,而且还表现在社会舆论等方面。然而,中国的防御型态势却显得异常明显,甚至在政治和外交等事务处理上让人感到愕然,比如中日所签署东海油气资源的相关协议。随后发现不应是日本社会的解读,而是中国政府的应对策略。但这样的做法依然体现出中国本位思想和主体意识很不强烈,这样做的结果就是在处理诸多中日利益关系的问题时,给人感到强烈的被动性色彩,这已与中国在国际和东亚的大国身份不相符合。由上可见,中国存在改变对日本诸多政策的必要。然而,军事筹划攻略却与军事应对攻略存在明显的不同,筹划就意味着战略与策略上的结合,处在中国本位思想和主体意识的指导之下,明显体现出主动性的特征,并影响和作用在制订与落实中国对日本的相关政策过程之中。上述两类军事攻略之间的差异还存在其他的方面。比如在制订战略和计划等具体环节的内容上,两者之间存在实质上的一些差异,还会深入影响与作用在战前、战中和战后等发展阶段中的其他具体环节。对待日本这样的进攻型特征,若中国采取消极防御型的对策,注定最终还会出现失败的结局;若采取积极防御型的对策,则还可能会促使日本的相关势力不敢轻举妄动。从实质层面分析，日本并不会放弃日本型文化中所存在"八纮一宇"的国家理念、侵略与殖民的"大陆政策"，以及"大东亚共荣圈"的霸权梦想。上述方面都是日本社会的神道教、天皇制度和武士道等文化因素所决定的必然结果，也决定日本会采取进攻型的军事攻略。针对这样的历史、现实与未来情形，中国需要采取能长远解决威胁问题的方案，因此军事筹划攻略就是重要的选择方向。其特征为进攻性与防御性的结合，体现出中国本位思想和主体意识的鲜明特征，以及主动的战斗精神。日本在军事进攻与防御上存在诸多有益的战争经验。比如，针对元军的强势进攻，日本实施积极防御的军事策略，挫败元军的强大攻势。在实施军事筹划攻略时，元代中国失败的战争事例值得参考与借鉴，并应变历史教训为战争经验，制订更为细致和完善的对日军事筹划攻略，从而扭转中国对日本实施军事攻略时的被动防御性态势。

五、文化攻略

文化在这里，指的是广义文化，包括狭义文化与教育范畴的含义，实质上就是文教概念的内涵。当前日本占据东亚文化的中心位置。但中华文化以历史悠久和内涵丰厚的比较优势，在东亚文化中占据极为重要的地位。现在列岛上出现这样的局面：不仅存在日本型文化的延续与发展，而且还存在中华文物的收集与库藏。通过长期对华奉行殖民和侵略的"大陆政策"，日本搜集和收藏大量具有历史和文化标识意义的中华文物，况且日本文化还存在对中华文化继承与发展上的联系。上述因素导致现代中国文化在东亚日益处在边缘的境地。东亚文化的现实情形充分地表明，日本文化对中国具有历史性、现实性和恒久性的威胁。从东亚范围、历史与现实角度来讲，中华文化对日本文化的发展存在深刻的影响与作用，这是国际和东亚社会的重要事实。但也不可否认，明治维新以来，日本型文化获取成型与发展，并对中华文化带来深重灾难与严重威胁。具体地来讲，主要表现在如下方面：

第一，中华文化对日本的历史影响与作用。世界文明的发展都起始于诸大河流域，比如尼罗河文明、幼发拉底河文明，以及黄河和长江文明（统称中华文明）。文明概念包括物质和精神层面上的内涵，而文化则更具有思想和意识层次上的价值与意义。从上述方面而言，对日本文化所产生历史影响与作用的是中华文化，而并非原则意义上的中华文明。但文化是文明中处于外在和精神层面上的体现形式，并对充实和扩展文明的内涵具有相当重要的作用。比如，中华文化就是中华文明的重要内涵，也是中华文明中处于外在和精神层面上的体现形式。由此看来，文明具有一定的地域性特征。中华文明就是在黄河和长江流域及其周边地域之内，经过长期物质和精神累积而形成的文明形式。但也并不是说，中华文明不存在扩展性的特征。正好相反，文明具有扩展的特性，中华文明也具有这样的特性。文明的扩展与国家、民族的发展存在非常紧密的联系，中华文明就是随着中华民族和国家的发展而日渐扩展开来，即在中国管辖的地域之内，各民族都隶属中华民族的范畴，因而中华文明也就扩展到中国所管辖的地域之内。但文化影响和文明扩展之间存在显著的差别，即文化的影响与作用可以超越国家和民族的界限，但文明则只能隶属某国家或民族。中华文明隶属中国大陆及港澳台地区等所管辖的地域之内，而难以超越中国所管辖的界限。但中华文化则不存在这样的国家或民族限制，其影响与作用具有超越国家和民族界限的特征。

　　中华文化具有非常悠久的发展历史。按照现今中国文化史研究的结论，中华文化已具有五千余年历史的发展过程。应该说，这还只是保守性推断，或许还可以上推至上万年的发展历程。改革开放之后，曾就中华文明的起源问题，展开大规模地考古挖掘和分析研究，其中就存在规模庞大的夏商周断代工程研究项目。项目结题时，研究者就提出中华文明起源的前移问题。由上可知，中华文化也并非就是一日发展的结果，而是在长期文化积累和发展的过程中，逐步完善与扩展开来。开始时只限于黄河和长江两大河流域，然后才逐步地向周边地域扩散。随着国家统一和民族交融，中华文化逐步扩展到更为广泛的地域之内，包括周边的朝鲜半岛、琉球群岛、日本列岛和东南亚地区，甚至影响到欧美及全球广泛的地域范围，但其影响在更大程度上还是存在于中国周边地域之内。中华文化波及和影响最为深刻的地域范围，统称为"大中华文化圈"，其中包括朝鲜半岛、东南亚、日本列岛和琉球群岛等。

中华文化对日本列岛产生强大影响的时期,应首推大唐时代,这是无可辩驳的历史事实。唐代中国文化对日本的影响非常深刻,主要体现在:第一,社会制度层面。在唐代时期,日本系统吸收与借鉴中国社会制度,比如租庸调制度。第二,日常生活层面。在当时日本社会中,中国化是最为显著的特征,从宫廷到普通百姓,从生活用品到日常礼仪,日本在诸多方面都以唐代中国的社会情形为基准。第三,外交政策层面。当时日本对中国的外交政策基本上可以用依附和附属这样的词汇来表达,奉行对唐代中国的朝贡政策。这样的做法也就可以获取唐代中国的诸多馈赠和优待,以致列岛上的诸侯国家还因争夺朝贡权利而相互之间发生战争。第四,人员往来层面。当时日本明显存在崇拜唐代中国的社会现象,现今在局部层面上也还存在这样的迹象。当时无论是前往日本的中国人士,还是前往中国的日本人士,在日本社会都享有较高的尊崇。第五,文教交流层面。从隋代开始,日本政府建立向中国派遣游学生和游学僧的制度。唐代中国的文教制度对日本产生深刻的影响,除了科举制度之外,还体现在其他诸多方面。比如在文学方面,从天皇朝廷到民间社会,出现大规模地推崇白居易和李白诗歌的现象,其他的文学形式在日本社会也出现盛行的局面。唐代中国的文化对日本最大的影响还是体现在文字的方面:日本借助中国汉字的构建模式,创制平假名和片假名,并与选取的基本汉字等创制现行日本文字形式,从而揭开日本有文字记载的历史。日本有文字记载的历史可以追溯到久远的时代,但都是采用中国古汉语文字的形式。日本文字出现之后,其历史的记载就采用日本文字的形式。从日本文字记载的变迁过程可以看出,中华文化对日本文明的发展和进步产生了极为重大的影响与作用,以致现今日本社会还能发现唐代中国的影响与作用迹象,比如书道和服饰,甚至诸多祭日的设置。

明治维新之后,由于中国的实力日趋衰弱,日本的实力逐步增强,其社会出现反华的逆流,对中华文化采取摒弃和隔离的态度,即"去中国化",甚至实施"脱亚入欧"政策,更为强调本土化和西方化,形成日本型文化的三大本质特征:本土化、西方化和"去中国化"。明治维新以来,日本社会存在浓烈的"反华邪性",充溢反华现象与制华行为,充分体现出日本型文化的上述本质特征。

第二,日本型文化存在反华的本质特性。日本型文化是对明治维新以来日本文化形态的概括,这并不意味着日本文化具有完全的独立性特征,但明显存在三大本质特征:本土化、西方化和"去中国化",可见日本型文化是具有杂种性特征的文化类型。

本土化是指日本文化所具有的本土性特征。明治维新之后,在实现资本主义转型过程中,日本摒弃文化传统追随中华文化的发展路径,转而强调日本在东亚的文化独立特性,基本上可以概括为神道教、天皇制度和武士道等方面的内容。本土化特征就是强调上述三项内容在日本社会和文化中的重要地位。其实在日本文化传统中,这是一以贯之的思维模式和行为准则,只是传统社会更为倾向吸收和借鉴中华文化的某些内容,而且上述三项内容也是从中华文化内核中发展与延伸出来的,只是赋予本土性的特殊内涵。比如,神道教的诸多思想都来源于远古中国的神话传说和道教的教义;天皇制度更是从神道教中所衍生的社会制度,把天皇进行人神化,这也与远古中国的神话传说存在非常紧密的关联,只是赋予天皇这样尊贵的社会、文化和宗教身份;武士道也是由中华武术传统发展而来的。由上可见,日本型文化基于中华文化的某些思想和精神内涵,并依据列岛本土的传说和思想等因素加以演化,逐步形成其基本的内容。日本型文化与中华文化之间存在某些显著差别,但本质差别就是其中具有的本土化特征。

西方化是指日本文化逐步走向资本主义化的特征。明治维新之后,日本迈上资本主义的发展道路,不仅广泛宣传"脱亚入欧"政策与思想,而且积极学习和借鉴近代西方先进的科学技术与社会制度。比如在明治初期,日本就派遣使节团前往欧美诸国,考察政治和经济等社会制度,以及调研社会民情和舆论,派遣游学生学习先进的科学技术,以及借鉴西方列强在东亚的殖民和侵略政策。上述政策与措施的必然结果,就是促使日本型文化具有西方化的特征。

上述政策与措施还产生另外的结果:造成日本型文化逐步具有"去中国

化"的特征。在日本步入明治维新之时，清末中国正处于半封建半殖民地社会发展进程中，日本也就成为列强侵华的积极参与者。中日甲午战争之后，日本社会的中国观出现空前逆转的发展过程：在对待中华文化的态度上，变过去的仰慕为现实的鄙夷。这样的变化反映到日本社会，就是日益加强殖民和侵略中国的活动，以及日本社会逐渐充满反华制华情绪。在这样的社会情形，特别是在"去中国化"思想意识的驱使下，反华制华的情绪不断转变为现实侵略的行为，最终对中国文化和社会的发展造成极为灾难性的深重影响。由上可知，日本型文化存在浓烈的"反华邪性"，导致明治维新以来日本社会出现诸多反华制华的思想与行为。

必须特别指出，西方学者将日本文化概括为"耻感文化"，存在一定程度上的道理，但并未揭示其实质精神，甚至可以说只是概括了这种文化的表像。为了分析与研究的需要，可以将明治维新之后的日本文化概括为日本型文化，并以本土化特征的三项内容，即神道教、天皇制度和武士道，作为其中的核心内涵。学者加藤周一已经对日本文化做了客观和科学的概括，获取日本文化具有杂种性特征的研究结论，符合日本文化和社会现象的本质精神。但必须明了一点，在认定日本文化存在杂种性特征的同时，还需要附加重要说明，即日本文化的内核部分：本土化特征。无论是吸收和借鉴传统中华文化的思想要素，还是明治维新以来融入西方文化的思想要素，包括学习中国和西方国家的科学技术成就，都未掩盖日本文化的内核部分：本土化特征。从上述方面而言，日本文化存在某种独特的性质，并可以称为"日本型"。但在诸多情形中，还是将日本型文化定义为明治维新之后日本社会所形成与发展出来的文化类型。

但这又从另外方面表明，神道教、天皇制度和武士道才是日本文化和社会的内核部分，其他组成部分都是日本文化和社会的表像部分。从上述角度来讲，在统治力量未达到的地域，文化的影响与作用都只是社会表像，即"虚像"。"大中华文化圈"也存在这样的实质表现，此即认识与理解历史和现实的"实像"。明治维新以来，在对待中华文化的态度上，日本呈现出急速逆转的发展轨迹：由对中华文化的尊崇变成鄙夷态度，并由此又产生浓烈的"反华邪性",以及出现各种反华制华的思想与行为,并日益凸显出本土化特征。由此看来,现代日本社会的诸多表现都存在日本型文化的本质依据与根源。

第三,日本文化对中国存在恒久性的威胁。在中国人的印象中,无论是近代还是现代的中国人,与西方人相比,对日本总存在一定程度上的文化认同,情感上感受日本文化与中华文化之间的渊源关系。但认真分析日本文化的本质特征之后,就会发现其中的真像并非就是这样的情形。日本文化存在善于吸收与借鉴外部文化的优点,但并不意味着日本文化就固执地认同其他类型的文化,包括中华文化。比如在很大程度上,古代日本文化为中华文化所包容,是对中华文化精神和内容的继承与发展,因此从上述意义上来讲,传统日本文化实质上已成为中华文化的附属部分,从而纳入"大中华文化圈"的影响范围。从传统东亚文化角度来讲,中华文化处于东亚文化的中心,日本文化处于东亚文化的边缘。但在资本主义转型之后,日本彻底改变了这样的文化"风景"。明治维新之后,虽然日本文化并未实现创新,但却经历质的飞跃:逐步确立日本型文化。从严格意义上来讲,日本型文化并非具有真正独立性特征的文化形态,但却具有其自身的特征:本土化、西方化和"去中国化",核心是本土化特征。

在认识日本型文化的本土化特征时,需要认清这样特征并非明治维新之后才出现,它紧随日本文化的发展始终,只是明治维新之后出现前所未有的强化。这样情形的出现也与明治维新以来日本社会的发展存在紧密的关系。因此阐释上述问题时,还需要从社会大系统角度出发。从国际社会大系统角度来讲,近代东亚的局势出现转折性的发展与变化,日本实现时代性的崛起与强盛,但中国却出现前所未有的生存危机,导致文化上出现东西方发展上的反差,从而造成明治维新以来日本社会的中国观历经戏剧性的裂变过程:由尊崇转变成鄙夷的态度,此即日本型文化对中华文化所存在的悖逆成分。从日本社会大系统角度来讲,在实现时代性崛起与强盛的同时,日本加速吸收与借鉴西方文化,特别是近代先进的科技文化,由此提出"脱亚入欧"政策,并竭力摒弃中华文化传统的成分,还针对东亚诸国重拾侵略和殖民政策，即继丰臣秀吉之后，再次实施以侵略朝鲜半岛和中国为战略目标的"大陆政策"。在这样国际和日本社会大系统影响的情势下，日本型文化的本土化特征就表现得日益明显，鲜明表现出浓烈的"反华邪性"，并在社会和政治上保持东亚殖民强国地位的同时，竭力强化在东亚的文化中心地位。

在上述社会、政治和文化的发展情势下，日本型文化的形成过程就演变为"反华邪性"的发展过程。日本在增强本土化和西方化特征的同时，采取削弱与借重两种手段，减弱传统中华文化在现实日本社会的影响与作用。明治维新之后，日本奉行"脱亚入欧"政策，文化上强化西方文化的社会地位与作用。在明治初期，日本派遣岩仓使节团前往欧美等国家，考察西方社会、政治和军事等各领域的发展形势，在发展与西方国家之间外交关系的同时，寻求、吸收和借鉴西方社会的经验与制度，力求加速日本资本主义转型的过程；选派游学生前往欧美各国，不断增强日本文化中西方化的成分与表象，实质上就是吸收和借鉴近代西方先进的科学技术和社会制度；伙同西方列强国家，对东亚诸国实施侵略和殖民政策，并利用日本在东亚地理上的比较优势，获取西方国家的协作与支持，同时还采取诸多政策与措施，力求保持在东亚的比较优势。其中存在如下两方面的含义：一是获取对西方列强国家在东亚的比较优势，从而攫取更多现实经济和社会利益；二是获取对东亚诸国特别是中国的比较优势，从而占据东亚殖民强国的地位。

要实现对中国的比较优势，日本还采取另外的手段：竭力排挤和压制中国势力的发展，并不断削弱传统中华文化在日本和东亚诸国的影响与作用。但日本文化渊源于中华文化，因此日本不可能完全排除中华文化的影响与作用，除非彻底改造日本文化。在这样的情势下，日本策略性地采取"携取""慎选"和"宣讲"等手法，关键还是依靠明治维新以来所获取对中国的比较优势。所谓"携取"，就是将中华文化的诸多因素说成日本文化内容的成分，比如日本沿用中国的传统节日，在对外文化宣传时就以日本文化内容的名义，或者搜罗中华文物，借以丰富日本文化的库藏，并以东亚文化的名义，对外进行文化宣传，由此扩大日本文化在世界文化中的地位与作用；所谓"慎选"，就是通过对中华文化的诸多因素进行慎重选择之后，纳入日本文化内容，从而丰富其文化内涵，比如日本采用中国的汉字，特别是选定的地名汉字，其中具有特殊的深刻含义，像"御岳山""与那国岛"和"冲绳"等，存在诸多难以言说的内涵，更有"支那"之类——直接对中国存在侮辱性内涵的称呼；所谓"宣讲"，也是日本采取的重要手法，其中存在国际和日本之间的区别。日本社会存在浓烈的"反华邪性"，以及由此产生诸多反华言论与制华行为，充溢各种反华制华的思想与舆论，比如"中国威胁论""围堵中国论""自由与繁荣之弧论"和"日本衰运论"等，甚至通过社会舆论、报刊传媒和"右翼"活动等具体做法，甚至导致列岛成为国际社会中各种反华势力的会聚基地，并由此形成国际性的反华阵线，造成国际性的影响与作用。日本在对待中华文化的方式上，基本上可以概括为削弱和借重相结合。在增强日本文化的本土化特征，以及强化吸收和借鉴西方文化同时，采取削弱和借重两种手段，即削弱中华文化的影响与作用；借重中华文化的某些具体内容。日本对待中华文化的两种手法凸显出日本型文化的本质特征。

　　由此可见，分析与理解日本型文化的现实存在及其中包含的本质内容，还应从社会大系统角度出发。明治维新以来，日本存在殖民和侵略的社会理念，比如"八纮一宇""脱亚入欧"和"大东亚共荣圈"，虽然上述社会理念在思想层次上存在某些差异，但其中却具有一些共同点，即在战略和思想上具有非常浓厚的反华制华内涵，由此出现诸多反华制华的国家政策与社会舆论，比如"大陆政策"，以及"中国威胁论""围堵中国论""自由与繁荣之弧论"和"日本衰运论"等，上述源自文化层面上的社会政策与思想理论具有持久性的特征，因而也就对中国造成恒久性的威胁。上述来自文化层面上的威胁存在诸多社会印证，表现在日本社会就是存在诸多反华制华现象，比如出现右翼反华制华的社会论调与现实行为，以及日本成为中国人反政府组织及其人员的会聚地，甚至还成为国际反华阵线的重要基地。上述现实威胁的根源就是日本型文化所具有的本质特征，即本土化、西方化和"去中国化"。

　　上述方面还只窥其一隅。日本社会存在浓厚的反华制华氛围，并已深入日常生活。比如，在出版的各种日英中文类报纸杂志和图文书籍中，存在诸多反华制华的内容，甚至连"中日和平友好"这样的口号，有时也会成为实现其目标的策略与手段，比如在增加中国游学生和研修生的同时，不断向中国学生灌输西方和日本的意识形态，以及强化中国人亲日和反政府的思想观念，并且还与中国人反政府组织及其人员存在某种苟合的关系，在思想意识上形成对中国学生的消极影响与作用。在可以控制的前提下，中国政府也并不必太过担心，中国学生具有敏捷的政治辨识力，大多数人并不会蹈入反华制华的暗流。但这样的现实存在却显示出，日本型文化的"去中国化"特征对中国存在恒久性的威胁。

教育属于广义文化的组成部分，因此存在这样的必要：将日本教育中反华制华的因素、思想和行为等方面，进行具有独立性特征的分析与阐述。当然会涉及教育内容的层面，主要包括历史、地理、文化和社会等方面：

第一，历史教育内容。日本历史教科书灌输给学生的并非追求和平发展的社会思想与理念，而是倾向于竞争和征服的社会价值观，虽然"和平宪法"明确规定了日本致力世界和平与发展的社会信念和发展目标，但只体现在历史教科书的用词特色方面。日本历史教科书不习惯使用"侵略"词汇，而将日本的侵略行为轻描淡写地记载为"进入"，将残暴的大屠杀刻意撰述成社会"事件"。最为严重的是故意扭曲史实，甚至捏造子虚乌有的历史证据，并对日本遭受的时代危机予以程度上的夸大。

日本教育机构的设置更增添其历史教育内容的上述特性。在靖国神社与昭和馆等设施中，更存在诸如记录清末中国战败的馆舍，陈列中日甲午战争失败之后中国遗留的历史物件，甚至包括邓世昌驾驶的镇远号军舰铁锚等历史文物，记录中国所经历的耻辱历史，但对日本社会而言则具有激励人心的社会影响与作用，可见日本歪曲性的历史观教育。这样的事情广泛存在，并已成为日本社会的现实。况且在历史教育中，日本还竭力拒绝承认其侵略东亚的真实历史。对日本学生而言，这样错乱的历史教育内容是现实性的毒害，并极有可能成为现实日本社会军国主义复活的温床。由上可见，日本存在侵略历史重演的可能性，而这样可能性的根源就存在于日本历史教育的内容之中。

第二，地理教育内容。日本是由位于西太平洋列岛组成的国家。在地理教育内容中，日本关注列岛周边的陆地与海洋，特别是曾获取管治权力的地区，比如现在隶属于俄罗斯的"桦太"和千岛群岛，以及韩国的"独岛"，甚至包括中国台湾地区。日本地理教育还特别重视海洋权益，比如在"冲之鸟礁"上种植活性的海洋生物珊瑚，扩大礁石面积，妄图达成变礁为岛的策略目标，从而扩充其所属的海洋权益。从现实角度来讲，日本对上述方面所阐述的理由总显得有点牵强，甚至存在历史与现实上的臆说，但上述内容却都纳入其地理教科书。

日本资源贫乏只是农业经济时代的阐释方式。事实上日本是资源相对较为丰富的国家，比如在海洋、渔业甚至地热等资源方面。其他矿产资源虽然蕴藏有限，但也并非就到了极为贫乏的地步。只是近代获取社会转型之后，日本在对上述资源的开发与利用上存在选择性的问题。比如，重视开发海洋、渔业和地热资源，而对有害于环境的资源则采取延期开发的决策态度，即作为资源储备而尚未开发。但在国际舆论和对外宣传等方面，则称日本为资源贫乏的国家，此即日本社会的"虚像"。日本地理教科书也极力回避日本社会的"实像"，并转而刻意放大"虚像"。日本地理教育内容非常注重将其看成是海洋国家，事实上也正是这样。

在古代较长的历史时期，列岛居民都以捕食鱼类为主要的生活来源。现今日本社会也还存在捕食鲸鱼的习俗，这就造成与国际环保组织之间的激烈冲突。日本周边的海洋提供了丰富的鱼类资源，鱼肉消费在列岛居民的饮食结构中具有重要的地位，这也是日本进行海洋扩展的助推器。由于获取了对琉球的管治权，因而日中两国之间就出现岛等权益的纠纷。日本地理教科书称为尖阁诸岛，并直接标注为日本的固有领土。并非历史中的无主地，而是中国的固有领土，现今存在沈复《海国记》的历史佐证，还由慈禧赏赐给盛宣怀的历史记载。但日本并不以上述史实为意，而依据既成事实的原则，特别是凭借日美战略和军事同盟关系，竭力对钓鱼岛及其附属岛屿进行主权上的辩解，并实际霸占主权本属中国的钓鱼岛及其附属岛屿，此即国际社会存在的"强盗逻辑"——具有强调和纵容侵略的逻辑。

存在琉球问题之后，日中两国之间就出现了分界的问题：日本主张以海洋的中间线为界，中国则主张以大陆架的自然走向为界限，即主张以琉球海槽为分界线。产生领土分界线的歧义之后，就出现中日两国之间在东海油气田开发等方面的权益问题。上述问题在日本地理教科书中都存在充分的体现，并且阐述的方式也都是以日本的观点和思维为准。这样教育灌输的做法必定会产生此类的结果：形成反华制华的"右翼"思想，导致产生更为激烈的权益争议。然而，中国地理教科书则采取客观陈述的方式。这样的做法看来存在诸多弊病：对中国固有主权的维护存在某些不利的方面。由上可见，在日本地理教育内容方面，存在诸多可以借鉴的经验与做法。

第三，文化和社会教育内容。文化包含的范畴非常广泛，存在广义与狭义的分别，而且现实教育过程中也难以分清学校与社会教育之间的区别。文化教育充溢日本社会。从学校教育角度来讲，日本出版有文化教育方面的教科书和教学资料，或者渗入历史和地理等学科课程，更多的则存在于教师的授课内容。日本学校教师对课程和教科书乃至教学方法都具有较大的选择权，虽然基础教育阶段也存在国定教科书等相关的规定。比如，日本学校设有大量社会性的活动课程，其中就包括前往历史和文化遗迹或展馆中见学。上述做法并不违反学校的教学制度，相反日本学校教学制度还鼓励教师采取拓展性的教学方法，而并不像中国学校受到安全和教学制度等方面规定的制约与束缚，难以赋予或激励教师采取上述社会活动课程与拓展教学方法。

日本将诸多文化教育内容纳入学校教学过程，无形中拓展了学生获取知识的范围，产生通识教育的良好效果。这也与日本社会所存在的诸多文化教育设施具有一定程度上的关联。日本是重视文化和社会教育的国家，各种文化和社会教育机构成为日本实施学校教育的重要补充，但在中国学校和社会中，这样的补充却并未获取充分的发挥。从现实性角度来讲，中国文化和社会教育的机构建设还很不到位，而且在社会功能上的认识与理解也存在诸多差异，关键还是由于存在体制机制方面的诸多障碍，难以激发学校、文化和社会教育等诸机构之间建立紧密的联系，难以更大程度上地发挥教育功能。从文化和社会教育角度来讲，日本诸多机构，比如公民馆、纪念馆、博物馆、儿童馆、文化馆和武道馆，以及地域图书馆等，开展以文化教育为主要内容和任务的教育活动，甚至开设专题性的讲座课程，承担文化和社会教育的功能。

在具体文化教育内容方面，日本社会存在诸多反华制华的因素。比如，开设反映日清战争情景的历史文化博物馆，陈列诸多军事侵略中国和殖民中国台湾地区等历史场景，并且还以日本型文化中的"大陆政策"思维来解读中日战争的问题。日本社会还存在社会性的文化氛围，即具有诸多反华制华的社会文化倾向。比如，出版文化和社会方面的"右翼"图文书籍，甚至教科书，从而产生文化教育上的社会影响与作用。关键的问题还在于教学开展的过程之中，日本学校经常与社会建立紧密的沟通与联系，从而促使上述文化教育的氛围对学生产生现实性的社会影响与作用，相关内容还融入学校课程教学的具体环节，并产生现实性的社会成效。

上述内容足以阐明日本社会所存在反华制华的文化氛围，以及日本型文化对中国所具有恒久性的威胁，但这并非制订对日文化攻略的唯一动因，尚存在对日本进行文化改造的攻略性目标。具体地来讲，集中体现在如下方面：

第一，获取中华文化的比较优势，推进流失中华文物的复归。明治维新以来，日中两国之间的争锋在很大程度上是文化之争，虽然首先是以经济和军事等现实途径表达出来。明治维新之前，日本是在中华文化影响与作用的阴影之下，毕竟中华文化是日本文化之源。日本文化要扩大本土化成分，就必须最大程度上地削弱中华文化的社会影响与作用。在明治时期，日本获取千载难逢的历史机遇，而此时中国正陷入千年未有的发展迷茫和困境，不仅内部充满社会危机，而且外部还存在西方列强的侵略与殖民，但日本却借机实现资本主义的转型过程。正是利用这样的机遇，日本型文化才获取确立与发展，并在侵蚀中华文化的基础上，确立日本在东亚的文化中心地位。由上可见，明治时代是日本型文化确立的关键时期，也是日本文化由东亚文化的边缘走向中心的发展时期。

明治维新之后，日本文化在东亚文化中获取了对中华文化的比较优势。虽然昭和日本出现战败的局面，但日本文化的比较优势却具有延续性发展特征。主要原因就在于日本型文化获取确立与发展，并对中华文化的侵略已呈现为社会事实的状态，比如中国大量珍贵的文物被劫掠到列岛，或在战争中遭到史无前例的损毁，但战后这样的文化浩劫并未及时进行必要的清算。随着国际局势的重新布局与演变，东西方阵营的加速形成，以及中国内部局势所出现各种不确定性的新变化，特别是中美两国之间的矛盾与对立局面形成，以致最终发展到爆发直接的战争冲突，这就造成出现这样的局面：日本逐步成为美国在东亚军事和战略中的重要盟友。因此从文化角度来讲，日本战败之后，日本型文化在东亚的文化中心地位并未发生实质上的改变，反而随着日本在东亚获取经济和金融中心的地位，以及中国出现社会经济发展的挫折与艰难，日本型文化呈现为时代热潮，此即战后东亚文化的现实。

随着改革开放政策的实施与发展，中国的国际地位出现显著的变化，经济和金融等领域都获取长足的发展，与日本的差距正在缩小，文化上也就对日本提出时代性的挑战。毕竟日本文化渊源于中华文化的思想因素，中华文化的发展必定会对日本产生极为深刻的社会影响与作用，特别是对日本型文化中某些根本性的文化因素，比如会出现探源溯流上的责难，从而就会削弱日本型文化的本土化特征，这是日本社会的某些势力所不愿见到的文化发展趋势。正是存在这样文化源流上的困境，日本社会呈现出难以名状的文化怪现状：充满反华制华的情绪。从上述角度来讲，中华文化就必须更大程度上地获取对日本文化的比较优势，但不能只采取文化层面上的路径，而要采取综合社会性的战略与策略路径，甚至不惜采取军事层面上的现实行动。即便发生对日战争，也还特别要讲求策略与原则，强行攻取并非卓有成效的最佳策略与方式。

对日占领的关键要集中在精神层面。二战中的美国策略值得吸收与借鉴。在太平洋战争中，开始时美国采取逐岛占领的方式，但却出现极大的军事损失，这里包括人员和物资等方面。琉球攻防战之后，美国改变了军事占领列岛本土的策略：改为远程轰炸，而并非派遣军队进行登陆作战。广岛和长崎遭受原子弹袭击之后，日本社会出现精神层面上的焦虑，并逐步丧失战争意志，最终由昭和天皇发布"终战诏书"，从而实现日本的无条件投降。在对待日本文化方面，也要采取类似的方式，而不应单纯地直接面对。

获取东亚文化的比较优势，还存在另外的重要目标：推进流失海外中华文物的复归。鸦片战争之后，中华文物流散世界各地，当然并非只散落在列岛。但从最初侵略中国台湾地区到1945年战败，日本是侵夺和损毁中华文物最多，以及造成中华文化危难最为深重的国家。毕竟日本是中国的近邻，具有诸多便利的条件，特别是日本文化与中华文化之间存在同源关系。

第二，推进日本型文化的消融，促使日本回归东亚文化的传统。文化存在特殊的延续性质，因此难以促使某种类型文化的消融，但日本型文化是特殊的文化形态，严格地来讲难以称为独立的文化类型，毕竟日本文化来源于中华文化的基因，实质上来讲就是中华文化的分支，只是日本型文化过度滋长列岛特质的成分：本土化特征。但对"大中华文化圈"来讲，这样的本土化特征并非其所独有，其他相关国家的文化也存在这样的特征，只是未像日本型文化对中华文化所存在这样的凸显威胁而已。

日本型文化是具有悖逆性质的文化类型，存在诸多对中华文化本质内涵的悖逆表现：呈现出极为浓烈的反华制华文化成分。由此看来，即使中华文化实现在东亚的比较优势，也难以消解这样文化的恒久威胁。因此要消融日本型文化，清除其中对中华文化的悖逆成分，还是要发扬日本文化的根源，这是中华文化消融日本型文化的远景目标。中华文化虽然难以完全消弭日本型文化的本土化特征，但可以将这样的本土化特征转化为良性的基因，从而不再含有对中华文化的悖逆成分。由上可见，在精神层面上占领列岛之后，还要对日本社会的文化进行根本性的改造。

二战后美国曾想对日本社会的文化进行根本性的改造，但计划实施并未获取理想的成效，甚至还出现天皇制度的政治恢复，并且不仅仅表现为现实的存在状态，即正式承认天皇在日本社会的重要地位，而且还在制度层面上给予了确认。这样的做法表明，实质上美国确认了日本这样的文化，由此反映出美国在日本所进行文化试验的失败：西方文化难以彻底消融日本文化，以及蕴藏其中的社会制度。

对中华文化来讲，却存在这样的超级能力，毕竟中华文化的基因是日本文化的根源。当然消融过程肯定也是缓慢和持久的发展过程，并且不可以采取极端和暴力的处理手段和方式。实际上，日本也存在改造文化的特定方式——采取大量移民的做法，这可以作为中华文化改造日本文化的方式选择。但还存在其他的改造方式，比如可以结合中国汉字与日本文字之间的紧密关联，对日本文化的载体进行彻底的改造；结合中华文化与日本文化之间的同源关系，对日本社会和教育中的相关因素进行必要的纠正与复归。上述诸多方式可以适应中华文化对日本文化的消融，而美国文化却难以存在这样的客观优势。当然改造日本文化，主要是针对明治维新以来的日本型文化，而并非传统的日本文化。从传统角度来讲，日本文化实质上是东亚和中华文化的分支，长期以来处于东亚和中华文化的边缘。明治维新以来，日本文化与中华文化之间经历东亚文化中心转换的过程，因此日本文化的纠正和复归存在历史性和现实性的诸多困难。

由此看来，促使日本文化复归东亚文化传统，也并非容易的事情，需要掌握一定的策略与原则。削减日本文化的本土化特征，扩大中华文化在其中的比重，以及确立中华文化在东亚文化的比较优势，确实是必不可少的路径与做法。这样的削减具有选择性的方式，而并非文化灭绝的做法，主要针对的是日本型文化的反华制华倾向及其对中华文化的错误释读。上述两种有损中华文化的方式是日本社会的现实存在，而并非刻意杜撰出来的说法。无论是矫正日本型文化的内涵，还是复归东亚文化的传统，在很大程度上都是在扩大中华文化在日本社会的影响与作用。毕竟从历史发展角度来讲，长期以来中华文化都处在东亚文化的中心，"大中华文化圈"实质上就是东亚文化的现实内涵。所谓复归东亚文化的传统，就是要重新确立与发扬中华文化在东亚的中心地位。

上述方面是历史事实的存在，也是中华文化与日本文化之间关系发展的基本指向，虽然目标的实现还存在诸多的艰难与曲折，以及需要确立战略性和全局性的攻略。日本型文化是历史与现实中的存在，其中反华制华的因素日益成为确立与发扬中华文化在东亚中心地位的重大障碍。由上可见，推进日本型文化的消融，以及促使其回归东亚文化的传统，应成为对日文化攻略中的重要步骤与实质内容。

第三，推进东亚人口流动，扩大中华文化的传播与影响。消融日本型文化，是解决日本社会中反华制华问题的思维方式，但还存在另外角度上的重要思维方式，即不断扩大中华文化的传播与影响，从而进一步地推进中华文化的比较优势，最为重要的方式就是推进东亚人口流动。推进人口流动，是日本领土扩张的重要方式，比如日本领土北扩中曾经大规模地对"出羽""陆奥"和"虾夷"等地域进行人口迁移，称为"拓殖"，即进行开发的意思；侵吞琉球也采取这样的方式。以致现今琉球群岛已迁聚众多的日本居民。由上可见，移民是日本拓展领土空间和实现控制琉球等占领地域的重要手段。

在落实"大陆政策"过程中，日本也采取这样的移民政策，以致在战后很长时期，中国、朝鲜和韩国与日本之间还存在"战后遗民遣返"的国际问题。所谓"战后遗民"，就是日本在侵略时期进行"拓殖"的日本人，或者上述日本人的后代。在中国，上述类型的日本遗民主要集中在东北地区，即"伪满洲国"地域之内。从"拓殖"中国东北的政策可以看出，日本存在吞并中国东北的野心，"伪满洲国"的建立只是日本的策略而已。但日本这样的策略对中国却存在恒久性的危害，以致至今存在某种程度上的延续。比如策动分裂中国的做法，除了妄图分裂中国东北之外，还存在蒙古和华北地区。华北地区依然在中国的掌控之下，但蒙古却已成为独立的国家。日本"右翼"现今依然秉持分裂中国的想法，东京都知事石原慎太郎就是其中的代表人物，提出将中国划分为几个独立大地域的计划，由此可知反华制华的猖獗程度。日本"右翼"的想法注定会成为美丽的幻影，但似乎存在诸多的启示与借鉴：日本并非从古及今都是历史的统一体，只是明治维新之后，逐步走向强大并实现统一，甚至战后才获取琉球的管治权，因此完全可以借用其历史陈规，采取分裂和吞并的循环做法，达到肢解列岛的战略目标，从而促使其分裂为诸多更小的国家，然后采取移民列岛的政策。

文化的载体还在于秉持一定文化信仰的居民，移民会把文化带入新的地域，从而产生潜移默化的社会影响与作用，并逐步实现对本土文化的改造，以至消融本土文化在地域社会的影响与作用。在对日本进行精神层面上的打击和实质层面上的占领之后，可以采取上述这样移民列岛的政策，并且还可以进行一定程度上的修正：在对列岛进行移民的同时，可以将日本人逐步迁移和分散至中国内地，从而实现对日本移民的同化。中华文化具有同化其他文化的特殊性能，对日本文化应更具有这样的影响与作用，毕竟日本文化与中华文化之间存在同源关系。同化其他文化并非崭新的事物，而是中华文明发展中的现实性存在。只是近代之后中国的势力出现时代性的衰微，中华文化的影响力也随之出现严重的下降，以致造成中华文化与日本文化之间的分离，以及日本文化逐步由东亚文化边缘走向中心的位置。但日本文化是通过悖逆中华文化的方式，达成了这样的超越性目标，并形成日本型文化的现实形态。

日本型文化的确立与发展是通过张扬日本文化的本土性特征和悖逆中华文化而达成的结果。正是由于近代之后中华文化与日本文化在东亚出现这样的地位逆转和变化，因此中华文化在获取对日本文化的比较优势之后，就应竭力消融日本文化中的悖逆成分——充溢其中诸多的反华制华成分。现实性上来讲，就是着力采取推进东亚人口流动的政策、措施和做法，通过移民政策同化日本的社会与文化，以及净化日本人的文化理念，从而在中华文化处于比较优势的情形之下，消融日本文化中的反华制华因素，以致清除日本型文化中的过度本土化成分，并促使列岛文化更趋于接近东亚文化的范畴，或者说复归东亚文化的传统氛围，从而将日本文化重新纳入"大中华文化圈"的范畴，实现扩大中华文化传播与影响的目标。

第四，整合与改造东亚文化的构成体系，确立中华文化的中心地位。传统东亚文化中的"大中华文化圈"是自然成型与发展的结果，并不像日本想通过采取武力手段来实现"大东亚共荣圈"理想。但明治维新之后日本逐步确立日本型文化，核心就是存在反华制华的文化因素。这样的思想与当时日本社会理想和政策存在紧密的关联，并促成这种类型文化的发展，以致获取东亚文化的中心地位。因此这就表明，中华文化在近代之后逐步脱离东亚文化的中心地位，而日本文化则由东亚文化边缘走向中心。战后日本社会面临改造的危机，日本文化也遭受这样的威胁，但世界局势变化又导致日本重新获取制度和文化上的发展契机，并对中华文化的发展造成巨大的障碍与压力。毕竟新中国成立之后中国又在文化上走过曲折的发展道路，无形中进一步地拉大中华文化与日本文化之间的发展差距，表现在东亚文化中就是日本文化占据比较优势。但关键还是日本逐步恢复明治维新以来日本型文化，即强化本土化的特色，从而导致日本社会充溢各种反华制华叫嚣与氛围，并逐步地发展成为反华言论和行动的基地。由此看来，东亚文化的构成体系存在整合和改造的必要性与紧迫性。

在传统东亚文化中，中华文化是核心的组成部分，并作为东亚文化的标志展现在国际社会。近代以来这样的情形出现深刻的变化，日本成为东亚国家的象征，日本文化也成为东亚文化的代表。但日本文化尚存在诸多悖逆的成分，特别是悖逆传统东亚的文化因素，在较大程度上表现为悖逆传统的中华文化。这样情形的出现对东亚文化的发展和传播带来深刻的影响与作用，同时也向国际社会传达出东亚文化中的不和谐声音，特别是反华制华的文化因素，这不仅在东亚内部而且还在国际社会产生深刻的文化影响与作用。况且日本文化所确立"八纮一宇"的社会理想，以及由此所出现"大陆政策"的思想，也对世界和平与发展存在潜在的巨大威胁，但上述因素却是日本型文化的核心理念。从中华文化角度而言，这样的理想与政策对中华文化的传播与发展具有现实性的影响与作用，也对东亚其他国家和民族的特色文化产生深刻的影响与作用。中华文化具有极大包容性特征，可以凭借文化容量和胸怀，吸纳其他类型文化的长处，但日本型文化则对中华文化存在悖逆的思维与态度，这就导致在东亚难以容纳这样两种类型的文化。

由此看来，中日之间存在诸多历史与现实的矛盾，归根结底还是由于存在文化冲突的缘故。从实质意义角度来讲，就是日本文化对中华文化存在悖逆的成分，这样的情形发生在明治维新之后，以至现在还在日本社会中广泛存在。这样的状况也存在诸多现实性的实证，比如日本社会大量地存在"右翼"思想与行为,提出各种反华制华的思想与理论,像"中国威胁论""自由与繁荣之弧论""围堵中国论"和"日本衰运论",这样的思想与理论传播到国际社会,就形成强大的社会舆论,对中国的国际形象和社会发展及中华文化传播带来极大负面的影响与作用。因此,消融日本型文化中的反华制华因素,以及整合与改造东亚文化的构成体系,就成为解决此问题的根本策略。

从另外方面来讲,也就是要重新恢复中华文化在东亚的中心地位。但这样地位上的重新变动并非容易的事情,日本社会存在诸多负面的声音和行为,这也是可以想见的事情。因此中国需要切实制定对日本的文化攻略,而且这种攻略应是整个对日策略的组成部分,而并非单纯的文化策略与行为。比如,需要在金融和经济上实现实质性的赶超;在军事和科技上获取比较上的优势,包括在文化和教育上实现跨越式的发展与进步。但这些作为的目标还是要逐步消融日本文化中的反华制华思想与行为,并确立中华文化在东亚的中心地位。

文化是国家和民族存在与发展的重要软实力,其影响力与作用力的发挥具有持续性和长期性特点。因此从适时性角度来讲,文化攻略不仅存在实施军事攻略之后的价值与意义,而且还贯穿于"嫦娥计划"的整个过程。况且对中华文化而言,日本文化存在其自身的特别处:首先就是与中华文化之间存在同源关系。正是这种关系的存在决定中华文化具有消融日本文化中反华制华因素的可能性。其次就是日本型文化存在浓烈的悖逆中华文化特征。这种特征并非伴随日本文化的始终,而是日本文化发展到明治时代之后,由于其本土化特征的异化,导致产生日本型文化,并且在这种文化形成与发展过程中,集中表现为存在强烈的悖逆中华文化思想成分,即充溢反华制华的文化因素。再次就是目前日本文化依然存在反华制华的思想成分。这种思想成分体现在日本社会中,就是存在"右翼"反华制华的思想与行为。由上可知,消融日本文化中的反华制华思想与行为,是现实存在的客观需要,并非杜撰的"乌托邦"。但此过程却存在极大的曲折处与艰难处。毕竟日本战后重新崛起在东亚,并在国际和地域社会存在较强的影响力与作用。在这样的国际社会情境中，不能小视日本文化在国际和东亚社会的影响与作用。由上可知，中华文化要获取对日本文化的比较优势，也并非一蹴而就的过程，而是要经历诸多竞争和演变之后，才可以达到的发展结局，虽然其中存在某些必然性的特征。在获取比较优势过程中，文化攻略也不可能只是发生在军事攻略之后，而是深刻地影响与作用在"嫦娥计划"的整个过程，并对其他攻略产生潜在性和现实性的影响与作用。

教育具有特殊的规定性质，因此对日教育攻略存在特别的表现与价值，当然它仍是广义文化攻略的重要组成部分。日本社会中的教育是对华战略重要的组成部分，其中也充分体现出反华制华的思想与行为，比如存在历史教科书以及文化和社会教育的内容设定等问题。上述表现还主要地针对日本学生和非中国游学生的教育，上述方面可以看成是日本教育方面的内政问题。但还远不止上述的表现，最为突出的还是充分体现在接纳中国游学的教育政策与做法等方面。弄清楚上述的问题，要先从日本接纳中国游学生的历史过程及其表现说起。

明治日本实现在东亚的崛起，特别是中国仿行维新变法失败之后，中国赴日游学生日益增多。这样情形的出现与中日两国在相关教育政策上的变革存在一定程度上的关系。从中国方面而言，开展赴外游学教育，逐步成为社会的潮流，由此制定相关派遣的教育政策。赴日游学客观上还存在一些比较优势，比如路近省费和文字相近。同时还存在另外重要的方面，就是日本采取积极吸纳中国游学生的政策，除为了获取经济利益之外，还存在政治上的考虑，即培养亲日的中国人势力。因此日本在推行吸纳中国游学生政策时，派遣人员前往中国各地游说，特别是在两湖地区形成巨大的社会反响，其中以张之洞为最重要的代表。随后两湖地区成为中国人赴日游学的重要地域，张之洞还将其子也送到日本游学。后来据传其子因坠马命丧列岛。在当时日本社会中，这样的情形并不少见，真相也往往消没在历史的烟尘。日本人曾对俄罗斯帝国的太子展开直接的袭击行动，何况对中国的督抚之子。因此从某个角度来讲，张之洞之子在日本丧命存在诸多蹊跷。现在已难以追究这样历史事件的真相，只能姑且认定为意外的事故。

明治维新之后，日本社会就存在中国观的逆转，即由对中华文化的尊崇发展到蔑视的态度。概括地来讲，就是日本型文化逐步获取形成与发展，重要的特征就是"去中国化"。表面上来讲，日本吸纳中国游学生的政策，存在不尽合常理处。这样的情形却又正符合当时日本社会中的对华战略。也正是存在这样的契合，当时日本社会中的这种政策与现实就存在极大的反差，即在教育政策上积极地鼓励中国人前往游学，但在现实社会中则极度地鄙视中国游学生，以致出现日本儿童以称中国游学生为"支那猪"为游戏。况且日本儿童教育中还存在以所谓日清战争为主题的游戏，并大有普及的发展趋势。这样教育氛围的出现并非偶然，而是具有社会文化和教育层面上的具体表现。日本制定这样的积极政策，也并非要为中国未来的发展培养人才，而存在另外的战略意图，即培养中国人反政府的势力，或者说培养日本在中国的代理人。因此在中日之间存在战争的国际局势下，日本还采取积极鼓励中国人游学的政策。从上述角度来讲，日本吸纳中国游学生的政策，从一开始就体现出反华制华的战略考虑，而并非单纯地进行人员和文化上的交流。上述道理可以从中国近现代政治史中获取充分的证据：从接收受到政治迫害的维新派，到容纳反清的革命派，以致现在还容许以列岛为基地，建立中国人反政府的组织及其势力，以及形成国际社会中的反华阵线，各种反华制华人员登陆列岛，并让各种反华制华言行在列岛上畅行无阻，而且日本"右翼"还表现出极具煽动性的反华制华情热，制造诸多具有国际性影响的社会舆论和事件，甚至上升为日本的国家政策。比如，前首相麻生太郎就曾提出"自由与繁荣之弧"的思想观点，呼吁在社会思想形态上具有共同点的中国周边国家，建立反华制华的阵线，甚至在ODA贷款问题上极力推行终止中国和重视印度的政策，并明确阐明对印度ODA贷款，集中于改善和提升印度的军事装备力量，其中的战略意图表现得非常明显。上述方面表明，日本采取吸纳中国游学生的政策，并非出于培养中国人才的目的，而是出于维护日本国家和民族利益的目的，其中包括在政治和经济等方面的战略利益。

当然，还可以从中国人游学日本时学科选择的性向上获取一些实证。与中国人游学欧美国家不同，中国人游学日本时大多选择政治和军事等人文社会领域，而不是科学技术等实用领域。这样状况的出现并非偶发事件，而是存在政策性的导向。毕竟在接纳中国游学生时，日本采取如下的接纳方式：一是在既有大学中设置中国人游学教育的专门机构，对中国游学生进行特殊学科课程的设置。这样的做法存在日本方面决定权的问题，而中国游学生即使是在一些著名大学中也难以获取选择权。二是另行辟地举办专门针对中国游学生的学校，在这样的学校中更显示出日本人的决定权，而且采取隔离的方式，即完全按照日本的教育意图设置学科课程，开展各种教育教学活动。在日本接受游学教育的学生中，还存在较多学习军事课程的学生。这种类型的学生后来大多成为中国军界人物，比如蒋介石、蒋百里和李烈钧等。上述人物在中国近现代史中留下深刻的印痕。但必须明了，这并非日本接纳中国游学生的目的，日本的目的则是培植在华亲日势力。日本这样吸纳中国游学生的政策也获取到现实的战略利益，甚至延续到二战后及新中国成立之后。这种历史性的关联不容忽视，并会给当前中国政府决策产生现实性的影响与作用，比如在处理日本侵华民间赔偿的问题上，这已成为中国社会所存在极为重要的社会与政治问题。但从另外方面来讲，日本更多倾向于培养中国人反政府的组织及其势力，从而妄图在东亚造成中国的乱局，由此钳制中国社会的稳定与发展。在近代史变迁中，日本吸纳中国游学生的目标，就存在培植反对清政府的组织及其势力；在现代社会中，日本吸纳中国游学生的目标，同样也存在培植中国人反政府的组织及其势力。这里存在历史与现实中的共同点，只是在对象上已由过去反对清政府到目前反对现政府的转变。日本这样的谋略肯定难以得逞，毕竟中国游学生存在国家的认同，并对国家保持忠诚的态度，已非清末中国的状况。但中国游学生也应做到昭昭于心，自觉地维护国家和民族利益。日本存在这样目的，并不会就能产生相同的结果，因此中国人赴日游学教育还是获取到一定数量的人才资源，对中国近现代社会的发展产生重要的影响与作用，这样的历史与社会事实也不容轻易地加以否认。

从现实角度来讲，现代中国游学生在日本社会中还存在诸多负面教育因素的影响与作用，这也是中国人赴日接受教育中的现存事实。首先，日本社会存在浓厚的反华制华文化氛围，渗入新闻、报纸、杂志、电视和图籍等社会事务，表现在支持与放纵中国人反政府的组织及其势力，以及国际社会的反华阵线，并存在"右翼"组织及其势力的猖獗，不时地制造一些国际性且不利于中国的社会事件。在上述社会表象的影响与作用下，日本社会出现诸多反华制华的思想与行为，似乎这已成为其惯常的社会现象。上述事实的存在无形中对中国游学生产生诸多负面的教育影响与社会作用，也会存在背反的回应，即激起中国游学生更为强烈的爱国热情，存在这样的辩证关系。其次，日本对游学生管理还存在一定程度上的隔离政策，但相较于从前已有明显的改善。比如，依然采取对游学生的国际支援政策，把国际游学生隔离于大学与日本学生之外，并且还存在一些趋于融合发展的政策，但又要求游学生必须承受起一定的经济负担。比如，在日本社会租赁宿舍，相较于国际支援机构的收费，这样的方式肯定要付出更为高昂的费用。目前游学生还是相与争取国际支援机构中的有限名额，即争取这样优惠的待遇。日本学生大多数是生活在家族宿舍，或者在日本社会租赁宿舍，相对而言比较分散。况且日本呈现为"学力社会"的状况，对学生能力的提升更为关注，而且学生也非常关注自己社会经验和能力发展，而不仅仅追求知识的积累，这是日本与中国在教育理念上具有明显差别的地方。正是存在上述这样的差别，日本在教育政策上也存在明显的特点。比如在高层次人才培养和育成方面，表现为高度地关注日本博士的质量，以及在大学与研究机构中的高级职称聘任制度建设。具体地来讲，就是严格地控制日本博士的授予，并在大学与研究性机构开辟两条职称晋升的路径，即攻读博士学位与担任学术助手的发展道路。两条职称晋升的路径可谓殊途同归，即主要以研究成果的质量与水平为评价标准。但对待中国游学生的学位获取，日本大学则采取另外的政策，即采取严与宽相异的两种方式，即在部分大学采取日本人的政策，这类中国博士生毕业之后一般留用在日本社会，主要从事对中国诸领域的研究，而有些大学中的中国人博士授予，则采取宽松学业的标准，这类中国游学生则在毕业之后返回中国，凭借在日本大学中获取的博士学位等条件，在中国社会和学术中占据显著的地位。再次，日本大学教授多引导中国游学生从事中国相关问题的专门研究,并对中国游学生进行甄别和策反活动,甚至大学还与情报部门合作,共同开展对中国游学生的相关工作,甚至还不排除采取策略性的办法,比如通过经济上的困境,迫使中国游学生服从日本人的摆布。这里存在现实中的实证:同行中国人赴东京大学预科博士生到达成田机场之后,就遭遇无宿舍事件,只好任由带去租赁旅馆住宿,而此前东京大学却已承诺安排有学生宿舍。认真查看中国人预科博士生的学习和工作背景,赫然地发现具有在中国重要通讯建设部门中工作的经历,而日本人正是看中这样的工作经历,从而想通过经济困境的办法,迫使中国人预科博士生服从摆布。但中国人预科博士生最终做出离开日本的选择,摆脱日本教授和教师的纠缠与迫害。这是确切的实例,并存在中国人预科博士生与东京大学国际课及其指定教授之间来往邮件的事实性证明。

由上述情形看来,日本对中国赴日游学生的教育存在谋略性的规划,甚至存在某种阴谋性的活动。这也并非危言耸听的假说,或道听途说,而是存在历史与现实中的确切凭证。针对日本长期存在这样的教育谋划,中国有必要采取应对性的策略,即对日本的教育攻略,从而制衡日本在教育领域中的这样对华战略与策略规划。综括地来讲,包括如下方面内容:

第一,增强教育理念中的社会意识与国家观念,推进由素质教育向"学力社会"的理念转变。在19世纪70年代,日本就已实现义务教育的巨大发展,并逐步实现义务教育普及。战后日本借助朝鲜战争的有利时机,获取20世纪60、70年代发展的黄金时期,实现金融和经济等领域的巨大成长,并在现代科技发展上占据重要的地位,以致再次成为东亚富强国家的象征。在文化和教育方面,日本也已成为东亚的重要代表,现在已达到高等教育"全人"阶段,即普及了高等教育。但这还只是表面上的认识与反应。从更为重要的层面上来讲,日本逐步实现由学历教育向"学力社会"的转变过程,这是日本社会阶段发展中质的飞跃,价值与意义主要存在于教育理念上的发展与变化。在学历教育理念中,获取学历成为追求,但这只是工具性的目标,而实质性的目标则是对社会地位与利益的追求。在这样的教育理念指引下,社会就会呈现为以获取学历为推动的教育氛围,比如以传授知识为主要,以发展能力为次要，即竭力争取一纸文凭。但在"学力社会"的教育理念确立之后，这样追求的思维模式出现转折性的发展与变化。教育不再只是学习知识，而且还是能力提升的重要形式。教育也不再是工具性的手段，而是成长的过程与方式，并且与社会紧密地联系在一起。在这样的教育理念指引下，教育从古典观念走向现实主义，并在知识学习与能力提升之间建立新的平衡机制。

况且，在日本社会中，伴随着"学力社会"这样大教育理念的提出，同时建立了一系列的社会和教育制度，并对社会和教育的发展起到规范化作用，比如在人才招聘和工资福利制度上，就出现历史性的发展与变化，不再以学历为衡量人才的唯一标准，而明显出现社会人才的岗位分工，从而避免人才浪费的社会现象，以及在劳动待遇上的显著差别，减少社会矛盾的出现与冲突的发生。因此日本企业在招聘过程之中，绝不会存在低级岗位招聘高层次人才的现象，因为社会规制已决定企业不会存在这样的用人动机，重要的原因就是高层次人才必须享受高层级的福利待遇，博士人才存在最低工资和福利待遇上的明确规定，招聘的企业必须在满足规定的前提之下才能实现招聘，否则就会界定为违法的发生。这样就把高层次人才的使用集中到科学研究与技术创新的领域。由此也就造成这样局面的出现：做到人尽其才、才尽其用、优才优用。健全的社会保障机制也对居民生活起到较强的保证作用，从而导致日本社会中不会出现绝对贫困的阶层，这样也就维护了社会的基本公平。其中存在一些社会组织的作用，并在相互之间形成平衡和牵制的机制，以及在社会发展中起到信息传递与利益中和的作用，从而自觉调节社会的稳定与发展。因此，"学力社会"的教育理念及所确立的相应社会规制，对日本社会的稳定与发展起到重要的作用。由此看来，"学力社会"的教育理念也并不再只是日本社会实现个人目标的工具与手段，而是日本社会规制的重要环节，并与日本社会的各项制度建立紧密的联系，即日本已构建大教育系统的结构体系与运行模式。

然而，中国尚未建立这样大教育系统的结构体系与运行模式。集中体现在教育理念的设计上，就是尚未建立起"学力社会"的教育理念，而只是确立了素质教育理念。相较于"学力社会"的教育理念而言，素质教育理念还存在一定程度上的局限。比如针对的对象集中于个体而非社会；现实的目标还是人生追求，并未摆脱学历教育的桎梏，只增加了对能力提升的时代要求。衍生的教育体系与制度还残存学历教育的深刻印记，并且也没有脱离中国传统教育的价值与意义设定，即依然存在"学而优则仕"的禁锢。但素质教育理念也体现出时代性的进步意义，比如从注重知识传授的传统，转移到提升素质上来，无疑提升了能力开发在教育中的发展性向；素质教育理念的提出也会对社会观念、规制和制度的发展产生深刻的影响与作用，特别是对教育体系和制度的构建带来引导性的影响与作用。随着国民素质的普遍提升，也必将对中国社会发展与民族崛起进程产生实质性的影响与作用，从而间接性地发挥教育所应具有的社会价值与意义。比如素质教育理念提出之后，职业技术教育在中国教育体系中的地位与作用明显地获取提升，逐步成为中国教育体系的重要组成部分，并获取其自身系统的延伸与发展。在此之前，职业技术教育长期处于中等专科教育的层次，只存在零星的高等专科院校。但此后职业技术教育开始向高层次扩展，不仅出现大量高等专科院校，而且还出现一些高等职业技术院校，甚至出现或筹设授予硕士和博士学位的职业技术院校。在高等教育系统中，大学内部还出现大量以职业技术教育为特征的院系设置，无形中这也是当前职业技术教育的发展实证。上述情景的出现并非社会发展的偶然现象，而是在素质教育理念提出之后，中国教育体系与制度出现的崭新现象，确实是中国教育获取进步与发展的鲜明表征。这样的影响与作用还体现在教育评价标准的设立以及人才质量的提升等方面。比如培养人才的标准出现时代性的转变，不再将掌握知识作为唯一的标准，而是将知识与能力要素的发展紧密地结合起来，形成综合性的教育质量评估体系。同时，素质教育理念的提出在现实性上也对社会选聘人才标准产生一定程度上的影响与作用，比如强化对人才职业能力的考察，而并非只看学历的硬件。由此看来，素质教育是介于学历教育与"学力社会"之间的教育理念。因此，在当前教育理念的现实阶段中，特别是要针对注重和强化个体发展的倾向进行必要的改革，迫切需要逐步确立社会意识与国家观念，注重塑造参与社会组织的意识与集体主义的精神,以致在社会工作与生活中摒弃传统教育中浓厚的个体意识与发展观念,从而实现由个体人的发展转换为社会人的发展,即在教育理念上实现从素质教育到"学力社会"的发展。

由上可见,中日教育理念存在阶段性的差距。正是由于存在这样的差距,才导致中日教育体系与制度存在明显的不同,并出现差异性的教育景观,对中日现实社会和教育发展产生深刻的影响与作用。比如,中国教育系统没有包含社会教育系统,而只是学校教育系统的制度设计,其中存在一些偏颇。但日本却不是这样的系统设计,日本教育系统明显地存在两大系统,即学校教育系统和社会教育系统,而且还赋予社会教育系统重要的地位与作用。系统设计存在的差异正是由教育理念的差异引发出来的,而且还远不止于存在这样差异性的结果,比如还导致出现教育制度设计的差异,以及对社会其他相关制度产生深刻的影响与作用。由上可见,日本教育理念存在一定程度上的比较优势,这就可以给中国提供诸多启示与借鉴。教育理念的推进已成为中国教育改革与发展的重要任务,亟须提上议事的日程。最终的目标就是要实现从素质教育向"学力社会"的教育理念转变,并应成为中国对日本教育攻略重要的内容与步骤。

第二,强化社会和文化教育的内容与形式,建立学校与社会相结合的大教育系统。上述内容已涉及教育系统的设计问题,明显具有宏观战略性的特征,也是现实中国教育突出存在的重要问题。查阅中国教育系统的设置图,可以发现存在这样的共同点:只存在学校教育系统,而没有完整的教育系统设计,而且相关教育文献更多谈论的也只是学校教育系统中的问题,而很少涉及社会教育系统,除非社会教育研究的专门著述,这是当前中国教育研究与实践所存在的严重偏颇与问题。也就是说,当前中国教育研究与实践更为关注学校教育系统而忽视社会教育系统,这样做的结局就是只能在狭义的概念架构之中分析与探讨教育相关的问题,即这样的模式缺乏在社会大系统层面上来考察教育相关的问题。由于存在学历教育的实质现状,中国的教育概念通常只指学校教育,社会教育的内涵在无意间排除在教育的话语之外,甚至延伸到教育研究与实践领域,造成现实社会出现以此为基点的教育相关规制与制度，从而对社会和教育的实践产生深刻的负面影响与作用。最为突出的表现就是社会和文化教育的内容与形式不受重视，相关的教育机构逐步消没在社会的"河川"。毕竟社会教育系统只表达为单纯的社会事业部门，因此在市场经济的社会环境中，凭借自身的力量，难以获取更大程度上的发展与壮大。这样造成的结果肯定是社会教育系统发展的萎缩，当然这也只处在相对而言的层面上。实际上来讲，毕竟这样的系统还是存在于社会机构的设置之中，随着社会和经济的发展，社会教育系统也存在缓慢的发展进程，但相对中国社会对学校教育系统的关注与重视程度，社会教育系统的建设存在较大的发展落差，这就是当前中国社会中的现实。出现发展落差之后，就会造成社会性的负面影响与作用，即社会教育系统的功能与作用出现减弱，造成单纯地依赖学校教育系统的功能与作用，借以维系中国的教育事业，这对学校教育系统而言也是难以承担之重。由此可见，当前中国教育系统的构建具有较大的缺陷，存在诸多亟须解决的偏颇与问题。

然而，日本却并非呈现为这样的教育景观。日本高度注重社会教育系统的功能与作用，甚至低级政府机构也设有社会教育委员会，承担市町村级别的社会教育事务，并在教育系统开列出社会教育系统的结构。这样大教育系统的构建具有很大的比较优势，对日本社会和教育的发展产生重要的推进作用。可是中国却表现出对社会教育系统构建的忽视，而对学校教育系统则情有独钟，这样的做法会出现明显的负面结果，即难以实现学校与社会的衔接，造成教育培养的人才难以适应社会的发展与变化。应该说，中国注重学校教育系统的构建，与注重学历教育的传统思想观念，存在密切的关联，毕竟知识传授可以选择在学校场所之中完成。但随着现代社会和教育的发展，人才培养不能仅仅依靠知识的储备，更为重要的还是要育成综合性的能力，特别是要养成大量的通识性人才。这样的需求变化就造成单纯依赖学校教育系统成为不可行的设计，必须进行一定程度上的改革与发展，从而更为有效地适应现实社会对人才培养的类型需求，这就对社会教育系统的功能与作用发挥提出社会性和时代性的要求。就中日教育系统构建近况而言，中国注重学校教育系统而忽视社会教育系统的功能与作用，日本则建立起学校教育系统与社会教育系统并行，并交叉作用的大教育系统。由此看来，日本教育系统的构建存在明显的比较优势。中国社会已意识到存在这样的差距，开始关注素质教育的问题，但素质教育的提倡目前还局限于狭隘的范畴，虽然已部分地溢出学校场域的范围，开始关注社会教育系统的功能与作用，比如开展综合社会实践与社会大课堂活动。这样理论与实践上的变化对中国教育系统的构建也必会产生深刻的影响与作用，逐步引发教育规制和制度的改革与发展，并在更大程度上推进教育的理念发展与系统重构，或者说产生寻求教育变革的力量，从而推动教育理论、系统和实践的创新与发展。

在教育的理念发展和系统重构情形之下，中国教育景观也出现转折性的发展与变化，其中重要的的表现就是强化社会和文化教育的内容与形式，加速推进学校与社会的紧密结合。当前中国社会教育系统的建设还并没有达到完善和发达程度，社会和文化教育机构的功能与作用还未充分地发挥出来，出现注重学校教育而忽视社会教育功能与作用的现实局面。目前中国社会和文化教育机构还主要局限在县级及以上层次，而且机构种类和层次还表现为较单一的状态。比如尚未出现具有完整社会功能与作用的人民馆设施，文化馆、博物馆、图书馆、科技馆、纪念馆等设施，也还没有获取最大广度上的发展，更谈不上体系化的建设，因此还存在学校教育与社会教育相脱离的现象。学校很少主动地与上述教育机构合作开展校外教育活动，上述教育机构也没有足具吸引的项目与方式，针对学生和社会人开展具有社会性影响与作用的教育活动，发掘和承担社会教育的功能与作用。中国社会还缺乏一些中介性的机构，难以把学校与上述教育机构更为紧密地结合、组织起来。上述方面都只是局部的现象，而不具有普遍性的意义。毕竟中国社会还存在少年宫、体育馆、文化馆等设施，而且也发挥着一些社会教育的功能与作用。但这样作用的现实发挥与理念及系统赋予的还存在差距，毕竟这只是零星的作用发挥，而不是理念和系统层面上的作用凝聚。也就是说，这样的作用发挥还不具有系统性的力量，并难以产生社会性的聚合作用，即在社会大系统构建的框架之中，学校教育系统与社会教育系统之间尚未建立紧密的联系，更谈不上在确立各自功能与作用的基础上，发挥系统性和聚合性的教育作用。

在上述这一点上，日本已为中国提供可资的经验借镜，比如日本社会设有诸多社会和文化教育机构，其功能与作用不只针对学生，而且包括全体的居民。然而，在针对学生的方面，日本的社会和文化教育机构则明显体现出强烈的主体意识与精神，学校也存在这样的意识与精神。因此，日本的学校与上述教育机构之间存在紧密的联系，并通过设置各种项目和开展各种活动，强化这样的联系，从而获取各自功能与作用发挥的聚合效果，对学生的知识积累与能力提升具有重要的作用。上述做法还有助于建立起学生走向社会的实践路径，这正是日本"学力社会"的教育理念所赋予的结局。正是由于存在这样的教育理念与系统，从而为日本教育发展，以及社会规制与制度建设，提供了指导性的纲领，此即日本在学校与上述教育机构之间建立紧密联系的基本前提和条件。在这一点上，中国并不具备，这也是中国教育和社会中的客观现实。实质上，中国确立的素质教育理念还处于学历教育和"学力社会"之间的过渡阶段，在教育系统建构上还只局限于重视学校教育系统的功能与作用，这就对社会教育系统的构建与发展产生现实性的深刻影响与作用，而且还会妨害学校及上述教育机构发挥功能与作用，更谈不上在上述教育机构之间发挥聚合的作用，还会对教育和社会规制与制度建设产生阻碍的作用。由上可见，中国教育的改革与发展并非只是教育实践中的问题，而且还是关乎教育理念与系统设计的宏观战略性问题。若只对教育实践出现的问题进行局部解决，难以产生实质上的成效。在当前教育研究中，还存在小题大做的问题。当然从教育研究上来讲，小题大做也是重要的研究倾向。毕竟在强调宏观战略性研究的同时，还要注重微观性的分析，甚至要对教育实践中的微观问题进行深入的探讨，以起到见微知著的研究成效。但中国文化传统习惯于兴起社会的风气，教育研究中也时常会出现这样的风气，从而逐步削弱对宏观战略性问题的分析与探究。教育理念和系统设计问题就是遭遇时代性和集体性忽视的研究问题。但这样的后果则会产生全局性的负面影响与作用，并对中国教育的改革与发展造成重大的危害。这绝非危言耸听的言辞，而是直面的陈述与分析的结论。

第三，推进文史、地理及边疆等教育内容的充实与完善，增强维护中国在东亚和国际社会中的权益观念。中国需要对文史、地理及边疆等科目的教育内容进行修订，特别是在实行通识性知识教学的同时，还要加强边疆专门类别课程的教学与研讨，以利于从基础教育阶段就开始培养和增强学生的国家与民族权益观念，而且还不能简单地把政府的一些政策纳入课程教学，比如领土主权争议中的搁置争议与共同开发主张，主要是对一些事实做出一定程度上的客观认定，由学生自己做出判断，其中贯穿的是国家与民族权益观念，这样的做法非常具有必要性。以日本相关课程教学为例：日本学校和社会对文史、地理与边疆的专门类别课程很重视，并以日本的国家与民族利益为基本出发点设置课程教学与研讨，而且还强调知识教学与野外见学相结合，把学校与社会紧密地结合起来。日本学校开设日、俄、韩、中、美等国家的文史、地理和边疆等专门类别课程，并强调在历史与现实之间，以及基于日本的国家与民族权益。比如中日的主权问题，主要就是依据日美两国达成的双向协议，强调日本拥有对领土主权，但在教学与研讨中很少提及日美协议的非正当性问题，毕竟这是日美之间的非法协议，正如同日本与美国对琉球问题的处置方式。对于琉球处置的问题，日本学校相关课程和教科书也重点提及与美国之间的协议，并不考虑琉球国家与民族的历史存在，以及琉球文化具有的独特性，特别是琉球人民的独立等权益问题。对于文史、地理和边疆等专门类别的课程教学，日本还更多传递一些受到威胁或侵害的信息，以及日本疆土开拓的历史。正如现在日本人所接受到二战受害的历史，而并不注重日本加害者的角色认定。因此，在历史教科书和侵害事件的性质认定问题上，日本采取消极和否定的态度，甚至不惜对历史事实进行刻意地否定与篡改，比如南京大屠杀的具体人数问题，日本社会存在诸多的事件描述，甚至还出现否定存在南京大屠杀历史的事实存在。在阐述边疆史之类的课程内容时，日本学校和社会更为关注移民拓殖的历史，毕竟这是日本扩张领土的最重要方法。比如日本在拓展本州东北部、北海道，以及现在已丧失所谓"桦太"和千岛群岛的领土时，通常的做法就是入侵之后采取"移民拓殖"的方式。在侵华战争和太平洋战争中，日本也采取这样的方式，比如在殖民中国台湾地区、朝鲜半岛与中国东北地区，以及中国内地的其他地域时，日本也采取"移民拓殖"的方式。这样的方式已成为日本推进文化侵略的通常路径。从日本侵略策略角度来讲，就是在军事入侵的同时，开展文化侵略的行径。日本文化侵略存在诸多的方式，而不只是这样的途径，比如还存在文物劫掠、遗址破坏和文化要素侵蚀等方式。但"移民拓殖"是日本最为有效的文化侵略与领土拓展相结合方式。从上述内容可以看出，日本教育已容纳国家与民族权益观念，虽然传递的方式存在一些可以认定为狭隘国家与民族思想的方面。

毕竟日本是中国的近邻，无论是在历史还是在现实之中，总会存在一些联系与纠缠，此即国际上的事实存在。但中国在面对这样的近邻之时，要对日本文化和思维方式存在更为清晰的认识与理解，特别是在中日存在相互观点与利益冲突的情形之下。在以"岛国根性"为主导精神的情形下，日本采取极具国家与民族褊狭的态度，来处理文史、地理及边疆等类别的课程教学，对中国而言存在启示与借鉴的价值。在实施这样的课程教学同时，日本还存在社会和文化教育的内容与形式，不断强化学校与社会之间的教育影响与作用聚合，从而对学生和公民产生综合性的影响与作用。日本社会和文化教育的内容与形式更为复杂，涉及媒体新闻、报纸杂志、图文典籍、组织活动和见学项目等方面，甚至包括社会生活等内容与形式。这样的教育景观并非偶发性的安排，而是存在于特定教育理念确立和系统建构的情形之下，应该说具有一定教育和社会方面上规制、制度的确定与制约，当然也存在一定社会组织推力与公民参与。也就是说，这是具有社会性特征的教育事实与现象。从上述方面来讲，中国也还存在一定程度上的差距。但在上述类别课程的设置与教学方面，中国学校可以进行相应的开发，即采取具有应对性特征的教育与社会行动，比如强化上述学科课程的开发力度，增强国家与民族权益观念；还可以增加一些实践性课程，并在学校与社会之间建立更为紧密的联系，让学生和公民在社会背景中获取教育上的影响与作用，以利于不断增强国家与民族权益的意识与观念，比如通过地图和历史来认识的问题，研讨上述问题历史的由来与发展，以及解决上述问题在维护国家与民族权益中的重要意义。研讨还会牵涉琉球问题，无形中也就拓展了学生的历史和世界眼光，扩展了学生思考问题的境界，这才是真正面向世界的教育与教学方式。但在这一点上，中国学校和其他教育机构都还没有尽到相应的社会责任与义务。因此，中国教育迫切需要充实与完善学科课程，特别是要强化文史、地理和边疆等类别的学科与课程建设，从而增强中国在东亚和国际社会的权益观念。这也并非只是针对日本的相关做法，而且还涉及其他国家及其相关的做法。毕竟在中国近邻及利益相关者之中，除日本之外还存在其他国家和民族，比如俄罗斯、越南、菲律宾和印度等。但在这一点上，日本还是存在可供中国吸收与借鉴的价值，比如"右翼"在日本社会的积极作用。在中国人的印象中，日本"右翼"是令人鄙夷的社会组织，"右翼"代表更令人感到可恶，其形象也大多定格在街头游行、暴力和政治运动等方面，但实际的社会情形并非呈现为这种模样。日本存在诸多社会组织，或许这已成为其社会的构成特色，比如"黑社会"组织很猖獗，而且是合法存在的状态，并且存在诸多分支组织。也就是说，"右翼"组织只是统称，而并非是某种社会组织的名称。况且日本"右翼"也并非只存在反华制华的思想，而且还存在反美的观点，甚至可以概括为存在排外性的情绪与特性，实质上就是存在强烈的国家与民族至上意识。明治维新以来，总能在日本社会发觉"右翼"组织的身影与影响。在历史发展的特殊阶段，"右翼"组织往往还会与激进的社会事件与运动相结合起来，从而对日本和国际社会的发展产生实质性的影响与作用，甚至主导日本社会的发展方向。比如少壮军官发动"二二六事件"，最终促成日本发动全面侵华战争，这就是在"右翼"组织的影响与作用下出现的社会暴力事件。"右翼"组织的事实存在具有教育的影响与作用，会对日本学生与公民产生社会教育的现实成效。

但不知从几何时，中国社会出现"愤青"一词，这是对爱国主义中国青年的诬蔑性表达。现在也不清楚应用"愤青"一词的源头，或许这是日本人在网络中对中国青年的分化策略，然而却在中国社会获取大量的引用。但无论怎样，"愤青"一词对中国青年的爱国主义情绪具有打击性的影响与作用，存在某些负面性的社会效果。其实，中国社会更多充溢个人主义思想，缺乏的正是国家主义与民族主义的成分，然而"愤青"一词却在更大程度上对具有国家主义与民族主义的中国青年以极大思想冲击，这样的社会效应并非中国社会期望的结果。无论是倡导"中日世代和平友好"，还是提出建立和谐世界的构想，国家主义与民族主义都是不可缺少的思想。毕竟世界上还存在国家与民族，以及战争与失序，其根本就是还存在不同国家与民族之间的权益之争。因此对任何国家与民族而言，国家主义与民族主义都是必要的社会思想存在，中国也不能处之度外。由此看来，虽然国家主义与民族主义存在一些负面的社会影响与作用，但它却是国家与民族获取团结、独立与发展的重要因素。应该说，这是意识与观念上的社会性认同。试想，若中国社会不存在对中国和中华民族的高度认同，不存在图腾和定格的文化形态，中国社会将会呈现为怎样的发展状态？鸦片战争以来，近代中国社会就呈现为"一盘散沙"的状态，关键的问题就是存在文化上的主体缺位。由此看来，推进文史、地理和边疆等教育内容的充实与完善，增强中国在东亚和国际社会的权益观念，确实是中国应采取的战略性举措，并且这关乎到中国在东亚和国际社会的地位与影响。上述举措也是中国对日本教育攻略中的重要步骤，毕竟在东亚地域日本对中国还存在巨大的现实与潜在威胁。

第四，改善社会舆论和文化的形成机制，推进中国社会和文化教育实践的发展。在当前国际社会的发展环境中，中国首先亟须改善社会舆论和文化的形成机制，从而有利于获取国家与民族的权益。主要包含如下层面的内容：在国际层面，确立国际社会舆论和文化形成中的话语权，创造有利于中国社会发展的国际环境与条件；在国内层面，逐步形成以国家与民族权益观念为核心的社会舆论与文化形成机制，并对国际社会舆论和文化形态的形成产生实质性的影响与作用。概括地来讲，就是要建立国际社会舆论和文化形成上的话语权与影响力，但现实的情形却并非这样。当前在国际社会中，西方发达国家获取了国际社会舆论和文化形成中的话语权，在东亚则由日本把持话语权上的比较优势，并明显呈现出不利于中国的社会舆论和文化形成机制，以及浓烈反华制华的国际舆论氛围，即形成了国际反华阵线，而日本正是国际反华阵线在东亚的重要基地。集中体现在：日本已成为中国人反政府组织和人员的会聚地,比如邪教组织和"藏疆台独"等,这是在历史与现实中存在的显著表现与东亚状态;日本社会存在浓烈的"右翼"思想与行为,既表现为对近代以来历史事件的否定与抵赖态度,又表现为现实存在的反华制华倾向;国际社会现实性地存在反华阵线,并日益表现为以日本为重要的基地,日本坚持从事反华制华的事业,并"主演"了具有国际性色彩的"大合唱"。反华制华社会舆论的存在不仅对中国的国际声誉造成诸多不利的影响与作用,而且还对中国的国家与民族权益造成直接的损害。由此看来,中国必须采取各种常规或非常规的措施与办法,逐步扭转这样的国际舆论和文化形成机制,并竭力掌握国际舆论和文化形成中的话语权与影响力,这已成为紧迫性、必要性和时代性的重要任务与方向。

新中国成立已60余年,中国在国际社会已承担东亚大国的角色,完全有能力获取国际社会舆论和文化形成中的话语权与影响力。在建设国家的过程之中,中国走过了不必要的发展弯路,延缓了国家和民族自信力的回复与发展步伐。但确立改革开放政策之后,中国社会出现具有转折性的发展与变化,逐步地确立在东亚和国际社会的重要地位。在这样的发展与变化过程之中,中国政府所确立"韬光养晦"的发展思路起到了重要的作用,缓和了中国在东亚和国际社会的矛盾与冲突,为获取长期稳定、和平的发展环境,创造了必要的有利条件。但这样的发展思维模式也对中国获取东亚和国际社会舆论和文化形成中的话语权与影响力,形成某些负面的影响与作用,特别是西方国家出现普遍性的金融和经济危机之后,这样的负面作用日益地表现出来。毕竟在危机之中,只有中国遭受最小影响与波及的范围,并且在经济刺激政策作用之下,日益显示出举国体制的比较优势,获取了社会与经济的健康、稳定发展。在此特定的历史发展阶段,中国存在获取国际社会舆论和文化形成中话语权与影响力的最重要机遇。这里也还存在逐步获取与扩大的发展过程,比如中国在美国吁请提升人民币汇率中的强硬姿态,也足以证明中国话语权与影响力的提升,当然这已超越国际社会舆论和文化形成的范畴,而延伸至社会经济和金融领域。上述方面存在一定的关联性。另外在对待与中国相关的事情上,国际社会出现了态度上的转变,开始客观和策略性地分析与探究中国的发展模式，已不再呈现为极为傲慢的姿态，可谓放低了话语的身段，这也表明中国已在国际社会舆论和文化形成中获取了一定程度上的话语权与影响力。在上述方面，日本报纸和杂志存在较充足的反映，刻意的反华制华文章逐步地减少，虽然还会存在部分这样的"右翼"文章，代之而起的是采取对中国社会的观察与分析态度，并且在处理与中国之间的事务中，开始表现出相当理性的态度，不再以在东亚的西方发达国家态度自居。由上可见，获取国际社会舆论和文化形成中的话语权与影响力，并非简单而单一的事情，而是国家实力的综合较量，取决于国家和民族所获取时代崛起的步伐与状况。

概括上述相关观点，确立有利于中国的国际社会舆论和文化形成机制，基点还是要发展与壮大中国的综合实力，但这也并非就是唯一的因素。从其他方面来讲，还要涉及发展策略性的层面，即确立中国社会中的舆论和文化形成机制，并逐步形成社会文化上的形态与氛围，进而对东亚和国际社会产生舆论和文化上的影响力。这对中国获取国际社会舆论和文化形成中的话语权与影响力，存在重大的正面影响与作用。从上述方面而言，"韬光养晦"不失为符合中国社会现实的发展策略，但其绝非只存在防御性的策略选择，即防御中应存在有效的进攻。确立这样的认识在当前国际社会态势中非常具有必要性，表现在获取社会舆论和文化形成的话语权与影响力问题上，就是在守雌的同时还要显示出雄起的实力，而不再仅仅表现出低姿态，这样的思维方式是对邓小平"韬光养晦"发展策略的时代性注脚。比如在对待日本的问题上，就需要改变社会舆论和文化的形成机制，确立在解决对日本诸多问题上的话语权和影响力，而不再只采取感化和怀柔的绥靖政策。在中美日"三角"关系之中，日本日益成为无足轻重的力量。从上述方面而言，"中美国"概念的提出也绝非没有道理。在当前东亚环境之中，日本在经济和科技等方面都还存在一定的实力，但这样实力的比较优势已逐渐地减弱，同时中国的国际地位正在逐步地上升，再过分地强化这样的绥靖政策，也并不见得就是幸事，这里还要考虑日本社会的文化特征。毕竟日本型文化的比较优势正在散失，但这样的文化与思想还在日本社会广泛地存在，并没有随日本二战的失败而消失，表现在日本社会就是存在浓烈反华制华的思想与行为。对于上述这样的现实情形，单纯地采取感化和怀柔的绥靖政策，难以获取预期的成效，关键还是要消除这样的文化赖以生成与发展的社会环境，这才是富有成效的策略选择路径。

但上述选择还是要以中国社会获取基础性的实力增长作为基石。从文化角度而言，不仅要获取在国际社会舆论和文化形成中的话语权和影响力，而且还要策略性地选择中国社会舆论和文化形成机制，并加速推进中国社会和文化教育的实践发展。为此，就必须采取一些相应的措施与步骤。主要体现在：一是放松社会舆论形成与发布的管制，推进媒体和出版机构的自由与职责权限，创造中国社会舆论和文化形成良好的环境与氛围；二是增强社会舆论和文化机构的实力与影响，在社会职责上赋予更多的舆论表达与自由权利，并承担起对政府和社会等事务进行深度分析、报道和监督的权力；三是扩展社会舆论和文化的作用与影响力，甚至对国际社会舆论和文化形成也产生更为深刻的作用，并逐步获取相应的话语权与影响力；四是推进社会舆论与文化机构扩展国际性的业务，做到在不断面向世界的同时步入走向世界的进程，不仅分析与报道中国社会的内部事务，而且还实地探察、分析与报道国际社会舆论和文化形成中的相关事务，承担起国内外社会舆论和文化发展中的中介职责。与此同时，还要不断推进中国社会和文化教育的实践发展，这是中国社会舆论和文化形成机制获取变革与发展的重要前提与条件，也可以说是凝聚推进力量的重要方法与步骤。

在上述方面，日本的经验与做法对中国存在吸收和借鉴的价值。毕竟日本社会和文化教育机构相当繁杂，而且存在明确的职责规制，构建了开展项目活动所具有激励性和示范性的运行机制，从而形成具有凝聚性和系统性的社会力量。比如，日本学校与其他教育机构形成了共生的关系，构建出相互依赖和促进的运行机制，重要的表现就是学校会主动与其他教育机构建立联系，积极组织学生由学校走向社会的实践发展，而不局限在学校褊狭的教育场域。与此同时，其他教育机构也存在这样的社会职责，即积极组织各种社会性的教育项目与活动，并主动与学校和社区建立必要的联系，组织学生和公民参与上述项目与活动，同时在开展过程之中提供各种设施和服务，从而有效地参与学校教育和社区发展。由上可知，日本学校与其他教育机构共同构成完整的大教育系统，并发挥凝聚性和系统性的教育效能。但中国还存在一定程度上的差距，主要表现为教育系统的构建尚未完善与发达，社会教育系统还呈现为薄弱的状态，学校与其他教育机构之间也缺乏必要的紧密联系，以致难以充分地发挥聚合性和系统性的教育功效，表现为学校教育局限于学校的场域，而社会和文化教育也难以充分地发挥社会性职能。从上述方面而言，中国应加速推进社会和文化教育的实践发展，并要不断地增强学校与其他教育机构之间的联系，建立相应的规制与机制，激发出系统性的社会力量，从而提升聚合性和系统性的教育效能。

第五，确立科教兴国和人力资源强国的战略，并作为学校教育、家庭教育与社会教育的核心价值目标。科教兴国和人力资源强国不仅仅是战略性的部署，而且还是系统性的工程。因此落实上述"两大"战略，要具有系统工程的思维模式与行动方向。

从思维模式角度来讲，要依据上述"两大"战略的根本要求，认清现代教育对社会发展所具有的重大影响与作用，以及由此对现代教育所提出的时代性要求，并构建出教育系统的发展体系与运行机制。包括如下多重内涵：一是认识与理解现代社会的发展阶段特征。现代社会并非人类社会固定和孤立的存在形式，而是在漫长发展进程中呈现出的发展形态。其中科学技术的发展阶段是人类社会发展与跃进的基本原动力，这是社会阶段划分理论所揭示的根本社会规律。无论是托夫勒"浪潮"理论还是马克思主义理论，虽然两者对人类社会发展阶段的分析基点存在差异，但却出现殊途同归的分析结论，即人类社会的发展阶段应以科学技术的发展阶段作为划分依据。由此看来，科学技术的阶段发展是人类社会出现阶段性跃进的根本标志。科教兴国和人力资源强国也正是从这样的社会理论研究结论出发提出的两大战略。二是确立构建现代教育系统的思想观念。现代社会的发展对教育变革提出时代性的要求，这就导致不能再以固定和孤立的思维模式，而是要以系统性的思维模式，指导现代教育的发展：首先，要树立现代教育系统发展的思想观念，要具有社会大系统战略性的宏观视野，而不能再就教育而讨论教育的问题；其次，要构建现代教育系统及其运作模式，体现出现代社会对教育存在的时代性要求。当前中国教育存在的问题就在于系统结构的设计方面，毕竟中国现代教育的发展起步较迟缓，只是鸦片战争之后才从传统教育转型而来，而且还浸染传统文化教育的浓烈烙印。最大问题是教育系统并不完善与发达，并且存在诸多设计上的缺陷与漏洞。况且新中国成立之后，出现意识形态上的破坏与干扰，比如封闭教会学校，以及"文革"摧残教育，而且还存在更深层次的思维与意识问题。换句话来讲，就是对教育的认识与理解尚存在缺位，关键是对教育的内涵存在认识和理解上的狭隘与偏向。说得更明白一点，就是偏重学校教育系统的构建，而忽视社会教育系统的构建，或把意识形态凌驾于教育的发展。正是长期存在这样的认识与理解状况，导致现代教育系统的构建出现认识与实践上的错位，也就难以形成完善和发达的现代教育系统结构体系及其运行机制。

从行动方向角度来讲，无论是社会人还是教育者，首先都应树立"教育是系统工程"的思想观念，关键是要在全社会范围内实现教育观念上的转变。这是思维模式上的终点，同时也是行动方向上的起点。在这样转变的前提与条件之下，才能实现行动方向上的根本变化。集中体现在：一是着力构建完善和发达的现代教育系统。其实在上述方面，日本给中国提供了重要的启示与借镜。现代教育系统的构建必须放眼于社会大系统，而不能仅仅局限于教育的狭隘概念与范畴。首先，要解决一些关键性的问题，比如教育是为了什么？问题看似简单，其实却相当复杂。按照经典的说法，就是培养人的活动。但现代教育日益成为服务社会的工具与手段。"全面发展"的概念也得到了丰富与扩充，不再仅仅是以人的全面发展为局限，而是广泛涉及对社会的系统适应与改造能力。教育的发展也不再仅仅是为了丰富人生和完善人格，而且还包括提升适应和改造社会的能力，甚至发展到直接服务于社会的发展，比如科学研究与应用的活动。其次，现代教育系统不再仅仅指学校教育系统，而且包括社会教育系统。中日在上述方面存在较大的差异，表现为日本已构建出完善和发达的大教育系统，其中包括学校教育系统和社会教育系统的结构体系与运行机制,但中国却明显存在教育系统发展的不均衡问题,即表现为学校教育系统已初具发展的规模,而社会教育系统却并不完善与发达,甚至可以说依然处在初级发展的阶段,并没有充分发挥社会教育系统的功能与作用。再次,要发挥教育系统的聚合社会功能,这是教育系统所具有社会功能的应尽之责。但中国现行教育系统的社会功能并没有获取充分的发挥,这里存在其本身还并不完善与发达的原因。主要表现在:社会教育系统的功能与作用尚未充分发挥;学校教育系统的社会功能出现社会性的扩张;学校教育系统与社会教育系统之间并没有形成机制性的联系;教育系统与社会大系统之间尚未形成具有聚合性和系统性的关系特征。因此,着力构建完善和发达的现代教育系统,是今后行动方向上的重要方面。

二是构建和形成具有现代大教育系统特征的规制与机制。在现行学校教育系统的构建背景中,难以构建形成具有大教育系统特征的规制与机制,这是确信无疑的事情。俗话说得好,皮之不存,毛将焉附?没有构建大教育系统,何以出现具有这样特征的规制与机制。由此看来,教育系统的改革与发展必须首先着眼于社会大系统的环境与氛围,构建出大教育系统,即构建出学校教育系统与社会教育系统并行,并赋予相互交叉、聚合和系统的社会职能,形成完善与发达的现代教育系统结构体系与运行机制。实质上,这是由战略转向政策层面,考察行动方向上的相关问题。政策属于中观层面的范畴,包括规制与机制等方面的问题。其实在上述方面,中日也还存在较大的差距。集中体现在:日本已构建符合大教育系统的规制与机制,确立在社会大系统中考察具体教育问题的思维模式,但中国却习惯于在学校教育系统狭隘的范畴之内,考察具体的教育问题,这是传统教育思维惯性导致的结果;日本已在大教育系统中构建完善和发达的具体教育规制与机制,对其教育系统的运行起到规范性的作用,同时还表现为社会大系统中的政策、制度和机制,但目前中国教育规制、制度和机制还很不完善,更谈不上提升到发达的程度,甚至在某些程度上还表现为浓厚的行政性色彩,残存着传统人治的文化与精神,对教育系统运行的作用也很有限,难以起到规范性的社会功效;在教育系统规制与机制建构方面,日本也已形成完整的运作体系,诸多机构承担了其中的社会职责，比如存在诸多教育评估与监督机构，但目前中国也还存在较大的差距，表现为社会组织较为缺乏，而且承担的社会功能很有限，甚至只扮演政府行政附庸角色，这就难以有效实现应肩负的社会功能。由此看来，现代教育系统规制与机制也并非僵化和固定的结构体系，必须定格在社会大系统之中，以及现代大教育系统之下，并在社会和教育系统运行之中逐步走向完善与发达。

三是落实到学校教育系统和社会教育系统的运行实践过程之中。科教兴国和人力资源强国两大战略的核心思想存在如下方面：首先，科学技术的进步与发展在现代教育和社会发展中具有重要的地位与作用，即实现科教兴国的战略发展目标；其次，要努力把人口数量转化为人力资源优势，即实现人力资源强国的战略发展目标。中国已具有实施系统工程的传统优势，比如很大程度上体育事业发展中的举国体制就是发挥了聚合性和系统性的社会功能。从上述方面来讲，中国对系统工程的概念并不陌生，并且这还正是社会制度赋予的比较优势。由此看来，现代教育系统的构建及其系统性社会职能的发挥也并非天外来客，而存在一定的社会基础与保障条件。实现科教兴国和人力资源强国的战略发展目标，也可以在现代教育系统的构建与运行之中获取与达成。这里也存在历史的实证：在新中国成立初期，中国面临西方列强的压制与威胁。先是以美国为主要，其中以朝鲜战争为标志，极力地压缩中国的发展空间，科技发展上更采取封锁的政策；后是以苏联为主要，其中以发动珍宝岛之战，以及撤走专家和催要贷款为标志，对中国科技的发展带来重大的影响与作用。在这样纷纭变幻的国际社会环境与氛围之中，中国政府采取集中力量办大事的发展策略，不仅获取原子弹与氢弹等科技成就，而且还积聚大批具有前沿科学研究能力的专家与学者，为科学技术的进一步发展奠定坚实的人才基础。应该说，上述历史过程是科教兴国和人力资源强国的最佳佐证。在当前国际社会情势之中，更为重要的依然是要将上述战略发展目标与教育系统运行的实践过程紧密地结合起来。具体表现在：转变教育观念，由知识传授过渡到倡导素质教育，甚至发展到"学力社会"，从而为实现上述两大战略发展目标奠定思想观念上的基础；加强学科课程的改革与发展，赋予学校和其他教育机构更多自主选择的权力，当然还包括赋予学生及其家长发展方向上的更多选择权力；强化教师的职业素质要求，建立规范化的教师职业认证制度，并提供教师更多进修提升专业技能的机会，引导教师主动和积极地改革与创新教育教学方法；建立日益完善的教育教学评估体系与机制，特别是要引导社会组织介入教育事业之中，承担起评估和监督的社会职责；完善教育教学的发展制度与机制，不断激发全社会关心教育的热情，并在教育系统内外形成支持与监督的力量。也就是说，虽然科教兴国和人力资源强国是社会大系统中的教育发展战略，但实现上述两大战略发展目标还是要从跬步开始，也就是要落实到学校教育系统和社会教育系统的运行实践过程。

第六，深化教育机构内部管理的改革与发展，形成具有自组织管理功能的体系与机制。学校和其他教育机构的内部管理问题已争议多年，但却进展缓慢并不时地呈现出反复，其实这是必然出现的发展轨迹。关键还是由于没有系统性的改革与发展措施。

当然，存在这样的事实依据：前些年，高校后勤社会化改革轰轰烈烈地展开，最终还是没有把学生的住宿安排到社会大环境，很多高校也只采取住宿收费的措施，但依然比社会租房要便宜很多，其实这是符合国情的做法。毕竟中国社会尚未全面实现小康水平，社会阶层收入存在较大的差距，低收入群体还占社会中的大多数。在这样的社会状况之下，若采取激进的措施，把学生住宿问题完全地推向社会，势必会造成部分学生因难以承受大学教育的费用而面临退学，何况由于还存在交通不便等社会原因，也难以充分保障学生能按时到校上课，以及开展其他学习项目与活动，又势必会影响到学校教育教学的质量与水平。另外，还存在另外的问题，即社会能否提供充足的宿舍供应，能否满足学生住宿的要求。其实这并非特别需要提及的问题，因为社会可以通过建设满足这样的需求，但这又将导致另外的社会问题，比如这种供给与需求关系能否最大限度上维护学生的利益？毕竟学生的社会经验还并不丰富，属于社会弱势群体，况且对学生利益的危害还对其成长造成不利的影响与作用，这也并非学校教育机构所能接受的状态。在当时中国社会中，还出现诸多大学城，就是将学生宿舍集中到大学城这样的小社会，通过市场化运营，但最终也并没能推广，毕竟这样的经营会给社会造成巨大的负担，比如学生的交通问题。因此高校后勤社会化改革推行不久，高校又逐步地恢复学生在校园或附近住宿的状态，虽然对学生收取一定额度的住宿费用，但这是学校财政制度的改革趋势，而并非上述后勤社会化改革的必然结果。毕竟高校收费已在全国展开，牵涉学费和住宿费等，甚至计算机和实验室的使用费用。

由上可知，深化教育机构内部管理的改革与发展，也并非一蹴而就的过程，肯定会出现诸多反复与挫折，这是必然的发展状态。但还是可以通过战略性和策略性的举措，逐步推进上述教育机构实现自组织管理，当然必须通过一定的制度与机制变革来实现。需要注意下述重点问题：一是要着眼于社会大系统的背景与环境。毕竟制度与机制的确立都不能离开社会因素的影响与作用，而且教育机构内部管理的改革与发展也难以脱离特定的社会环境与氛围，其中就包括国际和国内的社会条件。二是要考虑到大教育系统的特征。教育机构内部管理的改革与发展也并非只是教育机构的事情，而应视为整个教育系统中的事情，毕竟教育机构内部管理的改革与发展需要与特定社会环境中的大教育系统相适应，否则必定会出现系统性的问题，反而对教育机构内部管理的改革与发展产生不利的影响与作用。从制度与机制角度来讲，这样改革与发展出的制度和机制也难以获取持久性的影响与作用。三是要综合考察教育机构内部管理的现实状况。教育机构内部管理的改革与发展虽然经常呈现为某项特定的内容，比如学校人事制度和学生管理，但上述方面与学校整体的改革与发展存在紧密的联系，比如工资福利和教学管理制度。因此，教育机构内部管理的改革与发展必然是系统性的问题，在进行改革与发展之时必须具有系统的眼光和思维模式。只有这样，才能最终形成具有自组织管理功能的系统结构与运行机制，发挥聚合性和系统性的影响与作用，当然，这也为构建与这样的系统相适应的制度与机制创设了重要的前提条件。

在上述方面，日本已获取对中国的比较优势。主要体现在：第一，日本已构建符合社会大系统背景与环境的文部行政模式。日本文部省直接隶属于内阁管辖，社会职能涉及教育、文化、体育、科学与技术等领域，而不只是教育领域，更非只负责学校教育的事务。第二，日本已确立"学力社会"的教育理念。从上述理念的内涵可以看出，日本教育理念并非只着眼于个体人的发展，而是着眼于社会人的育成。因此，反映到具体的教育制度、政策和机制构建上，就是非常关注教育的社会性功能，而并非只考虑到受教育者的个人发展。比如高度重视团体性的教育项目与活动，培养受教育者的团体与组织人格；除了发展受教育者的智能之外，还高度重视受教育者的教养。当然上述方面的目标又是在社会大系统的背景与环境之中达成的。第三，日本已构建完善与发达的教育系统结构体系与运行机制。在上述教育系统和理念之下，日本教育机构注重与社会系统之间建立紧密的联系，并形成经常性和机制性的互动局面，即构建出完善与发达的教育系统结构体系与运行机制，比如社会组织和社区居民对教育机构进行有效的监督与评估，并给予教育机构社会性和地域性的扶助与支持。在教育系统结构体系与运行机制构建中，形成学校教育系统与社会教育系统并行，并由此形成一整套的管理制度和运行机制，对教育机构的内部管理产生深刻的影响与作用。第四，日本已建立完善和发达的教育机构内部管理制度与机制。日本教育制度与机制考虑到系统性的因素，因此具有科学性的特征，特别是日本教育机构的内部管理部门及其职能设置充分地考虑到社会大系统和教育系统中的诸种因素。比如学校教育系统存在学生见学、见习和修学旅行的制度，以及建立学校与社区之间互动联系的制度与机制；社会教育系统建立联系学生与居民的制度，存在面向学生开展课外社会教育项目与活动的机制，以及社会和文化教育机构与社区居民之间开展公民教育项目与活动的制度。正是存在教育系统内部及教育系统与社会大系统之间复杂、有序的管理制度与机制，日本教育机构的社会职能才获取充分的发挥，并产生出聚合性和系统性的社会影响与作用。

针对存在上述这样的现实情形，以及为应对日本的挑战，对日本的教育攻略就要强调确立与发展系统性的思维模式与思想观念，建立大教育系统，并由此确立系统性的教育管理制度与机制。但上述还只是宏观性和战略性的表达，以谋求在教育理念、模式、制度、政策和机制等方面的改革与发展，并逐步获取对日本教育上的比较优势。中国获取这样的比较优势，路途还很遥远。这里也存在显著的实证：中日教育研究存在明显的比较差异，即中国的国际教育研究存在诸多中日教育比较的研究成果，但日本的国际教育研究却明显表现出对中国的"无兴趣"，可以说乏见日本人的中日教育比较研究成果，较多为中国人用日文撰述的中国教育研究成果，而且日本实施国际教育研究课题时，多以美欧国家与地区为参照对象，而把中国排除在研究对象之外，当然日本私密地对中国的情报信息调研除外。上述科研现象的存在至少表明如下方面的问题：一是日本国际教育研究注重美欧国家与地区特别是美国教育的经验；二是日本并不认同中国教育研究的标准，也并不把对中国教育的研究置于极为重要的地位；三是日本对中国教育研究的主要信息渠道是中国人的研究成果，包括中国人以日文发表的研究成果，其中以在日游学生为主要，以及中国人的中日教育研究成果。中国游学生已成为日本收集中国教育和中日比较教育相关研究信息的重要来源渠道。这也与日本让中国游学生选择以中国教育或中日比较教育为研究课题存在紧密的关联，由此也反映出日本对中国教育情报的获取方式与途径。况且这样的谋略还为日本节省了人文社科的研究经费，无形中也就间接地增大日本对科技研究的投入，其实美军驻日也使日本获取同样的功效。上述方面已成为日本获取经济成长和科技发展的重要方式与途径。其中的某些经验值得中国吸收与借鉴，比如合理划分人文、社科与科技教育和研究的比重；强化人文社科教育和研究中的质与量关系；采取诸多间接的方式与途径，增加对科技教育和研究的投入。上述方面问题的处置方式与途径体现出战略性和策略性的考虑。由此看来，在上述方面，也还是要具有系统性的思维模式与思想观念，单一和片面的决策都会导致出现战略性与策略性的失误或问题。同时这也充分地表明，中日教育的发展还存在较大的差距。从现实性角度来讲，依然要促进中国教育机构内部管理的改革与发展，从而加速形成具有自组织管理功能的体系与机制。

第七，发挥教育机构教育与研究双重的社会功能，注重知识要素和情报信息在工作创新及功能发展中的重要地位与作用。从最为初等的幼儿园到最为高等的研究生院，任何教育机构都存在两种社会功能，即教育与研究。比如，幼儿园看上去只承担有教育孩童的社会责任，其实教育教学中必须去研究儿童和教学，这样才是作为教育机构的幼儿园。教养教育在幼儿园的日常工作中极为重要，而这样的教育也并不存在僵化和固定的模式，针对不同的教育对象，更应采取有差异的教育方法，上述方面必须依靠研究来实现。当前中国经常把大学划分为不同的类别，比如研究型大学、研究教学型大学、教学研究型大学和教学型大学，甚至职业型大学。上述分类都并非绝对科学的划分方法，或者说是以大学工作内容权重为划分标准。但这样的划分却导致教育理论出现思维上的错乱，即除了研究型大学之外，似乎其他类型大学都把研究置于次要或不重要的地位，其实这样的认识是严重的误解。再比如社会和文化教育机构。在社会人的视线之中，这种类型的教育机构主要承担社会和文化教育的社会职能，科学研究似乎并非主要的社会职责，其实这也是现实的误解，应该说也是对上述机构社会职能的褊狭认识与理解。上述教育机构不仅具有从事社会和文化教育的职能，而且还具有科学研究的职责，其中包括文化研究、社会教育研究、地域社会研究，以及其他广泛研究的范畴。当然，上述教育机构在研究对象的选择上还会存在一定的地域特色，这也是可以想象的事实状态。其实日本诸多社会和文化教育机构充分承担了这样的社会功能，成为日本教育和社会系统中的重要组成部分，承担着极为重要的社会功能与任务。对于不同类型的教育机构，这样社会功能与任务的具体内涵也存在差异性的特征，比如幼儿园与大学之间，以及在文化馆与公民馆之间，就具体社会功能而言，就存在显著的不同，这在日本社会中存在明显的呈现。但无论在具体社会功能上存在何种差异，其所具有教育与研究的社会功能却是共同的概括。但中国社会往往存在偏狭的认识与理解，甚至会反映到具体的管理制度、政策和机制之中，这势必会对现实的实践行为产生误导性的深刻影响与作用，比如诸多非研究型大学就会出现"重教学"和"轻科研"的状况。这样的实践失误来源于对大学具体社会功能所存在认识与理解上的误区。由此看来，确立教育机构所具有教育与研究双重的社会功能，在理论与实践上都具有重要的现实价值与意义。

发挥教育机构教育与研究双重的社会功能，需要系统性制度、政策和机制上的充分保障。日本在上述方面的经验值得考量与借鉴。日本学校教育机构普遍存在注重教育与研究的结合，并由此建立一系列的制度、政策和机制。比如，由文部省组织，大学和中小学共同参与一些教育研究活动，每年还评选优秀学术论文，颁发各种名目的奖项。在学校金融教育方面，文部科学省、东京学艺大学和一些中小学就联合举办相关学术研讨会，其间分发多份教育研究成果。参与者包括文部省官员，主要负责学校金融教育的管理；大学研究人员，主要提供教育理论的支持，以及相关项目计划的理论研究与调查分析；中小学校长和专任教师，主要进行实践经验的分析与概括，提出相关的难点与问题。通过三方共同分析与研究，获取改进与发展学校金融教育的初步方案。通过多轮回的调研、分析与探究，特别是经历多次政策、理论与实践上的碰撞与融合，日本学校金融教育制度、政策与机制才日趋完善。上述事例充分地表明，知识要素与情报信息在教育机构实现工作创新及功能发展中具有特别重要的地位与作用，其基础当然还是教育机构所要注重教育与研究双重的社会功能。主要的理由在于：第一，知识要素是实现目标的基础。这里的知识要素主要是指人的因素，最为重要的是教育系统中的相关人员，比如教育行政、研究和管理人员；第二，情报信息是实现目标的重要保障，包括前期相关的研究与实践成果。最为重要的还是教育和研究项目活动的参与人员所获取最新的相关研究成果，并在政策、理论与实践上形成能产生融合与碰撞的机制，最终形成有针对性和一致性的研究结论，以及在教育实践中不断地获取有效的应用。

但中国却显然存在一些差距，比如中小学在参与研究上，缺乏思想性与观念性的社会氛围，以及制度与机制的保障条件，更多的呈现为问题和课题的研究过程，并没有在观念、制度、政策、理论和实践上达成融合与碰撞，以至降低这样研究的实践成效，对教育机构实现相关教育目标的社会功能也存在局限，并且还难以产生广泛的社会影响与作用。因此，中国亟须转变教育和社会管理的思想观念，以及在相关制度、政策、规制和机制上进行必要的改革与发展。主要集中在：一是要改革现行教育和社会系统的管理观念，倡导民主、平等的教育和社会管理模式。中国的官僚传统具有封建时代的专制性特征，强调社会等级在现实生活中的秩序，这已融入中国社会和文化观念，并成为教育和社会管理观念模式的重要内涵。上述这样情形导致的最终结果就是形成等级分明的社会秩序，比如教育部门行政官员、大学行政与研究人员、中小学校长与研究人员等，诸多社会人群之间潜意识地划分为不同的社会等级，并对教育研究的结果产生较大的影响与作用，甚至某些现有教育制度、政策和机制及领导者讲话，都会对教育研究的过程产生极强制约性的影响与作用。上述的表现充分地表明，倡导民主、平等的教育和社会管理观念存在重要的价值与意义。二是要重新关注、弘扬知识与人才在教育和社会系统中的地位与作用，营造尊重知识与人才的现实社会环境。知识与人才是社会生产和生活中最为关键性的因素，其中知识要素体现为科技、人文和社科等，关键还是科技知识的因素；人才集中体现为通识性的人才资源，但核心还是科技人才。在上述认识与理解之中，最为关键的还是科技因素，这是由人类社会的发展阶段标准所决定的。无论是托夫勒"浪潮"理论还是马克思主义社会阶段理论，都是将科学技术的发展阶段作为最终划分标准，只是存在思维出发点上的差异。前者把人类社会划分为农业社会、工业社会和信息社会等发展阶段，明确地以科学技术的发展阶段作为标准；后者则依据生产力与生产关系之间存在的联系因素，把人类社会划分为原始社会、奴隶社会、封建社会、资本主义社会、社会主义和共产主义社会。二者最终的归因还是生产力因素，即生产力决定生产关系，但生产力却是以生产工具的改进与发展为标准，然而生产工具则集中体现为科学技术的发展阶段。因此马克思指出"科学也是生产力"；邓小平则进一步地提出"科学技术是第一生产力"。由此可知，知识与人才在教育和社会系统中具有极为重要的地位与作用，必须着力营造尊重知识和人才的现实氛围与社会环境。三是要改变传统上过分地注重知识教育和研究的痼习，引导教育与研究面向现实社会的实践过程。传统上关注知识教育与研究，忽视现实社会的实践过程，这样的情形对现代教育与研究的发展存在阻碍性的影响与作用。长期处于人类社会发展阶段的比较优势之中，这样的传统缺陷并没有明显地呈现出来。随着近代以来中国在人类社会发展阶段中的比较优势逐渐地丧失，这样的传统局限也逐步表现出来，并日益成为现代社会、教育和研究发展的沉重压力与严重障碍。但这样的传统缺陷已成为中国文化和教育的组成部分，因此也就存在社会心理与思维模式上的惯性影响与作用，不但难以轻易消除这样的传统缺陷，而且还对现代社会心理与思维模式的确立产生诸多负面的影响与作用，难以引导社会走向更加注重现实社会的实践过程，并充分体现在现代教育与研究之中。其结局就会对中国社会的发展和中华民族的崛起产生阻滞性的影响与作用，而且这不仅仅就是这样社会心理与思维模式造成的负面影响与作用，还包括由其所引起诸多制度、政策、规制和机制等方面的局限与制约，从而形成系统性的阻碍力量。因此，在缩减与日本之间的差距时，要努力引导中国教育和研究面向现实社会的实践过程，并力求逐步形成符合现代社会特征的教育与研究文化，从而推进中国社会的复兴与中华民族的崛起。

对教育与研究机构而言，还要特别注重情报信息在工作创新与功能发展中极端重要的地位与作用。在日本教育与研究机构之中，最为深刻的印象就是对情报信息的关注，即比较重视收集、分析与研究科研上的信息，特别是其他国家的相关信息。这样的表达还并非对日本注重情报信息的完整描述。日本社会存在诸多专门收集、分析与研究其他国家相关情报信息的机构或相关附属机构，其中就包括教育与研究机构，而且上述机构在社会职责上存在明确的分工，比如针对中国专门科研情报信息的机构。上述机构通常会招聘中国职员或兼职游学生，专门对中国相关情报信息进行收集、分析与研究。但中国人只从事初级信息数据的收集与分析，最终的研究报告则完全掌握在日本研究者的手中。在对待中国相关情报信息问题上，日本还存在系统性的业务分工，具体表现在很少专门以中国为参照对象进行国际比较研究，比如会选择美国、加拿大、澳大利亚和西欧诸国，或其他发展中的国家。但这也并不是说，日本就不重视对中国相关情报信息的收集、分析与研究，其实日本特别重视对中国的情报信息工作，甚至情报部门设置中国"二科"，增强对中国相关情报信息的搜集与分析能力。实际上，日本已形成针对中国相关情报信息的收集、分析与研究网络系统，获取在东亚情报信息中心的重要地位，并在社会大系统中发挥着聚合性和系统性的影响与作用，成为日本获取综合性比较优势环节的重要组成部分。鉴于存在上述这样的事实，中国需要进一步地增强情报信息的收集、分析与研究能力，特别是要在教育和社会大系统环境中建立起一整套的制度、政策、规制和机制，甚至力求形成有利于情报信息收集、分析和研究的社会环境与文化氛围，从而最大限度上地加强对美日欧诸国及其他国家与地区的相关情报信息工作。这里还要提及的是，在很多情形下，日本研究者习惯于吸收与借鉴中国人的中日比较研究成果，而不习惯于在公开场合发布日本人的中日比较研究成果，特别是敏感性的中日比较研究成果。这里存在情报信息中的策略性选择问题，也值得给予深刻认识与特别关注。上述诸多陈述表明，在教育与研究机构的工作创新和功能发展中，情报信息具有特别重要的地位与作用。

中国对日攻略的最高境界就是达成文化攻略上的现实成效，并由此获取对日本聚合性和系统性的比较优势。但这样攻略的目标实现还要取决于其他攻略的有效程度，以及由此所产生综合性的震慑力量，此即日本社会所经常提及中国对日本的威胁。在上述方面，中国存在成功与不成功的典型事例：

成功事例：最为显著的就是在明治维新之前，特别是唐代中华文化，对日本存在巨大的社会影响与作用。中国在盛唐时期，虽然没有像元代那样，采取积极进取的国土扩张政策，但盛唐中华文化却在东亚甚至全世界范围产生重大的社会影响与作用，特别是对日本传统文化的形成与发展起到特别重大的影响与作用，以致现今日本社会还存在盛唐中华文化的诸多痕迹，比如和服与礼仪等。正是在盛唐时期，中华文化渗入日本社会的深层，可以说此时中华文化已征服日本列岛，甚至达到社会制度的层面，日本广泛采用盛唐中国的社会制度，比如租庸调制度等。从实质角度来讲，在盛唐中国时期，日本已成为"大中华文化圈"的重要组成部分，而不仅仅是影响与作用波及的地域。在上述特殊的历史阶段，日中两国存在紧密的联系，存在多种沟通方式，比如派遣游学生、游学僧；奉行遣使朝贡制度，以及进行繁忙的商贸往来。其实盛唐中国成为了日本社会中的文明偶像,这也足见中华文化对日本社会和文化的影响与作用深度。可是盛唐中国虽然存在成功的文化攻略,但却缺乏成功的军事攻略,应该说这是历史的缺憾。当然这也是必然的历史结局,毕竟中华文化具有极强的保守与人性成分,难以做出进取性的社会决策,因此出现上述这样的情形,也是可以预见的。但元代中国却奉行进取性的社会决策,原因在于中国元代的建立者是北方的少数民族。但中国盛唐则与上述这样的情形完全不同,中华文化的影响与作用可谓泽披四海之外,但在领土扩张上则表现得很谨慎,甚至没有对近邻朝鲜半岛采取隋代的进取政策,更不用说对日本施加政治和军事上的影响与作用。这是中国对日本施加文化影响与作用的重要阶段,但历史影响与作用也存在局限,主要是处于日本本土文化的主导之下,以至明治维新之后出现日本文化的本土化发展,最终产生日本型文化,这里存在深刻的历史教训。

不成功事例:最为显著的是在明治维新之后,日本型文化获取形成与发展,以及由此导致近现代以来日本对中国所秉持反华制华的社会与文化态度。文化正如宗教,属于上层建筑的范畴。由此看来,虽然世界各国之间存在不同的认识与理解,比如西方国家把宗教归入文化的范畴,现今日本把文化建立在宗教的基础之上,但对文化的态度具有基本的认同,即文化也是由经济基础所决定的上层建筑。从上述马克思主义的基本观点出发,就可以观察和分析明治维新之后日本型文化形成与发展的本质成因。毕竟此时日本社会和经济获取巨大的发展,并伴随奉行的殖民和侵略政策,积累大量的社会财富。在上述这样的经济基础之上,日本文化逐步增强本土化特色,也就出现外来文化影响与作用的日渐削弱,这里主要还是指中华文化的传统因素。但日本对华文化攻略却借助近代西方先进文化的"矛",主要是西方科技文化,而并非直接以日本本土文化的"矛",此即"脱亚入欧"的策略。实质上而言,此时日本文化还是以本土化为主要,而并非以西方文化为特色。但日本却抓住社会和文化发展中的根本要素,即科学技术的要素,并采取本土化的策略,即把西方科技成就转化为日本社会的发展动力,并形成大批具有日本创新特色的科技成果。由此看来,日本在明治时期奉行的"脱亚入欧"

政策也只是虚像，实质上则是日本社会和文化的本土化。但日本型文化的形成与发展却是以中华文化为"盾"的过程，无论是日本文化的本土化发展，还是采取"脱亚入欧"政策，以吸纳近代西方先进文化，特别是西方科技文化，中华文化都是处于"盾"的位置，在日本社会成为受到攻击的对象，这才是日本型文化形成与发展的过程实像。由此看来，伴随日本型文化的形成与发展过程，日本社会存在反华制华的思想与意识是客观的现实过程。因此可以说，日本型文化的实质就是"去中国化"，即消除中华文化的影响与作用过程。现实日本社会仍然存在诸多反华制华的思想与行为，这并非偶然性的社会事实，而是必然性的文化现象。但中国对日本这样的文化现象还并没有深刻的认识与理解，相反却出现崇日的社会现象，这是现实中国的社会和文化问题。中国政府采取宽容和怀柔的绥靖政策，也是导致出现上述这样社会和文化现象的重要成因，但这无形中也就更为助长日本反华制华的社会思想与意识，甚至发展成为现实日本社会的具体行为，这对中国社会的稳定与发展存在诸多负面的影响与作用。由此看来，明治维新之后乃至现今，中国对日文化攻略还存在一些不成功之处，值得特别给予关注并须予以纠正，从而避免延续这样对中国社会和文化发展存在不利的事例。

　　文化攻略的价值与意义还不止存在于实施"嫦娥计划"的过程，即在中国对日本实施应对战略与策略的范畴之内，而且它还具有国际性和地域性的鲜明特征。毕竟中华文化是具有国际影响与作用的文化形态，具有悠久的历史和持续的影响与作用。因此，消融日本型文化，还具有在东亚和世界范围的社会价值与意义。

　　第一，日本已成为东亚乃至全世界的不稳定因素，根源就在于日本型文化的形成与发展。明治维新之后，日本型文化逐步形成并获取极大发展，当然这是与日本经济实力和国际地位的提升存在紧密的关系，但这也正印证马克思主义关于"经济基础决定上层建筑"的基本原理。日本型文化的形成与发展过程就是日本殖民和侵略政策的贯彻与实施过程，也是日本军国主义盛行和"大日本帝国"横行的过程。从上述过程可以看出，明治维新之后，日本成为东亚乃至全世界的不稳定因素，发动侵华战争和太平洋战争，正是这样因素影响与作用的必然结果。但剖析这样情形出现的成因，还是要从日本型文化的本质特征入手。毕竟日本型文化决定日本社会的发展趋向，包括日本社会的理念、制度、政策、规制和机制。从社会理念角度来讲，明治维新以来，日本逐步确立"八纮一宇"的社会理念，还建有宏伟的"八纮一宇塔"，这是明治日本上述社会理念形成与发展的重要标志。在上述这样社会理念的指导之下，日本型文化的本土化特色逐步扩展开来，日本诸多社会政策与计划都是由上述社会理念引发而来。从制度政策角度来讲，明治日本实现资本主义的社会转型，建立资本主义制度，但它是通过"脱亚入欧"政策思想而达成的结果，并确立殖民和侵略的扩张政策，即"大陆政策"，以及倡导并实践所谓"大东亚共荣圈"的构想。其实明治维新之后，日本社会的发展过程就是围绕着上述这样的制度与政策而展开的"活剧"，这对包括中国在内东亚乃至美国等西方国家的近代发展都产生巨大的影响与作用。从实践机制角度来讲，日本遵循上述的社会理念、制度和政策，强调军国化特色，无论是由"征韩论"引发的"西南战争"，还是侵占中国东北地区乃至发动全面侵华战争，甚至奇袭位于夏威夷的珍珠港，都是建立在这样理念、制度和政策的基础之上，并通过特定的实践机制来实现其设定的目标，即由此建立一系列的内外战略、计划与策略，并不断地付诸实施，最终妄图实现既定的社会目标。由上可见，日本型文化的形成与发展是明治维新以来日本所造成东亚乃至全世界不稳定的社会根源。

第二，日本型文化的形成与发展就是强化本土化特色的过程。无论从中国化还是西方化特色来讲，传统日本文化都属于边缘和次属的国际地位。前面已有论述，在明治初期，传统日本文化主要体现为如下基本特征，即本土化、中国化和西方化，而日本型文化的主要特征就是强化本土化特色，并以西方化的策略达成"去中国化"的目标。由此看来，虽然传统日本文化可以称为"杂种"文化，但这样的文化存在主客之分，其中本土化是主体，中国化和西方化是客体，而且采取极为特殊的方式，将中国化和西方化的特色，逐步转化为具有本土特征的成分，即实现本土化的发展过程。在明治维新时期，借助本土化特色的强化，日本型文化获取形成与发展，同时借助实施

"脱亚入欧"政策，实现以西方化对抗中国化的目标，并促使日趋于凸显本土化特色。其实，并非在明治维新之后，日本才出现上述这样的文化发展策略。在日本传统文化的发展过程之中，也存在上述这样的本土化事例，比如日本对待佛教文化的态度。佛教文化传入日本列岛为时已久，主要是经由中国和朝鲜的"半岛之桥"，但传入日本列岛之后，已不再是东亚大陆传统意义上的佛教文化。日本佛教文化与武士道文化紧密地结合起来，即出现佛教文化的武士道化，乃至日本社会的和尚和尼姑可以过上世俗人的生活，比如结婚生子。明治维新之后，日本佛教寺庙出现"神社化"的发展，即佛教文化遭受到日本神道教的深刻影响与作用，这就鲜明地表现出日趋本土化的发展特色。上述日本佛教文化的"神社化"发展就是显著的事例。但最为显著的还是日本"国家神道化"的发展过程，这是本土化特色最为鲜明的标志。由此看来，日本型文化的发展过程与本土化的特色存在紧密的联系，此后无论是中国化还是西方化都成为了途径、策略与手段，在日本社会中都处于边缘和次属的地位。但即便是在这样的文化状态之中，"去中国化"还是日本型文化发展的重要目标。无论是本土化特色的强化，还是西方化特色的增强，主要还是以"去中国化"为主要目标，结局就是本土化特色因中国化的削弱而彰显，西方化特色也因中国化的削弱而增强，但同时出现西方化逐步呈现为本土化的发展趋势。但明治维新以来，日本型文化的本土化实质上就是"军国化"的发展过程，这是由本土化的实质内涵所决定的，主要体现为神道教、天皇制度和武士道等组成部分，甚至发展到"国家神道化"、天皇"人神化"，以及"军国主义化"，上述这样的发展必然导致趋向于发动侵略战争。毕竟日本型文化的本质特色决定日本具有进取性的领土扩张精神，这对东亚乃至全世界都是潜在的文化冲击和社会威胁。明治维新之后，日本成为东亚乃至世界的战争策源地，也就存在了其文化上的根源与依据。

第三，消除日本型文化的本土化特色，特别是其中反华制华的思想与意识，以便为中华文化的延续和发展创设更为有利的国际环境与氛围。日本型文化的显著特点就是本土化特色，集中的表现就在于反华制华的思想与意识，存在诸多值得分析的社会理论和实证事例。从社会理论角度来讲，日本型文化的形成与发展是以明治时期最为显著,大正时代和昭和时代也获取新的发展,标志就是由文化理论到社会行为的转变。这也验证了"没有理论就没有实践",以及"没有理论指导就没有行为方向"这样的哲学观点。日本型文化起到了这样的理论指导价值与作用。毕竟日本型文化的本土化过程就是日本社会理论的发展与变化,并对其社会行为产生深刻的影响与作用,比如"神道国家化"、天皇"人神化"和"军国主义化",其实就是其本土化特色指导之下的社会理论形式,并对明治维新之后日本实施"大陆政策",以及出现在东亚的侵略和殖民行径,都产生了深刻的影响,体现出这样的思想理论对社会实践所产生指导性的作用。本土化特色的形成与发展最为集中的就是伴随的"去中国化"成分,在某种程度上也可以说是"去东亚化"的发展过程。毕竟明治维新之后,日本就奉行"脱亚入欧"的政策。从本土化特色的形成与发展过程来讲,主要存在如下的路径与做法:一是直接攻击中华文化,比如"支那"之类的汉字选取,以及发表抨击中华文化的相关言论。明治维新之后,这样的行径与做法表现得很普遍。二是采取"脱亚入欧"的政策,借助增强西方化特色来削弱"中国化"特色,同时对上述两种特色进行本土化的过程。三是强化本土化的特色,并上升至社会理论的层面,即由文化思想转化为社会理论,并指导社会政策及其行为,这就是日本社会所存在反华制华思想、意识与行为的深层社会根源。虽然日本经历侵华战争和太平洋战争的失败,但战后并没有在社会和文化层面上进行系统清理,特别是没有对日本型文化的本土化特色进行必要纠正,以致明治维新以来还存在浓烈的"右翼"思想与意识,依然如同幽灵般,在日本社会熠动。比如靖国神社前的皇军装扮;在报纸杂志和图文书籍中,为明治维新以来日本的殖民和侵略行径翻案;否认存在南京大屠杀等重大的非人道事件。上述社会现象的存在就清晰地表明,日本型文化的内在精神在日本社会依然特别存在"市场",最为显著的是以本土化特色呈现出来,集中体现为存在浓烈反华制华的思想、意识与行为,这已对中华文化的延续与发展产生重大的潜在与现实威胁。消融日本型文化的关键,就是要消除其中反华制华的思想与意识。当前中华文化的延续与发展在东亚和全世界都具有深刻的影响与作用。由此看来，消融日本型文化，特别是其中反华制华的思想与意识，在东亚和全世界都具有极为重要的价值与意义。

二 网络攻略：嫦娥计划内涵的时代发展

除了上述五大攻略之外，现代信息社会还需要特别强调网络攻略的重要价值与意义。所谓网络攻略，本质上就是获取情报信息与掌控网络系统的攻略。获取情报信息部分的内容前面已有过陈述，但掌控网络系统部分的内容却涉猎较少。掌控网络系统的攻略，在现代信息社会又日益显示出重要性，因此也就存在赘述的必要。

第一，在现代信息社会之中，网络系统关乎社会发展与民族进步的全部领域，应着力去解决这样情报信息安全所受外部威胁的重要问题。在全球外交事务中，互联网的问题已不再是可有可无的事情。网络系统相对发达的西方国家经常会通过互联网的问题干涉其他国家的内政，比如向其他发展中国家提出开放互联网的问题。互联网开放之后，情报信息就会增多，但同时也带进不少非正常的情报信息，特别是意识形态存在差别的国家或民族之间，往往会出现意识形态的矛盾与斗争，这也是西方对其他国家所推行和平演变策略中的重要环节，比如美国就谷歌事件向中国提出互联网开放的问题。互联网开放还并非只存在上述相关的问题。毕竟互联网开放意味着国家和社会的全部领域，都向世界公开了情报信息，若存在保密制度尚未完善的情形，或其他国家的网络情报机关渗透进来，则极有可能造成巨大的社会影响与作用，甚至会出现战略性的误判，导致出现诸多严重的国际和社会问题。也就是说，互联网开放将极有可能会导致出现情报信息的安全问题，给外部威胁提供重要的途径和渠道，甚至创设重要的舆论和行动平台。在网络系统尚不发达的历史阶段，情报信息是依靠传统间谍的手段来完成的。但除了这样传统情报信息的收集与处理方式之外，在现代信息时代还增添了现代技术操作的方式，即通过网络系统的方式获取情报信息，以及通过掌控这样的系统，干预其他国家的政府决策与社会政策，甚至对其他国家和民族的发展也产生重要的影响与作用。由上可见，现代网络系统的安全存在极端的重要性。

第二，现代战争已形成立体战的格局，网络战已不再是具有纯粹色彩的虚拟战争，它已成为现代战争的重要组成部分。在现代战争中，传统的单纯正面冲突必将成为往事，代之而起的是立体战的格局，这将是毫无疑义的。比如美国等西方国家在伊拉克战争中就采用了立体战，即太空有卫星侦察，低空有飞机轰炸，地面有部队机动，海上还有航母和军舰游弋。贯穿其中的还存在一项重要的工作，即情报信息的收集、整理、分析与探究。传统的方式就是通过线人和间谍的活动，这样的方式在现代战争中也依然广泛地使用。但掌控网络系统的方式，却已逐步成为重要的手段与方式。其中存在诸多方面的内涵：收集、整理与分析对方的情报信息，并探究出对方的虚实；扰乱对方的网络系统，甚至影响与作用于对方的决策；保护己方的情报信息安全，维护与保障己方的网络系统功能；采取用间的方式，增强己方的反情报能力。从网络系统功能角度来讲，还存在协调和指挥的功能。比如，在地面接收卫星信息的网络系统，就承担着这样技术性的中介功能，从而为战争决策者提供情报信息的咨询与参照。网络战早已纳入现代战备的视野，美国甚至成立网络司令部。从上述角度来讲，掌控网络系统就日渐显示出极端重要的价值与意义。因此可以说，网络系统与情报信息之间存在天然的联系，网络系统已成为现代情报信息的重要屏障，掌控网络系统已成为现代战争的生命线。

其实网络战早已开始，这是信息时代技术进步与发展的必然产物。因此在大量应用其他国家的信息产品时，要关注是否存在或导致出现情报信息安全问题，比如美国谷歌地图和微软产品。从上述方面来讲，中国政府控制互联网，存在正当的性质，并不存在不合理之处。日本早就对中国展开网络战，而且已影响与作用在中国社会的深层。这并非耸人听闻的事情，也并非想采取这样的方式，赢取对上述观点的认同。日本对中国展开的网络战存在如下具体的方式：一是日本社会设有对中国网络情报信息进行收集、整理、分析与探究的机构。实际上，日本已成为情报信息的中心，重要的面向就是针对中国社会的诸多领域，比如政治、经济、金融、社会、文化和教育等。上述机构甚至还招聘中国游学生兼职，主要就是利用游学生在中文语言上的优势，通过网络系统来搜集、整理、分析和探究中国的相关情报信息。当然，主要的组织、管理与研究人员还是日本人。二是在华相关公司和企业部门，甚至民间人士，通过特设机构收集相关的情报信息，并依据自身的优势情形，进行初步整理、分析与探究，或直接提交日本国内的相关机构，从而形成情报信息的交流系统。就上述问题曾经与长期在日游学生进行过深刻的交流。其中就谈到这样的事情：在研究中国的相关问题时，急需中国还处于征求意见阶段的内部材料，在向中国相关部门求助未果的情况下，转而向日本相关机构求取，却迅速获取了这样的资料。上述事例就证明，日本对中国情报信息具有强大的收集能力。三是日本对中国存在反情报的战略与策略，不但导致日本对西方相关的研究处于前沿的发展阶段，而且还导致中国对日本的认识与理解处在相对滞后的状态。除了传统文化与文学之类存在中日比较研究之外，日本人很少着力在关键领域，比如金融、经济、科技和教育，做中日之间的比较研究，并且在进行国际比较研究时，甚至不把中国列为比较研究的对象。日本社会发表的中日比较研究成果，作者主要由中国游学生、访学者和会日语的学者构成。国际上也有对中日比较研究感兴趣的人士，以及部分的日本研究者，但上述两部分的人数显然很少，这并非偶发性的学术现象，而是存在战略性与策略性考虑。上述日本机构所承担对中国的情报信息功能，就是显著的实证。但这又只是日本社会的虚像，在此暂不赘述。在世界处于相对和平的发展时期，上述情报信息还只适用于作为研究型的资料，但一旦进入战争这样的特殊时期，这样的情报信息系统就会为日本的战争决策提供有利的咨询与参考。由上可知，网络系统的效能发挥还是要与传统的方式进行配合，日本就在此方面做出了典范。网络战已在国际社会生活普遍地存在。在网络系统中，甚至在不经意间，就可能存在泄密的风险。现在大量的机密都在网络系统成为公开的情报信息，并为对方充分地利用。由此看来，网络战是当代情报信息重要的来源途径与渠道。

经常会看到中国网络黑客的相关报道，其实这是美日等西方国家舆论宣传的手段与做法，只是贼喊捉贼的传统伎俩，并非制造国际舆论的高明策略。毕竟，事实并非就是这样。相反，日本已建成情报信息的中心，美国更宣称已建立网络司令部，这与所谓中国网络黑客的报道相比，可谓有过之而无不及，因此上述西方国家也就大可不必担心存在所谓中国网络威胁的问题。但这样的情形却从另外方面反映出掌控网络系统存在极端的必要性。以日本为例，其对华情报信息的收集、整理、分析与探究已发展到可谓登峰造极的地步，不仅设置中国"二科"之类的国家机构，存在大量针对中国情报信息的内外部其他机构，而且还通过掌控网络系统来获取比较优势，甚至还充分利用中国人的作用。这里存在中国人需要深刻反思与省察之处。在东京访学期间，注重在日本社会中收集一些研究资料，发现其中大量存在中国人出版的日文版著述，甚至在中国都没有正式出版，这样学术现象的存在值得中国政府和社会进行深刻的反省，扪心询问是否存在诸如学术出版制度上的问题。在网络系统中，这样的现象就更为严重，大量的学术情报信息就是这样流失到其他国家，这是国民智慧的严重浪费。除了学术出版方面，在金融、经济、商业和教育等现实层面上，是否也存在这样的情形？答案自然是肯定的。就日本对华网络攻略而言，掌控网络系统就是日本针对中国现状所采取的战略与策略，并且还会存在网络用间的做法，这也是日本针对中国的常用手段，比如利用汉字的选取，引导中国社会的民意与舆论。前面已列举过相关的事例，比如"愤青"一词。"愤青"一词首先存在于网络系统，难以弄清其最终的来源，但也存在这样的可能，即日本网络用间的手法，目的就是借助网络舆论的力量，打击具有国家主义和民族主义精神的中国青年，特别是存在反日思想的中国青年。这样的可能存在实证的必要。但这也充分地表明，掌控网络系统具有重要的利害关系。

针对日本开展对华的网络战，以及掌控网络系统的现状，中国也应提出应对性的战略与策略，这就是提出对日本网络攻略的重要前提与社会条件。网络攻略与文化攻略存在系统上的一致性特征，只是网络攻略是技术性的系统手段，而文化攻略则是知识性的系统手段。在现代信息社会，可以把知识性与技术性的手段结合起来。现时日本对华的诸多策略都存在这样结合的特征。针对现在日本对华网络战的特征，必须提出中国对日本的网络攻略，并且应保持应对性、主体性和有效性的特征。

第一，鼓励政府和民间设置针对日本的研究机构，但必须确保具有自主与独立的品质，关键不应存在日本资金和设施等支持的国际背景，以确保研究成果具有专业和主体的特质，这是网络攻略中的重要条件。在中国大学和科研机构中，也存在日本研究所之类的机构，但不仅数量有限而且还存在深刻的日本背景。主要体现在：

一是在日本提供资金和设施资助情况下创设的机构。比如北京某大学的日本研究所就是在日本时任首相竹下登的支持下创建的。日本这样的做法很普遍，比如在医疗领域，日本资助建设中日友好医院之类的社会设施。在社会性公园和抗日纪念设施等领域，日本也习惯性地采取种植樱树、捐赠旧物，以及建设友好设施等做法，借以留下日本倾力和平与反省历史的印象，实质目的则在于转换中国人的憎日和反日思想，应该说是日本对华的社会与文化攻略。战时也存在鲜明的反映，比如在抗日战争时期，存在日本人的反战成分，以及在中国内战时期，存在日本人支持"倒蒋"的力量，甚至在中国不同的历史阶段，也存在支持中国人进步势力的诸多举动。日本这样的做法也并不令人感到奇怪。毕竟即使这是日本社会的一股势力，也绝不会成为主导的力量，这是由日本主体意识决定的，甚至上述作为也依然是为实现其战略与策略目标的重要组成部分。何况，日本型文化的本质就在于本土化特色，集中体现为"去中国化"，这是日本社会难以获取改变的文化环境与社会氛围。若中国以此作为政府决策和社会舆情的依据，长期为日本这样的力量和作为所牵引、制约与羁绊，则肯定会造成社会性的误导与战略性的差谬。在资助中国的上述日本研究设施问题上，日本也存在战略性与策略性考虑，主要是对中国的日本研究倾向产生一定的影响与作用，甚至通过投资建设这样的机构，为日本更深层次地认识与了解中日之间的诸多问题提供必要的路径与渠道。

二是加强与中国上述研究机构之间的互动与交流，影响与作用于上述机构及其人员的研究性向。这样互动与交流的手段存在如下两方面：首先是项目推动，即通过设置中日合作研究项目，在通常情形之下都是日方提供研究资金，引导这样的课题研究朝向对日本有利的方向发展，或对日方的诚意所感动，这是日本影响与作用于上述机构和研究人员的重要方式。其次是人员交流，即通过支持中方机构委派相关研究人员前往日本相关机构访问与研修，对中方研究人员的日本意识实施必要的影响与作用，甚至还委派日方研究人员前来中方相关机构，从而不仅认识与了解中方相关机构的研究现状，而且还通过这样的渠道影响中方相关机构的研究性向。这样互动与交流的效应还存在局限，毕竟主动权掌握在中方手中，但这样的影响与作用确实存在，并对中国的政府决策和社会舆情存在潜移默化的影响与作用效果。因此，应增加针对日本的研究机构特征，容许致力于日本研究的民间力量介入，并从社会与学术层面上确保诸多日本研究成果具有较强自主、独立和专业的品质，并以中国主体意识贯穿于日本研究的全过程，其实这是网络攻略中的至关重要条件。

第二，提出针对日本网络威胁的应对性战略与策略，特别是通过制度、政策、规制和机制等引导，构建针对日本相关情报信息的社会系统，并通过网络手段和传统的方式，增强这样系统运行的有效性，以及对日本的网络战，及时实施反制的措施，从而确保实现网络系统的掌控目标。

对中国而言，日本的网络威胁是国际社会中的客观现实，而并非呈现为潜在的状态。主要表现在：首先，日本社会存在诸多网络情报机构，致力对华情报信息搜集、整理、分析与探究的使命，实质上是对华网络战，只是处于东亚与国际社会的和平环境；其次，日本网络战的雏形早已形成，并逐步发展为系统的状态，甚至纳入社会大系统的环境与氛围，发挥着聚合性和系统性的社会功能与作用。日本的网络威胁不仅仅体现在军事领域，而且还体现在社会的广泛领域；再次，日本的网络系统已超越其国内的空间界限，渗入中国乃至世界的范围，并以日本为系统基地构成遍布全球的情报信息网络，对中国造成全方位和综合化的严重威胁，比如日本在网络系统中散布"中国威胁论"和"围堵中国论"等，都已产生世界范围的影响与作用。应该说,日本的网络威胁与反华制华之类的叫嚣存在相同性质,充分体现出日本型文化的本质特征。

针对上述这样威胁的情形,需要提出一整套应对性的战略与策略,关键的问题是要从制度、政策、规制和机制等层面,构建反制机构系统,目标应指向掌控网络系统。其中的内涵主要体现在:一是要完成对日本的观念转变,认清日本网络威胁的现实存在;二是要确立战略性和策略性的制度、政策、规制与机制,并保持强烈主体意识与精神特质,保证反制的针对性和有效性;三是要构建网络反制的社会机构体系,最终形成完善与发达的社会网络系统,并针对日本的网络威胁,采取现实性的反制行动;四是要保证实现掌控网络系统的目标,即在攻防中掌握主体性与主动权,并实现双向的目标。所谓双向的目标,就是实现在防御中保守机密,以及在进攻中获取机密。

网络攻略还应包含对对方网络系统进行攻击的内容,在战时体现为军事上的含义,即摧毁对方情报信息与军事指挥系统,其中不仅仅是发挥情报信息的功能。在平时与战时,网络攻略都存在诸多社会效应,比如在用间方面,网络用间是重要的时代内容。当然无论是网络用间还是传统用间,在本质上存在完全的一致,就是通过谋略性的间谍手段,达成确立的战略与策略目标。这里还要强调,应对日本的网络战时,必须在社会大系统中考虑问题,并且在制订与实施相关的反制措施中,必须存在聚合性和系统性的思想观念,这样的战略意识对成效的达成至关重要。比如,网络用间与传统用间可以合并运用,即发挥手段的聚合性和系统性功效。因此,任何割裂战略目标与策略手段的做法都不可取,而且还需要力避出现这样的思维与做法。这里也就是强调了在网络攻略中发挥聚合性和系统性作用的重要价值与意义。

第三,保持网络攻略的技术性与策略性特征,避免新中国成立后的历史与现实中所存在对日本的宽容、怀柔和感化幻想,特别是在对日本情报信息的搜集、整理、分析与探究上,要确保具有独立性、主体性和专业性,并针对日本社会出现的"中国威胁论""围堵中国论"和"中国强硬论"等,进行策略性的反制,甚至进行主动的攻击,从而保证达成应对的有效性。

在网络攻略中,保持技术性与策略性结合是极为重要的原则,实施中必须强调聚合性与系统性的特征。比如,在新中国成立特别是20世纪70年代之后,中国对日本奉行宽容和怀柔的绥靖政策,按照传统中华文化来讲就是采取感化的策略。但时至今日,可以获取这样的结论,即成效极为有限,甚至成为日本对华策略的切入点,比如放弃日本侵华战争的国家赔偿。上述承诺不仅造成中国受害者获取战时日本民事伤害赔偿的路途依然遥远,而且还导致中国政府与人民之间存在分歧。这样的结局也可以看成是日本的对华策略,即不仅回避日本发动侵华战争对中国人民人权和民权的侵害责任,而且还促使中国政府与人民之间产生现实性的隔阂,并且责任还要由中国政府来承担。在网络攻略中,也需要保持策略性的原则,从而把技术性与策略性有机地结合起来。应该说,这样的结合要保持如下方面的特征:

一是独立性。在现代中国社会中,政治与科研需要结合起来,比如内政问题的解决。但政治与科研间又应存在一定的边界,比如涉及国际方面的问题。从国际问题方面来讲,科研也是力量,并且可以与政治力量相辅而行,不需保持特别的一致。由上可见,政治与科研之间的关系也存在内部性与外部性的区分。目前中国的现状就是混淆了政治与科研之间所存在内部性与外部性的区分,实质上是延续了传统"一刀切"的思维模式。因此,保持科研的独立性存在必要性的方面。针对在网络攻略中对日本研究的方面,就更应容忍这样日本研究的独立性存在,才能扭转在历史与现实之间所存在对日本发动侵华战争的宽容、怀柔和感化幻想,以利于达成现代日本观的历史性转变。

二是主体性。研究日本要坚持以我为主的原则,必须具备强烈的国家与民族意识。实现上述原则就必须避免日本因素的侵扰,并且这样的日本因素很多,比如以期盼和平为目的在中国的樱树种植,甚至向中国捐赠樱树园之类的互动活动;接受日本建议来筹措与捐建日本研究所等研究机构;以所谓"中日世代和平友好"为目的,向中国的科研机构捐赠资金或设备等。接受上述捐赠之后,日本因素就纠缠在上述机构的研究性向与社会事务之中,这并非杞人忧天或因噎废食之举,而是现实存在和未来预防的思维与意识。比如,中日友好医院和北京某大学的日本研究所,就是这样遭受日本因素影响和作用的社会与研究机构。由上可见，保持主体性应成为中国社会与研究机构的基本操守与准则。

三是专业性。这里包括理论知识和社会实践两层面。从理论知识层面来讲，就是要对日本历史、社会和文化等各方面的理论知识具有深刻的认识与理解；从社会实践层面来讲，就是要对日本社会现实存在深刻的体察与分析。其中必须秉持"中国主体"的思想与意识，以及从事日本研究的独立性与能动性，特别是在对日本进行体验式活动，比如访学与研修之时，要切实防止诸多日本因素对研究人员思想与意识的侵袭。这里还需研究人员具备问题的敏锐性，针对诸多反华制华的论调，及时进行策略性的反制，在必要的情形之下还可以进行主动的进攻，比如制造各种国际社会的舆论，甚至直接采取现实的行动，比如掌控网络系统开展各种反制的活动。通过诸种策略性的操作，不仅要表达出反制的举动，而且还要确保研究与行动存在的有效性，这也是相当重要的事情。

第四，创设网络系统的特殊用语，以及获取网络反制的话语权，不仅是实施网络攻略的必要策略，而且也是发挥网络系统功能有效性的重要方面，从而产生潜在性和现实性的深刻影响与作用。

在现代信息社会中，网络用语令人目不暇接，虚拟空间存在思维发挥的巨大余地。比如，网络聊天存在诸多号码和虚拟名称。"愤青"一词很可能就是日本对华实施的网络战用语，目的就在于打击具有强烈反日情绪，以及奉行国家主义和民族主义的中国青年。通过这样的网络词汇，制造社会的网络舆论。这样的推测存在某些合理性的方面，毕竟"愤青"一词已影响到具有国家主义和民族主义中国青年的群体成长与社会影响。从长远眼光来讲，对中国社会的发展而言，这样情形的存在也并非特别好的事情，往往会造成中国出现缺乏国家主义和民族主义的社会心态。青年是中国的未来。只有掌握了青年，才有中国的时代崛起与未来发展。

针对日本对华文化侵略的态势，若中国青年放弃国家主义和民族主义的思想与精神的话，对中国民族和国家而言，这就意味着背叛与投降，这样的话说得并非太过分，而是历史与现实的说辞。在抗日战争时期，中国为何涌现出诸多汉奸？就是由于在特殊历史时期，抛弃了国家主义和民族主义的思想、意识与精神。在现今和平时期，更不应对具有这样思想、意识和精神的中国青年，冠以"愤青"的称谓。毕竟无论是在网络还是社会舆论中，"愤青"一词都已冠上贬义的内涵。不仅是中国的青年，就是普通的中国人，也应具有强烈国家主义和民族主义的思想、意识与精神，这就是中华文化的本土化特色。只有掌握上述工具，才能对抗日本型文化的本土化特色，防止日本反华制华的思想与行为蔓延到中国社会，否则中国何以立足于世界民族之林，中华民族何以获取应有的自信，中国社会又何以获取稳定与安宁？

由上可知，特殊用语在网络系统中具有极大的影响与作用。在对日本的网络攻略中，也可以采用这样虚拟空间中的比较优势，创设出诸多符合这样系统运行的特殊用语，从而获取对日本网络反制的话语权，这是反制日本网络战的重要策略。保证这样反制策略的有效性很重要。选择和采用这样的特殊用语要注意如下方面：

一是这样的特殊用语要具有概括性的特征。"愤青"一词之所以具有强大的冲击力，就在于揽括的广泛人群，涉及全体秉持反日情绪，以及具有国家主义和民族主义思想、意识与精神的中国青年。因此，网络攻略选择反制的特殊用语，就应具有这样概括性的特征，否则就难以实现有效性的目标。

二是这样的特殊用语应具有文化的深度。其实特殊用语的采用也并非随意性的选择，必须具有一定的文化深度。在选取汉字时，日本就极为注意汉字的内在含义。比如在明治时期，日本选择"支那"来称呼中国；改琉球为"冲绳"，甚至在涉及中国东海油气田时，也并不沿用中国的固有命名，而是擅自对中国东海油气田进行命名，足见其中的文化内涵。在网络系统中，日本也特别注意对汉字的选取，尤其是网络用间的特殊用语。这样的情形不仅存在于日文网络系统，而且还搀和在中文网络话语中。前者容易辨识，然而后者则很隐蔽，比如"愤青"一词已难以分辨是谁的"杰作"。

三是这样的特殊用语应具有社会的广度。这里主要是指社会的容纳度。毕竟，网络用语确定之后，就要争取更为大量的社会认同感，以致获取社会广泛的容纳，即要具有社会的广度。从上述方面来讲，中国存在改过自新的必要，即近代对日本选取的诸多词汇采取了简单搬用的接受方式，这肯定会存在用语上的社会与文化风险，这已具有历史的实证。从明治时期开始，日本就创造了不少汉字名词，比如"支那"之类，中国就照旧搬用，丝毫不考虑这样词汇所具有的内在含义。其实，目前依然存在这样的事例。正常的用语借用并不必刻意地要求避免，关键是具有特殊含义的那些汉字选择，还是要具有社会和文化层面上的辨识与判断，不应进行简单化处理与借用。从另外方面而言，中国也可以采取日本在汉字选择上的经验与做法，无论是社会用语还是在网络用语，都可以选择特殊用语的一些形式，不仅可以有助于获取话语权，而且还可以产生潜在性和现实性的深刻影响与作用，其实这也是网络攻略中的重要内容与形式。

　　四是这样的特殊用语应具有社会价值与现实意义。特殊用语的选择还要看重社会价值与现实意义，关键是要具有教育性的效果。此处所述的教育性，就是网络用语对社会和现实所施加影响与作用的程度，特别是要在思想与意识等层面上起到抑制或弘扬的效果。主要包括如下社会群体：一是国内社会群体，即对中国社会存在不利影响的网络用语，要阻止其趋于流行的态势，并创设能激励中国社会形成并引导国家主义与民族主义的网络用语，从而逐步掌握网络系统的话语权。二是日本社会群体，这也是重要的方面。毕竟日本社会存在诸多反华制华的思想与行为，日本网络系统在这样的环境与氛围之下，存在诸多不利于中国的网络用语，如何抑制这样的现状与趋势，关键要做到"以其人之道，还治人其之身"，即在网络系统中采取反制的措施，或驳斥或抗辩，包括创设崭新的话语之境，即建立中国的网络用语体系，从而转变当前这样的话语格局。三是国际社会群体。日本善于借助国际社会的舆论和关系，谋求其自身的国家和民族利益，这里存在历史与现实的实证。比如在明治时期，日本迅速转变社会发展的方向，奉行"脱亚入欧"的政策，并伙同西方列强，在东亚实施侵略与殖民政策；战后日本抓住世界格局所出现东西方两大阵营的机会，特别是在朝鲜战争中扮演支援美国等西方国家的角色，从而获取战争责任赦免与战后实力重建，并重新占据在东亚的强国地位。日本网络系统也善于发挥这样的优势，不断地在国际社会发布诋毁中国的言论，以及附和美国等西方国家，谋取自身的国家和民族利益，甚至在中美日"三角"关系中，把美中等大国玩弄在股掌。在国际政治和外交之中，日本灵活伎俩的现实功效着实让人感叹。因此，中国网络攻略必须充分考虑日本所具有这样的比较优势，揭示在历史与现实之间日本所惯用灵活伎俩的目的所在，争取获取网络系统的话语权，并逐步形成国际社会中的网络共识，从而引导国际舆论朝向利于中国的方向发展，并力求在国际舆论中发挥更为重要的潜在性和现实性的影响与作用。

公论:"两大"计划提出的社会基点

国际格局中的日本因素:世界系统的分析视角

日本因素在国际社会格局中显得很特别,但绝对的影响与作用也很有限。正是日本存在上述的特别之处,导致对日本自身的存在与发展具有极为特殊的社会功用。在江户时期,男女混浴的习俗在日本社会相当流行,现今依然在列岛获取延续与发展,标志着日本存在性开放的传统与现实,以致中国人来日之后或深感局促,或充满好奇与探求的神情。日本某些中小学校存在每年安排雪浴活动的惯例,当见到只穿短裤、手拿擦身毛巾,以及在积雪中瑟瑟发抖的幼小学生,不禁令人感到日本民族的坚忍与耐性。上述事例深刻反映出日本社会和民族特性的特别之处,让人感受到日本文化的深层底蕴与不凡气质。在国际政治格局中,日本因素也具有诸如上述的特色。

依照系统论观点,世界就是大系统。从社会角度来讲,其实就是社会大系统。这样的系统存在某些规律性,这并不令人感到惊异与反常。毕竟人类所在的世界也只是小系统,因为在地球之外还有宇宙。但对生活在地球上的人类而言,人类所在的世界就是大系统。由此看来,社会系统的大与小也是相对而言的,其中的哲学原理就是唯物辩证的逻辑。依据这样世界系统的分析思路，日本因素在国际社会格局中绝对的影响与作用很有限，但在相对程度上却不容忽视，毕竟日本因素在东亚还发挥着重要的社会影响与作用，根源就在于日本存在诸多特别之处。

一、在世界系统历史与现实中的日本因素

第一，日本对外部世界系统秉持开放和容纳的策略与态度。开放与容纳是日本社会传统的重要特征。在由传统向近代转型的过程之中，这样的特征逐步演变成为日本民族对外部世界系统的策略与态度，这也正是日本明治维新的开国过程。在幕府锁国时代，日本的开放与容纳存在一定的限度，即主要是对东亚大陆文化而言，而对西方诸国文化依然采取锁国的政策。说得更为清晰一点，就是主要对中华文化秉持开放与容纳的态度。这里存在历史的实证。比如，幕府时代末期日本只在长崎开展国际商务往来，只容许中国商人经商，西方商人难以立足，而且西方的影响也很有限。这样对中华文化秉持开放和容纳的传统，已具有久远的历史，甚至可以延伸至农耕劳作的远古时代，主要是依赖朝鲜"半岛之桥"的中介作用。但唐代中国文化对日本列岛产生空前巨大的影响与作用，甚至由文化延伸至政治和社会领域。事实上来讲，现代日本社会依然深层存在唐代中国文化的历史痕迹，比如在和服、舞乐与礼仪等，甚至包括现代中国濒临或已绝迹的文化现象，却在日本显著地存在，比如能乐的传统剧种。其实，这样的开放与容纳态度也是日本的生存策略。

日本是位于东亚大陆和太平洋边缘的群岛国家，在农业社会的历史进程之中，无论是在自然资源还是在社会实力上，都存在较大的欠缺，这就决定了日本列岛长期处于东亚社会和文化的边缘地位。因此，在长期的封建社会进程之中，甚至在唐代中国的强大势力之下，日本列岛依然保持了独立的存在。这里还与中国传统的朝贡制度存在紧密的关联。毕竟"和融四夷"是中华文化的重要内容。但在由传统世界系统向近代世界系统的转型与重构过程之中，中日两国做出迥然相异的发展选择，即中国在封建泥沼之中难以自拔，日本却凭借对西方开放和容纳的策略与态度，获取阶段性的社会转型，

即由封建时代过渡到资本主义时代。最为重要的是实施"脱亚入欧"的政策，即毅然地接受近代西方的先进文化，并对东亚采取侵略和殖民的做法，即所谓"大陆政策"。无论是对中华文化由尊崇变成鄙夷的态度，甚至以西方文化为手段来削弱中华文化的社会影响与作用，还是采取借刀杀人和引狼入室的做法，即伙同西方列强侵略和殖民包括中国在内的东亚诸国，采取侵略、分割、殖民和劫掠的东亚政策，都充分体现出近代日本所奉行以东亚为敌政策的根本实质，突出表达出近代日本社会所存在浓烈的"反华邪性"，以及由此所导引并出现诸多反华制华的社会行为，特别是发动惨绝人寰的侵华战争，直接剑指中国政府与人民，不断占据与分割中国的领土，损毁与劫掠中国人民的财富，甚至奉行文化侵略的政策，抢夺、盗取、破坏和占有中华文物。本质上来讲，近代日本转型过程充分体现出大和民族所具有的开放与容纳特征、反华制华的思想与意识，以及处理与西方列强关系之中的灵活策略与态度，关键是充分体现出"日本主体"的思维模式与处世态度。

在现代日本社会中，这样的策略与态度依然时隐时现，延续与浸润在现实日本文化之中。这样情形的存在也正是现代日本所存在浓烈反华制华社会现象的深层原因。面对美国战后对日本的现代殖民，日本社会又涌现出美国潮，甚至在当前的情势之下，虽然日本社会存在反华制华的舆论与行为，但对美国却采取缄默的策略，甚至还存在尊崇的态度，主动接纳美国社会和文化的影响与作用。存在这样的现象，充分体现出日本社会开放和容纳的策略与态度。

第二，在接受外部世界系统因素的影响与作用之时，恪守"日本主体"的思想与意识。这样的思想与意识在现实日本社会广泛存在，比如显著存在日本货与外来货之间的价位差，表现为前者的价格普遍比后者昂贵，即使是来自西方发达国家的商品。日本商品管理存在严格的质量筛选制度，以此来保证前者的质量安全。中日两国在上述方面存在显著的差别。比如，中国更多将优质的商品销往其他国家，而把相对劣质的商品出售在内地市场。日本则不然，它把优质的商品出售在国内市场，而把筛选出来的较劣质量的商品销往其他国家。这里还存在相对质量监控的问题，即符合销售国家的质量标准。其中或许存在的问题基本上纳入营销的范畴，而不再是保障商品质量的问题。当然还存在另外的情形，就是通过在海外建设分厂，利用国外廉价的劳动力和资源，生产日本品牌的商品，直接在其他国家销售，或者将优质的商品出售到日本的国内。由上可见，日本采取这样的措施，保证其国内市场中的商品质量，从而在经济领域坚守住"日本主体"的思想与意识。

在接受外部世界系统文化因素的影响与作用之时，同样也恪守"日本主体"的思想与意识。文化才是前因，物质只是结果。因此日本在经济上的反应实际上是日本社会和文化的充分体现。毕竟文化在传统日本及其走向近代的过程之中，始终坚持"日本主体"的思想与意识。比如，从中国道教和远古神话之中，日本传统文化获取了文化和精神上的营养，创设出富有日本精神特色的神道教，由此延伸至制度的层面，并在宗教与制度结合的基础上，形成所谓"万世一系"的天皇制度。又如，在中国传统武术和寺院文化的基础上，形成与发展出武士道，并掺入日本社会的特色文化元素，因此也体现出"日本主体"的思想与意识。在由传统向近代转型的过程之中，日本型文化获取确立与发展，其根本的特征就是本土化，实质上体现为日本文化的本土化过程，表达出强烈的"日本主体"思想与意识，这已作为文化因素融入日本文化，并在现代日本社会广泛存在。比如，日本电子商品在世界诸国获取称道，实际上其中并无太多日本原创的科技成果，但日本却能借助其他国家的原创知识与技术，进行新的产品设计，从而创制出全新的商品。其中就暗含"日本主体"的思想与意识，这是明治维新以来日本长期保持的传统策略与态度，即以日本精神改造西方科技（物质），体现出日本文化的延续与发展，以及文化与科技（物质）之间的沟通与衔接。

在现代日本政治之中，"日本主体"的思想与意识也存在突出的体现。战后美国派遣军队，驻扎在日本的本土和琉球，并对日本政治和社会制度进行彻底的改造。但事实表明，美国遭到失败，虽然其中存在国际政治变局的影响与作用。比如，美国移植的政治制度成为了道具，日本政治制度依然没有实质上的变化。主要体现在：一是神道教的传统依然盛行在日本社会，战后各种神社遍布日本列岛，甚至包括靖国神社，以及从中国东北地区迁移的大连神社，都充分表明日本型文化获取了回复与发展；二是天皇制度获取了恢复，表明日本传统政治制度的复辟，美国对战后日本政治制度的改革成果沦为花瓶摆设的地位，成为日本获取国际社会关注和民意检测的演武场；三是重新获取琉球的管治权，表明明治维新以来侵略和殖民成果获取部分国家的确认，其中暗含美国在东亚的战略与策略考量；四是自卫队规模与配备都出现新的变化，在职能上也不断突破所规定的限界制约，甚至遣往国际纷争地域承担维和任务，表明日本自卫队已演变为正常的国家军队；五是"右翼"组织及其势力普遍地存在，"右翼"代表甚至获取东京都知事这样的高级职位，表明日本社会依然存在军国主义的潜流，并在现代日本社会获取新的发展；六是重新修宪的议论不时出现在日本社会舆论与民意报道之中，表明日本政治制度存在复辟的发展趋势。上述表现的根本与实质是日本型文化的本土化发展，其中核心的影响与作用就是"日本主体"的思想与意识。

第三，日本在外部东亚系统更具有主动求取、善于学习与黩武凌弱的民族气质。提出外部东亚系统这样的概念，存在一定的历史依据。明治日本提出"脱亚入欧"的政策，以西方国家自居，并伙同西方列强，对东亚诸国展开侵略和殖民，后来成为对东亚危害最大的国家。由此而来，日本逐步游离于东亚之外，东亚也就成为日本的外部系统。据此，针对日本提出外部东亚系统的概念。但毕竟日本处于东亚大陆的东端和太平洋西岸，难以脱离这样天然的地理安排。

由于长期处于东亚文化的边缘，而且文明的发生也较迟，再加上群岛国家的天然因素，因此日本逐步形成"岛国根性"，国际交往中就出现自然的隔阂。在日本文化的传统发展时期，这样的社会心态已具有显著的体现。比如，日本长期凭借朝鲜"半岛之桥"中介，获取来自东亚大陆先进农作技术、文学艺术和社会制度，即传统东亚文明，甚至还通过朝贡和遣使等方式，获取现实的存在与利益。因而造就日本所具有主动求取的民族品质，并且善于学习。其实在这一点上，日本对待中国科举制度的态度，就是显著的历史实证。虽然科举制度在中国封建朝代极为盛行，但对日本社会的影响与作用却很有限，日本只吸收与借鉴中国贡举制度等方面，科举制度并没有在日本社会获取更大的发展，更达不到社会普及的程度。但在借鉴传统中华文化之时，日本学习中国封建社会制度在内的广泛领域，比如吸收与借鉴隋唐中国的均田制、租庸调制和律令，创制适合日本社会特点的班田收授法、租庸调制和大宝律令，但就是没有对中国科举制度给予特别的青睐。内中的原因依然在于"日本主体"的思想与意识，以及由此所产生主动求取的文化与精神，这样的选择充分体现出日本善于学习的民族特质。

明治维新前后，日本主动求取和善于学习的文化与精神气质就更为充分地体现出来。比如在明治初期，日本派遣以岩仓具视为代表的使节团，考察美国与欧洲诸国，深入观察、调研和分析西方政治、经济、科技、军事、文化和教育等方面，回国之后提交《美欧回览实记》，以致成为明治日本施政的重要参考。另外存在特别的细节，就是对英国君主立宪制的记述，其中强调英国这样的政治制度可以成为日本参仿的榜样。这样的文化与精神是日本的民族特质，在吸收与借鉴隋唐中国的社会制度之时，日本也是在派遣使节和游学生、游学僧等基础之上，逐步获取形成与发展，而且由此可见所存在重要的社会现象，即日本具有重视调查研究的传统，并已成为日本社会的文化现象。上述考察团队回国之后，都存在详尽的游历调研报告，并对日本社会的发展产生深刻的影响与作用。其中还存在重视人才的思想观念。日本竭力创造各种社会条件，发挥人才与智囊的社会作用，从而有效推进日本社会的转型与发展。

日本还存在黩武凌弱的民族气质。在传统社会的很长历史时期，日本都处在政治分裂的状态，诸侯国以家族为中心，进行激烈的冲突与战争，虽然在核心地域还存在文化上的认同，即认同神道教、天皇制度和武士道的文化与精神。从现在日本治理的地域来讲，也还存在一些地区，只是到明治时期才纳入日本文化的范畴。比如，史称"虾夷"的北海道，土著人就存在鲜明的本土文化。但明治维新之后，由于日本的侵吞和移民，土著文化逐步融入日本文化，只在土著人聚集的地域还存在某些本土文化的因素。又如，史称"琉球"的冲绳，明治之前依然是独立的国家，虽然一度附属于中日两国。在二战中，日本占据琉球。战后经历美国长期的托管，20世纪70年代琉球遭受日本的管治。最惨烈的莫过于二战后期的"琉球战",日本军队命令琉球居民"集团自决",充分体现出日本黩武凌弱的民族气质。现代日本社会依然存在上述民族气质的具体表现,比如对待中美的差异性态度,正是日本上述民族气质的现代呈现。日本凭借美日同盟这把尚方宝剑,看来尚很奏效,但只是紧随美国的东亚战略。概括地来讲,在世界系统之中,悖逆东亚依然是日本因素存在国际影响与作用的最佳注脚。

二、在现代中美日"三角"关系中的日本因素

在20世纪30、40年代,美国、英国、苏联和中国等大国之间存在军事和政治上的协约关系,共同对付法西斯主义德国和意大利,以及军国主义日本等"轴心国"发动的侵略战争,史称第二次世界大战,简称二战,最终以德意日"轴心国"的失败宣告结束。但战后国际军事和政治格局又出现深刻的发展与变化,意识形态的争议逐步成为现代国际关系的决定因素,出现以苏联和美国为代表的东西方两大阵营,建有"华沙条约组织"和"北大西洋公约组织",中国在新中国成立之后列席前者,由此成为美日等西方国家的所谓对立面。在中国内部政治问题的处理上,美国更奉行支持以蒋介石为首国民党政权的政策,派遣第七舰队进入台湾海峡,阻止新中国解放台湾地区。后来美国又与蒋介石国民党政权签署《与台湾关系法》,为后来对台军售提供法理的依据。在美中对峙的国际环境与氛围之中,中国先是选择以苏联为同志的国家。但在朝鲜战争之后,发生苏联撤走专家和珍宝岛的战斗,苏联的霸权思维与行径彻底地暴露出来,中国与苏联之间逐渐走出这样的亲密关系,这为与美日等西方国家之间建立外交关系,提供了重要的国际环境与社会条件。此后,逐步形成东亚社会大系统中的中美日"三角"关系。在东亚,这样的关系成为现代国际政治中最为显著的标志。

在中美日"三角"关系之中,核心国家是中国、美国和日本。其中,美日又是同盟国家,实质上日本是美国在东亚的"代言走卒",虽然日本也存在脱离美国控制的主观愿望。由此可见,在上述核心国家之间的关系中,本质上就是中国与美日的关系。美日之间也存在矛盾与冲突,表现为日本欲摆

脱战后美国的实际控制。因此，存在中日合作的国际环境与条件。当然还存在其他世界系统的因素，比如东盟、欧洲、俄罗斯、加拿大、澳大利亚等国家与地区。上述国家与地区都是中美日"三角"关系的外部系统因素，这样就构成国际社会大系统的结构体系。这里阐述的是现代国际政治关系，其中存在这样的问题：日本因素在现代国际政治关系中具有怎样的影响与作用，特别是在中美日"三角"关系之中扮演怎样的角色，最为重要的是在这样的现实关系之中，日本对华战略、策略与态度怎样，以及如何发展与变化等问题。

在中美日"三角"关系之中，日本处于战略犄角的地位。中美两国都是世界系统中的大国，从战后国际体系角度来讲又都是联合国常任理事国（虽然中国迟至20世纪70年代才由旧政权移交新政权），在国际事务之中都具有巨大的影响与作用。苏联解体之后，美国成为世界上唯一的超级大国。但东西方两大阵营出现时代性的裂变之后，世界系统逐步酝酿更为深刻的发展与变化，即出现由美国独霸的单极化转变成为多极化局面，而且中国成为其中日显重要的一极。正是存在这样的国际政治格局，日本因素在中美日"三角"关系之中就具有了更为举足轻重的影响与作用。

日本善于利用这样的角色，并且获取巨大的国家与民族利益。比如，战后东西方两大阵营逐步形成之后，此时虽然新中国尚未获取联合国的常任席位，但在东亚却是极其重要的力量。在朝鲜战争之中，美中进行直面的较量，此刻日本扮演跟随美国等联军的角色，通过参与和支援西方联军等途径，获取巨大的经济与社会利益，最为关键的是美国转变对日本的占领政策，不仅终止对日本的二战责任追究，而且还扶植日本在东亚的势力，促使日本逐步成为以美国为代表西方国家在东亚的利益代言者，导致日本在国际和东亚社会的形象出现转折性的变化：一是摆脱美国和中国在内的国家对日本的战后责任追究。二是恢复天皇制度，这是日本社会最为根本的政治和文化制度，也是日本民族乃以存在的根本依据。三是获取在东亚西方国家利益的代言者角色。在经历20世纪60、70年代急剧的经济成长之后，日本获取巨大的社会发展，经济和科技等领域在东亚和国际社会都占据日益重要的地位。四是成为国际反华势力对中国开展颠覆和破坏活动的重要基地。

卷四◎公论："两大"计划提出的社会基点

20世纪70年代前后，世界系统又出现新的发展与变化，以苏联为首的东方华约集团内部出现严重的分裂，关键是苏联在东方集团内部日益显示出霸权的本质，并与中国的矛盾与冲突日益加剧，甚至出现撤走专家、追讨债务和爆发珍宝岛冲突等局面。面对东西方两大阵营所出现新的发展与变化，美国决意与中国建立正常的国家关系，借以牵制苏联势力的国际影响与作用。此刻，日本迅速觉察国际局势的发展与变化，于是在中美建立正常国家关系之前，便与中国实现国家关系的正常化，并建立政府之间的外交关系。正是在这样的国际环境与背景之中，中国政府宣布放弃日本侵华战争的国家赔偿。正是利用了中国政府所做出这样的承诺，日本在侵华战争民间赔偿的问题上，成功隔离了中国政府与人民之间的关系。对中国政府而言，在这一点上存在政策反省的必要，这也足见日本因素在中美日"三角"关系中的特殊影响与作用，以及日本灵活原则所获取巨大的国家与社会利益。

在现代中美日"三角"关系之中，日本这样战略犄角的角色依然存在，并出现新的发展与变化，特别是在美国遭遇经济和金融危机之后。21世纪初始于美国的经济和金融危机，对西方世界的影响相当巨大，比如冰岛处在国家经济破产的边缘，希腊出现严重的财政和金融危机，美欧诸国的经济呈现一蹶不振的发展状态，日本经济的复苏也显得很乏力。但中国政府制定了经济刺激的政策，通过扩大内部需求，成功应对了遍及全球的金融和经济危机。当然，其中也存在诸多挑战，比如房地产业出现泡沫风险。但中国政府采取应对性的政策，有效控制了这样局面的出现。现代世界系统已出现新的发展与变化，不仅仅表现为经济和金融危机，而且还表现为出现海湾战争、阿富汗反恐、伊朗核风云等国际事件，实质上体现出世界诸国在综合实力上所出现某种程度上的发展与变化，表现在中美日"三角"关系之中，就是美国日益感受到中国发展所带来的压力，即所谓"中国威胁论"。本质上来讲，"中国威胁论"就是"中国压力论"，只不过以反华的口吻，就演变为"中国威胁论"。对中国而言，这是获取经济和社会发展的国际风向标。但这样"中国威胁论"的始作俑者正是日本，具体的操刀手就是日本"右翼"组织及其势力，足见日本战略犄角的地位在中美日"三角"关系之中的重要影响与作用。

战后日本在东亚战略上逐步确立日美同盟和日中合作的关系，并竭力发挥日本在其中战略犄角的影响与作用。在日美同盟的战略关系方面，其实这也是美国东亚战略的重要组成部分。从某种程度上而言，这样的日美同盟关系还是以美国东亚战略利益为主要的目标。从美国角度来讲，就是在东亚建立处于比较优势的势力影响范围，确立美国在环太平洋的霸主地位，日美同盟就是为实现和维护这样目标而存在的战略关系，做法就是在东亚政治、军事和社会等各领域，确立美国对日本强大的影响与作用，从而促使日本成为美国在东亚战略利益的代言者和中介者，由此导引出日本作为在东亚西方国家的重要角色。战后日本在美国东亚战略中的地位存在明显的发展与变化，美国对日政策也存在由全面占领向军事存在的转变。毕竟战后东西方"两大"阵营的出现已扭转国际政治的态势与格局，而且在东亚还存在苏联和中国的势力范围，因此美国采取确立以日本为其东亚基地的战略设计，并与"北大西洋公约组织"构成钳制苏联乃至中国的"两线"，从而妄图实现美苏争霸和维持美国独霸的战略目标。由上可见，日本只是美国东亚战略中的重要因素。

当然，日本也存在自己的现实目标：一是摆脱遭遇战败的束缚，获取喘息和复辟的机会。战后日本呈现出凄惨的景象，但并非险象环生。战败对日本经济和社会产生局部的影响与作用，但尚未达到致命的程度，这样的认识更为准确。毕竟美国对日本的全面占领更为突出地表现在军事的层面，社会层面只是进行战后政治的改革，以便促使日本纳入西方体制。因此，美国的占领政策对日本经济和金融基础并没有强大的冲击，并且战争对日本的摧残也只是相对短暂的过程，主要集中在美国对日宣战之后，即从 1941 年 12 月到 1945 年 8 月之间。而日本发动侵略东亚的战争，始终是以侵略者的姿态出现，对日本经济和社会的负面影响很有限，相反还起到极大的促进作用。最为显著的就是发动所谓的"日清战争"，以及后来发动侵略朝鲜半岛和中国的战争，当然还有日俄战争，但日俄战争是以牺牲中国东北地区的利益为代价，况且对日本而言还是决定性和历史性的胜利。上述战争发生之后，日本社会都会涌现出发展与繁荣的景象。上述都是对近代日本的现实描述，并没有脱离日本社会的发展实际。战后在中美日"三角"关系之中，日本利用战略犄角的角色与地位，权衡中美战略意图，特别是确立日美同盟的战略关系，不仅导致日本获取喘息的机会，而且实现制度的复辟，特别是天皇制度获取重新的确认，标志日本在文化层面获取近代性的回归。

二是利用战后东西方两大阵营所出现冲突与对抗的有利时机，获取日本经济和社会重新出发的拐点，并成为西方国家在东亚战略与现实利益上的代言者和中介者角色。在上述发展过程之中，主要是20世纪50年代爆发的朝鲜战争，是东西方两大阵营在东亚所出现冲突与对抗的重要实证。虽然苏联并没有直接介入，但中国却在较深层面参与了朝鲜战争，即中美在朝鲜半岛进行极为惨烈的较量，而此刻日本扮演的是以美国为首联军的后勤支援角色，借此获取政治和经济利益。实际的情形就是日本借此获取巨大的战争利益，不仅在经济上争取到基础的重建，而且在社会上也重新出发，这为日后出现诸多东亚"后遗症"，奠定文化性和社会性的基础。从朝鲜战争开始，日本逐步实现经济崛起与社会复兴，特别是经历20世纪60、70年代的经济高速发展，由此占据在东亚经济和金融中心的地位。从文化角度来讲，日本也由此确立在东亚的文化中心地位。由上可见，日本的策略主要是在谨慎权衡的基础上，通过强化日美同盟的战略关系，达成其国家的既定目标。

从中国角度而言，日本针对新中国成立初期中国外交存在的软肋，特别是在中国与苏联处于局部的对立，以及中美行将建立外交关系之际，迅速与中国建立外交关系，而且还顺手牵羊地获取中国政府的郑重承诺，即放弃对日本侵华战争的国家赔偿。本质上来讲，这与日本侵略中国台湾地区之后所获取清政府的"第一桶金"有些相似，只是今次的情形发生在新中国成立初期，但足见日本在处理国际事务时的灵活伎俩。当然日本主动与中国建立外交关系，以及此后确立战略互惠关系，其实还存在更深层面的战略考虑，就是布局在中美外交关系获取确立之后，日本在中美日"三角"关系之中的地位、影响与作用，更为进一步地发挥日本在历史新阶段的战略犄角作用。任何关系的确立都存在现实与战略的动机，中日合作关系也存在这样的内在情形。日本因素在中美日"三角"关系中具有极为特殊的地位、影响与作用，导致中美双方都试图拉拢日本，以便获取日本在国际政治和外交等方面的支持。但美国的拉拢只是表象，甚至表现为强迫日本的姿态，而中国的拉拢却似乎不惜代价，两者之间存在某些鲜明的区别，此即日本因素在中美日"三角"关系之中所存在地位、影响与作用的逻辑悖论。毕竟这是世界系统中的"两强"（中国与美国），对弱者（日本）的战略决策，确实令人感到匪夷所思。现实上中国始终处于战略上的比较劣势，除非中国全面超越美国的情形出现，超越之后也就不需太多考虑日本因素的影响与作用。由此看来，中国对战略合作且作权宜看，切不可以作为长久不变的战略决策。这样的情形正如"中日世代和平友好"的政策与提法，只可以使用在政府外交的层面，而不可以广泛应用到社会的层面。在"蹲守"与"浸润"之后，会发现在日本存在浓烈反华制华的社会与文化氛围，其实这正是日本获取社会制度性复辟和文化近代性回归的必然后果。

　　日本政治的本身充满魔幻的色彩。在中美日"三角"关系之中，日本因素也具有魔幻的性质。难怪当鸠山由纪夫担任日本首相之后，其夫人发表魔幻性的言辞，以致鸠山被冠以"外星人"的外号。在日本社会，这样的现象不令人感到奇怪，因为日本就处在"虚像"与"实像"之间。

　　所谓"虚像"，就是日本扮演的表象，即呈现出的社会现象，在外部世界系统所见到的多是这样的"虚像"，而真正的内涵就是"实像"，表现在国际社会和政治中的角色。日本奉行的是灵活的伎俩，就是经常采取"虚晃一枪"的策略，实质上却往往存在战略性的考虑，这样的策略就是"虚像"，而这样的战略性考虑就是"实像"。但在通常情况之下，这样的"虚像"表现为日本社会的诸多现象，甚至产生某种新闻效应，而这样的"实像"却往往隐藏起来。比如在天皇制度之下，日本的政治充满变数，最为显著的表现就是日本首相的频繁更换。其实首相的更换只是"虚像"，而实质并没有发生变化。因此，这样的事件也就不存在太大的新闻价值，但却给外部世界系统以某种新闻的印象。日本社会的政治基础奠定在文化的层面，此即神道教、武士道和天皇制度，虽然后者体现出日本传统的社会制度，但却具有宗教和文化的含义。日本传统的政治表现若此，近代日本政治更存在这样的状态，现代日本政治也呈现为这样的格局。在中美日"三角"关系之中，日本这样的魔幻性质存在更为显著的表达。

明治维新之后，日本长期奉行"脱亚入欧"政策，成为在东亚的西方国家。战后，虽然国际政治局势已出现诸多的发展与变化，但这依然是日本在世界系统中的重要策略，比如表现在中美日"三角"关系之中，明显呈现出这样的政策和社会状态。其中存在其他的原因，特别是战后美国依然维持在日本的现实存在，最为突出的表现就是美国在日本的本土和琉球驻军。美军驻日的现状也是历史的延续，现实中又起到钳制中俄在东亚势力发展的作用，这是美日同盟的重要内容，即美日两国保持军事同盟的关系。其实这也是在中美日"三角"关系之中，针对中国的发展与崛起，而进行战略制衡的重要策略，但其中浸润着美国东亚战略的显著特色。况且对日本而言，美国在日驻军也是权益的侵害，这是客观的社会事实。琉球人充满诸多不满情绪，集中体现在针对美日政府有关基地搬迁协议的问题。正是由于存在战略和现实之间的矛盾与冲突，日本社会又出现"脱美返亚"的思想与意识，实质上正是制衡美国的策略表现，但成效必定很有限，关键这只是"虚像"，"实像"则是"日本主体"的思想与意识，主要以日本的战略利益为转移。由上可知，无论是"脱亚论"还是"返亚说"，实质上都是日本社会的"虚像"，而且在现代日本社会和政治之中，"脱亚论"与"返亚说"充分反映出日本在中美日"三角"关系中的权衡策略。

另外，现代日本社会还存在浮世绘的文艺形式，这是日本现实社会情形的艺术写照，也体现出日本在中美日"三角"关系之中的特殊形象。实质上来讲，无论是在日本社会和政治，还是日本在国际社会和政治之中，日本的角色都显著地表现为处于"虚像"与"实像"之间的特征，即呈现为"虚实共生"的社会状态。其实这样"虚实共生"的特质正是日本在中美日"三角"关系之中的政治运行机制，并已达到炉火纯青的地步，即达到难以分清孰虚孰实的程度，但其却是日本驾驭中美日"三角"关系中具有规律性特征的机制。

二 日本型文化的确立与变迁：历史文化的分析视角

日本传统文化长期处于东亚文化的附属与边缘地位，较大程度上来讲还是中华文化辐射所及的地域，这样的判断符合日本历史和文化的客观事实。毕竟从日本传统文化的核心内涵来讲，无论是起源还是发展，都受到传统中华文化深刻的影响与作用，虽然部分地赋予日本本土的思想与精神，比如神道教、天皇制度和武士道。虽然上述内容在日本传统文化与制度之中都处于核心的地位。但起源与发展都与传统中华文化存在紧密的联系。由此看来，在漫长传统历史和文化发展的进程之中，日本长期处于中华文明的附属与边缘地位，最为显著的是唐代中国之时，日本全方位地吸收与借鉴传统中华文化和唐代社会制度，显然已成为唐代中国的藩属国家，其中以朝贡制度的实施为重要表征。在这样特殊的历史阶段之中，日本从文化、科技到制度等不同的层面，获取中国的物质与精神财富，甚至在某些方面还存在延续与发展。但当世界进入近代化进程之后，西方国家迅速进入资本主义发展的新时代，而中国却逐步落后于时代发展的步伐，甚至出现"闭关锁国"的思想潮流，比如制定"教禁"和"海禁"等政策。"郑和下西洋"与"西方环球航行"标志东西方社会出现实质层面的发展与变化，成为具有划时代意义的重要转折点。此后，西方阔步进入资本主义的发展轨道，而中国却依然在封建社会徘徊，并在西方侵略和殖民政策之下，逐步沦为半封建半殖民地社会。

然而，日本却在东亚创造了社会发展的奇迹，即通过明治维新，日本实现了资本主义的社会转型。日本主动求取和善于学习的品质在其中发挥了重要的作用。这样的品质在传统日本文化中也存在显著的表现，目标的指向是在东亚大陆，主要是中国。但在走向近代化过程之中，中国明显出现衰落的迹象，特别是在鸦片战争之后，日本就将学习的对象转向了西方世界。明治维新之后，日本迅速向西方世界派出"岩仓使节团"，并参照西方资本主义的制度模式，创设近代日本政治、经济和社会等制度，从而促使日本迅速进入资本主义发展的新时代。但在上述发展过程中，日本社会出现反华逆流，表现在文化特色上，出现本土化、西方化与"去中国化"相辅而行的现象，并在"去中国化"过程之中产生浓烈的"反华邪性"，最终走向对华侵略和殖民的发展道路。文化侵华是其中至为重要的内容，"去中国化"也集中表现为文化侵华的过程。虽然外在表现是日本"反华邪性"的形成与发展过程，但内在实质依然是日本型文化的确立与变迁过程。

一、明治时期(1868—1911)：日本型文化的确立与形成期

日本传统文化集中体现为本土化和中国化的特色，中华文化就是日本传统文化的"母体"，其实这是东亚历史和文化变迁的客观事实，并已获取日本文化学者的高度认同。但在明治日本急剧向资本主义转型过程中，日本传统文化的中国化特色面临深刻的时代危机与社会挑战，西方化和本土化的特色表现得日益显著。当然，其中存在深刻的社会与文化背景。

在明治时代，正值中国的闭关锁国处于最为严重的历史阶段，而且中国内部的社会矛盾已开始呈现，清朝中国社会出现衰颓的迹象，中华文化出现空前的危机。况且清朝替代明朝统治中国，对周边国家和社会也存在强烈的思想震动，这样的情势犹如元蒙时代。在东亚特别是朝鲜和日本社会之中，早就出现"复明"的思想与文化倾向，并与中国内地"反清复明"相呼应。日本还存在元蒙中国入侵列岛的历史记忆，在明代开始显露出来，表现为"倭寇"时常侵扰明代中国的沿海地区。再者还存在"织丰"时代日本侵略朝鲜的历史记忆，明朝军队协助朝鲜水军，结束丰臣秀吉怀有的"大陆梦想"。上述社会和文化因素汇聚之后，就导致日本社会产生浓烈的反华情绪，甚至发展成为后来的"反华邪性"，并出现诸多反华行为，甚至提出"大陆政策"和"大东亚共荣圈"构想，最终出现侵略和殖民中国的社会行为。上述汇聚期就是清末中国处于极度衰弱的历史阶段。对日本而言，就是明治维新之后的社会转型与发展时期。

西方侵略东亚之前，西方文化已对东亚不断地进行渗透，主要体现为西方传教士的活动。中国近代化的过程，就是"西学东渐"的历史过程。在上

述特殊的历史时期，日本已成为西方文化进军中国的重要中继站。日本称西方文化为"兰学"，出版《解体新书》等西方著述。在日本西方化过程中，中国因素的影响与作用也很显著，比如清末中国鸦片战争失败的经历，在日本社会和思想中产生极大的震动，这是近代日本文化出现"去中国化"和西方化的重要动因。再比如，魏源《海国图志》等著述在日本社会也产生强烈的反响，并激发出积极求取"兰学"的渴望与热情，从而出现福泽谕吉这样划时代的代表人物，其思想成为明治日本社会与文化发展的向导，最为著名的就是《文明论概略》，这是日本文化走向近代化的标志性著述。当然这并非全部的内涵，而只是标志。明治日本提出"脱亚入欧"政策，加速日本文化融入西方的进程，导致西方化特色日益凸显，而且在这样西方化进程中，这样的政策还导致出现以西方化抵制中国化的倾向。换句话讲，就是以西方化为策略与手段，加速推进"去中国化"的过程。由此看来，日本社会与文化的近代化实质上就是"去中国化"的发展过程，而西方化只是策略与手段。

在日本传统文化之中，本土化并非最为本质性的内涵，而在更大程度上则处于中华文化的附属与边缘地位，即中国化表现得更为显著。毕竟，日本传统文化的核心思想观念都渊源于传统中华文化的诸多要素，比如神道教与中国创世神话、传统道教，天皇制度也与传统中华文化有关天皇、地皇和人皇传说，武士道与传统中华文化中的武术文化，以及儒学和佛教思想等，都存在紧密的联系。上述内容充分印证日本传统文化的实质特征，即隶属"大中华文化圈"的范畴。但在近代化进程之中，本土化特色日益凸显，这是日本社会和文化发展的时代需求。原因主要存在如下方面：一是清末中国走向衰弱，中华文化处于发展的低潮阶段；二是西方资本主义世界获取蓬勃的发展，近代西方文化存在比较上的优势，并对日本社会与文化产生强大的影响与作用；三是在东西方文化交汇过程之中，需要日本社会与文化做出时代性的抉择。上述原因导致明治日本文化日益表现出本土化的特色，重要的策略与手段就是西方化，目标就是"去中国化"。由此看来，日本文化趋向本土化的实质，就是致力实现"去中国化"的目标，结局就是确立日本型文化。

由上可见，文化的阶段发展与社会的转型存在天然的紧密联系，一定的文化阶段是社会转型的前提要件。日本型文化的确立与明治日本的社会转型存在紧密的关联。明治时期是日本近代化的关键时代，也是日本型文化的确立时期。界定明治维新的历史价值与意义，不能用"天翻地覆"这样的词语来形容。毕竟，明治维新首先是皇权的复辟，即推进"王政复古"和"大政奉还"，然后才是"废藩置县"等维新措施。因而明治维新实际上体现出复辟与革新并存的鲜明特色，这样的社会变革是由"日本主体"的思想意识与本土特色所决定的必然结果。

明治维新之后，日本天皇获取亲政的权力，"五条誓文"的发布为近代日本发展确立基本的方向，表明日本社会出现强烈的主体思想与意识，而且不再追随中国社会发展的步履。"日本主体"的思想与意识是其民族性中的重要特征。在学习、吸收和借鉴中华文化的思想与制度之时，日本传统文化也保持其本土文化的特征，蕴藏对中华文化的内容进行改造与创新的过程，或在历史淘洗之中继承与发展中华文化的内容。比如接受中国道教思想，却发展出神道教；接受中国创世传说，却发展出天皇制度；接受中国武术文化、儒学和佛学，却发展出武士道。上述方面都是标志性的内容，同时还体现在文化细节之中，比如日本和服与礼仪。其实在其他的很多方面，也都存在传统中华文化的内容，在中国虽然现已销声匿迹，但却在日本获取继承与发展，融入日本传统文化的内涵，并逐步成为现代日本文化的组成部分。然而在中国却难以发现这样的文化发展，虽然还可以发现一些文化存在的历史和现实痕迹。上述种种表明，现代日本文化是其传统文化的延续与发展，包含传统中华文化的成分，并成为其中重要的内容。关键在于"日本主体"的思想与意识：主动求取，择善而从；以我为主，为我所用；继承改造，创新发展；融入社会，凝成文化。在明治时期，随着中国与西方势力的消长，日本审时度势地将目光转向西方世界，基本的法则依然与师从中国如出一辙：首先，观察与了解西方社会，包括西方社会物质与精神层面的文化内容，派遣使节团和游学生是常见的方式；其次，在"日本主体"思想与意识的指导之下，对外部世界社会系统中具有比较优势的文化内容，加以学习、吸收与消化，从而在借鉴中融入日本的文化因素，或获取其中物质层面的内容，比如科技与军备；再次，以上述内容为基础，确立日本在外部世界社会系统中的地位与影响，甚至产生竞争性的斗争过程。比如明治维新之后，日本与中国争夺琉球的进贡，以及与西方列强争夺在东亚的利益。虽然此时中国并不存在充分的思想准备，甚至压根就没有准备与日本进行争夺。由上可见，"日本主体"的思想与意识也并非其在明治时期才出现的社会思维图式，而是传统日本文化中就已存在，只是在获取社会转型之后，这样的图式获取更为进一步的深化与发展，并成为在明治时期所确立日本型文化的灵魂。

明治日本社会所存在明显的发展与变化，就是日本社会的自信心获取显著的增强，主要体现在中日战争和日俄战争之后。中日战争的胜利标志明治日本奉行的"脱亚入欧"政策与"大陆政策"初见成效，为日本社会的转型注入物质与精神的营养：在物质方面，获取清末中国大量的战争赔偿，以及割占台湾等地区，由此导致日本侵略殖民和领土扩张的野心膨胀；中日战争的成果也是明治日本对旧制度的胜利，标志日本通过明治维新而实现社会转型之后，在文化和精神上所实现巨大解放的胜利，这就更为增强日本社会的自信心，推进了日本文化的本土化进程。从某种意义上来讲，日本型文化的确立与发展就是日本文化的本土化特色获取日益彰显的过程。但由于日本文化的本土化特色依然受到中华文化渊源的历史禁锢，毕竟无论是神道教、天皇制度还是武士道，都渊源于传统中华文化的某些内容，甚至本质上与传统中华文化存在紧密的联系，完全割裂与传统中华文化之间的联系，对日本来讲难以做到。比如，日本的文字缘起和历史记载都要依赖传统中华文化的文献内容。在这样历史和文化关联的情势之下，日本要获取对中华文化的比较优势，存在明显的历史局限。但明治日本逐步获取在东亚的强国地位，日本社会存在摆脱传统中华文化的思想观念，并借此获取对传统中华文化的比较优势，甚至妄图以日本文化替代传统中华文化，因此日本社会出现反华制华的潮流。主要表现在如下方面：首先，剥夺清末中国对琉球的藩属权，强迫并逐步取消琉球向清末中国的朝贡，这就标志中国历代所奉行的朝贡制度与"和融万邦"的外交政策走向时代性的崩解；其次，以"琉球漂流民事件"为借口，不仅笼络琉球社会的人心，而且还侵入中国的台湾地区，获取明治之后日本所奉行侵略和殖民政策的"第一桶金",最终以中日战争的胜利割占中国的台湾地区;再次,"征韩论"的提出和"大陆政策"的实施,标志"织丰"时代之后日本侵华思潮的重新兴起,标志日本型文化的核心精神发展到社会理论与政策层面,并走向社会行为的层面。上述诸种表现在社会思想观念上就是"去中国化"的过程,同时也是日本型文化的本土化特色逐步增强的过程,而且西方化特色也逐步演变为"去中国化"和本土化的重要策略与手段,最为重要的方面就是不断推进日本型文化的本土化特色发展。由此看来,确立日本型文化的实质目标,就是不断推进日本文化的本土化发展,关键就是选择"去中国化"的路径,而重要的策略与手段则是西方化,即实施"脱亚入欧"的政策。因此可以说,本土化特色是明治日本所确立日本型文化的"实像"。

在传统日本文化之中,蕴藏中华文化的诸多因素,甚至可以说传统日本文化就是中华文化的附属与边缘类型。这样的判断符合历史和文化发展的客观事实,但却忽略至关重要的方面,即其中也存在诸多本土化的日本因素,其影响与作用往往在漫长中华文化占据比较优势之时被隐藏起来,呈现于外部世界社会系统的只是"虚像",而并非就是其中的"实像"。也就是说,传统日本文化也存在"日本主体"的思想与意识,以及由此产生的本土化特色。但这样的特色却在中华文化处于比较优势之时,长期处在隐没的状态,即"虚像"掩盖了"实像"。在日本文化发展的进程之中,这样的现象是一种常态。但明治维新之后,由于日本实现近代社会的转型过程,在社会和文化等方面都获取巨大的发展,由此导致日本型文化的确立与发展,并占据东亚文化的优势地位,即明治日本在文化上已获取对中华文化的比较优势,本土化特色日益凸显出来,从而实现由隐而显的转变,即形成"虚实共生"的现实状态。无论是中华文化还是西方文化,在上述共生的过程之中只能处于从属与次要的地位,这就表明"日本主体"的思想与意识已占据上位,西方化只是服从本土化的工具与手段,而"去中国化"则成了为达到本土化实质目标的路径,由此形成日本型文化的基本架构,即实现本土化的目标,开辟"去中国化"的路径,以及采用西方化的策略。也就是说,在明治时期,日本型文化与其他文化之间，比如中华文化与西方文化，存在主体与客体之间的关系，但在对待中华文化与西方文化的态度上则存在显著的差异：对待中华文化，采取悖逆的态度，刻意弱化中华文化对日本社会和文化的影响与作用；对待西方文化，采取实用工具的态度，主要是学习、吸收和借鉴近代西方的科技文化和社会制度，并以西方化为策略与手段，妄图弱化中华文化对日本社会的影响与作用，从而在更大程度上凸显其本土化的特色。由此看来，在明治日本社会中，西方文化与中华文化只是扮演着"虚像"的角色，而本土化才是其中的"实像"，即本土化才是日本型文化的本质特色。正是由于存在这样"虚实共生"的规律，因而在外部世界社会系统之中，明治日本社会才显著地表现出"泥潭"的状态。概括地来讲，本土化是明治时期日本型文化的实质特色与根本目标。在实施"脱亚入欧"政策和"大陆政策"之后，日本型文化的特色目标就转化为具体的社会政策，并对日本的"国家神道化"和"军国主义化"产生社会性导引的重要影响与作用。

二、大正时期(1912—1926)：日本型文化的发展与彷徨期

明治时代是日本历史和文化发展的重要阶段，日本型文化获取确立与形成，并存在深化发展的过程。在上述发展的过程之中，无论是在"去中国化"与本土化之间，还是在本土化与西方化之间，都已形成泾渭分明的结果：无论是本土化还是西方化，都是以"去中国化"特色为重要的目标，而其最终的目标则是实现本土化，"去中国化"则成为达成终极目标的路径。同时在本土化与西方化之间，并没有获取层次和程度上的结果。从层次角度来讲，存在西方化的虚实争议，特别是还没有解决好对西方资本主义诸种社会和政治制度的抉择问题，当然也还存在中国化的去留争议；从程度角度来讲，存在本土化的实质特色与根本目标问题，特别是维护传统日本文化的核心精神，即推进日本的"国家神道化"和"军国主义化"发展问题，核心就是要解决好西方化为本土化所提供强大的支撑力量问题。

在大正时期，日本社会系统内部存在剧烈的发展与变化，具体表现在文化、社会、政治、文化和教育等诸多方面。从文化角度来讲，日本型文化呈

现出异常彷徨的发展特征，亟须解决好其何去何从的问题，比如涉及天皇制度的存废问题，这是西方化中必然会出现的重要文化与社会问题；从社会角度来讲，日本已历经由封闭到开国的发展过程，特别是受到西方社会诸多思想和制度的影响与作用，导致产生日本社会的思想观念解放，加剧西方化与本土化之间的矛盾与冲突，比如出现革命与民主的社会思潮，并对天皇制度形成潜在和现实的威胁。从政治角度来讲，日本社会政党开始涌现，并表现得很活跃，其中存在对西方资本主义制度类型的抉择问题，特别是在天皇专政与社会民主之间存在突出的矛盾与冲突，这就对日本社会的发展形成较大的冲击；从文化和教育角度来讲，天皇专政与西方民主之间也存在一些矛盾与冲突，势必会对日本文化和教育的理念、制度与实践等，产生诸多现实性的影响与作用。

上述方面的存在充分地表明，在大正时期，日本型文化获取重要的发展过程，但这样的过程却表现出彷徨的发展特征。主要体现在：

首先是中国化路径的去留问题。即"去中国化"特色及其内在实质，这是关乎传统与近代之间关系的问题，即在走向近代化的进程之中，日本如何看待传统中华文化对日本型文化的影响与作用问题，虽然"去中国化"在明治时代就已成为日本型文化发展的趋势与特色。在明治和大正时代，日本就尝试以日本文化融合中华文化。主要表现在如下方面：一是在日本文化中融入传统中华文化的内容，促使日本文化与中华文化的内涵出现此消彼长的关系。这样的文化侵蚀现象在现代社会中也时常发生，比如存在韩国在申请世界非物质文化遗产中对中华文化的侵蚀现象。这样的伎俩在明治和大正日本已存在显著的表现，这是日本文化侵华的重要方面与突出表现。二是削弱中华文化的物质与精神内涵，同时不断地增强日本文化的实力，最终要以日本文化融合中华文化，以及获取在东亚的文化中心地位。中日战争（1894年）和日俄战争（1905年）之后，日本开始在中国台湾和东北地区进行文化渗透、侵略与殖民，并通过开拓团等形式，进行大量的移民，借此在削弱中华文化的物质与精神内涵的同时，扩展日本文化在东亚的影响与作用，以在侵略和殖民中实现日本文化的战略使命。三是加紧推进"大陆政策"，妄图以军事的威力灭亡中国，从而最终实现上述文化的战略使命，即达成"大东亚共荣圈"构想的核心目标。明治日本先后吞并琉球和朝鲜半岛之后，又侵占中国的台湾地区，并以日俄战争为标志，开始了在中国东北地区的存在。大正日本在"二十一条"中提出所谓的"满蒙"问题。上述步骤都是日本落实"大陆政策"的重要内容，也是日本妄图吞并中国的策略谋划。从文化角度来讲，上述方面也是推进日本文化战略使命的重要步骤。实质上来讲，中国化路径的去留问题就是如何更进一步地推进"去中国化"的特色，以及达成以日本文化融合中华文化的战略目标，即实现日本型文化的战略使命。

其次是西方化的现实边界问题。在日本型文化的特色之中，西方化是具有特殊道具功能的因素：一是作为中国化的对立面，它是"去中国化"的重要工具。进入明治时代中后期，甚至包括大正时期，日本一贯采取"脱亚入欧"政策，实质上就是"去中国化"的政策，试图通过实施这样的政策，达成日本的国际性和战略性目标，即获取西方列强的认同，以及排除中华文化长期以来对日本社会的深刻影响与作用。二是作为增强本土化的重要工具。长期以来，传统日本文化实质上已成为"大中华文化圈"的组成部分，而且一直处于边缘与附属的地位，本土化特色虽然蕴藏于传统日本文化的深层，但中华文化影响与作用的"虚像"则表现得很显著，以至本土化的"实像"却淹没在这样的"虚像"之中，难以鲜明地彰显出来。因此，增强西方化的特色，有助于削弱中华文化的影响与作用。中华文化处于比较劣势的国际环境与氛围，对近代日本转型存在诸多的益处，此即日本文化所存在"随强就市"的处世策略与方式。毕竟在近代化进程之中，西方文化已明显处在比较优势的地位，中华文化已随着清末中国的衰败而势力日渐衰弱。因此，明治至大正日本采取"脱亚入欧"政策，吸取与借鉴近代西方先进文化的内涵与精神，特别是注重其中的科技因素，并成为削弱中国化和增强本土化内涵的重要道具。三是作为笼络西方列强的文化战略与策略，还把日本塑造为西方的一员。实际上在近代化进程之中，日本始终把自己形塑成在东亚的西方国家，并伙同西方列强，对东亚其他国家采取侵略和殖民的政策，成为西方列强进入东亚的中继基地，出现日本与西方列强之间的利益交集。当然，本土化特色的增强也势必促使日本逐步梦想成为最为强大的东亚势力，因此也就产生驱逐西方势力的社会需要，此即现代日本社会所存在诸多反抗西方列强和解放东亚诸国的"合法"理由。然而实质上来讲这并非符合客观事实的历史观点，依然是日本要求增强本土化特色的突出社会表现。近代日本始终是作为西方国家一员的身份出现，并对西方列强采取笼络与合作的策略。也就是说，"脱亚入欧"政策是近代日本所始终贯彻与执行的战略与政策。但在日本型文化和近代化的发展进程之中，西方化只是作为策略性的道具，存在明显的现实边界，即不可能对本土化特色的形成和发展具有深刻的影响与作用，只能产生辅助推力的影响与作用，同时西方化内涵也逐步渗入本土化特色，比如输入近代西方先进的科技成就，在很大程度上丰富了日本型文化的本土化内涵。然而在这样的影响与作用之中，"去中国化"则是上述两者的共同目标。在大正日本，西方化的现实边界获取形成与发展，并经历诸多社会矛盾与斗争的过程。当然也可以说，这是对西方文化进行鉴别、挑选与融入的复杂社会过程。

再次是本土化核心的发展问题。在明治时代，日本型文化的本土化特色已确立起来，但在"脱亚入欧"政策之下，如何处理西方化与本土化之间的关系，是明治日本发展进程中的重大社会和文化战略问题。在大正时期，随着西方化获取更为深入的发展，上述战略性问题也就日益显露出来，以至成为日本现实社会和文化中的重要问题。因此在大正时期，日本型文化的本土化向何处去？这样的问题贯穿于发展阶段的始终，以至形成社会和文化的矛盾与冲突，出现诸如"大正政变"这样激烈冲突的社会局面。社会现象就是文化与精神的折射，大正日本社会的乱象就是这样发展问题的集中体现。在大正时期，国际局势已出现深刻的发展与变化：一是中国爆发辛亥革命，清末政权已遭颠覆，出现近代中国社会转型的重要契机，并且日本因素存在深刻的影响与作用。二是欧洲爆发第一次世界大战，欧洲和世界局势出现这样的发展与变化，也对日本在东亚的侵略和殖民格局产生现实性的影响与作用。作为参战国和战胜国，日本获取在东亚提升地位与作用的难得机遇。三是在"脱亚入欧"政策之下，日本经历明治时代的西方化热潮，到了大正时期，就开始了深刻的反思过程，并在摸索中表现出更为理性的发展与变化，集中体现为本土化特色的增强。但相对明治时代，大正日本社会呈现出更为复杂的局面，特别是在西方化日益深化发展的情势之下，出现本土化、中国化和西方化之间的论争与冲突，特别是体现在本土化与西方化之间，最为显著的社会呈现就是政党政治的发足和民本主义的盛行，以及市民社会的形成与发展。上述社会的情形对传统日本政治体制产生冲击性的直接影响与深刻作用，以致出现诸如"大正政变"和"米骚动"这样的政治局面。其实上述都是日本社会在西方化中的突出反应形式，但难以撼动日本社会和文化的根基，即本土化特色，而且在西方化与本土化之间，还逐步产生时代性的契合，即实现道具（西方化）的社会功效，其实这也是在明治时代福泽谕吉"和魂洋才"思想的现实运用与时代发展。集中体现在：一是大正日本的本土化特色增强，集中表现为军部势力的膨胀，"国家神道化"和"军国主义化"获取较大程度上的发展，西方化逐步沦为道具的角色；二是对东亚的侵略和殖民策略出现历史性和时代性的发展与变化，即在东亚有策略地占据对西方列强的比较优势。比如，在中国同为一战参战国和战胜国的情形之下，强行获取德国在中国山东的特权；对华提出"二十一条"要求，以及通过开展对华借款和签定军事协定等措施，妄图深化控制中国政治和社会的发展方向。大正日本还伙同美国、英国和法国等西方列强，出兵中国东北和西伯利亚地区，对新生的苏联政权进行军事上的打击，虽然最终以失败告终，但也存在上述显著的特征。正如八国联军入侵中国之时，日本派出最大数量的军事力量，即达12000人，而美国是8000人，英法是5800人，凸显出近代日本在东亚的特别角色，这也是由本土化特色不断增强所决定的。毕竟获取对西方列强在东亚的比较优势，是日本型文化的既定战略目标，这样的文化实质在昭和前期存在更为显著的表现。

在大正时期，日本型文化发展的彷徨特征还透过其他军事事件和社会现象充分地显露出来。以日本在东亚的存在为实例：1910年明治日本吞并朝鲜，这是日本梦寐以求的国家和社会理想。在明代中国时期，丰臣秀吉发动侵略朝鲜的战争，这是日本实施"大陆政策"的早期体现。在明代中国军队援助之下，朝鲜军队击退日本军队的进攻，丰臣秀吉的侵略计划并没有获取成功。但到明治时期，清末中国遭遇中日战争的失败，无力支援朝鲜抗击日本的侵略，遂导致出现日本殖民朝鲜的结果。大正日本再次强化对中国的战略与策略部署，特别是发生日本与新生苏联政权的战争，战争的发生地就是中国东北和西伯利亚地区，并对中国提出所谓的"满蒙"问题，强化侵害、分化和割裂中国的战略意图。当然在日本社会中，还存在深层社会与文化的战略企图。比如，在第一次世界大战之后，日本妄图获取中国的文化重镇山东的特权，引发中国的五四运动。日本还加紧养成其在中国的代理人，特别是政治和军事方面的代理人，其实这项工作从明治时代就已开始。比如，在辛亥革命中，孙中山曾经旅日，"中山"之名为日本人所取，并获日本天皇多次接见，甚至还与日本女人联姻，并育有一女；蒋介石也曾前往日本学习军事。当然还包括日本与溥仪家族之间的关系，日本并非想支持溥仪建立"伪满洲国"，而是要最终侵吞中国东北乃至中国的全域。近代中国政治和军事名人大都与日本存在千丝万缕的联系，但所有军事事件和社会现象的存在都没有脱离日本型文化的核心理念，即"八纮一宇"以及由此所引发的"大陆政策"和"大东亚共荣圈"梦想。由上可见，虽然在日本国内呈现出观点纷争与社会乱象，但在东亚战略与策略上却存在惊人的趋同现象，即奉行侵略和殖民的"大陆政策"，虽然在某些政策上存在差异性的意见与看法。在发生关东大震灾，特别是1920年社会性恐慌之后，日本社会盛行民本主义思潮，军部的权势与影响大涨，"右翼"团体簇生及其势力不断获取发展，妄图支配东亚大陆的欲望也日益膨胀。由上可知，在大正时期，日本型文化只是呈现为发展中的彷徨状态，但实质内涵却并不存在显著的发展与变化。也就是说，在大正时期，日本型文化并非呈现为彷徨的消极状态，而是处于发展中的彷徨状态，即处在"虚实共生"的特殊发展时期。随着时代发展所出现变化的，主要存在于"虚像"的部分，而"实像"并不存在实质上的变化。虽然外在表象存在"由隐而显"以及"由微到著"的发展与变化，并给外界以现实的印象，然而"实像"往往呈现为隐没的状态。

三、昭和前期 (1926—1945)：日本型文化的膨大与极端期

由大正进入昭和前期，日本国内和国际社会的局势都出现巨大的发展与变化，日本型文化也由发展与彷徨期进入膨大与极端期。这样的发展与变化也是通过日本社会所出现诸多的社会现象和军事事件而呈现出来。

从日本国内情形来讲，在大正时期，发生关东大震灾之后，日本并未呈现出经济和社会衰退的局面。相反，大震灾却刺激日本努力实现近代文明的社会扩散，日本近代文明和城市化获取极大程度上的发展，大城市加速地形成，国家垄断资本主义也获取不断的强化，这就为昭和前期日本军国主义和法西斯主义的强化创设了社会性的条件与氛围。当然，这也并非影响与作用的唯一因素。比如，在大正时期，随着民本主义思潮兴起，日本大众社会化逐步地形成，同时近代西方政治和社会制度不断传入，对日本产生巨大的社会影响与作用，并由此引发思想和观点上的论争与冲突。上述因素对本土化特色具有社会性和时代性的冲击力量。其实这也就反映出在大正和昭和前期，日本型文化依然存在西方化和本土化之间的矛盾与冲突，而且相对明治时代而言显得更为激烈，此即在大正和昭和前期，日本所出现诸多社会现象和军事事件的重要成因。比如"右翼"团体簇生及其势力抬头，并出现诸种势力统一的运动；产生天皇制度由文化过渡到政治层面的争论，即提出"天皇机关说"，力求保证皇室的尊严。正如后来出现的"大政翼替会"强调，要坚持"天皇归一""尽忠报国"和"承诏必谨"的原则立场；出现所谓"军部革新运动"，更进一步地强化影响与作用；在文化和教育上加强统制，"神道国家化"和"军国主义化"发展到极端的程度。上述方面为昭和前期日本发动全面侵华战争和太平洋战争，提供了文化和社会上的有力支撑，充分表明日本型文化处于膨大与极端期。

从国际局势发展来讲，在 20 世纪初，西方世界进入垄断资本主义的发展阶段，国际竞争异常激烈，导致产生诸多国际性的矛盾与纷争。第一次世界大战的结局并没有平息国际社会发展中这样的阶段性问题，相反却酝酿更为激烈的战争阴霾。由于西方列强对世界财富的极度贪婪，无序的垄断不断

地深化发展，最终导致爆发世界性的经济危机，此即"世界恐慌"的国际局势。这样的危机由发达的资本主义国家蔓延开来，波及东亚的日本，对日本列岛的经济、社会和政治等方面都产生巨大的冲击，并间接成为日本"右翼"和"军部"势力增强的重要成因。这样情形的出现是国际性的社会现象：发达的西方资本主义国家为了摆脱经济危机，都相继启动战争机器，最为重要的措施就是增强军事力量，妄图通过战争来解决所面临国内外的社会矛盾与问题。从危机侵害程度来讲，毕竟日本的传统资源相对贫乏，经济发展对海外贸易存在严重的依赖，因此危机对日本的经济发展造成较大的冲击，也就对日本的国际战略，以及政治、社会和军事等方面的发展，都产生深刻的影响与作用。为转嫁危机的风险侵害，包括日本在内的西方垄断资本主义国家，就更进一步地加强对其他国家和地区的殖民与掠夺，从而也就更进一步地激化国际性的矛盾与冲突，此即为第二次世界大战的发生提供了"土壤"与环境，奠定国际性的经济与环境基础。日本在东亚和全球范围，与西方垄断资本主义国家之间，存在尖锐的对立，特别是与美国之间，更存在显著的矛盾与冲突，表现在在东亚的相关政策方面，比如日本妄图独占东亚，实现所谓"八纮一宇"的社会理想，但与美国在东亚的门户开放政策相违背。由此可见，日美矛盾与冲突并非只因珍珠港偷袭而开始，而是存在东亚政策与理念上的深刻矛盾与冲突，这是具有历史性和战略性特征的国际问题。当然，"世界恐慌"成为了太平洋战争爆发的导火索。因此，无论是日本全面侵华还是太平洋战争爆发，虽然其中存在经济、社会和军事等方面因素的影响与作用，但在更为深层次上却是由文化因素所导致的。由此看来，日本型文化的膨大化（或极端化）发展在其中起到重要的影响与推进作用。集中体现在如下方面：

第一，思想演进：由主权线和利益线到大东亚共荣圈。在明治时代，山县有朋提出"主权线"和"利益线"的侵略扩展理论。所谓"主权线"，就是守卫日本的国境线，被视为日本的生命线；所谓"利益线"，就是与日本存在利益关系的边界，并立足"主权线"的基础之上。在大正日本，这样的理论内涵获取较大程度上的发展，比如强化对朝鲜半岛的殖民统治；发生与新生苏联政权的战争，以及对当时中国政府提出"二十一条"，签署其他相关的协议，从而获取更多战略与现实利益。但日本的主要意图还是着眼于西方列强在东亚的势力调整与利益分配。在上述方面，特别体现在第一次世界大战之后诸多军事事件和社会现象之中，比如接管战败的德国在中国山东的特权。在朝鲜半岛纳入"主权线"之后，日本的"利益线"也随之延展。在昭和前期，日本奉行对中国的积极政策，其实就是侵略扩张的政策，主要的表现是把所谓"满蒙"问题纳入日本的"主权线"，提出"满蒙"问题是日本生命线的观点，并对中国采取谋略性和侵略性的现实行动：一是谋杀东北王张作霖，借此消除中国在东北地区的政治与军事势力；二是扶植中国清朝末代皇帝溥仪建立傀儡政权，即所谓"伪满洲国"；三是组织开拓团，向中国东北地区大量移民，借以增强日本的势力存在；四是强化日本与所谓"伪满洲国"的联系，在中国东北地区修建铁路，借以加强对资源和物资的掠夺，并妄图将中国东北地区纳入日本的版图。对蒙古的策略也存在这样的战略思路。上述史实充分地表明，在昭和前期，实质上日本已超越"利益线"的相关范畴，并扩展到东亚新秩序的构建，即提出"大东亚共荣圈"理论。这样的理论粉饰出"东亚共荣"的"虚像"，而掩盖了日本对东亚侵略、殖民和占据的实像。最为明显的就是日本以所谓"解放亚洲"为借口，强化对朝鲜半岛的殖民与掠夺，在中国东北地区建设所谓"王道乐土"，在中国华北地区实施"三光政策"，甚至在当时中国的首都南京实施惨绝人寰的大屠杀。无论是占据中国东北地区、策划分裂蒙古，还是实施全面侵华战争，都是日本所提出"东亚新秩序"的重要内容与实施步骤，也是"大东亚共荣圈"的现实呈现，然而实质上更是日本型文化膨大化（或极端化）的充分体现。在对华侵略的过程之中，日本总是以文化和思想理论为先导。由此看来，文化侵略是日本侵华策略的本质内涵。

第二，政策变迁：由"大陆政策"到"综力战"体制。这样的更换经历了逐步发展与深化的过程。明治时期的"大陆政策"是"织丰"时代相关思想和观点的继承与发展，并在具体内涵上存在日渐深化的过程。但大正与昭和前期的"大陆政策"就进入深化实施的发展阶段，表现在日本文化和社会中,就是"天皇机关说"和军国主义已获确立与发展,并日益显示出浓烈的法西斯主义色彩,比如发起"国民精神动员运动",实施"国家总动员法",以及与德意法西斯政权建立"三国同盟"。所谓"天皇机关说",实质上是促使天皇制度由文化向社会层面的转换,天皇由传统宗教的"现人神"演变成现实社会的政治领袖,即掌握了日本的国家统治权力。也就是说,实质上天皇成为集文化、行政、军事和司法等权力的国家统治者。即便是已形成的政党内阁制,也必须以此作为基础性的思想与理论,由此还增强《明治宪法》在现实政治中的法理地位与作用,借以维护天皇的至上权威。上述方面表明,昭和日本依然是天皇高度专制和集权的政体,政党与内阁制等西方资本主义制度只是日本政治演进中制订的游戏规则,是对天皇制度下专政和集权体制的时代补充。至此,"综力战"体制在昭和时期已形成。在社会行为方面,突出体现为全面侵华战争和太平洋战争所呈现的勃发状态。从对华政策与行动方面来讲:一是实施分裂中国的政策,完成对中国东北地区的占据与殖民,这是通过建立"伪满洲国"傀儡政权的途径来实现的;二是策动"卢沟桥事变",掀起全面侵华战争,并制定推进"华北五省自治"政策,企图进一步地分裂与蚕食中国;三是开辟进攻中国东南部的战场,阴谋策动"上海事变",占领当时中国的首都南京,并威胁武汉和重庆等城市的安全。上述政策与行动导致中国处于生死存亡的危急状态。从太平洋战争之中的策略方面来讲:一是采取偷袭的策略与方式,对位于夏威夷的珍珠港进行突然攻击,激起美国直接参战,标志太平洋战争的激烈爆发;二是实施"逐岛坚守"的作战策略,并运用特攻方式,企图扭转和迟滞失败的结局;三是建立"本土决战"的体制,妄图以此作为对付以美国为主的盟军进攻。日本的负隅顽抗充分显示出其法西斯主义和军国主义的本质,但它难以摆脱最终战败的命运。同时不能忽略日本的"南进政策",这是日本为实现"大东亚共荣圈"的重要环节。正是存在这样的政策与行动,更凸显出日本型文化所出现膨大化(或极端化)发展的时代特征。其实,太平洋战争的爆发也是这样特征的重要体现。

第三,对华策略:由"支离"政策到全面战争。相对中国而言,日本是在东亚和太平洋西岸的小型国家，长期处于社会和文化发展的边缘与附属地位。但中日甲午战争的胜利增强日本的民族自信，自此日本社会的中国观出现转折性的发展与变化，开始日本在东亚侵略与扩张的历史过程。首先遭遇侵害的是朝鲜半岛，接着就是中国。面对具有深厚文化底蕴的庞然大国，日本刚开始难以做出全面进攻的姿态，因此实施的还只是"支离"政策。正如明治日本对中国的称呼，即"支那"的概念含义。但其中却充盈浓烈反华制华的文化策略内涵。从具体的行动与策略来讲，首先通过《马关条约》割占中国的台湾地区，这是在明治时期发生的事情。大正日本强化对中国的"支离"政策，提出所谓"满蒙"问题，随之而来的就是策动建立"伪满洲国"的傀儡政权，意图是通过支解、渗透和占据等方式与步骤，达成日本在东亚的战略目标，即把日本的"主权线"和"利益线"，延伸到中国东北和蒙古，这也正是日本在"大陆政策"指导下的必然发展趋向。在昭和前期，日本不仅继续在中国华北地区实施"支离"政策，而且还谋划发动"卢沟桥事变"，增强对中国华东地区的军事攻势，并由此实施对华全面战争。上述只是反映在军事策略的方面。在政治策略方面，日本策划成立以汪精卫为代表的亲日政权，妄图通过分化的方式，达成中国政治内部分解的战略目标。其实这也只是日本在"支离"政策向全面战争转换之中的策略运用，主要是进一步地推进对中国的全面占据。从西太平洋层面来讲，日本还实施"南进政策"，在东亚、东南亚和南亚等广大地域中，推进全面战争的政策。从上述方面来讲，甚至太平洋战争也蕴藏着这样的策略动向。当然这超越了对华策略的讨论范畴，反映出日本在东亚和世界范围内的战略企图。从"支离"政策发展到全面战争，虽然在社会行为和军事行动上出现发展与变化，但在对华策略方面却并没有出现实质上的显著变化，即这样的发展与变化还只是日本推行"大陆政策"的实际与具体步骤，以及构建"大东亚共荣圈"的重要环节。从日本型文化特色层面来讲，上述对华策略内容的发展与变化充分反映出在日本社会中国观的转换过程，并充分表明昭和日本"去中国化"特色出现时代性和社会性的发展与变化，本土化特色呈现出日益强化的发展倾向，西方化特色则表现出更为显著的道具特征，上述发展与变化也正反映出在昭和时期,日本型文化显著地存在膨大化(或极端化)发展的过程特征。

第四,国际战略:由积极外交到"帝国国策"。从"脱亚入欧"政策到重拾"大陆政策",乃至构建"大东亚共荣圈"的构想,日本经历由主动开国到侵攻东亚的历史转变过程。随着日本侵略和殖民东亚步伐的加速,特别是实现殖民朝鲜半岛之后,日本的东亚战略初具端倪,开始强化对华侵略的政策。但西方列强的势力对日本的东亚战略存在实质上的障碍作用。早在中日甲午战争之时,就已出现俄德法列强干涉归还辽东半岛的史实。其中并没有英国的身影,这为后来日本与英国结成同盟关系,奠定了历史与现实上的基础,同时也为第一次世界大战之后日本要求占据德国在中国山东的权益,提供了历史与现实上的前提。在20世纪初,特别是在第一次世界大战之后,美国的经济和军事实力开始崛起,在对华外交方面倡导"门户开放"政策,这与日本的东亚战略存在深层的矛盾与冲突,由此引发日本与美国在东亚的潜在对抗与现实冲突。在走向开国的过程之中,日本对西方国家采取积极外交的政策,通过灵活和机动的外交策略,在西方诸国的矛盾与关联中谋求自身的生存与发展,以及维护日本在东亚的战略与现实利益。比如,英国在日本外交关系中扮演重要的角色,毕竟英国与日本在政治体制上存在近似,都是君主立宪制的政体。在日本近代化进程之中,英国是日本政治体制最为主要的模仿对象。因此,日本与英国存在紧密的关系,并延续到太平洋战争爆发之前。同时,日本与英国结成日英同盟,还存在共同寻求在东亚战略与现实利益上的考虑。除了保持与英国的同盟关系之外,日本还与其他西方列强建立外交关系,以谋求日本在东亚的最大战略和现实利益。但美国提出"门户开放"政策之后,日本东亚战略与美国东亚利益产生深刻的矛盾与冲突,从而在经济和军事等方面遭到美国的制裁,比如断绝对日本的石油供应,这无疑是断然的棒吓,同时冻结日本在美英等西方国家的资产。日本与美国的矛盾由来已久:从历史角度而言,日本的开国正是由美国人佩里率领舰队抵日,并强迫日本签订不平等条约所引发的结果。其中还有中国人罗森,或许这让日本产生遭受中国遗弃的感觉,由此也就产生后来在更大强度上"去中国化"和对华文化侵略的演进过程。当然这只是文化上的猜测与看法,难以获取明确的实证。但美国的制裁对日本东亚战略的实施产生深刻的影响与作用，无形中也加深日本对美国的仇恨，可谓旧仇添上新恨。上述的史实为日本制定"帝国国策"提供了历史性与社会性的依据。日本在与美国进行外交斡旋无果的情况之下，决意制定针对美英等西方国家的"帝国国策"，这是准备对美英等西方国家宣战的进攻策略，但显然已成为日本国家层面上的战略与决策，并在1941年《帝国国策遂行要领》中，确立对美英等西方国家的战争决意，提出进行全面战争准备的目标与时限，实质上就是做出了准备发动太平洋战争的决定。由此可知，日本在国际战略上经历由积极外交到"帝国国策"的转换过程。然而实质上来讲，具有决定性的影响与作用因素还是膨大化（或极端化）发展中的日本型文化，最为突出的表现就是其中的东亚战略，即妄图建立所谓"东亚新秩序"，即构建"大东亚共荣圈"。

第五，学校教育：由注重"兰学"到军国主义化。明治日本奉行"脱亚入欧"政策，确立日本型文化，西方化特色获取较大的发展，强化吸收与借鉴近代西方的先进文化，即所谓"兰学"。比如，西方著述《解体新书》曾经在日本风靡一时。随着明治日本对"兰学"的关注与重视，特别是经历福泽谕吉的介绍与提倡，近代西方的先进文化内容渗入日本的学校教育，同时削弱传统中华文化的影响与作用。明治天皇颁布《教育敕语》之后，日本学校教育的内容与形式又出现深刻的发展与变化，即本土化趋势日益明显地表现出来，特别是强化日本臣民对天皇的忠诚，加强对日本社会思想和意识的引导与控制。在大正时期，右翼思想与观点在日本社会更为显著地呈现出来，对日本学校教育的内容与形式产生更为深刻的影响与作用。在昭和前期，随着"神道国家化"和"军国主义化"在程度上不断地加深，"天皇制"的国体日益获取巩固，"天皇制"的教育体制也获得发展与强化，其中特别强调"教育敕语"在日本教育中的指导地位，强化对学生和臣民思想的引导与监控，即所谓"思想善导"，并倡导以"天皇制"和军国主义为核心，构建日本社会的文化与精神。在昭和前期，日本学校教育已与"东亚新秩序"和"综力战"体制等"天皇制"的军国主义建立更为紧密的联系，此即与法西斯主义构成昭和日本的社会大系统。实际上在昭和前期，日本的学校教育与社会教育日益出现趋同发展的倾向,核心的理念就是不断地强化天皇制的国体本义与国民思想意识的统一,借以推进"东亚新秩序"的发展进程。也就是说,在昭和前期,日本学校不断地推进皇国教育,这是明治日本"教育敕语"的重要思想。由此看来,相对大正日本而言,在昭和前期,日本更为强调对明治思想和精神的继承与发展,甚至出现对日本型文化内涵进行膨大化(或极端化)的发展倾向,比如参照"教育敕语"和"明治宪法"的思想与精神,增强天皇制和军国主义在日本学校教育内容中的重要程度,并提出"日本主义"和"日本精神"等概念内涵。在昭和前期,日本为契合"大东亚共荣圈"的构想,还在东亚殖民地强化实施同化和皇民化教育,特别是加强日本语言、风俗、习惯和生活样式等方面的教育,企图将在东亚的殖民地纳入日本型文化的影响与作用范围,当然最终的目标是要建设所谓"东亚新秩序",以及实现"八纮一宇"的社会理念。由上可知,在昭和前期,日本学校教育已完全由注重"兰学"发展到军国主义化,其实这是日本走向法西斯主义的史实、例证与缩影,也是日本型文化出现膨大化(或极端化)发展的充分体现。

四、战后时期 [昭和后期 (1945—1989) 和平成时期及以后 (1989—　)]:日本型文化的延续与重整期

日本是以神道教、天皇制度和武士道为三大立国支柱,并由此出发形成日本文化的本土化特色。在日本传统文化的漫长发展进程之中,本土化特色湮没于中华文化的强势影响与作用之下,日本文化在东亚文化中长期处于边缘与附属的地位。由于日本传统文化与中华文化之间存在紧密的渊源关系,再加上遭到中华文化的长期影响与作用,因此实质上来讲,日本传统文化经历了中国化发展的长期过程,成为"大中华文化圈"的组成部分。但随着"闭关锁国"政策的形成与发展,初步民主主义思潮只昙花一现,特别是在清代康乾盛世之后,中华文化的发展日益缺乏宏大的社会视野、追求科学与民主的探索精神,以及先于时代发展的动力与气度,因此逐步地散失文化上的比较优势,主要体现在中华文化与西方文化之间,以及中华文化与日本型

文化之间。中国近代化存在循序渐进的发展特征，鸦片战争只是历史性的社会与文化事件，并不能简单地作为中国社会和文化突然断裂的历史分界。毕竟中国近代化存在深刻的历史根源，鸦片战争只是典型的历史事件。因此，从社会和文化发展角度来讲，鸦片战争并非中国社会和文化走向近代的发展起点，而是中国社会和文化走向近代的阶段现象。

然而在中国走向近代化的同时，西方国家经历宗教改革、科技革命、工业发展和社会运动的历史过程，获取时代性的发展契机，实现跨越式的发展，逐步成为列强国家。随着大航海时代的来临，扩展了西方国家的社会视野，侵略和殖民逐渐在全世界范围内展开。东西方文明在近代化进程中的发展后果，必然要经历具有阶段性发展不相称特征的文明冲突，即西方文化与中华文化之间的时代冲突，最终也只有可以预想到的必然结局，其实上述内容是鸦片战争之后中西方社会和文化发展所确证的历史事实。中华文化的时代衰落还导致出现这样的结果，即"大中华文化圈"必然要经历时代性的发展危机，甚至产生诸如近代日本文化的悖逆现象。日本型文化就是这样文化的实证。然而这样的文化趋于极端化的发展，也导致日本产生时代性和历史性的结局，即经受战败的体验。但这样的文化与精神在战后日本却并没有消失，而且依然幽灵般地在日本列岛游荡，充分表现为战后日本社会和文化中依然存在反华制华的浓烈意识与社会现象。因此可以说，战后时期还可以视为日本型文化实现延续与重整的发展阶段。

第一，战后初期（1945—1950）："国体护持"的确保与"占领政策"的形成。诸多研究著述经常把昭和天皇的《终战诏书》作为日本战败的显著标志，其实它也是日本重新部署的战略宣示，最为紧要的是向日本民众做出"国体护持"的宣示。所谓"国体护持"，就是要强化天皇制的国家制度。然而从历史和文化角度来讲，这样的国体是由《明治宪法》所规定的国家制度，本质上又是由日本型文化与精神所决定的内容，经历明治、大正、昭和前期的社会和文化发展过程，包括"神道国家化"和"军国主义化"等。但这样国体的形成标志还是《明治宪法》，其中强化"皇室制度"，明确天皇实行专制和集权的社会与政治制度，标志天皇由"虚像"而入"实像"，直接掌管社会和政治事务，然而昭和天皇的"终战诏书"依然在强调要确保这样的国体。由上可见，战后初期日本所谓"国体护持"的确保，实质上是维护明治维新以来"天皇制"国家的宣示，而不仅仅是战败之后的"投降诏书"。上述内容是对昭和天皇《终战诏书》的辨证解读，而非片面的阐释。但目前辨证解读的依然偏少，而片面阐释的却很普遍。

在战后初期，美国在日本实施"占领政策"，对日本进行社会与政治的改造，并对天皇在现代日本社会和政治的地位与作用做出明确的界定，这对"国体护持"确保的宣示产生强大的冲击，毕竟日本是战败国家的特定身份。在"占领政策"之下，以美国为主导的"远东委员会"掌握日本社会和政治的权力，开始清算日本发动战争的罪行，以及改造日本的社会与政治，并剥夺昭和天皇的政治权力，只赋予其作为日本的国家象征，还制定《日本国宪法》，主旨的思想是变天皇主权为国民主权，国体上变"天皇制"为民主主义体制，实施神道与国家分离的政策，排除军国主义思想和意识的影响与作用，确立战后宪法体制。其实这样的改革只是导致日本社会和文化中的"实像"与"虚像"出现时代性和历史性的换位，但却并没有促使其中的实质精神出现转换与变更。也就是说，这样的改革并没有拔除"日本型"社会和文化的实质内容。

从昭和天皇《终战诏书》发布日起，"国体护持"确保就成为日本社会和文化的政治使命，这样"实像"的本质并没有发生变化，只是在日本社会呈现为由显而隐的状态，从而给国际社会以"虚像"的观感，然而"虚像"却由隐而显，并呈现为诸多的社会和政治现象，这也就是日本社会和政治的实际状况。比如，在"占领政策"之下，国际社会曾经声称废除"天皇制"，确立国民主权原则，但事实上天皇制度这样的实像，在日本依然存在并延续下来，而国民主权也依然只是处在"虚像"的地位，从而导致战后日本社会形成"虚实共生"的状态。具体表现在：一是天皇制度的文化身份获取恢复，虽然天皇的社会和政治权力在名义上已剥夺；二是神道教的文化基础并没有削弱，依然是支撑天皇制度和武士道的重要文化基础；三是在日本社会和文化中，形成"虚实共生"的双重体制，并在"占领政策"之下，维系着日本型文化的本土化特色。

上述方面充分地表明，日本的国体在"占领政策"之下并没有出现实质上的发展与变化，日本依然呈现出"天皇制"的国家性质，而战后社会和政治的改革却沦为"虚像"，虽然并非国际社会期待发生的事情。

第二，朝鲜战争（1950—1953）前后："再军备"政策的展开与日美军事同盟的缔结。朝鲜战争的爆发促使战后日本在东西方两大阵营争斗中获取重要的发展契机。西方国家和中国介入朝鲜战争，促成日本成为以美军为主联军重要的后勤保障基地，这也正符合战后日本型文化延续与重整的现实需要。其实在朝鲜战争之前，日本已做诸多国际性尝试：战后日本政府曾经在中国对立的双方之间展开外交斡旋，企图从中国对立的双方获取发展的契机。最为明显的做法就是协助蒋介石政权和美国政府，竭力阻止新中国解放台湾地区。在中国参与朝鲜战争之后，日本更步美国的后尘，成为以美国为首的西方国家所实施东亚战略的重要"吹鼓手"，并成为美国等西方国家投放军事力量的重要前沿基地。上述方面就是日本与美国结成军事同盟的历史实态，当然日本具有臣服强者的文化传统。

在朝鲜战争前后，日本采取紧紧追随美国的策略，投入西方阵营，赚取极大的利益回报：一是战争责任的追究开始松动，最终导致终止对天皇的战争责任追究，以及恢复天皇制度。在日本型文化中，存在神道教、天皇制度和武士道等核心要素。至此，上述三大核心要素在日本社会和文化中重新获取重要的现实地位。二是以在朝鲜战争中援助美军为借口，设立警察预备队，并获取所谓的自卫权，从而挣脱"占领政策"之下所实施"非军事化"原则的束缚，开始"再军备"的发展过程。三是利用在朝鲜战争中作为以美军为首联军后勤保障基地的地位，重新启动军用与民用企业发展机制，不仅摆脱"占领政策"之下所剥夺的种种权利，而且还获取巨大的利益，这就为此后日本社会和经济的重新发展奠定了基础。四是通过支援以美国为首西方国家的途径与手段，还获取西方阵营在东亚的代表权，并缔结日美军事同盟，攫取其他政治和经济利益。通过上述策略，日本获取异常显著的利益，现实性上还存在其他利益，比如在企业海外拓展、科技引入、人才培养、经济交流和国际贸易等方面的便利。获取上述的利益与便利，也要付出某种程度上的代价，比如容许美军驻扎日本列岛和琉球。从某种角度来讲，现今日本就是美国在东亚和太平洋西岸开辟的现代殖民地，虽然旧时的殖民地大多已经终结。日本也存在某种战略与策略上的考量，比如借此获取在中美日"三角"关系中的特殊地位，防止中国因历史与现实问题对日本进行必要的惩处，以及获取在东亚的战略与现实利益。

"再军备"政策的展开与日美军事同盟的缔结，为战后日本的社会发展创设有利的环境与氛围，毕竟这样它就处于比较优势的国家集团与阵营之中。这样策略的实施还为日本型文化的延续与重整提供必要的前提条件，即获取重新军备权利的基础。在朝鲜战争之后，日本的军事力量由保安队、预备队发展到自卫队，由"再军备"发展到结成日美军事同盟关系，从而确立日本在东亚的重要地位与特殊作用，这也充分反映出战后中美日"三角"关系的初期发展形态。在某种程度上而言，这也为日本"右翼"势力的发展与猖獗提供重要的前提与保障。正是由于获取"再军备"的权利，以及存在日美军事同盟这样的特殊关系，日本获取美国在军事和安全上的协约保障，日本"右翼"势力才有胆量和魄力，更加肆无忌惮地大放厥词，制造诸多的国际和社会舆论，在日本社会和政治中扮演日益重要的角色，获取日本型文化的延续与重整，以及西方发达国家在东亚的代言者地位。对中国而言，日本"右翼"势力就是反华制华国际舆论的制造者与宣传者，其实这是"去中国化"特色的时代发展形态。由此看来，朝鲜战争为日本提供了实现"再军备"和结成日美军事同盟的重要契机，并标志日本型文化的延续与重整发展到更为高位的阶段。

第三，越南战争（1961——1973）前后：经济大国目标的实现与东亚强国地位的巩固。越南战争是美国在东亚进行的又一场介入战争，其中日本也扮演重要的角色，主要是提供战备物资的后勤保障服务。作为美军越战的后勤保障基地，日本通过军火及其他物资的供应，获取巨大的经济与政治利益，从而在朝鲜战争中获利的基础之上，再次把握了获取战争红利的机会，由此再次迎来日本经济和社会发展的良时，此即20世纪60、70年代日本经济的高速发展期。朝鲜战争和越南战争之后，日本实现了经济大国的发展目标，获取在东亚经济与金融中心的地位，以及成为经济和社会发达的国家。同时由于日本在上述两场战争中紧随美国身后，不仅战争责任的追究基本上遭到弃置，而且还获取再次加入西方俱乐部的机会，成为西方世界的重要成员，以及西方世界在东亚的代表者角色。通过建立日美军事同盟关系，日本还成为美国东亚战略的重要基地与中继站。

越南战争前后，随着经济上的极大发展，日本逐步提升军事和科技等方面的实力与地位，并在国际政治上提出更高的要求，特别是消除战后所遗留的政治难题，比如战争赔偿和主权问题。在战争赔偿方面，日本对除中国之外的东亚和东南亚诸国进行经济赔偿。在中日建交时，中国宣布放弃对日本侵华战争的国家赔偿。但在中日政府间协议之中，中国并没有放弃民间索赔的权利，毕竟这关涉民权和人权的部分，中国政府也无从干涉这样的民事赔偿，此即后来所出现中国受害者追究日本政府机构和相关企业的民事侵权责任。在主权问题上，日本除对北方四岛提出主权要求之外，还伙同美国促使"琉球复国运动"破产，并霸占隶属中国的钓鱼岛及其附属岛屿，途径就是在琉球出现临时政府，以及提出国家独立的政治要求之后，美日政府私自签署相关的协议，宣布赋予日本对琉球的管治权，并顺带赋予日本对本属中国的钓鱼岛及其附属岛屿管治权，此即后来所出现"琉球复国"和中国钓鱼岛及其附属岛屿主权纷争的问题，甚至还包括东海油气田开发权益等问题。

上述问题的出现与美国东亚战略存在紧密的关系，当然美国东亚战略主要针对的还是中国。对美国而言，诸多问题的存在具有巨大的战略利益：一是可以避免在获取独立之后，琉球会成为在东亚的古巴，将对美国东亚战略的实施产生障碍性的影响与作用；二是美日在琉球问题上进行秘密交易，即日本获取管治权，美国则保留驻扎军队的权力。实质上来讲，战后日本也成为了美国实施其东亚战略重要的中继基地，这符合美国实施其东亚战略的策略需要；三是制造和遗留钓鱼岛及其附属岛屿权益纷争的问题，又成为离间中日关系的利器，这是以前殖民国家的一贯做法。比如英国在撤离印度时，制造和遗留中印"麦克马洪线"，这成为中印战争发生的重要导火索。在上述问题中，日本都是获益者。毕竟无论是获取琉球的管治权，还是占据中国的钓鱼岛及其附属岛屿，都是明治维新以来日本的社会理想，也是"大陆政策"传统的题中之义，而且日本充当美国东亚战略的走卒和重要中继基地，还存在其他诸多益处。比如在国际政治和经济中获取特殊的地位；借重美国发展日本的科技与军事实力，以利于再次在东亚确立日本的重要地位与影响。上述方面都符合日本型文化的内在含义，体现出其中所存在日益增强的本土化特色。

第四，平成时期（1989— ）前后："两极"国际体制的解体与日本型文化的再出发。"苏东剧变"之前，昭和天皇终于动身"觐见"天照大神，这标志日本进入平成时期。其实"苏东剧变"的发生就标志"两极"国际体制的解体，世界进入单极化的时代，即美国霸权时代。但美国霸权时代并不足够稳固，毕竟国际局势已出现新的发展与变化，关键是新兴发展中的国家开始崛起，并成为国际社会中的重要力量，而且西方世界内部也充满深刻的矛盾与问题，比如欧洲国家日益出现独立发表意见的倾向，也明显成为国际社会中的重要力量。况且苏联解体之后，虽然出现诸多共和国独立的局面，但代之而起的俄罗斯依然是国际社会中的强势力量。上述力量在国际社会中日益发挥举足轻重的影响与作用。因此应该说在"苏东剧变"之后，国际社会日益呈现出多极化的发展趋势。但美国在国际社会中的比较优势依然表现得很明显，特别表现在科技和军事等关键领域。在上述这样的国际情势之下，日本社会的灵活原则和"泥潭"现象就日益显著地表达出来，并出现"脱欧入亚"和"入欧入亚"等思想观点，这是在国际情势发展与变化的情形之下，日本在策略方面所提出新的社会舆论与政策思想。

在日本历史与文化之中，上述方面是常态化的呈现形式，也并没有超脱日本型文化的既有范畴：一是无论"脱欧入亚"还是"入欧入亚"，都没有脱离在明治时代"脱亚入欧"政策的思路，还是在奉行"臣服强者"的路线，这是日本应付国际局势最为主要的传统策略与思想。二是在东西方阵营存在激烈对抗的情势之下，日本奉行依赖美国为首西方阵营的策略，存在由"脱亚入欧"到"脱欧入美"的发展与变化。日本获取的利益具有综合性特征,涉及国际政治、经济、社会和文教等方面,这与日本在传统国际社会中依赖中国,存在较大的相似性,依然以臣服强者为主要的特征。三是在国际社会处于由单极化向多极化发展的进程之中,日本敏感地意识到国际社会行将发生的变化,因而出现多样思想与观点并行的局面,即呈现出诸多"泥潭"现象,"脱欧入亚"和"入欧入亚"的思想观点就是显著的事例。准确地来讲,其中的"脱欧入亚"应是"脱美入亚"。但日本并没有提出这样的思想观点。在上述问题上,日本主要考虑到与美国所存在较强的利益聚合点,特别是美国力量并没有达到足够衰弱的程度,况且美国依然延续了战后在日本和琉球驻扎军队,并在某种程度上控制了日本社会和政治的现实生态。因此可以说,过早提出"脱美入亚"对日本并没有益处。由上可见,日本在提出相关的思想观点时,存在充分的斟酌与考虑,并非信口开河的抗争言辞。上述方面足以阐明,日本诸多社会现象的存在并非无源之水,而存在深刻的社会背景与环境。由此看来,日本社会存在诸多反华制华的思想观点,也并非空穴来风,而存在日本社会和文化上的坚实基础。最为关键的是日本社会所存在日本型文化延续与重整的客观事实。

在国际"两极"体制出现解体,以及由单极化向多极化发展的时期,"泥潭"现象的存在反映日本所呈现纷乱与彷徨的社会状态。然而,其中却蕴藏着日本型文化再出发的现实意愿与企图:一是明治记忆开始沉渣泛起,出现明治思潮的回归,侵略和殖民的思想意识已扎根在日本民族的社会心理之中。二是"右翼"组织及其势力重新崛起,在日本社会显著地呈现出来,并获取重要的社会与政治地位。比如,"右翼"代表石原慎太郎多次连任东京都知事,掌握日本首都治理的显赫权力。当然"右翼"也存在于日本诸多政党之中,"右翼"思想与言行对现实日本的政治、社会和文化都具有重要的影响与作用。三是明治维新以来的近代传统开始重建,日本型文化的延续与重整在程度上日益加深,甚至深入日本社会、政治和教育等领域。上述表现就是显著的实证,即在国际局势出现鲜明变化的现实情势之下,日本社会产生浓烈的明治记忆,并出现重拾明治传统思潮的企图,甚至可能会导致军国主义的死灰复燃。比如靖国神社广场中还会见到身着旧军服的日本人,伴随着旧时代的军歌,着力为往昔致力于创建"大日本帝国"而战斗的亡灵招魂。上述场景的存在不仅仅体现出日本人对亡灵的祭奠,而且也正是日本依然存在军国主义思潮的现实例证。由上可见,平成前后日本社会存在日本型文化再出发的现实表现,这是由日本"八纮一宇"的社会理想所决定的发展趋向,其中存在"去中国化"的目标,以及对中国进行文化侵略的本质特性,这也正是日本存在浓烈反华制华思想意识和社会现象的深层文化成因。面对日本型文化的再出发,中国政府和人民应给予特别的关注,进行深入的思考与分析,并提出契合现实和更为有效的应对策略。

二 战后日本反华制华的"泥潭"印象:思想行为的分析视角

现代日本社会存在浓烈反华制华的思想意识,甚至还表达出反华制华的社会行为,其实这并不值得大惊小怪。毕竟这只是日本型文化在延续与重整阶段中所呈现文化侵华的社会现象。但作为日本社会中存在的文化现象,对中国产生诸多负面影响与作用,而且还具有深远的危害性质。何况战后国际局势已出现诸多发展与变化,比如战后初期出现以苏联和美国为核心、东西方"两大"阵营对抗的局面,此即国际冷战局势。

然而在冷战的东亚,日本扮演非常特殊的角色,即处于东西方两大阵营的战略前沿,并属于以美国为核心的西方阵营,具有举足轻重的地位与作用。中国也是在东亚的重要成员,但处于以苏联为核心的东方阵营,并与美国东亚霸权战略存在深刻的矛盾与冲突,也就形成日本在东西方两大阵营和中美东亚战略中的特殊角色与作用。东西方两大阵营崩解之后,日本依然在中美日"三角"关系中处于战略犄角的特殊地位。冷战之后,美国成为单极化的全球超级大国,此时日本依然信奉臣服强者的处世哲学,依托美国的东亚战略,谋求在东亚的强者地位。这样的情形表明,日本依然秉承明治维新以来的东亚策略,即采取远交近攻的方式,借以对付中国在东亚所存在现实和潜在的影响与作用。由此看来,日本社会依然存在反华制华的思想、意识和行为,以及历史和文化上的延续与发展,乃至可以归纳为秉承日本的近代传统。

其实日本型文化在明治时代就已经获取成型,并经历大正时期的彷徨期和昭和时期的极端化,以及战后初期的延续与重整。现代日本社会依然存在诸多反华制华的思想、意识和行为,这也正是日本型文化现实存在与持续发展的确切证据。也就是说,日本战败之后,日本型文化并没有被粉碎与毁灭,而是处于延续、重整和发展的状态。日本社会存在诸多反华制华的思想、意识和行为,就是日本型文化在现实日本社会的突出反映,或者说是呈现出的文化和社会现象。这样的文化和社会现象存在获取现实发展的机制。概括地来讲,包含如下深刻的内涵:"右翼化"的社会基础;"虚实论"的社会理论;"泥潭说"的社会生态。上述内涵正是剖析和阐述现代日本社会和文化中所存在反华制华思想与行为的重要视角。

右翼化:战后日本反华制华的社会基础

日本社会的"右翼化"存在不断发展与变迁的过程,而并不是现代日本社会所产生与形成的发展状态,这与日本型文化特色存在密切的关联。日本社会和政治的"右翼化"过程就是不断增强本土化和"去中国化"的过程,当然也是西方化的道具特色日益彰显的过程。实质上,这是日本型文化趋于极端化的外在表现形式,以社会、政治、文化和教育等形态充分地表现出来。但无论日本社会和政治如何趋于"右翼化"发展,根本的依据依然是日本型文化的影响与作用。从上述方面来讲,日本型文化依然主导日本社会、政治、文化和教育等领域的发展与变迁。

毕竟日本所面临国内外社会环境和氛围已出现显著的发展与变化,因此日本型文化的具体表现形态也会出现相应的发展与变化,这符合日本在处理社会事务时通常所采取灵活原则的基本规律。从国际社会角度来讲,作为战败国家,日本面临美国等战胜国的制裁,特别是美军驻扎日本的本土和琉球,这样的国际现实难以在短期内获取任何改变,毕竟这是通过战后"安保条约"等协议，以及日美之间体制安排所达成的。况且东西方两大阵营崩解之后，美国成为国际社会中单极化的全球超级大国。但与此同时，国际社会也正在发生着深刻的发展与变化，特别是逐步出现由单极化向多极化的发展趋势。从东亚社会环境与氛围角度来讲，中国在国际和东亚社会日益显示出巨大的影响与作用，这也必然对战后日本确立在东亚的代表性权益，产生潜在和现实的冲击，因此日本社会也就出现"中国威胁论"等不同腔调和版本的思想、舆论与理论，当然这就是其中所存浓烈反华制华思想、意识和行为的社会背景。从日本国内角度来讲，就是日本型文化中的本土化和"去中国化"特色趋于极端化发展的社会形态与表达方式，在现实生活中就是呈现为诸多反华制华的社会现象，并以社会思想与行为的方式表达出来。由此看来，战后"右翼化"是日本反华制华的社会基础。

第一，战后日本趋于"右翼化"的政党基础。日本政党政治起源于明治时代。在君主立宪制的影响与作用之下，明治日本创立三大典型的政党，即自由党、立宪改进党和立宪帝政党。前者秉持自由主义的政治立场，后两者则皆秉持立宪主义的政治立场。但后两者之间也存在政治观点与态度上的鲜明区别，即立宪改进党在强调确保王室尊荣之时，还主张保障臣民的幸福，改革内政和扩张国权；立宪帝政党则坚持"天皇中心主义"，并对其他政党采取坚决否定的态度。在上述三大政党中，最为突出的还在于参加者的差异：参加自由党的，多为志士型、知识层和地方有力者；参加立宪改进党的，多为地方有力者和都市知识层，还有下野旧官吏；参加立宪帝政党的，多为神官、僧侣、国学者、儒学者等保守人士。但随着明治维新的推进，特别是近代政治制度的深入发展，日本型文化的本土化特色日益获取张扬，自由党最终走向解体（虽然后来出现短暂的再兴），立宪帝政党也走向末路，立宪改进党则逐步融合上述两大政党的思想观点，在20世纪初发展成为立宪政友会，在侵华战争和太平洋战争时期更发展成为大政翼替会，战后也就发展成为"右翼"组织。由上可见，日本"右翼"组织及其势力并非单纯的社会性组织，而是政党的现代变型。

一战后，由于存在诸多国际社会环境与因素的深刻影响与作用，日本难以再兴充满军国主义思想的政党，因此出现了"右翼"组织及其势力。由此看来，"右翼"组织及其势力在日本社会和政治中具有政党性质的影响与作用。正是基于这样政党性质上的延续与发展，因此诸多"右翼"都可以堂而皇之地占据日本各级政府中的显赫地位，甚至担任内阁总理和东京都知事等关键职位。由于诸多右翼在日本社会和政治中占据重要的地位，因而"右翼"组织及其势力也在日本现实社会和政治事务中具有重要的影响与作用，甚至掌控日本社会和政治的发展方向，已成为其中举足轻重的力量。从思想观点角度来讲，日本"右翼"组织及其势力坚持民族主义，秉持日本型文化的本土化特色，并存在极端化的发展倾向与趋势，存在浓烈"去中国化"的思想意识。日本"右翼"组织及其势力所强化的上述特色方面正是日本型文化的本质所在，因而日本社会和政治存在浓烈反华制华的思想、意识和行为，也就具有了其深厚的历史与文化基础。由上可知，日本"右翼化"存在坚实的社会和政党基础，并且是由日本型文化的本质特征所决定的必然现象与发展趋势。

第二，战后日本趋于"右翼化"的现实表现。日本"右翼化"的呈现形式可谓多种多样，包括集会、游行、抗议和暴力等社会与政治活动。当然，上述方面呈现为社会行为。但在日本社会的思想意识等层面上，也都充溢"右翼化"的现实表现。比如，在报纸、杂志、电视和宣传等思想学说传播中，经常可以见到"右翼化"的思想与言论，"右翼"组织及其势力甚至借此获取日本社会和政治中的显赫地位，比如"右翼"的典型代表石原慎太郎获取东京都知事的职位，其起家依靠的就是"右翼化"的著述。这样走向发达的情形在日本社会并不鲜见，而且还显得很普遍，甚至某些来自中韩的所谓"归化人"，也会采取这样的路径与手段，借以获取在日本社会中的地位与影响，这是值得剖析与探究的国际性社会问题。

无论是在政治与军事，还是在社会与文教，抑或在日常生活领域，在日本时常会听闻具有战时色彩的话语，比如"作战""抗战"和"对抗"等，给人的感受就是处在战争的社会环境和现实氛围。上述的战时话语已成为日本社会与文化的传统，毕竟这是盛行武士道传统的国家。甚至在某些报纸、杂志和图籍之中,也能鲜明觉察蕴藏的特别文化因素。其实战后日本处在现代殖民地的状态,特别是美军驻扎日本的本土和琉球,以及俄罗斯占据北方四岛,给日本人以历史和现实的莫大羞耻感,但这样的民族性感受只能掩藏在日本社会性日常话语之中,这就是日本社会所盛行战时话语的历史与现实原因。但这样的民族性情结只能以战时话语的形式呈现出来,其中也存在现实的苦楚。毕竟美国依然是全球超级大国,军事实力冠盖世界诸国,日本难以抗衡这样强悍的占领者,俄罗斯也是具有超强军事能力的国家,因此日本也难以做出现实的行动,更难以实现结束这样的被占领状态。确实这里存在明治记忆的历史因素,以及由此延伸到在东亚的现实环境与社会氛围之中,并导致出现国际舆论和认识的反弹。当前东亚受害国家都难以接受日本"右翼"组织及其势力在侵略东亚诸国和太平洋战争认识上所秉持的否定与侵略态度。无论是在对待超强军事实力的美俄,还是在对待中国等亚洲受害国的态度上,日本"右翼"组织及其势力都创设出狡辩言辞和战时话语,其中渗透军国主义和法西斯主义的思维模式,在反华制华的社会叫嚣之中,存在充满攻击性的战时话语,也充分体现出这样的思维模式。由上可知,现实日本社会充溢各种战时话语,存在现实的原因,但战时话语是日本"右翼化"的突出表现,这是不言而喻的社会现实。

日本"反华邪性"的存在具有历史延续性与必然性的特征。毕竟日本型文化存在浓烈的"去中国化"特色,而且战后还存在延续、重整和发展的过程,表现在日本社会就是出现各种反华制华的思想、意识和行为。在现代日本社会中,虽然在本土化特色的极端化上存在部分和某种程度的遏止,但却以"反华邪性"的形式表达出来,社会直观的形式就是反华制华的思想、意识和行为。主要体现在:一是存在近代传统的历史记忆。日本社会还存在军国主义和法西斯主义思想的因素,侵略、殖民和"大陆政策"思想依然根深蒂固,并且还存在深刻的"明治记忆"。日本社会的"右翼"观点充分体现出上述的存在。二是炮制反华制华的社会舆论。日本"右翼"组织及其势力是"中国威胁论"和"围堵中国论"等思想、舆论和理论的创立者,更以中国的发展为参照,提出所谓"日本衰运论",借此以激发日本社会的危机意识和历史记忆，引导制造反华制华的社会舆论。其中的途径与手段也表现出多种多样，比如报纸杂志、图文典籍、思想理论和社会事件等，甚至体现在社会、文化、经济和政治等"交通"环节，对中国社会、文化和经济等各方面的发展都存在现实性的影响与作用。三是支持反华组织及其势力。日本社会不仅存在中国人反政府组织和谋求地区独立的势力，而且还存在"右翼"反华组织和国际反华势力，并已成为国际反华阵线的中继站和活动基地。这与日本政府和民间对上述组织及其势力的大力支持存在紧密的关联，更与日本依托美国等西方国家的支持，以及西方所谓自由、民主和人权的观念与借口，容许和怂恿上述组织及其势力以日本为基地，开展反华制华的社会活动存在紧密的关联。四是开展各种形式的街头和隐形政治活动。日本社会的街头和隐形政治很普遍。在反华方面，比如举行街头反华游行，开展反华制华的宣传，纠集"右翼"冲击中国企业、工厂和商埠等，甚至前往中国驻日使馆和领事馆等机构，开展示威与抗议活动，以及强化对在日中国人的感化与迫害。五是挑唆与协力制造政治事端。协助中国人反政府组织及其势力在中国实施社会破坏活动；协助中国"藏疆台独"组织及其势力开展分裂国家的活动；阴谋与鼓动中国香港和澳门等地区的"民主"活动，以及在日本社会制造各种不利于中国的国际政治活动。比如，在北京奥运会前夕的长野火炬传递中，日本"右翼"扮成中国人反政府人员，在长野街头进行反对中国政府的抗议活动，以致把长野火炬传递现场变成为反华制华的政治角斗场。

第三，二战后日本趋于"右翼化"的本质因素。这并不是日本非常态的社会现象，其实这是日本社会必然的发展趋势。战后日本依然是其社会和历史的延续与发展，并没有因为战败就阻断日本社会和文化的发展，即现代日本是其近代社会的延续与发展，这在社会和文化上都可以视为其历史发展的必然事物。况且，战后国际社会对日本的惩处与清算也并不彻底，甚至可以说战后日本成为东西方两大阵营之间的矛盾与对立前沿，从而为日本获取以美国为首西方国家的纵容，这就给日本趋于"右翼化"的发展，创设特殊的国际环境与氛围，这是战后出现的国际政治事实。由上可见，这样的国际局势给予日本喘息与重整的机会，导致日本型文化出现延续与重整，并造成战后日本出现诸多怪现状：一是战犯的惩处很不到位。战后国际社会成立"远东军事法庭"，专门对日本发动战争的罪行进行清算与惩处，特别是甲级战犯处以极刑，但战后不久国际社会出现东西方两大阵营的矛盾与对立。在这样的国际情势之下，不仅诸多战犯获取免惩与释放，导致日本参与到战后在东亚的冲突之中，比如中国内战、朝鲜战争和越南战争等，而且还给予日本经济获取复苏与发展的机会。战犯的免惩与释放更为助长日本"右翼"组织及其势力。二是军国主义思想并未清除。二战后美军驻扎日本的本土和琉球，对日本社会和政治进行改造，并终止天皇的绝对权力，即只是作为日本的国家象征存在。但作为宗教和文化现象，天皇在日本社会的权威并没有因美国对日本所进行的社会和政治改造而发生变化，只是由显性状态转成隐性状态。本质上来讲，日本社会和文化的"实像"并没有获取彻底的改变，况且二战前后天皇依旧，并没有追究昭和天皇的战争责任。上述史实的存在导致日本社会仍然存在军国主义的思想。三是近代传统获取延续与发展。从文化角度来讲，日本的近代传统就是日本型文化及其极端化的表现形式，即"神道国家化"和"军国主义化"。二战后虽然这样的传统遭到部分程度上的冲击与压制，但由于国际局势出现迅速的发展与变化，它依然获取由潜伏到重整的转变时机，导致军国主义思想在日本社会获取存在与发展。也就是说，在社会、文化和制度等核心要素上，战后日本并不存在根本性的变化，接受改变的只是其中的虚像部分，日本的近代传统依然获取了延续与发展，这是日本趋于"右翼化"发展的重要文化因素。四是"右翼"政治成为主流。日本政治的主流在哪里？上述问题很难回答。日本社会和政治已形成"虚实共生"的呈现方式，并存在"显隐交互"的机制保障。"右翼"组织及其势力才是日本社会和政治中的实质力量，并渗透在诸多政党之中，权衡和制约着日本社会和政治发展的路径与方向。依照"虚实共生"的思想观点，现代政党为日本政治的"虚像"，"实像"则是"右翼"组织及其势力。从"显隐交互"的机制角度来讲，政党政治具有显性的特征，"右翼"政治则具有隐性的特征，其中具有本质影响与作用的因素则是"右翼"组织及其势力。可以这样地讲，"右翼"政治才是日本政治的主流，而并非是战后所经历美国改造过的现代政党。

  二战后日本并没有遵从美国对其社会和政治改造的意愿，美国也并没有实现其改造的目标，而只是表现为日本近代传统的延续与发展，这就为二战后日本趋于"右翼化"提供了国际性的社会环境与氛围。但二战后日本还存在本质性的影响与作用因素，并且正是由于这样因素的存在，才导致日本趋于"右翼化"的发展。可以从历史和文化角度，加以剖析与探究：从历史角度来讲，明治维新以来的日本社会出现浓烈的民族主义思潮，大正、昭和前期更表现为军国主义思潮的盛行。这样思潮的存在决定日本成为世界上最先出现法西斯主义思想的国家。从某种角度和意义上来讲，二战后日本趋于"右翼化"就是军国主义思潮复活的显著标志，二战后"右翼"思想与意识的存在就是延续二战之前的军国主义思潮。或许存在某种程度上的差别，毕竟这是处于战后发展的阶段，国际形势已难以容忍这样激进民族主义思潮的存在。但二战后日本趋于"右翼化"的存在，却昭示上述思潮出现复活的迹象，以及存在某些历史性的残余因素。显著的标志就是靖国神社和昭和馆，这里是"右翼"活动最为集中的地方，当然日本的皇宫也不应排除在外。在某种程度上来讲，二战后日本趋于"右翼化"也可以认定为天皇中心化的复活，毕竟日本"右翼"组织及其势力都秉持"皇权至上"的社会与政治立场，而且在某种意义上来讲，依然是延续与继承明治维新以来确立的日本近代传统。从文化角度来讲，二战后日本趋于"右翼化"，体现出日本型文化在日本社会思想、意识和行为上的影响与作用。毕竟日本"右翼"的重要思想就是"皇权中心主义"和"极端民族主义"，甚至表现出歇斯底里的精神与气质。其实，上述思想也是日本型文化中的本土化特色处于极端化发展的典型表现。二战后日本趋于"右翼化"与日本型文化的极端化之间只是表里的关系，并没有实质上的区别。比如，日本"右翼"组织及其势力秉承"去中国化"的文化特色，对中国采取敌视与诋毁的态度，因而日本存在诸多反华制华的思想意识与社会现象。若由现象反观文化，则上述反华制华的社会现象渗透着获取延续、重整与发展的文化因素，体现出日本近代传统与现代社会之间所存在千丝万缕的联系。由上可见，战后日本趋于"右翼化"，就是日本企图复活近代传统的发展过程。

虚实论：战后日本反华制华的社会论理

明治维新以来，日本社会经历诸多深刻的变革与发展，形成日本的近代传统，并对日本近现代社会的发展与变迁产生重要的影响与作用。对日本社会而言，这是具有脱胎换骨意义的发展过程。本质上来讲，这也体现出日本型文化及其在日本社会中的运行机制。概括地来讲，这样的特色体现了日本社会所存在"虚实共生"的论理，表现为"显隐交互"的社会运行机制。所谓"虚实共生"，深刻的含义就是：日本社会呈现出诸多"虚像"和"实像"，并表现为共生的存在状态，即在特定的历史阶段和社会情势之下，"虚像"可以转化成"实像"，"实像"也可以转化为"虚像"，以致呈现出"虚而实之"和"实而虚之"的社会状态。在这样的呈现状态之下，外部世界系统难以轻易察觉其中存在的规律，以致容易产生对日本社会认识与理解上的错觉，甚至产生文化上的误解，集中表现为以"虚像"取代对"实像"的理解，从而做出对日本社会的某种错误判断，导致出现对日本的政策失误。但对日本而言，这则是有利的社会策略，毕竟这样的"虚实共生"规律完全是在日本型文化的主导之下，并以日本社会的利益原则为转移。所谓"显隐交互"，即日本型文化在日本社会运行中体现出显性与隐性的交互状态，即无论对"虚像"还是"实像"而言，都存在"显隐交互"的呈现状态。这样，日本社会就呈现出这样动态性的状态，即表现为"由实像到虚像"和"由虚像到实像"（"虚实共生"），以及由"显性而隐性"和"由隐性而显性"（"显隐交互"）的社会状态，形成立体性和动态性的社会运行机制。日本社会存在反华制华的现象，就是这样"虚实共生"规律和"显隐交互"机制的典型事例，充分体现出"去中国化"特色在现代日本社会和文化中所获取延续与发展的状态。

第一，世代友好与反华邪性。在20世纪60年代，中国与苏联之间出现深刻的矛盾与分歧，中苏关系处于濒临崩溃的边缘，甚至爆发"珍宝岛之战"。在东西方"两大"阵营对立的国际社会环境与背景之中，美国的对华态度出现时代性的转变，朝鲜战争之后的中美对抗状态开始松动，最为突出的表现就是美国助理国务卿基辛格秘密访华，以及中美两国展开乒乓外交，尼克松政府向中国递送出"橄榄枝"，虽然美国第七舰队依然在太平洋西岸的海域游弋。日本敏感地意识到中美关系的变化动向，决意在中美关系实现正常化之前，率先与中国建立正式外交关系，以凸显日本与中国之间的传统关系。这是日本展开中美日"三角"关系的最初尝试，从而决定日本在上述关系中的战略犄角地位与作用。在与中国建立正式外交关系之时，甚至督促中国政府放弃日本发动侵华战争的国家赔偿，这是日本在中美日"三角"关系中的成功实践。此后日本还提出"中日世代和平友好"的外交言辞，其实这是中日关系的"虚像"，而且呈现为显性的社会状态。但随着国际局势的发展与变化，日本在中日关系上的"实像"逐步显露出来，这也是日本一以贯之的思想、意识和行为。毕竟无论是在中国解放战争还是在朝鲜战争和越南战争，日本对新中国都秉持对立的态度，充分体现出日本反华制华的立场。在美国实施太平洋战略（或东亚战略）之时，日本依然扮演反华制华的国际角色，并不存在实质上的变化，并且日本社会依然充溢"反华邪性"的文化特色，这是日本型文化获取延续与发展的重要表现。毕竟"去中国化"依然是日本型文化的重要特色。由此看来，反华制华是日本社会的"实像"，并在"显隐交互"之中不断地呈现出来。上述内容表明，在中日关系中，"世代友好"与"反华邪性"同时存在，前者在现实日本社会中表现为"虚像"，呈现为显性的状态；后者则表现为"实像"，呈现为隐性的状态。但这是在和平时代所表现出"虚实共生"和"显隐交互"的社会状态。然而，一旦国际局势出现显著的变化，特别是在中国出现危机的情形之下，日本的社会状态就会出现转折性的变化，即前者"虚像"转化成隐性的状态，后者"实像"则转化成显性的状态，"反华邪性"的真容就会充分地显露出来，"世代友好"也将成为过去的时态，这也正表现出日本"社会虚实论"中的辩证法原理。

第二，合作交流与深度影响。中日建交之后，日本利用经济和科技等方面的比较优势，对中国开展政府和民间的合作交流，其中以政府间合作交流为主要的形式。毕竟中国民间社会对日本依然存在抵制的情绪，即日本声称的反日情绪。在这样复杂的两国关系背景之中，出现所谓"愤青"一词，指的是具有反日情绪的中国青年，其中的内涵具有贬义的成分，"愤青"一词的来源也难以查考，主要来源可能存在于网络。毕竟网络词汇难以查证，或来自日本人，或来自中国人，抑或来自国际人。但极大可能是来自日本的网络人，即日本网络谋略中的重要步骤，借此打击中国具有国家主义和民族主义思想的反日青年。中日政府间合作交流存在多种形式：一是项目建设，主要是日本提供项目建设的经费和技术，比如通过ODA形式，援建北京市部分的地铁线路。二是形象投资，主要是通过资金的形式，建设大型社会服务设施，借此笼络中国政府和民间的人心，以及提升日本因素在中国社会的形象。比如，捐资建设医院和其他社会性机构，像中日友好医院，以及资助北京某大学设置的日本研究所。前者尚存在更好地为在华日本人服务的目的，后者尚存在影响与作用于中国对日本研究的性向。三是情感注入，主要是在社会休闲场所和抗日纪念设施内捐建樱花园，比如在玉渊潭公园和南京大屠杀纪念馆都存在这样的处所。这样的樱花园还出现在中国其他的地方，比如在大学的校园。四是人员往来，主要是通过扩大在华招收赴日游学生和研修生的形式，不仅可以扩大日本因素在中国社会的影响与作用，而且还可以影响与作用于部分的中国青年，借此消弭中国社会存在的反日情绪。即便存在这样的目的，身处日本社会的中国青年，还会遭到诸多歧视与难堪，比如日本存在浓烈反华制华的社会环境与氛围；存在居心搜集中国情报信息的日本教授；存在刻意制造"两个中国"和"一中一台"，甚至怀有台湾情结的右翼势力，甚至存在纠集国际反华势力打压中国在日游学生的险恶图谋。

  针对中日这样的合作交流实态，中国政府和社会则奉行实用的原则与态度，这在改革开放初是行之有效的必然选择。在上述问题上，当时也没有必要存在非议，毕竟"发展才是硬道理"。但依然必须深刻地认识到，通过这样合作交流的形式，日本获取到意想中的巨大收益与成效，即在中国社会产生深度的影响与作用。主要体现在如下方面：

  一是经济介入。在积累经济和金融实力之后，日本加速资金、技术和人员等要素的外部流动，即形成全球性的海外企业和商业集团，诸多海外就业岗位也就需要招聘职员，日本社会存在青壮年劳动力缺乏的问题，就是显著的实证。中国实施改革开放政策之后，日本的社会要素又获取更为有利的海外流动机会，从而以更大规模与更快速度流向中国，因此日本的资金和技术等社会要素投向中国，是双向的战略选择，并非日本对中国的恩惠，日本获取了超额的利润，这是符合国际社会的事实陈述。日本社会要素的进入对中国社会的发展产生推进性的影响与作用，但同时也导致出现一些社会问题，比如造成中国政府、企业和社会对日本的社会要素产生严重依赖的后果。为了吸引日本投资，中国某些地方甚至采取政府干预的手段，不吝干涉企业内部的正常运营，甚至火车可以为日本的投资者临时停靠站台，飞机可以为日本的投资者晚点起飞，上述事例都存在新闻报道上的确切实证。

　　二是政治牵制。从政治方面来讲，日本对中国采取的是牵制性的战略，主要目标是要获取在东亚的比较优势。中日在政治上的合作交流与深度影响也存在这样的战略考虑。在中美日"三角"关系中，战略犄角的地位与作用是日本在国际政治上的战略选择。战后美国在日本社会保持较强的势力，美国驻军依然是日本社会长期存在的国家与民族隐痛，毕竟这是日本仍然作为现代殖民地的显著标志。但在国际政治角逐之中，美国驻军的存在却又是日本社会的现实需要。重要的原因就在于日本侵略东亚的历史，以及在东亚的"亚奸"色彩。毕竟明治维新之后，日本奉行"脱亚入欧"政策，并伙同西方列强对东亚进行侵略与殖民，甚至妄图构建"大东亚共荣圈"，借以实现"大日本帝国"的梦想。虽然战后日本又出现"脱欧入亚"和"入欧入亚"等思想，但实质上日本依然是东亚的"局外人"，成为西方国家打入东亚的"楔子"，给东亚的国家与民族带来持久的痛楚。在上述这样的国际政治情境之中，日本需要借助外部的势力，以利于增强日本在东亚的特殊地位，从而在政治上对包括中国在内的国家与民族进行必要的牵制。其实，这还只是问题的一个方面。另外的方面就是依凭日本在经济和科技等方面的比较优势，设法扩大日本在东亚的影响力，从而在国际政治上对其他国家特别是中国进行必要的制衡，这里也存在战略上的考虑。其实与中国开展合作交流，就是日本重要的策略形式，它是日本与东亚国家之间开展合作交流的组成部分。中国实施改革开放政策之后，日本对中国社会和经济的发展产生深刻的影响与作用，但随着这样影响力的不断增强，日本对中国政治的影响与作用也逐步地深入，对中国的内政产生极强的影响与作用。政治上的牵制与制衡就成为在中日合作交流之中，日本对中国政治产生深度影响的表现方式。

三是文化辐射。在中国实施改革开放政策之后，西方文化因素进一步地影响与作用在中国社会，并形成诸多文化潮流。最为显著的就是日本文化，当然还包括美韩等国家与民族的文化。日本在文化上对中国的影响与作用，主要体现在动漫等方面，这已成为中国社会的共识，其实这就是日本文化对中国的辐射力量。在日本社会中，动漫是具有普及色彩的文化形式，影响上至内阁总理下至普通民众，因此漫画图书和其他出版物在日本市场都是热销商品。当中国的国门打开之后，日本动漫很快就涌入中国社会，并形成动漫文化的社会热潮，这也体现出日本文化的营销策略。在现实中国社会中，日本动漫的辐射对象主要是年轻人（包括幼儿和青少年）群体。重要的事实还在于日本在中国的营销战略，即日本已在中国建成一整套的市场营销网络系统。日本动漫的广泛传播造成中国社会产生很多难题，包括改变了中国年轻人对日本的印象，出现盲目崇日的青年群体，随之而来的就是对历史的淡忘。然而，重要的是对日本型文化的本质认识尚处在闭目塞听的状态。其实对中国而言，这已成为具有严峻挑战的战略性问题。毕竟日本型文化的实质就在于日益强化的本土化特色，达成的途径则是"去中国化"的过程。然而，日本动漫的辐射存在极大程度上的危害：首先表现在文化内容方面，日本动漫蕴藏着某种价值观，对中国年轻人会产生误导性的影响与作用；其次表现在文化形式方面，大量地输入日本动漫之后，中国就会出现这样的文化情境，即日本动漫形象占据中国年轻人的心理，并对思维模式产生深刻的影响与作用，即存在日本文化的辐射力量。日本动漫只是典型的事例，在日本对中国输出的其他文化方面，也会产生这样的辐射力量。由上可见，日本文化辐射对中国存在深度的社会影响与作用。

四是情报摄取。情报摄取是中日开展合作交流的选择性取向。这已是公开的秘密,并存在实证的事例。日本是高度信息化的社会,已获取在东亚情报信息中心的地位,并且把中国作为其情报信息收集、整理和分析的传统对象国家,现今又扩编中国二科,强化对中国的情报信息能力。其实,这样的部门扩编只是一个方面的因素。在现实对华情报事务中,日本政府的情报信息部门更倾向于专业化的方向发展,大量的初级情报信息收集、整理和分析职责,分散在其他组织、部门,比如企业、学校和团体,甚至建立专门对中国进行诸多领域情报信息的社会性机构,这就表明日本对华情报信息工作日趋朝向社会化发展。这样就出现一个重要的结果,即中日合作交流也就成为日本获取中国情报信息的重要途径与手段,这是发展的趋势与存在的事实。随着中国改革开放的不断深化,日本在华企业和其他类型的机构日益增多,不仅获取在华经济和社会利益,而且承担为日本相关组织、部门获取中国情报信息的社会职能,其实这已不是简单的猜测,而是现实存在的状态。日本社会存在诸多具有这样情报信息职能的社会性机构,并且还雇用中国在日游学生,但却仅限于从事初级情报信息的任务,比如在网络系统中收集和整理中国相关领域的信息,或直接从中国在日游学生等群体中物色人选,借以获取有关中国的有价值和特定情报信息。由此看来,在扩大与中国合作交流之时,在中国开展情报信息工作是日本特别重要的目标,这也就是深度扩展对中国情报信息工作的影响与作用。

五是人员"归化"。日本社会把外国移民称为"归化人"。日本地狭人稠,国际人"归化"日本,需要满足诸多苛刻的条件。当然,针对来自不同国家的申请"归化"者,日本会提出各种差异性的接收条件,比如中国人和韩国人就存在接收条件上的诸多异同:对中国人的这样申请,日本最为看重的是其政治上的观点,甚至是对日本的忠诚度;对韩国人的这样申请,也注重对日本的忠诚度,但就不过分考虑政治观点,毕竟韩国是日本的重要盟国。本质上来讲,日韩两国都是捆绑在美国战车上的两只"蚂蚱"。现今在日中国人已达数十万,但中国的"归化"者却并不多,其中还掺杂中国人反政府和"藏疆台独"人员,关键的问题就是日本对中国的"归化"者提出苛刻的条件,甚至存在政治上的特别要求,其中渗透出日本型文化的某些神髓，特别是体现为"反华邪性"的本质特征。在"归化"之前，首先表现为中日人员之间开展合作交流的态度与行为，比如在日游学生、日企工作者，及以日本为对象的研究者，随后才发展到申请"归化"者。当然也并不是说，申请"归化"者都是中国的叛国者，某些中国的"归化"者还是爱国者。但挑唆与利诱却是日本社会对申请"归化"者经常使用的手段与方法。当然日本对中国的"归化"者还存在检验性的程序过程，其中就存在对日忠诚和反华制华的思想内容。这样，以合作交流为开始，而以深度影响为结束，已成为日本对中国人员往来事业中的重要策略。当然，中国人申请"归化"者，毕竟属于少数，而且其中还存在诸多客观的原因。

依照日本"社会虚实"的论理，合作交流是虚像，但却呈现为显性的状态；深度影响是实像，但却呈现为隐性的状态。随着国际局势的发展与变化，虽然这样显性与隐性的状态存在诸多程度上的转换，甚至会出现对换式的发展与变化，但在"虚像"与"实像"之间却并不会存在变化，关键的问题是日本社会存在"日本主体"的思想意识，以及由此所形成日本型文化的本质特色。由上可知，"虚实论"深刻揭示日本社会所内涵的本质论理。日本社会存在自身发展与变化的基本规律，而并非简单地表现为混沌与杂乱的现实状态，合作交流与深度影响就深刻地表达与传递出这样的规律状态。

第三，否定侵略与"大陆意识"。日本现实社会依然充溢否定侵略的"右翼"情绪，特别是存在反华制华的社会心态，其中蕴藏浓厚的"大陆意识"，体现出难以挥去的"明治记忆"，严重存在重演"大陆政策"和近代"活剧"的妄想。否定侵略只是日本"右翼"的现实策略，并不是日本追求真实历史的观点。日本的"右翼史观"充分体现出日本型文化的本质特征，以及本土化特色趋于膨大化和极端化发展的社会心理状态。从文化角度来讲，否定侵略就是日本顽固坚持日本型文化，以及由此所确立"天皇制"的近代传统。依照"右翼"思想观点，日本型文化就是日本获取文化独立的标志，这也是客观的历史事实。毕竟在漫长的传统社会，日本处于中华文化的羽翼之下，特别是唐代中国文化对日本具有全面性的社会影响与作用，并且日本传统文化实质上成为"大中华文化圈"的组成部分。何况在东亚文化中，日本文化也仅仅处于中华文化的附属与边缘地位。也就是说，在漫长的传统社会中，中华文化在东亚占据比较优势的地位，对日本文化产生深刻的社会影响与作用。但明治维新之后，上述一切发生转折性的发展与变化，日本型文化获取确立与发展，并逐步占据对中华文化的比较优势，这也是历史与文化发展中的社会事实。战后日本社会和经济重新恢复起来，并获取在东亚金融、经济和科技等方面的中心地位，这就为日本"右翼"复活创设重要的环境与条件，也就促使日本型文化获取延续与发展的过程。但否定侵略并非日本"右翼史观"存在的本质目标，其中还体现浓厚的"大陆意识"，虽然在现实国际情境中难以转化为"大陆政策"。何谓"大陆意识"？这是日本文化中的重要传统，特别是反映在"织丰"时代。毕竟当年丰臣秀吉进攻朝鲜，获取的只是战败，这是明代中国实力处于比较优势的情形之下的必然结局。但这样的"大陆意识"却在日本社会和文化中扎根，并延续到明治时代。对日本而言，这是充满机遇的时代，即中日之间的比较优势已经向日本的方向倾斜。经历多次战争洗礼之后，日本终于确立在东亚的霸主地位，并获取日本型文化的确立与发展。也就是说，否定侵略就是维护明治维新之后的本土化、"去中国化"和西方化等文化特色，核心是要强化本土化特色，恢复日本的近代文化传统。由此看来，否定侵略是现实日本社会的"虚像"，呈现为显性的状态，而"大陆意识"却是日本社会的"实像"，呈现为隐性的状态。在国际局势出现不断发展与变化的情势之下，这样显性和隐性的状态就会出现不同程度上的发展与变化，但"虚像"与"实像"之间的关系却没有这样的发展与变化。当然出现这样的情形或规律，也并不令人感到诧异，毕竟日本型文化是日本最为根本的指针，其中的三大特色并不会随着社会发展和时代变化，而相应产生特别显著的发展与变化。

第四，"右翼"论点与合纵连横。除了上述否定侵略的历史观之外，日本"右翼"还提出诸多反华制华的思想观点。若说否认侵略只是防守性的策略，那么"右翼"论点则体现出攻击性的策略特征。"右翼"是日本社会所秉持极端国家主义和民族主义观点的社会组织及其势力，攻击的目标包括美国、俄罗斯和朝鲜等国家，但主要的目标则是中国。毕竟美国是日本的盟国，攻击美国会令日本遭到现实的惩处。因此，日本"右翼"对美国的攻击仅呈现为隐蔽的状态，"鬼畜米英"也只出现在宣传画报之中，还不敢特别显著地表达出来。俄罗斯也并非轻易地就能制伏，况且北方四岛还握在俄罗斯的手中，明显表达对俄罗斯的攻击也显得很不明智，日本人难以做出这样的选择。毕竟朝鲜只是东亚典型的弱国，侵略朝鲜的历史可以寻到绑架问题来"冲消"，导弹危机可以采用与美韩联合军演的做法来应对，还可以参与或单独对朝鲜进行经济、政治和军事等方面的制裁，表现出行动胜于说辞的意味，不必采取思想观点上的攻击。对日本而言，中国则显得卓尔不群与别具特色，日显重要的国际地位与声望，以及日益增强的国家与军事实力，都令日本感到历史性和现实性的社会心理压力，因此就出现反华制华的"右翼"言行，既表现为防守性的思想观点，又表现为攻击性的社会行为，集中体现出合纵连横的策略本质。概括地来讲，日本针对中国提出的"右翼"论理，主要体现为如下行为策略：

一是制造"中国威胁论"。日本是"中国威胁论"的始作俑者，已成为国际反华制华的前沿基地，制造"中国威胁论"是日本获取掌控对华国际舆论话语权的途径与手段，而且还是日本反华制华策略的组成部分，导因主要表现为危机意识、历史情结和文化传承。所谓危机意识，是指在日本民族性中存在的危机感，这是其"岛国根性"的重要体现。日本社会存在浓烈的"大陆意识"。从"织丰"时代到明治乃至昭和前期，日本"大陆意识"逐步发展成"大陆政策"，并由此发动全面侵华战争，这样的近代记忆在日本社会还挥之不去，此即历史情结。这也是日本型文化决定的必然结果，体现出日本文化传承的存在，即延续与发展了日本的近代传统。由此看来，日本制造"中国威胁论"，存在其民族性的历史与文化根源。

二是渲染"中国黄祸论"。"黄祸论"起源于西方，主要是针对蒙元中国攻略欧洲的历史事实所提出的思想观点。但战后在国际社会特别是现实日本社会，这样的论调随着"右翼"组织及其势力的崛起而被重新挖掘出来，但在内涵上已存在显著的差别。毕竟日本重提这样的论调，并非为了分析与探究征服欧洲的历史，而采取借题发挥的策略，妄图达成设定离间中欧关系的现实目标，甚至企图影响到全球范围，实质上是反华制华的策略形式，借此影响到针对中国的国际舆论，以及牵制中国发展与崛起的步伐。当然还存在"历史抵消论"的思想意识，即强调中国不应对历史穷究不舍，妄图借此彻底摆脱日本发动侵华战争的历史责任。在现实性角度来讲，这样的论调依然是"中国威胁论"的现实变种，即从中国历史的角度寻找其所提出"中国威胁论"的理由，并妄图借此引发西方世界对"中国威胁论"的关注，以及获取西方世界对这样思想观点的认同，从而收到一箭双雕的策略成效，不仅给予中国追究日本发动侵华战争责任的历史性回击，而且还以所谓"历史实证"的手段向西方世界推介"中国威胁论"，日本对华策略的险恶用心由此可见一斑。

三是提倡"围堵中国论"。上述两种论调都只是防守性的策略形式，但提倡"围堵中国论"，已发展成攻击性的策略形式。在现实国际社会中，这样的论调已转化为实际的战略与策略行动。以美日为首的西方国家已在中国周边国家与地区，进行"口袋阵"特色的战略部署，即对中国形成"C型"包围圈，而且还存在更为严重的状况，甚至可以概括为"O型"包围圈，或"O型"立体包围网。虽然美俄携手还并非国际社会的现实，但毕竟已跨出了步伐。比如，在中国新疆边境的中亚国家，比如吉尔吉斯斯坦，美俄战略军事势力的同时存在就是现实性的状态。所谓"C型"包围圈，就是以美日为首的西方国家利用对中国的综合优势，通过与中国周边的国家与地区开展军事和政治合作、提供经济和军事援助，以及发展政府和民间合作等，加强对上述国家和地区的渗透与影响，从而在中国边境的国家与地区形成具有反华制华特色的共同阵线，即国际反华阵线。由于参与的国家与地区连成一片之后酷似英文字母"C"的形象，因此概括为"C型"包围圈。所谓"O型"包围圈，也是对参与国家与地区的形象化表达，即以美日为首的西方国家，甚至联合此前处于"东方阵营"的俄罗斯，以及中国周边的其他国家与地区介入，形成更为大型、以围堵中国为目标的包围圈。由于参与国家与地区的范围更为广泛，近似英文字母"O"的形象，因此称为"O型"包围圈。所谓"O型"立体包围网，是指以美日为首的西方国家强化对中国的立体围堵,从而形成立体性地对中国的"O型"包围网。在上述围堵中国的策略中,日本扮演倡导者和参与者的角色,并且这样的论调与美国东亚战略存在某种程度上的契合。这里存在日本借此拉拢美国和离间中美的双重用意,以及体现出其中所存在反华制华的策略目标。

四是发起"自由与繁荣之弧论"。这样的论调是上述"围堵中国论"的具体呈现形式,为日本首相和著名"右翼"麻生太郎提出的思想观点,主要用意在于借助意识形态上的差异,推进"围堵中国论"的深化发展。这样论调的提出存在特殊的国际背景,即发生"苏东剧变","东方阵营"出现崩溃性的失败,以及出现以美国单极化为特征的独霸局面。其时中国也面临严峻的考验,出现社会风波的动乱局面。由此看来,麻生太郎提出这样的论调,也存在现实性的用意,渗透着反华制华的策略目标。所谓"自由与繁荣之弧论",就是纠集中国周边所谓资本主义和自由民主的国家与地区,针对中国社会发展和民族崛起展开对华围堵的策略,借以加速实现和平演变,或导致中国出现分裂与崩溃的发展结局。这样的论调是在国际现实环境中提出的思想观点,体现出对"围堵中国论"的具体化和时代性发展。内在的理论本质依然是"围堵中国论",并与"C型"包围圈存在某些方面的吻合,但策略目标依然是聚焦反华制华,而且体现为攻击性的思想观点。

五是哀叹"日本衰运论"。"日本衰运论"是日本"右翼"最新版本的思想观点,提出者为著名"右翼"、东京都知事石原慎太郎。在北京奥运会前夕,为申办下届在东京的奥运会,石原慎太郎请求中国政府容许入境,参加北京奥运会的开幕式。石原慎太郎在北京旅居几日,对北京奥运会开幕的阵势,以及北京和中国的社会发展深有感触,返回东京之后在记者会上,动情和悲观地预告日本"衰运"时代的来临,此即"日本衰运论"提出的原委。从表面上来讲,这样的论调只是针对日本所感发的思想观点,并没有针对中国的苗头,但这样的论调却是在石原慎太郎访华之后的有感而发,也就有了针对中国的意味。这里存在比较的意思,即把中国的发展与日本的衰颓相提并论,从而向日本的民众传达社会危机感,以及中国威胁的"增长"势头,其实这里更存在"中国威胁论"的成分。石原慎太郎此前已提出反华制华的言论，因此这样的认识与理解也符合其思维发展的本质逻辑。石原慎太郎的思想观点也阐述了这样基本的社会事实，即日本社会与经济出现衰颓的发展趋势。毕竟在美日签署"广场协议"之后，日本的经济遭遇"停滞的十年"，并对其现实社会发展产生深刻的影响与作用。当然这样的事情与中国并不相干，但日本绝不会提出"美国威胁论"，毕竟对日本而言美国的威胁已是现实存在的状态。况且日本社会依然存在依托美国来抑制中国的想法，这就更难以出现"美国威胁论"。但无论怎样，都存在这样的事实，即石原慎太郎的阐述具有某些客观的方面，日本的"衰运"时代确已来临，只是选择发布的时机让人感到很诧异，而且充分显露石原慎太郎"右翼"思想的一般规律，即体现出反华制华的思想本质。

上述诸种"右翼"论点充分体现出日本对中国所采取合纵连横的策略意图。依照日本社会"虚实论"的原理，"右翼"论点只是"虚像"，处于显性的状态，合纵连横的策略则是"实像"，表现为隐性的状态，其中的核心就是达成反华制华的策略目标。秉持反华制华的思想观点，是日本"右翼"思想的共有特点，这是由日本型文化的三大特色所决定的。毕竟"去中国化"特色依然是日本型文化独立存在的路径与手段选择，也是其延续与发展的重要动力。况且在当前国际情势之下，日本型文化要获取本土化的发展，在日本"右翼"看来就是要强化"去中国化"的特色。毕竟随着中国社会和经济的发展与崛起，中华文化对日本的影响与作用势必会逐步增强，必将对日本型文化的本土化发展产生深刻的影响与作用。从上述角度来讲，日本"右翼"论点也存在文化上的考虑。由此看来，日本出现反华制华的社会现象，还存在其文化特色上的理论逻辑根源。日本"右翼"组织及其势力也只是这样思想观点的社会代表者，并由此获取日本社会和政治中的重要地位。因此，反华制华的社会现象并不仅仅呈现了日本"右翼"的思想观点，而且还反映了日本型文化的"去中国化"特色，并且还是最具有本质性特征的影响与作用因素。

第五，美日同盟与抗衡中国。美日同盟是国际政治演进的产物。战后国际社会即刻演变成意识形态上的东西方两大阵营，即以美国为首的"西方阵营"和以苏联为首的"东方阵营",中日两国分属于东西方两大阵营。太平洋战争之后,中国陷入国共内战的社会和政治局面,表现为社会意识形态上的激烈矛盾与冲突。在内战之后,建立了社会主义性质的新中国,并加入"东方阵营"。然而日本战败之后,美国现实性地控制了日本列岛和琉球,涉及日本的政治、经济和文化等广泛领域,日本也就属于"西方阵营"。早在中国内战时期,日本就参与干涉中国内部的事务,积极支持蒋介石政权,这成为战后日本构建美日同盟的雏形。在朝鲜战争和越南战争期间,实质上日本已成为以美国为首西方联军的战备补给基地,建立了实质意义上的美日同盟关系,其中也都存在抗衡中国的国际意涵。毕竟无论是朝鲜战争还是越南战争,其中都存在中国的参与和影响。在实质意义角度来讲,就是在东西方两大阵营处于对立的国际环境与氛围中,造成中美之间严重对抗的局面。因此从上述意义角度来讲,美日同盟关系建立之后,就存在了抗衡中国的含义。但在更高层次上来讲,现实的美日同盟依然存在于中美日"三角"关系中,即具有日美结成同盟以共同抗衡中国的策略意味,毕竟日本在这样关系中具有战略犄角的特殊地位。因此在战后不久,日本就开始了抗衡中国的谋划,这也正是日本型文化所存在影响与作用的必然结果。在现实国际社会和政治中,日本这样抗衡中国的策略依然会存在,这也正是日本型文化获取延续与发展的社会表现。

  抗衡中国符合美国东亚战略的现实需要,这是建立美日同盟关系的重要基础。美日同盟关系也正符合日本在东亚"大陆意识"的发展需要。由上可知,抗衡中国也正是日美在东亚战略的共同点,建立美日同盟关系就是基于这样的共同点。日本在处于东亚比较劣势的情形之下,通过建立美日同盟关系,借以壮大自身的实力,从而达到抗衡中国的策略目标,这也正符合明治日本所制定"脱亚入欧"政策的策略思路。因此也可以说,"明治经验"促使日本再次进行尝试与探险,以期获取与明治时代同样的辉煌。但这样的时代不会再次来临,毕竟"人不可能两次掉入同一条河流",这是西方哲学家的睿智警句,国家和社会发展的历史过程同样也符合这样的发展规律。关键问题是现今中国已不再为清末政府,而是处于正在发展与崛起中的新中国。因此从某种意义角度来讲，日本的意图注定将会获取失败的结局。但对日本这样抗衡的意图，中国需要有应对性的策略构想，从而粉碎以日美为首妄图"围堵中国"的现实图谋。

由上可知，从"虚实论"角度来讲，美日同盟关系只是"虚像"，呈现为显性的状态，抗衡中国才是"实像"，呈现为隐性的状态。随着国际局势的发展与变化，这样的显性与隐性依然会出现交互性的发展与变化，但"虚像"和"实像"却难以发生实质上的变化。无论日本由显性转化为隐性的状态，还是由隐性转化为显性的状态，其内在的本质却并不会出现任何形式上的变化，这是由日本型文化的本质特色所决定的发展趋势。

泥潭说：二战后日本反华制华的社会生态

日本列岛的社会生态自古及今总向外部世界系统呈现出深刻的"泥潭"印象，这已成为公认的社会与历史事实。集中体现在如下方面：第一，传统日本社会的"泥潭"印象。在远古蛮荒的时代，日本列岛处于东亚文明的附属与边缘地位，较迟才进入早期的文明社会，因此即使中国的史书，也迟至《魏志·倭人传》才最早出现列岛情形的简略记载，而且存在诸多神话传说的色彩。至于日本列岛所存在的诸多小侯国，则只有零星的记载。日本列岛的社会状况更少有描述，呈现出的只是混沌的社会生态。在《魏志·倭人传》记载之前，中国史籍还存在一些有价值的历史事件，特别是在灭六国实现统一之后，秦始皇曾指派方士徐福，前往东海"三神山"求仙，此即"徐福求仙"的历史典故。但现代研究发现，"徐福求仙"并不符合历史的客观事实。毕竟六国统一之后，大秦国并未以道教甚至阴阳学为理念来治理国家。由此看来，徐福求仙只是秦始皇实施的"东征"策略。但这样的求仙借口却导致中国对日本列岛的社会认识长期陷入"泥潭"状态，即难以形成对列岛社会状况的正确认识，导致中日之间在文明次序认识上的错乱与颠倒。因为依照传统的社会伦理，只有战败国向战胜国进献男女，以示臣服之意。因此将这样的社会伦理与思维运用到统一六国的大秦国身上，存在不合乎历史逻辑之处。从文明进化事实角度来讲,"徐福东征"促进了日本列岛的文明发展。因此有研究者推测,徐福到达日本列岛之后,发动了犹如秦始皇统一六国的战争,而且还存在这样的说法,即徐福曾经两次"东征":第一次因准备不足(携千男女)以失败告终,第二次携百工及三千男女在日本列岛上立住足根,徐福最终成为日本列岛上的首任天皇,但此时大秦国在陈胜、吴广农民起义中瓦解。此后,徐福依照大秦国治理国家的思路,在日本列岛确立国家的社会理念,即依据中国的神话传说和传统道教,创立神道教,对小侯国发动统一的战争,并以天皇制度的形式强化世袭天皇的治理权力。这样的说法只符合逻辑的推断,现在也难以获取足够史料证据。毕竟在长期传统社会的历史发展过程中,中国对日本列岛的社会认识还只处于"泥潭"状态。然而,日本皇室并不愿承认存在这样的社会历史,认为有损天皇制度在列岛的存在与发展。但天皇已承认存在这样的历史事实,即日本皇室与朝鲜半岛之间存在某种姻亲关系。在这样的不同态度中,却蕴藏着难以显露的目标,即日本社会的"大陆意识"。鉴于中国存在强大的现实势力和文化影响,日本尚未承认"徐福东征"的历史事实。但日本也承认"徐福渡日"的历史存在,并在其上陆处设立纪念碑。

至隋唐时代,日本列岛的小侯国日益增强对中国的藩属感,甚至为获取进贡权而发生内战。从文化角度来讲,日本已藩属唐代中国,当时的日本文化实质上已成为中华文化的组成部分。也就是说,在隋唐时代,日本文化已纳入"大中华文化圈"的范畴,这是中华文化对日本列岛产生重大影响与作用的时期。但在蒙元时代,由于武力征伐列岛的失利,日本社会出现对华仇恨的情绪,并延续到满清时代,虽然在明代出现新的气象。毕竟无论是蒙元还是满清时代,日本列岛都存在这样的中国观,即非汉人治理下的中国。比如在明末清初之时,日本社会就存在显著的"反清复明"情绪,并与中国社会内部的"反清复明"运动存在千丝万缕的联系。但在明代时期,依然出现日本"浪人"侵扰沿海周边的活动,此即"倭寇"的行径。其实,上述诸多策略与行径都成为明治及其之后日本对华策略的先端,也是日本型文化所具有"去中国化"特色的雏形。

在前近代时期，武士道、神道教和天皇制度已构成日本传统文化的三大核心支柱，当然其都来源于中华文化中的思想因素，但却与日本的社会实践存在更为紧密的联系，并成为日本文化走向独立发展的重要标志。但从另外角度来讲，这也是日本文化与中华文化走向分道扬镳的标志性起点。随着这样的分离倾向出现程度上的加深，日本文化的核心精神出现极端化的发展趋势，这就为明治及其之后出现日本型文化的确立与发展，奠定了坚实的精神基础。由此看来，日本型文化的确立与发展也并非"天外飞客"的表象，依然存在社会历史的发展过程。

第二，从开国到维新时期日本社会的"泥潭"印象。在"闭关锁国"时代，中日之间的联系保持得较为紧密，即使在所谓"封关"时期，日本依然开辟长崎一地与中国通商。在清末时期，《海国图志》《瀛环志略》和《六合丛谈》等图书就是通过这样的渠道传入日本列岛，并在日本"开国"过程中发挥了思想启蒙的影响与作用。但清朝政府的腐败和西方列强的悍行改变了日本社会的中国观，促使日本决意探索出全新的社会发展道路，此即明治维新。由于日本社会存在宗教与文化上的纽带关系，因此明治维新实质上是以国家权力移交所推进的社会改革。这样的权力移交可能会出现社会的动荡，但天皇在宗教与文化上的至上权威则可以保持相对平稳的社会过程，表现为在幕府末期，出现"尊王攘夷"和"王政复古"运动，即把政治和军事等国家权力从德川幕府转至明治天皇，从而开辟明治维新的新时代，开始了日本社会的近代转型过程。由上可知，日本在由"开国"走向"维新"的过程之中，中华文化对日本社会的发展产生了深刻的影响与作用，这也凸显出在明治之前日本文化对中华文化所存在的现实依赖。

至明治时期，上述这样的情形出现了转折性的发展与变化。显著的表现就是日本文化掺入了西方文化的因素，即最初的"兰学"。在明治时期，传入日本列岛的西方文化，不仅仅是西方近代先进的科学技术，而且包括西方的宗教与文化。但最为关键的是西方社会和政治制度。在明治初期，日本派出以岩仓具视为首的使节团，前往欧美西方国家，进行社会和政治考察，此即"岩仓使节团"。使节团回到日本之后，提交了考察报告《美欧回览实记》，重点对美欧西方国家的社会和政治制度进行详细地描述与介绍，特别是对英国的君主立宪制给予充分的关注，并提出要仿行英国社会和政治制度模式。考察报告基本上奠定了明治日本社会和政治制度改革的思想基础。随后颁布《明治宪法》，确立了日本君主立宪制的社会和政治制度。

日本社会的近代转型与明治时期确立的"脱亚入欧"政策存在紧密的关联。谈及"脱亚入欧"政策，还必须提到明治思想家福泽谕吉。可以说，福泽谕吉的思想观点奠定了明治社会的思想基础，著名的论点体现在《文明论概略》，其中确立"脱亚入欧"的政策思想。《文明论概略》在日本思想与文化发展进程中具有划时代的社会价值与意义：在日本社会面临转型的关键时刻，为日本型文化的确立与发展指明了方向，增强了社会与文化发展中的"日本主体"意识，推进了日本社会和文化的近代转型过程；提出了"脱亚入欧"的政策思想，强化了在日本型文化中本土化特色的核心地位，以及由中国化向西方化发展的策略转变，并阐述了"去中国化"的必要性与迫切性；奠定了日本型文化在中西文化之间所进行战略抉择的思想基础，为日本型文化的确立与发展提供了思想理论上的有力支撑；其中的思想观点对明治社会和政治产生了诸多现实性的影响与作用，特别是为明治政府的战略与决策提供了思想理论上的指导。当然某些思想观点存在极端化发展的社会倾向，将日本带入"神道国家化"和"军国主义化"的发展"泥淖"，走上法西斯主义的发展道路。

明治社会的"泥潭"印象存在诸多的典型表现：在近代社会转型的起始阶段，日本社会存在如何保留天皇制度的困惑，但最终依照英国的模式，确立君主立宪制的社会和政治制度，从而为此后实现天皇专制与集权提供了制度性的保障基础；随着颁布《五条誓文》《明治宪法》《教育敕语》和《军人敕令》等纲领性的政治文件，近代日本的社会和政治急剧地向资本主义转型，并发展到军国主义阶段，这是世界上最早出现的法西斯主义国家政权；"明治宪法"的颁布标志日本确立资本主义的法理基础，在此前后出现诸多政治组织和政党，市民团体也开始出现，日本社会出现更为复杂的局面，呈现出浓烈的社会"泥潭"景象；随着日本型文化的确立与发展，"大陆政策"在日本获取逐步落实，特别是不断扩大对琉球、朝鲜和中国的侵略与殖民，确立在东亚的殖民强国地位。明治社会的"泥潭"可谓"泥浆四射"，显示出在确立与发展日本型文化的过程中所产生巨大的能量，这样的极端化发展必定导致所谓"大日本帝国"的最终覆灭。

第三，大正、昭和前期日本社会的"泥潭"印象。早在明治维新时代，日本基本上奠定社会、政治和文化转型的基础，比如确立与发展日本型文化，制定《明治宪法》，建立各种社会组织和政党，以及制定君主立宪制的社会和政治制度。出现这样的巨大发展之后，日本社会和政治产生诸多发展中的难题，陷入纷乱的状态，特别是在政党政治确立之后，存在运作机制上的发展与完善问题，以及在市民社会形成之后，市民组织在社会和政治中的功能定位问题。更为严重的是在实现近代社会转型之后，依然存在社会和政治的发展方向问题。正是上述问题的存在，导致产生诸多社会和政治纷争，最终以爆发"西南战争"（明治十年，即1877年）作为解决问题的方式。但由于日本国内外社会和政治中诸多因素的影响与作用，明治日本最终确立以侵略与殖民为主要特征的"大陆政策"，在东亚开展大规模的侵略与殖民活动，这就完全暴露日本在东亚的战略野心。

从社会和政治角度来讲，大正日本处于彷徨期，显著地呈现出社会和政治的乱象。但在某些特定时期之中，这样的社会乱象却极可能是好的事情。在大正、昭和前期，诸多社会乱象潜藏着日本社会和政治发展的动力源泉。表面上体现为社会乱象，但实质上却掩藏着日本在东亚所实施"大陆政策"的进程问题。概括地来讲，就是要解决明治之后日本社会和政治发展中的内外部战略性问题。在处理上述问题的过程中，存在极为复杂的内部矛盾与斗争，甚至直到昭和前期，采取"二二六事件"（昭和十一年，即1936年）这样的激进与暴力的方式。在此之前，无论是大正时期，还是昭和前期日本社会都可谓乱象丛生。集中体现在如下方面：

一是兴起民本主义思潮，市民社会的意识和运动明显增强，政党政治也出现发展的趋势。在大正、昭和前期，日本社会涌现出民本主义思潮，这是在明治时代所出现自由民权思想的延续与发展。随着这样思想所出现的诸多变化，民众社会运动也蓬勃发展起来，社会和政治的权益意识逐步增强，从而出现普选运动的高昂热忱，造成日本社会和政治出现纷乱的印象。同时在政府层面，护宪运动和政党政治也铺展开来，出现诸多社会团体和政党政治活动，并成为日本社会和政治生活的重要内容，形成近代日本社会和政治的风景。其实无论是市民政治的兴起还是政党政治的时兴，都反映出日本型文化的西方化特色，成为实现日本近代社会和政治转型的重要佐证。但这样的乱象也充分地表明，上述过程存在激烈的矛盾与斗争，但这又不可能撼动"天皇制"的国家基础，"护宪运动"的出现就是突出的表现；日本型文化的本土化特色是近代日本社会和政治转型的本质文化因素。当然，由于"大陆政策"的实施，日本在东亚获取诸多殖民权益，不仅在明治时代实现吞并朝鲜半岛和殖民中国东北地区的战略目标，而且在大正、昭和前期还获取一战之后德国在中国山东的权益，以及向袁世凯政权提出"二十一条"的要求，这是日本行将发动全面侵华战争的前兆。其实无论是增强本土化还是推进西方化，"去中国化"都是其中重要的目标表现。在诸多社会"乱象"中，无论是在日本民间的市民运动，还是在日本政府的"护宪运动"和政党政治之中，都是以推进"去中国化"为重要的路径与手段。在大正、昭和前期，最为激烈的社会和政治表象依然体现为本土化与西方化之间的矛盾与斗争，即存在"西学日本化"的渗透与发展过程，日本社会和政治的内在"乱象"也正是上述过程的突出反映与具体表现。

二是国际社会局势出现显著的发展与变化，表现为政治革命和经济危机并存，并在日本社会和政治内部引起极大骚动与影响。在大正、昭和前期，国际局势出现划时代的发展与变化，特别是俄罗斯爆发列宁领导的"十月革命"，推翻沙皇的专制政权，建立世界上第一个社会主义国家，这对全球资本主义带来严峻的挑战。随着日本市民社会的形成，市民政治局面开始出现，普选制也在日本社会不断酝酿与发展。况且资本主义世界爆发经济危机，日本社会发生"米骚动"热潮，政党政治也出现纷乱的景象。上述情形给日本"天皇制"国家带来极大震动，导致产生诸多时代性的社会难题：首先，如何处理"天皇制"下的政党政治运行机制问题，特别是日本社会内部出现"国家主义运动",表明民族主义再次走向高潮,推高了军国主义的热忱;其次,在资本主义世界出现经济危机的环境中,如何摆脱日本国内社会和经济发展的困境,特别是如何把危机转嫁到殖民地国家、地区和国际社会中,从而减弱日本社会的内部矛盾;再次,在社会主义运动蓬勃发展之际,如何在市民政治意识增强和社会运动勃发的情形之下,遏止日本社会所出现社会主义思想运动的最初萌芽,从而不会产生危害"天皇制"国家的社会和政治基础。上述难题归结为一点,即在国际和国内社会局势出现时代性发展与变化的前提之下,如何确保"天皇制"的国家政权?依照日本型文化的分析思路,就是要在新的国内外社会环境与氛围中,确保本土化的核心特色和本质地位,这是日本社会和政治发展的核心要务。在大正、昭和前期正是这样内外部因素相对集中影响与作用的阶段,这就导致日本社会呈现出诸多"乱象",即"泥潭"印象。但也正是表现为这样的社会"乱象"和"泥潭"现象,表明日本型文化日趋走向极端化的发展方向,从而在昭和前期出现"军部"政治局面,深陷军国主义"泥淖",并成为具有法西斯主义性质的"天皇制"政权。由此看来,追究日本发动侵略战争的历史责任,不能排除天皇的因素,毕竟这是在"天皇制"国家政权之下出现的侵略战争,"御前会议"的决策形式就是天皇存在战争责任的最佳佐证。

三是在遭受侵略与殖民东亚中,国家主义和民族主义的社会思潮日益高涨,"大陆政策"的推进面临诸多现实困难与挑战。在全球性经济危机和"米骚动"之后,为了最大限度上转嫁社会和经济危机,日本便日益加大对殖民地国家和地区的劫掠与剥削,不仅加强掳掠琉球群岛和朝鲜半岛的资源、物产及其他财富,而且不断强化对中国东北地区——"伪满洲国"的控制,大肆掳掠中国东北地区的资源、物产及其他财富。主要采取如下策略与措施:制造"柳条湖事件",爆杀中国东北军阀张作霖,消除中国军阀对东北地区的控制;扶持清末皇帝溥仪,建立接受日本政府及关东军控制的"伪满洲国",并由日本拓务省派遣"开拓团",强化对资源、物产及其他财富的掳掠;专门设立"满铁株氏会社",加速把中国东北地区的资源、物产及其他财富运到列岛。

正是由于日本强化对殖民地国家和地区的掳掠，造成上述国家与地区出现更大程度上的社会灾难，同时也激起更为强烈的民族抗争，以致抗日战争在上述国家和地区蓬勃开展起来，特别是中国东北地区，抗联战士活跃于原始丛林中，成为在东亚勇于抗日的旗帜，同时中国抗日民族统一战线加速形成，朝鲜半岛和中国台湾地区也不断出现反抗日本侵略和殖民的军事与社会斗争。虽然上述某些抗日行动遭到镇压与瓦解，但足以表明国家主义与民族主义的社会思潮在殖民地国家和地区已蓬勃发展起来，并对日本"大陆政策"形成巨大的社会压力与挑战，同时促使日本日益表现出社会乱象和"泥潭"印象，引起日本社会和政治出现诸多争议与矛盾，甚至爆发由"皇道派"的"愤青"军官所发动的"二二六事件"，杀死"统制派"的藏相高桥是清、内大臣斋藤实和教育总监渡边锭太郎，并袭击警视厅。出现国家主义和民族主义的社会思潮，只是促成上述事件爆发的原因，但并不是决定性的影响与作用因素。"二二六事件"成为日本军国主义发展的重要标志，表明"天皇制"的法西斯主义走向新的发展时期，即发动全面侵华战争和太平洋战争的历史阶段，这是日本型文化的本土化特色日趋膨大化和极端化发展的重要体现。

在"二二六事件"之后，日本日益呈现出狂热与疯癫的社会氛围，诸种"乱象"都表明日本深陷军国主义和天皇制法西斯主义的社会"泥潭"。在这一时期，日本已实现对琉球群岛、朝鲜半岛及中国东北地区的吞并、侵略与殖民，特别是关东军雄踞中国东北地区，对中国全境安全造成极为巨大的压力。同时中国也存在诸多政治力量之间的矛盾与斗争，并已为日本在东亚的谋略所分化，比如出现汪精卫的亲日政权，蒋介石政权与共产党政权之间也存在深刻的矛盾与冲突，为日本的渗透与侵略创造社会性与军事性的条件。"二二六事件"就是日本社会内部所出现如何侵略与殖民中国的政治斗争形式，最终以"皇道派"的青年军官杀死"统制派"的老臣这样的暴力事件收场，并将日本带入军国主义和天皇制法西斯主义的社会"泥潭"。此后日本发动全面侵华战争和偷袭珍珠港，这是太平洋战争出现扩大化趋势的显著标志。其实这也是日本型文化的本土化特色所呈现最为膨大化和极端化的发展阶段，日本社会也由此日趋表现出军国主义和"天皇制"法西斯主义的情热，并且深陷"泥潭"而难以自拔。

第四，昭和后期日本社会的"泥潭"印象。战败之后，苏联占据北方四岛，美国军队进驻日本的本土和琉球，并在日本开展社会和政治试验。但上述都只是外部社会系统在日本战败之后剥去其外在"衣物"，但日本的国家和民族气质，即"大和魂"，却并没有发生任何的变化，此即日本型文化中极具本土化特色的方面。这里存在具体的典型事例：在昭和天皇布告《终战诏书》之时，众多日本民众在皇宫广场跪拜与倾听；在远方的战壕中，诸多"皇军"还正在无望地抵抗。上述依然是当时日本社会的表象内容。仔细研读《终战诏书》之后，会更为深层地领悟日本型文化获取延续与发展的历史事实。在《终战诏书》中，昭和天皇最为强调的事情，并不是宣告战败之后的投降，而是强调"护持国体"，即确保"天皇制"国家的存在。即便以美国为主导的"远东委员会"剥夺了天皇"现人神"的地位，但天皇在宗教与文化上的神权地位也并没有发生根本性的变化，此即日本型文化在战后日本社会依然获取延续与发展的根本原因，由此导致战后日本社会呈现出深刻的"泥潭"印象。集中体现在如下方面：

一是美国对日本全方位改革的社会表象。战败之后，日本处于美国的军事占领之下，随后美国对日本进行全方位的社会改革，包括政治、经济、军事和教育等方面，但唯独没有对日本文化进行必要的全面改革，其中的原因到底在哪里？这里存在历史性的疑问。其实美国并非没有对日本文化进行改革，比如在二战后初期，美国剥夺了天皇"现人神"的身份，这项措施具有宗教和文化上的改革意义。但美国对日本宗教和文化改革很不到位，明显采取敷衍塞责的态度。这里存在客观性的原因，并涉及本尼迪克特著述《菊与刀》的影响与作用。本尼迪克特把日本文化的特性概括为"耻感文化"，并阐述其中具体的文化内涵，美国对日本的文化改革依据了其中主要的思想观点，由此导致战后对日本的文化改革明显存在力度不足的问题。美国对日本社会的诸多领域都进行全方位的改革，甚至把对日本的政治改革作为未来美国资本主义发展模式的试验田，但美国所主导的社会改革最终大多只沦为社会表象，并没有对日本的社会和文化本质产生深刻的影响与作用。从文化角度来讲，自然就不必多说，因为美国对日本文化改革的力度很有限，并没有进行全面的改革。从社会角度来讲，又何尝不是这样的结局：战后初期建立起美国理想中的日本政治体制架构，比如制定《日本国宪法》；实施非军事化措施；在政治、经济和教育等制度领域强化民主化改革。但上述这一切都停留在社会表象的层面，并没有深入社会和文化本质的层次，当然这也是可以想见的必然结果。毕竟美国并没有对日本的文化进行彻底改革，何况美国对日本其他领域的改革也并没有坚持多久，诸多改革都并不彻底，而且深陷日本社会的"泥潭"。东西方两大阵营的形成，特别是朝鲜战争的爆发，更促使美国完全改变战后对日本的政策，导致对日本的改革更加呈现出表象化，而且在战后对日本的社会改革中，日本的主体性日益增强，导致日本的近代传统获取相当程度上的复辟，日本型文化也步入延续与发展的路途。

二是朝鲜战争和越南战争的爆发与战后日本再度崛起的契机。在战后初期的五年时间中，美国对日本进行严密的社会改革，特别是体现在经济、政治、军事和社会等领域。但朝鲜战争的爆发改变了战后美国对日本的政策，即由原先的制裁与改造原则转变为讲和与同盟的立场，日本在西方世界的地位出现转折性的发展与变化。在经济方面：日本成为以美国为首联合国军战时补给与支援的特需基地，这为战后日本战备物资生产企业的发展提供了难得的机遇，同时也为战后日本的经济发展提供了助力；获取西方国家的信任与认同，并容许日本加入诸多国际政治和经济组织，促进了日本政治、经济和社会等领域的国际化进程；出现战后经济的快速增长，并称为神武和岩户景气。在军事方面：借机创设与组建日本的国家警察预备队，即日本自卫队的初始形态，形成准军事组织，并设置防卫厅管理机构，标志战后日本开始了军事化进程；美日签署讲和与安保条约，建立日美军事同盟关系。在社会和政治方面：在形成东西方两大阵营的国际环境与氛围中，日本借机解散共产党组织，消除产生社会革命的隐患；美国为获取日本的支持，释放与纵容日本的旧军人，甚至纳入联合国军，企图借力增强在朝鲜战争中联合国军的战斗力。越南战争的爆发更为增强日本作为特需基地的国际功能。在越南战争期间，日本获取经济和政治等方面的巨大发展：经济上进入二战后高速增长时期，确立在国际和东亚的发达国家地位；政治上获取国际社会的信任，特别是与韩国和中国等周边国家建立外交关系，从而获取广泛的国际政治利益；二战后重新获取对琉球的管治权，此即所谓"冲绳返还"，标志"琉球复国运动"的破产。在朝鲜战争和越南战争期间，更为重要的还在于恢复神道教和天皇制度在日本社会思想中的核心地位，昭和天皇的影响与作用再度增强，日本的近代传统获取延续与发展。上述方面表明，日本型文化已成为战后日本重要的发展引擎，重新对日本社会和文化等领域产生强大的影响与作用，并有力推进了战后日本的再度崛起。

三是神道教和天皇制度在日本社会呈现状态的变化。在二战后初期，虽然"远东委员会"并没有明确提出消灭神道教和天皇制度，但昭和天皇的绝对权威受到了遏制，特别是剥夺了在日本社会的"现御神"地位，这就导致天皇制度的社会影响与作用受到局部的限制，神道教也从战前趋于显性转变为隐性特征的社会呈现状态，但二战后神道教和天皇制度并非就不再存在实际的社会影响与作用。事实正好相反，神道教和天皇制度在日本社会依然处于"实像"的地位，虽然呈现为隐性的社会状态。也就是说，以美军驻日和"远东委员会"为主要标志的二战后对日占领体制仅仅处在"虚像"的地位，虽然呈现为显性的社会状态。昭和天皇在发布的《终战诏书》中，已表明这样的社会呈现状态，即着力宣告"护持国体"，呼吁民众力保"天皇制"国家的存在，而并不是单纯强调日本的战败投降，虽然外部世界系统通常将《终战诏书》看成日本天皇宣布无条件投降，并作为日本军国主义和"天皇制"法西斯主义覆灭的重要标志。上述呈现状态只是外部世界系统对日本的社会行为所采取的解读方式，比如二战后不久美国占领军司令麦克阿瑟会见昭和天皇，虽然此时后者已被剥夺"现御神"的地位，但并没有对日本宗教和文化上的传统权威产生绝对性的影响与作用。也就是说，昭和天皇依然是当时日本社会的宗教与文化领袖，此即二战后美国占领时期日本社会和文化的史实。再比如，二战后昭和天皇还发起在全日本范围的"巡幸"活动，而且所到之处都受到日本市民的欢呼与拥戴。这也就充分地表明，神道教和天皇制度在战后日本社会虽然受到一定程度上的遏制，处于隐性的"实像"地位，但依然是日本宗教和文化的核心标志，在上述问题上并没有出现任何的社会变化。况且随着东西方"两大"阵营的出现，特别是朝鲜战争和越南战争爆发之后，以美国为首的西方阵营更为倚重日本战略和战争基地的角色，战后处理体制就逐步转化为所谓的"安定体制"，即"55年体制"，这是日本迈向现代国家的历史性标志。由此以往，日本社会和经济等领域都获取极为巨大的成长与壮大，并进入发达资本主义国家的行列，成为国际和东亚的西方强国。这也就印证马克思主义的重要原理，即经济基础决定上层建筑，处在上层建筑层面的神道教和天皇制度，也开始出现社会呈现状态的发展与变化，"虚实共生"和"显隐交互"的特征更为显著地呈现出来。其实这就是现代日本社会"泥潭"的显著特征。

四是日本"右翼"和军备的重新出发。日本"右翼"是以神道教和天皇制度为宗教与文化核心思想，确立"八纮一宇"社会理念，秉持"天皇制"国体特征和武士道精神，并竭力维护日本近代传统（日本型文化）的社会组织及其势力。从社会存在形态的状况来讲，日本"右翼"还是具有"超政党"和"超黑社会"相交错性质的社会组织及其势力。正是由于日本"右翼"明显存在这样的性质，因此其与日本社会的政党和"黑社会"组织都存在千丝万缕的密切联系，并且在特定国内外社会环境与氛围中，还深刻渗透在日本政党政治生活和"黑社会"非法行为中，这正是近现代以来日本"右翼"的重要特征与组织传统。在明治、大正、昭和前期，在"神道国家化"和"军国主义化"的"天皇制"国家中，日本"右翼"发挥社会性和政治性的重要影响与作用，导致日本社会逐渐步入"天皇"制法西斯主义的"泥潭"，发动侵华战争和太平洋战争，妄图构建"大东亚共荣圈"，建立所谓的"大日本帝国"，上述方面都体现出日本"右翼"所秉持"八纮一宇"的社会理念，以及日本型文化的本质内涵。但最终日本获取的是战败的必然结局。战败之后日本进入占领时期，日本"右翼"也面临严峻的现实考验与社会压力。但随着国际局势的迅猛发展，特别是东西方"两大"阵营的形成，以及朝鲜战争和越南战争的爆发，导致日本趁势获取再度崛起的契机，当然这也是日本"右翼"获取复辟的绝好机会。伴随神道教和天皇制度社会呈现状态的变化,日本"右翼"重新获取存在和发展的社会环境与条件,开始战后重新出发的进程。"神道国家化"和"军国主义化"是日本"右翼"的两大重要目标,因此战后日本"右翼"依然以此作为重要的组织目标,充分体现出日本型文化对日本"右翼"的影响与作用,以及日本型文化获取延续与发展的社会事实。在另外方面,随着日本"右翼"组织及其势力的扩展,美国占领时期的非军事化政策也逐步走向瓦解。在美国政治纵容与唆使之下,日本重新开始军事化的社会进程。因此,二战后日本的军事组织由国家警察预备队转变成自卫队,并且在军事规模和质量内涵方面也获取极为巨大的发展,并形成强大的军事实力和潜力,建立起符合现代化水准的军队。上述这样现实情形的出现为日本"右翼"组织及其势力的扩展和军国主义的复苏,都提供了利于滋生的社会"土壤"与环境,这也就为日本社会存在浓烈反华制华的社会叫嚣与行为,提供了组织上的力量与支撑,对中国在内的东亚、东南亚诸国家与地区,产生潜在性和现实性的安全威胁。

五是美国占领政策演进及其东亚战略格局发展。二战后美国的占领政策经历由美军驻扎到东亚战略组成部分的转变过程,对现代东亚战略格局的形成与发展具有重大的影响与作用。二战后美国采取对日本的占领政策,包括占领日本的本土和琉球。苏联同样也采取占领政策,但二战后却走上差异性的发展方向,即美国的占领政策逐步演变成美军驻扎的国际现状,苏联的占领政策则逐步演变为俄罗斯占据北方四岛的国际现实。在二战后东亚格局中,还存在琉球独立、钓鱼岛及其附属岛屿权属和中国海峡两岸等问题,甚至包括朝鲜半岛和越南等政治与军事议题,并且大多与中国存在紧密的历史与现实联系。最为突出的是美国殚精竭虑地构筑符合其国家利益的东亚战略。在东西方两大阵营出现严重对峙的国际情境中,作为以美国为首西方阵营在东亚的基地,日本成为在东亚制约和攻击以苏联为首东方阵营的战略前沿。在二战后东亚格局中,日本还扮演着特殊和重要的国际角色,并逐步地获取中美日"三角"关系中的战略犄角地位与作用。在这样的国际政治和军事情境之中,美国占领政策的内涵又出现新的发展与变化,日本竭力巩固与强化美日同盟关系,虽然这样的变化是建立在以日本做出必要妥协的战略基础之上,即这样的美日同盟关系是建立在美军驻日政策现状基础上的社会呈现状态,虽然日本也获取美国移交琉球的管治权等现实利益,而且还包含美国连带性地向日本移交隶属中国的主权领土,即钓鱼岛及其附属岛屿。这正是美国在中日之间设置的战略性屏障,正如英国在撤离南亚地区时,在中印之间设置的"麦克马洪线",体现出西方国家在关联国家和民族之间制造矛盾、隔阂和分化的战略与策略,美国甚至还将这样的战略与策略运用到中国海峡两岸的问题。上述诸种情形也就构成美国东亚战略的组成部分,实质上是在战后美国东亚战略之下这样的国际格局。在美国东亚战略中,日本扮演着前沿基地的国际角色,这也符合日本近代传统的思想实质,即"脱亚入欧"政策。由上可见,日本在东亚采取的是"游离于外"的国际策略,若中国将日本视为在东亚的国家,并以此决策对日本的政策与事务,看来是"缘木求鱼"的做法,存在决策性的失误,此即二战后中国对日政策不甚成功的重要原因,毕竟"脱亚入欧"政策已成为日本型文化的重要内容和日本近代传统重要的组成部分。上述方面都与美国占领政策的演进及其东亚战略的发展存在紧密的联系,并且日本在其中扮演"助纣为虐"的国际角色,这是由战后日本型文化获取延续与发展所决定的必然事实,并已成为显著表达和鲜明呈现昭和后期日本社会"泥潭"特征的重要方面。

第五,现实日本社会的"泥潭"印象。在现实日本社会中,"局外人"最初的深刻印象总是端庄与秩序的感觉,很难与"泥潭"印象相联系,其实这也是日本社会的客观事实。但这只是对日本社会事实的表层描述,并没有深刻揭示日本社会的本质特征。现实日本社会是深不可测的"泥潭",这是由日本型文化获取延续与发展所决定的必然结果。这里存在日本社会诸多的"泥潭"印象可资实证。

一是基地迁移:美日同盟中的异化因素。基地迁移是战后美国占领政策发展中的问题,但从日美两国的现实关系角度来讲,又是美日同盟中的异化表现。毕竟美国战后对日政策存在逐步转变与发展的过程,美国由军事占领转变为建立军事基地,并确立军事同盟关系,从而把日本纳入美国在东亚的战略体系。日美两国在东亚都存在各自战略考虑，存在相互依赖与借重的企图，目的是要在东亚确立各自国际地位，并发挥霸权作用，共同点是都存在反华制华的战略图谋。从日本角度来讲，符合日本型文化的本质特征，即要实现"去中国化"的目标，削弱中国在东亚的比较优势，并确立日本在东亚的霸权地位。美国的战略目标是要在东亚排除中国势力的崛起与影响，巩固美国在西太平洋地区的力量部署，并由此实现全球霸权的战略目标。由此看来，美日同盟是日美两国针对中国的崛起与影响而提出的外交策略。但日美两国在上述这样的关系中并非是全天候的同盟关系，其中也存在诸多矛盾与问题，基地迁移就是相当具有典型性和显著性的问题。当前美国在琉球和日本列岛建有多处军事基地，日本的策略目标是要逐步压缩美国军事势力在琉球和日本列岛的存在空间，削减美国在日本的军事基地数量与规模。主要采取如下两项措施：首先，在琉球问题上做文章，这就出现琉球民众团体抗议美军基地迁移的问题。毕竟琉球在历史上曾经是独立的国家，但逐步沦为日本的殖民地，并最终并入日本的版图。在第二次世界大战中，日美两国在琉球展开激烈的"冲绳战"，致使琉球遭受重大的历史创伤。战后美国占领琉球，但却遭遇"琉球复国运动"，给美国在东亚的战略带来极大压力与变数。在这样的情形之下，美国赋予日本琉球的管治权，此即日本重获琉球管治权的过程，其实这是美国东亚战略的组成部分，但也就导致出现中日两国在钓鱼岛及其附属岛屿主权归属上的矛盾与问题。在上述这样的国际社会环境中，日本就以琉球为重点开展民众团体抗议的运动，此即日美基地迁移的争端问题，其实这是日本驱赶美国军事存在中的重要策略步骤。其次，力求缩减美国在日本的本土军事存在，但这对日本而言是长期性的战略目标，不可能一蹴而就地实现这样的目标。由此看来，美日同盟的战略基础只存在于针对中国在东亚的崛起与影响，日美之间也存在极大的正面矛盾与潜在冲突，而基地迁移问题正是这样矛盾与冲突的突出体现，充分表明美日同盟存在诸多异化因素，这就极大增强现实日本社会的"泥潭"印象。

二是"右翼"喧嚣：国际关系中的社会噪音。"右翼"喧嚣已成为日本社会的突出现象。曾经向久居日本列岛的中国游学生咨询这样的问题，即

"右翼"喧嚣是不是日本社会的常态现象？回答："右翼"组织及其势力已成为日本社会重要的政治力量，"右翼"喧嚣是日本社会的常态现象。这样的结论也很符合对日本社会所作的相关观察与思考。毕竟在日本社会中，"右翼"已具有"超政党"和"超黑社会"的性质，并且与日本的政党和"黑社会"组织都存在紧密的关联，这是日本社会的客观事实。集中体现在：日本"右翼"存在强烈的天皇情结，属于激进的"皇权派"，代表着竭力维护日本近代传统的社会组织及其势力，因此存在强大的社会基础，具有政治和文化上的强力支撑；日本"右翼"具有"超政党"的性质，渗透在诸政党并担任重要的政治职务，甚至达到首相、内阁成员和知事等政府关键岗位，成为天皇和皇室的近臣，也就对日本的政治决策存在潜在性和现实性的影响与作用；日本"右翼"还具有"超黑社会"的性质，"右翼"组织及其成员与"黑社会"存在紧密的联系，甚至相与纠集并组织实施社会暴力活动，"右翼"喧嚣还是其社会活动中较为和缓的形式。"右翼"喧嚣的主题也存在多方面的特征，涵盖日本国内和国际两个向度：就日本国内而言，往往表现为维护皇权的性质，期待"明治景气"的重现。在另外方面，其主题还具有强烈的外向特征，主要是关注国际的向度，实质上是国家主义和民族主义的激进体现，即军国主义的遗存。但在现实国际社会中，日本难以达成其国家与社会的"右翼"目标，毕竟战后日本依然是在美国占领政策的直接支配和影响作用之下，虽然这样的政策已存在诸多的变化，出现所谓美日同盟关系。但这样的关系只是美国东亚战略的组成部分，具有不能由日本政府和社会主导的显著特征，因此实质上这是美国对日本的军事占领。由此看来，"右翼"喧嚣也只是日本在国际关系中的社会噪音，类似于受虐孩童的哭闹表现，但这也产生一些国际性的影响与作用。如制约驻日美军的日常行为；制造中国威胁的国际舆论；制衡所谓反日国家的国际影响。最为突出的是针对中国的激进言行，比如炮制"中国威胁论""自由与繁荣之弧论""围堵中国论"和"日本衰运论"等，借此制造诸多反华制华的国际舆论，甚至在社会行为方面显著地表现出来，比如组织游行示威，甚至唆使其他国家或个人开展反华制华的社会活动，诸如在中印之间制造各种不和谐的音符，特别是停止给予中国 ODA 的同时，却增大对印度 ODA 贷款，刻意增强印度的军事力量，借此形成对中国的军事对峙与威胁，并支持中国人反政府组织或个人的不当言行。在后一点上，资助"邪教"和"藏疆台独"等组织及其代表人物，就是突出的现实事例。由上可见，日本"右翼"喧嚣制造了国际关系中的社会噪音，也就更加增强了日本社会的"泥潭"印象。

三是天皇象征：社会变革中的"不倒翁"。二战以来，日本天皇制度经受艰辛的历练过程，但在经历东西方两大阵营的对峙，以及朝鲜战争和越南战争的爆发之后，天皇制度最终获取历史性的恢复，体现出日本近代传统的回归，这也符合日本型文化获取延续与发展的历史事实。在平成天皇登基之后，日本面临时代性的社会变革，但天皇制度却成为日本社会的"不倒翁"，而且还出现强化其社会功能的发展趋势。从宗教和文化角度来讲，日本天皇制度并没有因二战的失败而出现中断，在这一点上无疑是客观的社会事实。依照"虚实共生"的社会原理，战后天皇制度在日本社会逐步由显性转化为隐性，但并没有改变其"实像"的本质特征。其"实像"不变定律也正表明，天皇的象征在日本社会变革中处于在"不倒翁"的状态。况且美国战后对日本的占领政策也已出现巨大的发展与变化，虽然美国依然在琉球和日本列岛驻扎军队，体现美国在日本的军事存在，但日美两国却结成军事同盟关系，这为日本天皇制度获取延续与发展，创设了重要的国际环境与氛围。战后日本依然沿用"脱亚入欧"的政策思路，虽然现实中已改变成"脱欧入美"的政策提法，但却存在共同点，即"强者优先"的政策思路。现实日本社会还存在"脱欧入亚"和"脱美入亚"等政策说辞，两者都符合上述强者优先的政策思路。但有一点却存在给予特别关注的必要，即出现变化的只是日本社会的表象，即"虚像"，虽然二战后在日本社会长期表现为显性的特征。然而这样显性特征的呈现却掩盖了日本社会的"实像"，即"万世一系"的天皇制度。在二战后较长时期，天皇制度都处于隐性的社会状态，虽然依然是日本社会的"实像"。二战后天皇制度的存废问题也出现过诸多争议，但最终天皇制度还是在日本保存了下来。其实上述争议的本身也只是"虚像"，毕竟在神道教的主导地位尚未出现变动的情形之下，难以撼动作为日本宗教和文化的制度化标志——天皇制度。由此看来，天皇象征体现出日本宗教和文化的实质特征，并成为日本社会变革的"不倒翁"，这是由日本型文化的本质特征所决定的。现实日本社会也存在诸多事例，比如在麻生担任首相期间，曾经出现这样的财政大臣，由于在国际场合表现出醉态，并在记者招待会上大放厥词，归国之后就因醉而逝。其实在很大程度上，这是日本社会中的政治性惩处，虽然难以获取直接的事实证据。毕竟日本依然是天皇专制与集权的国家，首相内阁制与君主立宪制并存。前者呈现为显性状态的虚像，后者呈现为隐性状态的实像。虽然战后日本由美国主持制定《日本国宪法》，但现实日本政治却还存在宗教和文化上的宪法——《明治宪法》。因此从上述角度来讲，天皇象征也正是日本社会变革中的"不倒翁"。说得更明白一点，即日本社会呈现出这样的情形，依然是由日本型文化获取延续与发展所决定的必然结果。由此看来，上述方面也就更加增强日本社会的"泥潭"印象，毕竟日本社会显著地呈现出"虚实共生"和"显隐交互"的机制及其运行状态。

四是内阁频迭：政党体制中的政治"能剧"。"能剧"是日本的传统剧种，来源已湮灭在历史的中国古代剧种，感觉比京剧更显沉闷，并多以语言为主要的表现形式，动作上具有较为和缓的特征，但也存在某些打斗的细节与场面。现代日本内阁的更迭大有其传统"能剧"的特色，可谓"城头变换大王旗"。只是更换多是内阁首相而并非天皇。由此看来，在日本社会和政治中，前述的"大王旗"并不经常地变换，反而呈现出"万世一系"的显著特征，然而内阁首相则成为频繁更换的对象，这也符合日本社会和政治的本质特征。现代日本的政党制度是战后美国对日本社会和政治体制的改革与试验结果，并不完全符合日本社会和政治发展的规律与需求，这是客观存在的事实。但美国的改革与试验并没有获取理想的结果，最终反而为日本社会和政治传统所改造，这就导致呈现出现代日本社会和政治体制的特征。从理论分析层面来讲，日本社会和政治体制呈现为双重结构：一是战后美国对日本社会和政治体制的改革与试验，确立现代政党体制和诸项社会制度；二是日本近代传统存在于其宗教和文化的历史与现实之间，并对现实的日本社会和政治体制产生深刻的影响与作用。因此可以说，现实的日本社会和政治体制是上述两种社会和政治体制发展的混合物，其必然的结果就是出现内阁频迭现象，体现出日本社会和政治体制的近代传统，与美国对现代日本社会和政治体制改造之间的交互作用，从而促使现实的日本社会和政治体制更加符合其历史和文化特征，同时也体现出美国对日本社会改造的意志与政治文化的精神，这也是现代日本社会出现内阁频迭政治"能剧"的重要原因。依照"虚实共生"和"显隐交互"的社会原理，近代传统体制表现出的是日本社会的"实像"，美国对日本社会和政治的改造则呈现为其社会的"虚像"，前者呈现为内在、隐性的状态，后者呈现为外在、显性的状态。由此看来，日本内阁的更迭只是外在和显性的"虚像"，而现代日本社会和政治体制的实质则存在于"实像"，表现为内在和隐性的状态，这就体现出日本近代传统对现代社会和政治体制的影响与作用。因此过分地看重日本内阁的频迭，并没有参透现代日本社会和政治的本质特征，从而产生现实日本社会和政治本质的认识与理解偏差，最终可能会造成诸多决策失误。上述事例的存在不是少数。毕竟从实质性角度来讲，现代日本依然是"政教合一"的国家，日本政治、宗教和文化等社会因素经常交互纠集，其中以天皇制度的存在最为典型。由上可见，现代日本并不是实质意义上的资本主义国家。日本社会和政治给人以诸多"泥潭"印象，这是日本近代传统与战后美国对日本社会和政治改造与发展的混合物，但实质上依然体现出日本近代传统和日本型文化的深刻影响与作用。

五是灵活策略：国家至上的利益边界。在处理国际事务之时，日本总给人以谨慎与细致的感受，当然还存在自私与自利的印象。这样的情形也符合日本国家和民族至上的利益边界。在日本人的学术研究中，上述利益边界的设定奉行了所谓灵活的策略，通常冠以"圆滑化"和"活性化"等日文词汇，并经常运用在日本国内外事务的处置过程。比如政策、法规和制度等文件拟订；社会治理、管理体制和运行机制等行为规范，其中都会出现人性化的处理措施，即赋予这样的策略。但运用在处置国际事务之时，就会出现日本国家和民族至上的利益边界，体现出日本社会所存在浓烈的集体主义色彩，充分体现出日本自私与自利的民族特性。在处置国内外事务中，这样的灵活策略就显著表达出日本社会的"泥潭"现象，并充分体现在日本军事、经济、外交和文教等领域。

其一，军事领域。二战后美国在日本实施非军事化的措施，但由于国际局势的迅疾变化，美国改变对日本的占领政策，从而为日本重新军事化敞开了大门。日本也就由设置警察机构，发展到建立自卫队，实现战后军事化的进程。正是由于存在上述这样的国际环境与背景，日本自卫队的职权范围依然存在一定程度上的限制：首先，军队驻日既是美国东亚战略的组成部分，也是对日本自卫队的制约措施；其次，日本自卫队在原则上依然仅具有防御的功能，虽然在实质上已具备进攻的能力。这样的限制就在日本的军事领域造成某些"泥潭"现象，毕竟诸多军事目标的实现只能通过隐蔽和谎言等"非常态"的手段，而并不能采取"正当"的渠道。比如，日本拥核已成为国际的事实，据称日本可以在一周内制造出原子弹，这是军事上的社会事实，但日本在外交言辞中总矢口否认这样的事实。同时为了谋求战略上的比较优势，日本社会又存在诸多议论，试图以此获取某种军事上的威慑力量。再比如，日本自卫队在国际社会的活动范围逐步扩大，往往采取的是给美国等西方国家以后勤支援的国际角色，像在印度洋上对美国等西方国家军舰供给原油。这样的现状已出现一些发展与变化，日本自卫队已在国际社会不断增强影响与作用，比如向索马里海域派遣护航舰只。当然还包括美日同盟下的诸多军事动作，比如举办日美联合军事演习，借此对周边国家特别是中国形成军事上的威慑。美军驻日尚需要一些特别的费用，日本承担部分的费用，也成为国际的事实。毕竟美军在东亚的存在减轻了日本在国家安全上的诸多顾虑，还引发日本在东亚周边提出诸多领土与权益上的要求，这还并不会阻碍不断增强日本军事力量，甚至还存在某种程度上的发展便利，毕竟美军装备就停放在日本的本土与周边，并存在美日同盟的重要纽带。上述国际事实肯定会存在某些逻辑与道理，体现出日本社会的灵活策略，但也会让人感受到日本军事领域的"泥潭"现象。

其二，经济领域。谈到日本的现实经济，就不可能回避日本的现代科技，这是日本实现"工业立国战略"的重要方面。毕竟在长期农业社会中，日本都处在东亚的边缘地位，但近代以来日本成功实现社会转型的同时，逐步增进工业化的过程，特别是签订《马关条约》之后，日本利用清政府的巨额赔款，开始了最初工业化的进程。在侵华战争和太平洋战争时期，日本通过劫掠等手段，获取更为巨额的物质财富，也为战后日本经济的发展提供极大的助力。现代日本的社会发展在最大程度上得益于战后在东亚的两场战争，即朝鲜战争和越南战争，由此为日本的重新崛起提供了重要的国际环境与条件，导致战后日本出现长期高速增长的过程。当然这也与战后日本社会和经济政策存在紧密的联系，特别是日本高度注重科技的发展，提出"科学技术立国战略"，为实现日本现代化提供了必要的技术支撑。日本社会还存在诸多的立国战略，只是作为政策上的引导，但存在显著的发展性特征，并非只是固化的战略，即具有鲜明的与时俱进特征。谈到日本的现实经济，还需要特别提及日本的商业和社会策略：第一，创新品牌策略。在发展科技和经济实力的基础之上，日本特别注重在社会需求前沿上创新各种商品的品牌，比如丰田和本田（汽车）、索尼（照相机），甚至华堂（商场）和吉野家（快餐店），尚包括诸多其他品牌。即使某些日本商品没有显赫的品牌，日本也会通过诸多营销的策略，造成品牌的印象。第二，海外扩展策略。日本年轻人大多分散到世界各国中的日资企业，造成日本国内出现青壮年劳动力缺乏的社会景象，这是由日本海外扩展策略造成的社会局面。当然这也就造成日本在世界各国都占有庞大的海外资产，并保持日本经济强国的地位，但日本国内就形成这样的产业布局，即日益成为情报信息、科技研发和文化教育中心，然而其子系统则分散和密布到世界各国家与地区，形成庞大的系统网络。第三，日本本位策略。在经济领域中，日本坚持其本位的策略。无论是在日本国内还是世界各国家与地区，日本的商品都维持在高品位的层次，包含高科技和高质量。这样的结果就是存在高价位。也就是说，日本本位策略实质上就是获取定价权的策略，这里存在一些客观的条件，比如科技含量、质量保证和服务水平，以及顾客对象的定位等。第四，社会系统策略。这就是国家和民族至上原则在日本经济领域的体现形式。日本经济系统策略也是日本社会系统策略的重要组成部分,并融会在日本社会系统的总体发展战略,这样的情形在战争时期存在显著的体现。比如在侵华战争和太平洋战争时期,日本提出"综力战体制",其实这就是基于社会系统层面的战略设计。在日本现实经济领域中,诸多策略都离不开社会系统的策略,并成为其社会系统策略的重要环节。当然上述策略的实施必然会增添日本经济领域的复杂性和多样性特征,况且在国际经济领域中日本还面临美国等西方国家的制约与要挟,比如美国迫使日本签订所谓"广场协议",通过政治和金融等手段,限制日本经济发展的步伐。上述方面的存在也就增强了日本经济领域的"泥潭"现象。

其三,外交领域。日本外交的重点主要是美中两国,核心的利益存在于东亚,这也是日本现实的外交抉择,毕竟在地理意义上日本属于东亚国家,而且还是东亚的小国。但日本怀有东亚大国的战略野心,这已为历史与现实所证实。日本外交的主轴就是中美日"三角"关系,其中日本发挥战略犄角的角色与地位,也就必然要发挥"全球性"的影响与作用。毕竟东亚战略是美国全球战略的重要组成部分,依照系统论的观点,就是美国驾驭世界大系统的重要战略与策略。作为在东亚的大国,中国不仅是着眼于东亚,而且也存在全球性战略,毕竟中国还具有联合国常任理事国的角色与地位。日本心怀东亚大国的战略野心,并存在隐晦的全球性策略,但毕竟日本难以脱离世界大系统的影响与作用。由此看来,日本外交存在重点范畴上的全面考虑与审慎布局,虽然日本的短期目标锁定在东亚,其中存在历史与现实的影响,比如二战中与美国的激烈较量,但现实中还是以日本国家和民族至上原则为转移,强调日本的根本利益。因此在处理外交事务之时,日本依然存在利益边界,这是日本所实施灵活策略的常规基线。正因为存在上述的情形,日本的对美外交依然主要是以现实利益为转移,而并不是以战败为基本参照,但这又并非说日本已经遗忘战败的历史。从事实角度来讲,日本社会依然存在强烈反美制美的情绪,只是在目前国际格局中没有显著地表露出来。比如在日本的大学图书馆中,曾经阅读有关二战的宣传册,其中细致地刻画了美国对日反击作战特别是所实施"琉球战""本土作战"和投放原子弹的相关细节,并提出"鬼畜米英"口号,足见日本对美国的历史仇恨。但从外交政策角度来讲，日本社会呈现的是唯美国马首是瞻的实况，而并非诋毁的态度，这里也存在国家和民族至上的利益边界。但对待包括中国在内的东亚诸国，日本的态度就存在显著的差异，完全呈现为显性的特征。比如，在对待中国的态度上，竭力在历史教科书甚至南京大屠杀的具体人数等问题上，进行历史辩护，并在受害者赔偿等民事司法问题上，推脱战争责任，更不用说在追究天皇战争责任问题上，依然存在辩解言辞与强盗逻辑。因此在现实外交事务中，"中日世代和平友好"的"虚像"难以掩盖日本反华制华的实质目标，并充分表现在社会和外交事例中，特别是在对待其他小国的态度上，比如朝鲜和韩国及南亚和东南亚诸国家。为了推行在东亚的战略，日本采取合纵连横策略，但却难以掩盖其东亚大国的战略野心。正是运用上述的灵活策略，导致日本外交存在浓烈的"泥潭"现象，这也是日本近代传统和日本型文化的延续与发展所决定的必然结果。

其四，文教领域。从总体角度来讲，日本文化和教育已处于完善与发达的发展阶段，但却存在浓烈的国家主义和民族主义特征，即超越了民族性特征的范畴，其中存在发展阶段及其内容间的错位问题。从发展阶段角度来讲，日本文化和教育显然已发展到完善和发达的程度，已建立揽括学校和社会两大教育系统，将文化和教育投入社会大系统，从而形成具有大教育特征的文教系统，这就为实现"学力社会"创造了基础性的环境与条件。在这样的文化和教育系统环境与氛围中，明显出现文化和教育相互融合的局面，并在学校与社会之间形成特殊的运行与协作机制，从而促使日本学校教育更加趋于社会化的运作，即更为强调学生在现实社会所获取的知识与技能。这就是"活教育"的方式，而不再是传统意义上的知识灌输，这也是日本"学力社会"教育理念所决定的必然选择结果，其中包括文化和教育上的基本社会要素，比如设施规划与建设、规制制定与维持，以及制度确立与执行等方面。从文化层面来讲，日本社会已建成一整套社会教育和文化机构，比如在市町村基层社会建有公民馆、文化馆、图书馆、纪念馆、儿童馆、老年馆等设施，关键已建立和形成完善的运行与管理机制，赋予上述文化机构社会教育的职能，比如举办社会性教育讲座、开设社会性教育课堂，以及举行社会性教育活动。从教育层面来讲，上述社会性教育和文化机构已成为日本教育系统的重要组成部分，而不再仅仅是承担文化职能的社会机构。从教育系统角度来讲，日本已建成大教育系统模式，教育对象也不再仅仅是在校接受教育的学生，而且已包括全体社会公民，实质上已建成公民教育体系，从而对建设"学力社会"提供文化和教育上的基础性支撑。从学校教育角度来讲，日本还形成有利于学校和社会之间进行互动与协作的关系，这是通过社会文化和教育规制与机制所达成的，比如建有见学制度。这样关系的确立还影响到学校教育的方式，即强调在教学中贯彻互动与协作的集体主义风格，注重"学力"的养成，而不仅仅是知识的灌输。这样的"学力"也还不能简单地等同于"素质"的概念，毕竟前者更加强调教育与社会之间的融合，而不仅仅是关注教育所具有培养人和教育人的社会功能。上述内容主要是从日本文化和教育的发展阶段角度来讲的。但从文化和教育内容角度来讲，却明显存在日本国家和民族至上的利益边界，具有鲜明的民族主义特征。在社会文化机构中，日本还建有诸多神社——日本文化传统的重要标志，这是毋庸讳言的社会现实。但关键是神社设施体现出日本浓烈的国家主义和民族主义色彩，残留明治维新以来日本军国主义的显著特征。比如，在日俄战争之后，日本占领中国东北地区，随后建有诸多神社，最为著名的是大连神社。战后大连神社搬到日本列岛，至今依然作为历史和文化标志而存在。从文化和教育角度来讲，这已成为日本军国主义的社会文化和教育设施。再比如，靖国神社是日本军国主义思想尚未消除的重要标志性设施，并具有文化和教育上的社会功能。日本社会还存在诸多具有上述社会功能的文化和教育设施，比如有关中日战争的各种纪念馆，作为中国的耻辱性标志依然存在于日本列岛，同样也具有文化和教育上的社会功能。日本社会存在上述文化和教育社会机构，正是日本型文化的现实呈现，都具有文化和教育上的社会功能。上述机构的社会功能体现到文化和教育内容方面，充分暴露出日本军国主义的思想特征，这在日本学校教育内容中存在更为鲜明的表现，但包括中国人在内的局外人，更多关注日本学校的教育内容，而忽视日本文化和教育机构的教育内容。前者（日本学校教育内容）处于显性的社会状态，后者（日本文化和教育机构的教育内容）则处于隐性的社会状态。然而从危害程度上来讲，后者则更为持久、突出，毕竟这已提升到文化的层次，而不仅仅是教学的内容。在学校教育内容层面上，"局外人"更为关注其中的历史教科书问题，比如南京大屠杀的死亡人数，以及"侵略"与"进出"的歧义。在社会文化层面上，则更多关注靖国神社的参拜问题，而且还多关注日本政治人物的"言行表演"，这里存在政治博弈的因素，无论是着眼于日本社会内部还是国际社会，都是存在这样的考虑。其实对受害者来讲这是长久性的摧残，但这样的博弈却已是现实性的国际存在。由上可知，日本文教领域存在诸多自利性特征，导致日本文化和教育也呈现出"泥潭"印象，但这正是日本型文化的重要特征。

上述论说都是对日本文化和社会现象的阐释，但应将上述"泥潭"现象的阐释提升到理论分析的层次，从而对日本诸多社会现象的本质进行科学和系统的分析与探究。现代日本社会存在诸多"泥潭"现象，并呈现在日本诸多社会领域，但日本社会并非杂乱无章的发展形态，而存在内在可循的规律。因此有必要阐述现代日本社会的"泥潭"现象，对相关内容进行总结与提升，特别是对日本诸多社会现象本质进行理论上的描述与诠释，从而透过显性的社会表象背后，揭示其中隐性的本质特征。

需要描述现代日本社会的"泥潭"生态，以利于更为形象化地诠释日本社会的"泥潭"现象。现代日本社会存在深刻的思维与逻辑悖论，比如专制与民主、一元与多元、理性与激进等思想形态出现奇特的共存，同时存在天皇专制与现代民主、神道教与现代思想，以及传统和平思想与近代军国主义等要素之间的现实融合与共生，共同构成日本社会所呈现"泥潭"现象的重要原因。从社会和政治视角来讲，可以将上述现实呈现划分为如下类别："清流"和"浊流"。所谓"清流"，就是那些符合人类社会和谐发展的因素，体现为追求世界和平发展的社会思想特征。所谓"浊流"，就是那些特别是近代以来日本社会所出现谋求东亚乃至世界霸权的社会思想特征，在现代日本社会主要是指"右翼"思想意识，体现为明治维新以来日本军国主义思想的延续与发展。现代日本社会存在以军国主义思想为特征——"右翼"

思想意识的传统氛围，这是日本型文化的本质特征所决定的。但这样的文化特征主要还是表现在明治维新以来日本近代转型的发展过程中。也就是说，日本型文化的成型与发展集中体现在明治维新以来的时期，而并非特别具有文明性的文化形态。毕竟明治之前的日本文化更为突出地表现为对中华文化的依赖，日本型文化的特征表现得并不明显。也就是说，古代日本文化隶属于"大中华文化圈"的范畴，独立性特征并未凸显。

现代日本社会中"清流"与"浊流"交相呈现，时而此显彼隐，时而此隐彼显，甚至出现泾渭分明的共生与共存状态。但根本的是日本的国家和民族利益，这里存在鲜明的文化和思想表现。比如在侵华时期，无论在明治维新以来日本社会还是在激烈的中国战场，都存在主张和平的思想与行为，甚至存在日本人俘虏支持中国抗战的事情，但在日本占据比较优势的国际环境与氛围中，这样的社会思想与行为只是少数派，日本社会则表现为"清流"少而"浊流"多的现实状态。然而，战后国际局势出现显著的发展与变化，"清流"与"浊流"的浓度也会出现时代性的发展与变化，表现为"清流"比重加大而"浊流"比重相对减少。但现实社会中"浊流"的存在肯定是日本历史和文化的必然体现，主要还是以日本国家和民族利益为转移。由上可见，日本型文化具有显著的民族主义和国家主义特征。"清流"与"浊流"比重的现代演变存在日本社会和文化的运动规律，其中决定性的社会和文化因素就是神道教及其思想基础上所形成的天皇制度，并由此构成现代日本社会"泥潭"的上游闸门，主导者就是日本"现人神"——天皇，依据就是日本社会的传统制度——天皇制度，这是建立在日本传统宗教和文化基础上的社会制度。

日本文化传统包括如下两层含义：一是原始土著特色的文化传统，主要表现为某种文化传说和崇拜形式，比如太阳和海洋崇拜，即"日神"和"海神"崇拜，并演变成为日本原始图腾的文化传统，"天照大神"就是这样原始图腾的文化形式，这是日本文化本土性的最初表现形式；二是东亚文明特色的文化传统，主要表现为"大中华文化圈"的本质内涵。在这一点上，存在一定程度上的歧义：首先是对中华文化的选取方面。毕竟日本对中华文化的接受存在复杂的选取过程，即先是古代中国的神话传说、道家和兵家等内容；其次是源于古印度并经中国和朝鲜半岛改造过的佛教，以及隋唐中国的社会制度；再次是理学中的阳明学派；最后还有以魏源为代表的近代实学。上述选取都体现出其中所蕴藏"日本主体"的文化与思想精髓。明治之前的日本文化传统在更大程度上表现为"大中华文化圈"的组成部分，毕竟日本列岛上的诸侯国长期都是中国的属国或朝贡国，在文化传统上则表现为对中华文化的依赖。这样的情形延续到幕府末期开国之时，因此通常将幕府末期开国之前的文化，概括为日本的传统文化。

幕府末期开国和明治维新之后，日本文化进入近代时期，统称为近代日本文化，即日本型文化，显著呈现出本土化、"去中国化"和西方化等特征，但本质特征和终极目标是推进日本文化的本土化，直接的目标与路径是摆脱中华文化对日本社会和文化的深刻影响，即实现"去中国化"的目标，或选择"去中国化"的路径，策略与手段是西方化，即学习与借鉴近代西方先进科技成就，甚至西方国家社会制度。上述特征构成日本型文化形成与发展中的"三大轮毂"，对明治维新以来日本的社会政策产生深刻的现实影响与作用，充分体现在近代日本社会的战略、策略和行为之中，加速了日本军国主义的萌生与发展过程，并推进日本在东亚实施的侵略与殖民政策。日本在东亚的侵略与殖民还存在宗教和文化传统上的先导性影响与作用，比如日本近代文化传统存在"八纮一宇"的社会理想，但日本型文化的形成与发展则是直接的影响与作用因素。

战败之后，日本社会和文化面临时代性的抉择。毕竟战后日本成为美国在东亚的现代殖民地，美军进驻并控制日本的政治、经济和文教等广泛领域，剥夺了裕仁天皇的"现御神"地位，肆意依照设想对日本社会和文化进行现代的改造，虽然后来证实效果存在极大的局限。现实日本社会中神社依然遍布，虽然天皇只认定为日本的国家象征，但在宗教和文化上却依然具有无上的权力。日本"近代记忆"无疑存在某种催化剂的影响与作用，甚至"右翼"思想与势力的存在也是"近代记忆"影响与作用的结果，此即日本型文化的影响与作用。在美国对日本社会和政治等领域进行改造之后，日本建立了现代政治、经济和文教等社会制度，比如建立以两党为主轮替的多党制和三权分立原则；建立现代市场经济制度，以及表面申明抛弃军国主义思想的内容。通过系列社会制度的改造，促使日本转型为在东亚典型的西方国家，这是美国在日本试验的社会制度理想，但效果值得进行历史的商榷。毕竟现代日本社会依然渗透强烈的本土化因素，并存在日趋加强的发展趋势，比如天皇权力日益回复，"神社国家化"逐步强化，科技和军事力量空前发展，历史认识存在突出的问题，"右翼"思想与势力的影响与作用也出现社会性的扩展。

上述社会表现都深刻地表明，日本型文化因素依然普遍存在于日本社会，并随着日本社会的发展出现日益扩张的趋势。由此看来，本土化已成为现代日本社会发展的本质特征。本土化的"两翼"，即"去中国化"和西方化，也出现显著的发展与变化，并且存在内在的密切联系，但其发展的本质却存在唯一的指向，即实现本土化的根本目标。随着中国渐进的崛起，日本社会出现强烈的危机感，并引发诸多反华制华的社会思想与行为，无形中也就更为进一步地强化"去中国化"特征，此即日本社会呈现出反华制华"泥潭"生态的重要原因。

在现代日本社会中，"清流"与"浊流"汇聚上游"闸门"之后流入"泥潭"。在上述的表达中，出现两个重要的概念，即"泥潭"和"闸门"。现代日本社会给人以深刻的"泥潭"印象，表现为清浊难分，比如传统与现代、理性与激进、"左翼"与"右翼"、和平与战争等诸思想意识，都显著呈现在日本社会，特别表现在对华思维和态度方面。从政治角度来讲，突出体现为友好与反华并存，呈现出反华制华的"右翼"思想、意识与行为，并在日本社会占有较大的市场。从本质角度而言，反华甚至超越友好，即便后者也是以日本的国家和民族利益为转移，充满"日本主体"的思想意识。在瞬息激荡的国际形势发展与变化中，随着中国在国际社会地位和势力的发展与变化，日本对中国的策略与态度也出现诸多的发展与变化，并在反华思维与意识牵引之下，对中国的发展与崛起做出特别的回应，甚至出现诸多反华制华的叫嚣与举动。

日本社会并非只在对华思维与态度上存在上述的"泥潭"生态，现实日本的政治生态也突出地呈现出这样的"泥潭"生态。毕竟，明治维新以来日本近代的辉煌记忆已成为过眼烟云般的历史印记，难以再现这样时代性回复，但作为社会理想的辉煌时代，日本社会还存在诸多遐想，这也与日本"八纮一宇"的传统社会理想存在发展上的一致性特征。但在国际社会的现实状态中，日本难以获取政治上的独立与自主，毕竟战后美国对日本政治的改造，已改变明治维新以来日本的政治结构体系。虽然战后政治体制也并非完全依照美国对日本政治结构改造的基本构想，但在目前国际社会的环境和背景中，日本也难以完全摆脱美国对其所实施的系统控制，由此也就造成日本社会发展中出现思维与意识的困惑，而且显著呈现为社会性的表达状态。

从现代政治角度来讲，虽然日本呈现出现代政治构造的体制表象，但其中存在传统以天皇专制和集权为特征的政治文化结构。前者呈现为显性的社会状态，后者则以隐性的社会状态表达出来，并处于宗教和文化的层次，对日本社会和政治的运行生态产生持续与深远的影响，并存在决定性的社会和政治作用。因此无论是表现还是实质，无论是显性还是隐性，现代日本政治已呈现为"泥潭"生态，这是通过特定社会和政治运行机制达成的结果，其中"右翼"思想与行为在这样社会和政治生态的形成与发展中起到重要的作用。20世纪70年代前后，日本"右翼"思想与势力再次显著性地登上政治舞台，突出的就是著名"右翼"代表石原慎太郎担任东京都知事，这是典型的政治信号，即"右翼"思想与势力占据日本社会和政治的权力核心。毕竟东京是日本的首府，位居日本政治权力的中心地位，并且天皇及其机关也正在此处。东京都知事的职位由"右翼"长期执掌，而且是"右翼"代表石原慎太郎，存在明显的政治含义。其实这也就充分地表明，美国对战后日本政治体制结构的改造破产，并没有实现日本政治改造设想的最终目标。当然美国也并没有坚定的政治意志，关键是国际形势出现急速的发展与变化：二战后美苏合作抗击法西斯的终结；东西方阵营的形成与对抗；朝鲜战争和越南战争的爆发；东方阵营的矛盾与解体等。国际局势出现上述新的演变，导致美国对日本政治改造的意志也出现新的发展与变化，在对日政策上也出现显著的改变，因而促成日本近代思想意识的复归，即日本型文化再次在日本社会蔓延与发展，"右翼"思想和势力日益发挥重要的影响与作用，甚至主导了现代日本政治的发展方向,并且日趋陷入更深的社会"泥潭"。

上述"泥潭"印象不仅仅表现在现代日本政治方面,而且涉及日本外交、军事和文教等方面。比如在外交方面,比如现代日本并没有完全独立意义上的外交。例证是美日与中国建立外交关系的过程,突出体现出日本在外交方面与美国存在附属与悖逆的双重特征:前者体现出日本必须按照美国的步伐开展国际交往;后者体现出日本在国际交往中存在与美国的不一致,甚至悖逆的方面,但无论是前者还是后者都是以日本的国家与民族利益为转移,鲜明呈现出"日本主体"的思想意识,这是日本处理国际问题的重要标准,由此也就造成美日与中国建交过程看似存在某些逻辑上的错乱,呈现出日本社会"泥潭"生态,即存在"泥潭"印象的视角效果。从本质角度来讲,其中存在一条重要的主线,即以日本的国家和民族利益为标准而转移。其实在军事方面,现代日本遵从美国确立的国际战略,但也存在其自身的战略企图,甚至怀想明治维新以来日本军事强国的记忆,特别表现在对待中国的崛起与军事发展方面。无论是"中国威胁论""围堵中国论""自由与繁荣之弧论",还是"日本衰落论"等,都突出表达出日本对中国的思维模式,即反华制华的思想意识,这是日本型文化的本质特征在现代日本社会的鲜明反映。日美在对华战略上也存在共同的目标取向,即遏制中国的社会崛起、军事发展和民族复兴,从而确保各自在东亚的战略优势。除了日本之外,美国还存在其他的盟友,比如菲律宾、韩国和印度等,由此形成在东亚周边围堵中国的战略态势。但需要申明,日本在东亚是跟随美国东亚战略的典型国家,对东亚的其他国家存在导向性的影响与作用,因此对中国而言"擒贼先擒王"的策略存在特别重要的意义,此即在战略上分析现代日本社会的重要所在,毕竟日本在东亚存在典型的战略价值。在文教方面,二战后美国对日本进行了某些改造,比如废除明治文教政策与制度,以及诸种教科书,但做得并不很彻底,表现在日本文教政策和制度方面,又出现近代性复归的发展趋势,特别是在教科书方面。重要的是日本已建立"学力社会"的教育理念,"右翼"思想意识也已在日本社会蔓延,在文教方面则表现得更为突出:在社会教育系统的构建与发展方面,日本已建成带有军国主义色彩的社会教育基地，比如靖国神社、昭和馆，以及中日战争的日本战利品陈列馆，确立教育教学和参访见学等多种形式为一体的机制与系统，并与修订历史教科书等学校教育方面更为紧密地结合，从而形成富有国家主义和民族主义特色的教育体系，此即为军国主义思想的渗透确立完善和发达的机制与系统构建。战后美国对日本文教的改造在更大程度上存在显性的表象，而并非就是日本文教的本质与核心所在，这是对现代日本社会所应有的认识与理解。正是存在上述这样的思维模式与系统构建，现代日本日益表现为"泥潭"的社会生态，给"局外人"强烈的"泥潭"印象。

现代日本的社会"泥潭"并非是杂乱无章的呈现状态，而存在可循的基本规律。这里要提及"闸门"的概念。所谓"闸门"，就是在日本社会系统的枢纽运作机关，即日本社会运作模式构建的关键部位，可以归纳为"上游闸门"和"下游闸门"。所谓"上游闸门"，之前已做过初步的阐述，即在神道教及其思想基础上形成的天皇制度。天皇是日本国家和民族的象征，天皇制度是日本社会具有宗教和文化特征的制度形式。所谓"下游闸门"，描述的就是现代日本社会系统构建，特别是现代日本政府设计及其运作模式，典型的就是首相内阁制度，代表的就是内阁首相。依照现代西方的政治制度设计，美国的意图是在日本建立相互制衡的权力配置模式，此即战后美国在设计现代日本政治制度时的构想目标。但事实的发展并没有完全符合美国的政治意图，即在现代社会的"泥潭"生态图中，日本现行的首相内阁制度也只处在"下游闸门"地位，"上游闸门"即天皇制度在日本社会和政治中发挥着关键的作用，毕竟日本社会"泥潭"生态是由"上游闸门"所决定的，即日本社会"泥潭"的清浊程度完全掌握在"上游闸门"，即天皇制度，而并非首相内阁制度：前者掌握"泥潭"的入口，而后者只部分地掌握"泥潭"的出口，这是日本政治权力的运行模式。由此看来，要对日本社会"泥潭"生态的运行机制与模式进行必要的梳理，从而更为清晰地揭示其中存在的本质内容。

首先，需要描述现代日本社会的"泥潭"生态图。生态图主要划分为上游、中游和下游，其中存在"两大"枢纽机关，涉及现代日本社会制度的构建,即天皇制度和首相内阁制度。前者具有宗教和文化上的特征,对现代日本社会依然具有长久性和延续性的影响与作用,并处于隐性的呈现状态,但却在现代日本社会的运行机制中具有决定性的影响与作用,此即日本传统文化的力量,或日本文化权力的现实作用。后者是战后由美国主导确立的社会和政治制度,虽然存在近代日本社会和政治制度的影响与作用因素,但主要是战后美国主导创建的,处于显性的呈现状态,往往成为日本社会的表象。国际社会对现代日本社会的认识与理解主要是这样的社会表象,比如在有关日本的国际新闻,像政治、军事和文教等方面。正是由于存在上述这样特殊的制度表达形式,造成国际社会对现代日本社会的认识与理解存在诸多误读,甚至把社会表象当成实质内容,难以明晰现代日本所出现或存在诸多的社会现象。日本社会的"泥潭"印象就是这样的突出表现。

在现代日本社会的"泥潭"生态图中,以天皇制度和首相内阁制度为重要隔断,分成上游、中游和下游。上游描述现代日本社会所存在的各种思想与势力因素,之前已将上述因素划分为"清流"和"浊流",这是"局外人"的观察与分析视角。对日本人而言,并不存在"清流"与"浊流"的区别,只存在社会思想、观点和行为上的差异,比如日本"右翼"思想与势力就是"浊流"的典型代表,而且"右翼"一词也是统称,其中还存在各种派别,相互之间既存在共同点,也存在差异处。共同点就是秉持国家主义和民族主义的思想观点,比如炮制"中国威胁论""围堵中国论""自由与繁荣之弧论",以及"日本衰运论"等思想观点,并表现得激进与好斗,竭力梦想"明治记忆"的回复,妄图重新称霸东亚,即实现"大东亚共荣圈"的发展目标。日本社会存在诸多典型的事例,比如否定明治维新以来日本对东亚的侵略与殖民历史,特别是否定侵略与殖民行为的具体细节,像在南京大屠杀中死亡中国人的数据;竭力维持近代日本对东亚侵略和殖民历史的既有歪曲论断,以及在现实国际社会采取的激进策略与行动。

由上可见,目前"右翼"思想与行为在日本社会已表现得很突出,甚至要比相对和缓的"清流"思想与势力更为显眼,关键的问题就在于"右翼"思想与行为符合日本型文化的本质特征和时代需求,并且还是日本传统宗教与文化特征所决定的，比如符合日本"八纮一宇"的传统社会理想。"右翼"思想与势力在日本占有显赫的社会和政治市场，特别是占据日本政府的关键职位，甚至像内阁首相和东京都知事这样高级的关键职位。与此同时，"右翼"思想与势力也已掌控日本的经济基础，并存在宗教和文化上的有力支撑，以及诸如天皇这样传统核心势力的大力支持。上述观点符合日本社会、文化与历史发展规律的必然结果，可以认定是不容置疑的事实表述。现代日本社会也存在"清流"思想与势力，但这只是现实性的选择，或少数人的人性复归，而且也是坚持以日本的国家和民族利益为基本准则，秉持"日本主体"的思想意识，这是"清流"和"浊流"思想与势力的共同点。正是由于"清流"思想与势力同样坚持这样的处事原则，因此社会行为中就存在适时判断的具体表现，时而显现、时而消隐，同样是追求最大化的日本国家和民族利益。在上述这样的原则之下，和平时期尚且可以表现出喧嚣，一旦进入特殊时期，这样的思想与势力就会逐步消隐在右翼的声浪中，况且还存在上至日本天皇和政府，下至日本民众和社会的声讨，甚至政治迫害、谋杀或自杀，日本的武士道会导致上述这样的政治选择。

为了政策宣传的需要，日本在现代国际社会往往采取典型事例的形式，无限度地夸大某些特殊的情形，比如日本战俘的协助行为、民间认罪的行动、政府亲善的表现。上述或只是策略，或只是个案，并没有实质上解决日本文化与历史问题。毕竟日本型文化延续与发展的最终结局还是导致出现历史"活剧"的重演，"清流"与"浊流"还会存在发展性的演变，或阴或阳、或隐或显，处在无常变易之中，此即对现代日本社会发展与变迁的事实描述。由上可见，日本社会的"泥潭"生态呈现为动态性的发展趋势，而并非表现为静态性的有常状态。若从表象上分析与看待现代日本社会的具体事例，往往会扭曲对诸多典型的认识与理解，肯定会出现对日本社会的诸多误读。通过天皇制度——这样枢纽机关的时代性筛选过程，"清流"与"浊流"就会形成"混流"，并进入日本社会的"泥潭"，比重则是由天皇制度作出最终的决定，即"浑浊"程度完全是由天皇制度掌控与调节，并对日本社会的"泥潭"生态产生重要的影响与作用。也就是说，"中游"状态与天皇制度存在紧密的联系，天皇制度在现代日本社会依然具有特别重要的社会性意义。日本社会的"泥潭"生态还与首相内阁制度存在紧密的关系。毕竟天皇制度掌握"泥潭"生态的"入口"，实际上"出口"在表象上是由首相内阁制度所掌控，虽然掌控程度还要接受天皇制度的统辖，即在现代日本政治运行中，内阁首相及成员都要接受天皇的授权，虽然现实中只表现为觐见天皇的仪式，其中却存在深刻的宗教和文化内涵。由上可知，天皇制度依然是现代日本社会的根本制度，天皇也并非只是日本的国家和民族象征。

依据上述情形，可以做出源自日本传统宗教和文化上的归因与诠释：在传统上，日本是典型的东亚国家；在文化上，日本文化深受中华文化的影响与作用，属于"大中华文化圈"的范围；在社会制度上，日本深受中国特别是唐朝中国的影响与作用。日本的神道教和天皇制度等传统文化因素也是在中国思想和文化的影响与作用下形成、发展和完善起来的。由此看来，日本传统文化和社会制度都是建立在"大中华文化圈"的基础之上的，而并没有显著的独立特征。何况长期以来日本都是中国的藩属或朝贡国，本身这就是难以置疑的历史真实。但明治维新以来由于日本超越传统思想和文化的禁锢，通过幕末和明治极具时代性和战略性的发展步骤，走上资本主义的发展道路，而中国却在西方列强的攻击之下，尚未实现社会的近代转型，即中国没有紧随西方社会的发展步履，在固有和僵化的传统文化氛围中难以解脱出来，因此也就出现中日社会发展的巨大差距。日本不仅借助上述"机遇"摆脱了中华文化的影响与作用，还由此发展出日本型文化，并以本土化、"去中国化"和西方化为根本特征。其中，本土化为日本型文化发展的本质目标，"去中国化"为日本型文化发展的路径，西方化为日本型文化发展的策略与手段，最终导致日本走上东亚侵略和殖民的发展道路，特别是对中国采取侵略和殖民的策略与行径，此即日本近代侵华的历史。但即使出现上述这样的东亚变局，日本也并没有改变在中华文化基础之上形成与发展的神道教和天皇制度，毕竟上述传统因素已成为日本文化的核心内涵，本身也具有了其本土化的特征。况且日本侵华思想与行为还具有扩展日本文化的战略意义，中华文化的衰弱则表明日本文化具有了比较优势，此即近代日本的文化思维。因此在日本型文化延续与发展之时，日本社会的"泥潭"生态充斥"去中国化"的氛围，其中存在所谓"合理"诠释的理论依据。由此看来，日本社会的"泥潭"显著性地呈现为反华制华的生态，这是由日本型文化特色所决定的。上述观点还充分地表明，神道教和天皇制度已成为日本国家与民族是否独立存在的根本表达，也是日本在现实文化和社会中获取自我表达的重要形式，这就决定了以神道教为思想基础的天皇制度，必定依然还是日本根本的社会制度。

在日本社会的"泥潭"生态图中，首相内阁制度也具有重要的社会枢纽功能，这是明治维新政治改革的结果。明治日本派遣以岩仓具视为代表访问欧美等西方国家的使节团，对西方近代的政治、经济和文教等各项社会制度都进行极为详尽的考察与分析，并撰述研究报告《美欧回览实记》，其中就有对英国实行君主立宪制度的介绍，并指出日本推进政治体制改革的设想与思路，最终建立日本近代政治制度体系。其中最为突出的就是建立了政党制度和首相内阁制度，开创近代日本政治的新局面，并成为日本型文化的重要组成部分。由此看来，日本型文化是综合性的文化形态，揽括明治维新以来日本政治、经济、外交、军事和文教等广泛的社会领域，属于广义文化形态，而并不是纯粹意义上的狭义文化形态。作为"明治记忆"，这样的文化已渗入现代日本社会的广泛层面。首相内阁制度就是这样制度性文化的延续与发展。但或许会有人提出差异性的观点，即存在战后美国对日本政治制度体系改革的社会过程。当然这是事实的存在——美国主导重建了现代日本社会和政治的框架与体系，其中就存在首相内阁制度。但在日本政治体系中，现代与明治时代的首相内阁制度存在显著的区别，这样的认识与理解具有合理性，也是对现代日本社会和近代日本历史的真切分析。但现代日本政治并不是僵化的框架与体系，而呈现为动态的制度体系，存在变革与发展的内在驱力。这样的驱力就是日本型文化的延续与发展，特别是"明治记忆"在现代日本社会的渐进回复，由此也就导致现行首相内阁制度存在历史回溯的可能性。现代日本的政治现实也充分地表明，现行的首相内阁制度已脱离美国对战后日本政治的设想与架构，具有强烈的"日本主体"色彩，突出的特点就是现代日本政府的内阁首相及其成员在更大程度上要对天皇负责，并增强其中的显性程度。

现代日本毕竟还要顾及国际性因素，特别是美国因素，因此在处理国际社会事务之时，日本依然尽量保持在二战后国际社会和政治秩序的框架中，以避免出现诸多国际性的不利因素。但日本绝不容许以牺牲其国家和民族的根本利益为代价，这是日本处理国内外事务的基本标准。在当前国际社会复杂的环境与氛围中，现代日本社会存在最为突出的政治现象，就是内阁首相及其成员的频繁更迭，但这并非日本社会和政治的异常状态，而是现代日本社会所存在常态性的必然现象，毕竟这是现代日本政治的结构体系及其运行模式的构建特征，即现代日本政治的制度安排。但无论内阁首相如何更迭，内阁成员如何变换，日本天皇总是作为标志性的政治机关而存在，并具有宗教和文化上的感召力，在现实日本社会存在极为重要的政治权力。虽然战后在美国的强力压制之下，裕仁天皇被迫放弃"现人神"的社会身份，公开发表《终战诏书》和《人间宣言》，但这并没有改变其在宗教和文化上的重要地位。在日本型文化延续与发展的情形之下，日本天皇的政治权力出现回复的迹象，并在"明治记忆"的驱使之下，获取日本民众的拥护与支持，这已成为不争的客观现实。

由此看来，针对现行日本首相内阁制度来讲，其社会职权受到诸多方面和程度上的限制，来源也存在诸多的途径。比如美国对日本政治的影响与作用；国际社会对日本具体政治事务的特别回应；日本民众对政治的直接参与；天皇权力对日本政治的现实作用等。上述来源都对现实日本的政治决策产生深刻的影响与作用，其中天皇和民众是影响与作用的主要施加者：天皇通过宗教、文化和制度的途径；民众通过特定制度的安排，这也在明治时代就已形成并规定下来，比如现代日本社会盛行诸多政治性的社会组织，日本民众直接参与并成为沟通其社会内部的路径与渠道。但天皇决定权和仲裁权的分量已明显加重，这是现实日本社会中内阁首相及其成员频繁更迭的重要内在原因。虽然日本内阁首相及其成员在行使权力之时，会遭到来自国内外诸多社会和政治压力，但作为处在生态图"中游"与"下游"的枢纽机关，现行的首相内阁制度依然在日本社会运行模式中扮演重要的角色，并对日本社会的"泥潭"生态产生重要的影响与作用,以致对诸多国际事务也产生某种程度上的影响与作用,虽然在某些情形之下给人以力不从心的强烈感受,或存在某种外在和内在的社会与政治压力。日本这样的情形也是国际社会中的客观现实。毕竟在某些国内外政治决策之中,不论是日本的内阁首相及其成员还是天皇自身,都难以超越美国施加的强大影响与作用,这就更为增加现代日本社会"泥潭"生态的复杂性特征。

在日本社会的"泥潭"生态图中,位于首相内阁制度的下位部分,就是现代日本社会"泥潭"生态的"下游"。"下游"的流向就是国际社会,对日本而言主要是亚太地区,这与明治维新以来日本所奉行"脱亚入欧"政策,以及现代以来日本所奉行以亲美为主的政策,存在某些矛盾与冲突。但无论是近代"脱亚入欧"政策还是现代"亲美"政策,都没有脱离以日本国家和民族利益为基准的思想与精神,在文教领域就是"和魂洋才"的思想与理念,从社会哲学角度来讲,可以概括为秉持"日本主体"的思想意识。在通过现行首相内阁制度的枢纽出口之时,已经历日本社会机制的运行与过滤。对上述过程的影响与作用因素,存在于诸多方面,突出的是在社会制度层面上所存在天皇制度和首相内阁制度的功能设计,并在日本社会"泥潭"生态的形成与变化中具有重要的影响与作用,即决定了日本社会"泥潭"生态"下游"的"清浊"比重。现代日本社会明显存在诸多"右翼"思想与行为,充分表明日本社会"泥潭"生态依然呈现为"浑浊"的状态,这也正是日本型文化延续与发展的重要表征。

其次,要重点阐述上述生态图所表明现代日本社会"泥潭"的运作模式与机制,这是日本社会大系统中的运作模式与机制构建,集中表达为现代日本文化、战略、策略和行为等运行要素的影响与作用。主要体现在如下方面:

第一,神道宗教与社会理想。日本传统文化的核心要素就是神道教、天皇制度和武士道精神,其中神道教为基础性的要素,由此形成日本社会"八纮一宇"的传统理想。上述方面也正是日本型文化的核心要素,只是后者在更大程度上夸大其中的本土化特色,并在日本国内外社会环境中,强化国家主义和民族主义的思想因素,呈现为充满军国主义的思想意识,以及在东亚付诸侵略和殖民的社会行动。由此看来，日本近代侵略和扩张行径存在深厚的文化基础，并不只是"一小撮"军国主义者实施的社会行为。其实在日本社会"泥潭"生态中，这样的文化因素正是形成日本社会"泥潭"生态"清流"与"浊流"的根本原因。上述"清浊二分"的分析方法深刻揭示出日本社会"泥潭"生态形成和发展及其运行模式与机制的本质根性。

第二，"日本主体"与天皇制度。基于神道教，日本确立其国家和民族的发展战略，主要是通过"日本主体"的思想意识和天皇制度等要素充分地表达出来，并成为日本型文化确立与发展的重要基础，也为日本社会和文化等现代发展奠定坚实的基础。首先要着重就"日本主体"的思想意识进行深入的分析与探究。上述思想意识体现出日本处理国内外社会事务之时遵循的思维模式，并以社会思想与行为的形式表达出来。明治维新以来日本型文化的确立与发展过程充分印证上述这样思想意识的社会影响与作用，即主导了近代以来日本社会的发展与变化。随着战后美国对日本的掌控力度出现松动之后，日本型文化出现"由隐而显"和"由虚渐实"的发展与变化。这样的延续与发展态势必然会对现代日本社会"泥潭"生态产生现实性的影响与作用，导致军国主义思潮重新扩展开来，"明治记忆"也出现时代性复归的发展趋势。这样由文化到战略上的发展与变化趋势，足以清晰阐明现代日本社会所出现反华制华思想与行为的根本成因。从社会制度层面来讲，虽然战后出现局部性的发展与变化，特别表现在天皇制度等方面。战后日本天皇从"现人神"降至"人间"，由此否定日本天皇的神性特征，确立日本天皇的象征意义，但这并非出自对日本文化改造的方面，而是出自对日本政治改造的方面，因此也就难以存在持久性。战后发展情形已印证这样的发展趋势：日本天皇的现世威信已重新树立起来，这不仅体现在宗教信仰和文化教育的层面，而且延伸到社会现实的层面，这也与日本型文化的延续与发展存在紧密的关联。由此看来，从战略分析角度来讲，现代日本社会依然存在可能重蹈历史覆辙的发展趋势，上述这样的情形需要给予特别的社会关注。

第三，首相内阁制度及其运作机制。现代日本的社会政策存在经常性的变易，似乎这已成为"不变"的主题，并通过日本社会体制架构充分地体现出来，特别表现在现行首相内阁制度的方面。在这里，首先需要提及天皇制度与首相内阁制度之间所存在权威层级上的差异。天皇制度是建立在神道教这样宗教和文化的基础之上，并号称"万世一系"，对现代日本社会依然存在持久性的影响与作用。这样的社会制度具有犹如天皇在日本社会的不变地位，必然也会对现代日本社会产生深远的影响与作用。由此看来，天皇制度并非属于策略性的层面，而是属于基于文化基础之上的战略层面。但首相内阁制度就存在显著的差异，比如制度的来源存在不同。后者是在明治时代出现的政治制度，并在战后获取延续与发展。这也表明美国对战后日本政治的改造并不彻底，虽然其中存在理论上的指导，比如《菊与刀》对日本文化、社会和政治等方面的理论阐释。战后首相内阁制度的存在也并没有彻底颠覆天皇制度，虽然存在一定程度上冲击性的影响与作用，比如战后对天皇的神性采取否定的态度。但随着战后国际局势的发展，美国改变了对日本的政策与态度，这为现代日本重新出现军国主义的社会思潮，以及日本型文化的延续与发展，提供了有利的国际环境与氛围，对战后日本来讲是极为难得的天赐"机遇"，最终导致现代日本社会充斥"右翼"的思想与行为，因此表现在历史认识等问题上，也就显著地存在近代的意识，甚至演变为在处理国家关系和争端问题之时，日本把持着策略性的筹码。更有甚者，日本社会和政府还对东亚邻国采取霸道的处事态度，当然其中存在美国东亚战略因素的深刻影响与作用。在上述这样的国际环境与背景中，日本现行的首相内阁制度已重拾明治时代的记忆，虽然现在日本号称是现代东亚的发达国家。从另外角度来讲，现行的首相内阁制度是建立在现代日本政治的体系架构基础之上，只是属于策略性层面上的社会制度，难以与具有宗教和文化层面上的天皇制度相提并论。依凭这样社会制度确立的政治运作模式与机制，对现实日本政治的事务处理产生深刻的影响与作用，但毕竟这只是策略层面上的运作模式与机制，内涵上依然存在某种可变性的特征，比如现代日本社会频繁出现内阁首相及其成员的更迭，以及政策的变换，上述政治现象都深刻表达出日本现行首相内阁制度内涵所存在可变性的特征。

第四，显隐属性与虚实状态。现代日本社会诸多现象都处于"显而虚"

或"隐而实"的状态，以及处于"显而实"或"隐而虚"状态，甚至处于"显隐难辨"或"虚实不分"的状态。上述状态似乎达成天然的胶合，"局外人"难以辨别其中存在的"显隐属性"和"虚实状态"，这正是日本社会现象的奥妙与机关所在。这样社会现象的表达方式在国际社会也具有独特性的方面，毕竟世界其他国家除非存在某些机密的信息，社会现象一般总处在公开表达的状态。但日本社会诸多现象总是以令人迷惑的状态出现，或"显而实"，或"显而虚"；或"虚而显"；或"虚而隐"，甚至出现"显隐难辨"或"虚实不分"的情状，这样的社会状态就是通常描述的"泥潭"生态，突出表现为处于显隐和虚实之间的社会呈现状态。况且，现实日本社会还会不断产生动态性的发展与变化，由此增添认识与理解日本社会现象本质的困难程度，然而"泥潭"一词恰切表达出这样社会生态所具有的显著特征。

上述内容勾勒出现代日本社会"泥潭"生态的运作模式与机制。实质上，"泥潭"生态描述了日本社会大系统的存在状态，其中存在如下重要的社会制度：基于日本神道教的天皇制度，以及基于现代日本政治架构的首相内阁制度，并在运作模式与机制中处在枢纽机关的重要地位，承担日本社会大系统运作机关的社会功能，从而对日本社会"泥潭"生态进行有效调节，其中天皇制度日益发挥决定性的社会作用。这也就显著地表明，随着日本型文化的延续与发展，以及深广度上的持续与延伸，战后日本"右翼"思想及其势力不断获取影响与作用的力量，这就对国际局势造成潜在性和现实性的威胁。在日本社会"泥潭"生态中，以天皇制度和首相内阁制度作为重要隔断，运作模式与机制上就可以明显划分为上游、中游和下游，由此构成日本社会的"泥潭"生态系统。与此同时，正是由于现代日本社会明显表达为"泥潭"生态，以及存在"显隐属性"和"虚实状态"上的无常变易，就对认识与理解日本社会现象本质带来困难，因此揭示其中的运行模式与机制利于解决上述这样认识与理解上的困惑。

再次，要详细描述现代日本社会"泥潭"生态的运行过程及其特征，以及对其中存在的"泥潭"现象进行理性分析与合理诠释。

现代日本社会存在诸多思想与势力，这是日本文化的传统，而并非只是日本社会的显著特征。依照文化逻辑分析，现代日本文化是其传统文化的时代延续与发展，日本型文化也隶属这样规律的范围。但文化毕竟具有持久性和深远性的显著特征，不仅文化自身的发展而且文化对社会的影响与作用，都具有延续与发展的特征，这就决定了日本型文化还会对现代日本社会产生现实性的深刻影响与作用。在这样文化和社会的认识与理解之后，就可以对现代日本社会的"泥潭"生态机制及其运作过程进行细致的梳理，从而最终揭示其过程的本质特征，并对日本社会的"泥潭"现象做出符合逻辑规律的分析与诠释，以及揭示其中蕴藏的内在本质。上述过程可以划分为如下步骤：

步骤一：天皇制度在"混流"形成及其"清浊"比重上的掌控与调节作用。现代日本社会给"局外人"的感受，就是充满神秘与光怪的深刻印象，表象上显著地呈现出社会的乱局，但其实这样的"泥潭"现象并非真切反映出日本社会的本质情状，只是日本社会的显性"虚像"，而其中的"实像"则神秘地隐性起来。但这也并不是充满神秘色彩的社会传奇，而是日本文化特征的体现方式。这样表达的特色存在长期的形成与发展过程，甚至可以追溯到遥远的古代社会，毕竟日本列岛距离东亚大陆相对偏远，传统文化长期处于相对落后的发展状态，由此也就导致日本文化输入的后进社会心态。在中华文化长期处于东亚文化发展的比较优势中，日本文化只能处于东亚文化的附属与边缘地位，并纳入"大中华文化圈"的范围，甚至部分失却独立的资格。这样的说辞也仅仅停留在表象，日本文化传统还保存有其本土化的因素，即便这些因素的形成与发展都在相当程度上源自中华文化的潜在滋养。比如现代日本文化依然存在神道教、天皇制度和武士道精神等文化传统因素，其中天皇制度还承担社会制度性的重要角色，连接着"天地"与"人间"，天皇实质上还是具有"现人神"的地位，这是由神道教所赋予天皇的社会角色与身份。在机制运作模式中，天皇制度在上游与中游之间承担着枢纽机关的重要社会职能。在经历近代化洗礼之后，现代日本社会已形成独具特色的复合体，既存在传统专制集权，又引入现代民主和分权的文化与制度特征，也就出现"清流"与"浊流"的分化。毕竟日本近代化经验为"浊流"的出现与发展提供了历史的借镜,此即"近代记忆"对现代日本社会的深刻影响与作用。但在现代国际社会中,日本的力量依然存在极大的局限,毕竟无论从社会和地理的环境与条件,还是从历史和现实的发展与氛围来讲,日本都难以像近代在东亚肆无忌惮地开展侵略与殖民活动,因此也就需要建立这样的机制运作模式,借以制衡日本社会的各种思想与势力,天皇制度就在其中起到这样的功能与作用。当"清流"与"浊流"之间出现诸种矛盾和纷争之时,天皇制度就开始发挥影响与作用,即由天皇出面进行仲裁,此即天皇作为枢纽机关发挥其社会角色的重要作用。经历天皇制度的"过滤"之后,由"清流"与"浊流"组成的"混流"形态,就获取了形成与发展,其"清浊"比重则由天皇制度所掌控与调节,并对现代日本社会的"泥潭"生态起到决定性的影响与作用。上述步骤深刻阐明天皇制度作为枢纽机关,联结了日本社会"泥潭"生态的上游和中游运作过程,由此也可见天皇制度的社会功能与作用。

步骤二:以政党为代表的各种组织在日本社会"泥潭"生态中的搅拌功能。在"局外人"看来,日本社会呈现为"泥潭"生态,但事实上日本社会的内部则存在完善与发达的组织体系,并建立通畅和系统的运行机制。"右翼"组织就是鲜明的例证:"右翼"怀有强烈的排外心态,特别是具有激烈反华制华的思想意识。"右翼"组织是奉行日本国家主义和民族主义的组织统称,其中还存在诸多小派别的团体,并与日本"黑社会"组织存在某种程度上的关联。前面已提及日本"黑社会"组织,也与其他西方和美洲"黑社会"组织存在显著的差异,并多与日本"右翼"组织存在某种共性,即奉行极端的国家主义和民族主义,在排外情绪上表现得异常激烈,甚至妄图采取暴力性手段,解决国内外的社会矛盾与问题。由此看来,日本"右翼"组织与"黑社会"组织之间只存在程度上的差异,思想意识和日常行为层面的差异却较小。况且日本"黑社会"组织保持合法经营,虽然多是经营色情淫秽之类的社会"阴影"产业。战后日本政府容许这样的产业存在,因此其"黑社会"组织的经营属于合法,但在经营空间上明显比之前存在缩减的趋势。日本日常社会也会出现"黑社会"组织之间的矛盾与问题,甚至不惜采取激烈的争斗方式，维护其组织内部的利益，但依然存在某种潜在性的内部争端解决机制，其中就存在文化和制度上的约束措施。但一旦涉及排外情绪的爆发，情形就会出现显著的差异。由上可见，存在某种隐性"实像"状态的社会规制。日本社会的诸多组织都存在政党的设置，这在明治时代就已肇端，只是战败之后存在美国改造的经历。但对日本诸政党来讲，美国改造因素的影响与作用微不足道，或只呈现为显性"虚像"的状态，"实像"则呈现为隐性的状态。当然日本诸政党也仅起到搅拌的社会功能，并不会对日本社会生态产生决定性的影响与作用。关键的原因就在于：日本政党政治的本身也仅仅是工具，主要的政治力量最终存在于天皇制度，即天皇是日本政治的最终决策者，虽然战后已呈现为隐性"实像"的状态，因为毕竟战后《日本国宪法》已明定天皇仅仅是日本国家的象征。经历战后文化和社会的变迁，天皇依然处于日本社会和政治的权力中心，关键是这样的权力还存在于文化的层面，并延至社会制度的层面，现实日本政治还是要服从这样的宗教文化和社会制度。由此看来，日本的政党制度只能起到搅拌的社会功能。因此在现代日本社会中，著名的"右翼"可以进入各种政党组织，并能毫无障碍地获取内阁首相和都知事等政府高级的职位，而且不断提出诸多"右翼"的思想观点，并由此壮胆张目。可见在现代日本社会中，"右翼"思想与势力显著地呈现为显性的状态，而且"实像"在本质上并没有发生变化。上述"右翼"与政党的关系决定了现代日本政治发展日益呈现出"右翼化"倾向，其中就存在日本社会和政治机制及其运行模式特征，反映出现代日本社会所日益增长反华制华思想意识的内在与根本原因。

步骤三：首相内阁制度的枢纽机关有限度地调控日本社会"泥潭"流出的"清浊"状况。现代日本的首相内阁制度承担重要的社会职能，关键是调剂日本社会的"清浊浓度"和"虚实状态"。虽然上述制度设计并不是唯一的影响因素，更不是决定性的影响与作用因素。毕竟在首相内阁制度的后端还存在处于宗教和文化层面上的天皇制度，其对首相内阁制度的社会功效起到制约与调衡的作用，导致首相内阁制度在现代日本社会也只能起到有限度的影响与作用。从"上游"到"中游"的过程中，天皇制度起到极为重要的影响与作用,促使现代日本社会形成"清浊虚实"的"泥潭"生态,虽然仅仅是"虚像"或"局外人"的视角错乱。日本已形成绵密社会组织制度体系的有序生态,而且天皇制度才是现代日本的社会"实像",只是处于隐性表达的状态,但却决定日本社会的"清浊浓度"和"虚实状态",同时也决定首相内阁制度在从"中游"到"下游"过程中的社会功效。当日本社会的"泥潭"生态呈现为"浑浊"的状态,表明"中游"的"泥潭"生态呈现出"右翼"思想与势力横行的社会状态,然而首相内阁制度则从属于天皇制度,因而造成"下游"同样呈现出这样的状况,只是随着国内外局势的发展与变化,存在某些局部的调整,此即现代日本政党轮替和社会变幻的过程。由此看来,日本社会经常出现执政党的轮替,以及内阁首相及其成员的更迭,其实这在日本社会是必然发生和出现的政治现象,即政治制度性的适当安排,充分表明日本首相内阁制度的社会功能相当有限度。这里存在诸多方面的原因:一是天皇制度的制约因素,这是具有决定性的影响与作用因素;二是日本民众普遍参与各种社会组织,由此形成政党及其派别等社会民意因素,这是日本作为民主国家的标志性因素;三是美国在亚太乃至全球的战略因素,毕竟战败之后日本成为美国在东亚的现代殖民地,这样的国际现实和社会心态决定日本诸多战略和策略都必然会服从美国的战略需要,接受美国在亚太乃至全球战略和策略的影响与作用,并显著影响日本对诸多亚太乃至全球事务的处理;四是现代日本社会所存在战略性和策略性的权衡因素,这样战略性和策略性的权衡是日本社会和政治决策的重要特征。从这一点来讲,中国也对现代日本社会存在重大的影响与作用,毕竟中国是日本重获东亚霸权的阻碍力量,由此导致日本社会出现浓烈反华制华的思想与行为。综上所述,现行首相内阁制度调控了日本社会"泥潭"流出的"清浊"程度,但其社会功效却受到来自国内外诸多因素的制约,其影响与作用鲜明呈现出有限度的特征,这也正是现行日本首相内阁制度的"实像"。

当然,依然需要对现代日本社会的"泥潭"生态特征进行明晰地分析与描述。为此,要从生态图"上游""中游"和"下游"的阶段划分出发,对现代日本社会的"泥潭"生态特征进行调查与研判,并提炼出其中存在的阶段性特征。现代日本社会的"泥潭"生态并非就是无源之水，而是来自历史传统、"近代记忆"和现代发展，其"上游"的生态特征亦是上述发展阶段中日本文化和社会的真切反映，表现为以崇尚事实、真理和正义等为思想与行为特征的"清流"，以及以崇尚排外、阴谋和暴力等为思想与行为特征的"浊流"，并共同构成现代日本社会"泥潭"生态的"上游"风景。上游生态的源流体现为以神道教和天皇制度等为主要标志的日本本土文化传统、明治维新以来形成与发展的日本型文化和近代"历史记忆"，以及战败以来因美国纵容回潮的日本"右翼"思想和现代文化因素等方面。上述内容已阐明"上游"生态的基本特征，即形成以"清流"和"浊流"为截然两股，以及多种思想与行为交互共存的社会"泥潭"状态，但必然要经过天皇制度的"过滤"与制约过程，从而形成"混流"的社会状态，并汇聚为"中游"的"泥潭"生态。"中游"位于现代日本社会"泥潭"生态的中心位置，呈现的是现代日本社会的现实状态。在"局外人"看来，诸多的呈现都是显性"虚像"的状态，"实像"则往往呈现为隐性存在的状态。但毕竟这样的隐性与显性、"虚像"与"实像"也并非呈现为固定和僵化的存在状态，而是表现为不断转化的过程，这完全符合中国古代哲学《周易》中的阴阳变易思想。正是由于存在这样的转化规律，现代日本社会呈现出诸多"怪乱象"，但应该说其中存在规律可循。社会"泥潭"的用词来自"局外人"的视角，而并非是对现代日本社会生态的客观描述，但可以此为基点对现代日本社会的存在规律进行清晰地分析与探究，此即对现代日本社会"泥潭"生态内涵的揭示与阐述。从日本人视角来讲，所有的"怪乱象"都是日本社会和文化的现实反映，即日本型文化促使现代日本社会呈现为这样的实态，而不是"局外人"看来的"怪乱象"。事实也正是这样。现代日本社会存在完善和发达的社会系统运行机制，日本已成为东亚乃至全球发达国家，虽然在"局外人"看来，现代日本社会呈现为"泥潭"生态。由上可见，实质上现代日本社会呈现的是"显隐交互""虚实难辨"和"乱中有序"的生态，而不是"局外人"视野中的"怪乱象"，"泥潭"生态是对现代日本社会的显性"虚像"认识，"实像"则由此隐藏了起来，此即现代日本社会"泥潭"生态的本质特征。"下游"生态是现代日本社会对外部世界系统的表达状态，表现为经由首相内阁制度等社会系统机制的作用，以及天皇制度在文化战略上的制约与影响，从而给予国际社会的现实印象。这样的印象存在多面性的特征，集中体现为因对象国家的差异而呈现为多种多样的国际印象。比如，现代日本社会盛行"右翼"思想、意识、观点和行为，主要以中国为攻击的对象与目标。在运用的手段、方式、渠道和策略等方面，日本社会也呈现出"混流"的状态。在"下游"生态中的混流与"上游"生态中经天皇制度过滤的"混流"之间，还存在诸多方面的差异："上游混流"经历天皇制度的过滤，注入了"日本主体"的思想意识，其中蕴藏日本型文化的显著特色，并在现代日本社会产生现实性和长远性的影响与作用。比如在出现中日钓鱼岛及其附属岛屿的主权纷争之时，日本"右翼"组织及其势力就会发起前往中国驻日使馆的抗议活动，并在日本社会内部制造各种舆论与"风浪"，蛊惑和欺骗日本的社会民众，营造反华制华的社会氛围；"下游混流"则更多体现为日本社会各种思想、意识、观点和行为所造成国际性的影响与作用，更为强调日本对国际舆论和社会事务所存在诸多潜在性和现实性的影响与作用，比如制造各种反华制华的社会论理——"中国威胁论""围堵中国论""自由与繁荣之弧论"和"日本衰运论"等，在国际舆论和社会事务中产生了巨大的影响与作用。由上可见，"上游混流"的主要枢纽是天皇制度，"下游混流"的主要枢纽则包括天皇制度和首相内阁制度。这也正反映出现代日本社会诸多思想行为的表达与呈现方式，关键还是表现为具体的政策、制度和规制等路径与手段，比如外交、文教、社会和国防等政策，不仅包括日本的对外政策，而且包括日本的内部政策，体现出日本社会大系统机制及其运行特征。由此看来，"右翼"思想、意识、观点和行为都是日本社会大系统的组成部分，符合日本社会制度、政策和规制等方面的实际需要，并且存在相互联系和交互作用机制。概括地来讲，上述方面都是日本型文化影响与作用的必然结果。

结束语

17世纪40年代以来,西方国家逐步进入资本主义时代,实现文化、社会和科技等方面的跨越式发展,形成充满开拓与进取精神的社会氛围,同时也显示出西方资本主义的残暴与欺诈,不仅体现为对非洲黑人的奴隶贸易政策,而且体现为在全球范围的侵略与殖民行为。从侵略和殖民亚洲国家角度来讲,主要存在由文化、经济到军事等逐步深化的发展路径,即先由西方宗教和文化为先导,形成"西学东渐"的社会思潮,然后发展东西方经济贸易。亚洲国家中印度是最早的失陷者,成为英国在亚洲的殖民地,典型的是英国在印度设置的东印度公司,承担了多重的角色:一是掠夺印度文化和社会财富,成为印度社会实际的掌控者;二是作为英国在印度乃至东方的根据地,承担英国与东方国家进行文化、经济和贸易等领域交流的功能;三是成为英国推行侵略和殖民政策的先锋者,以及西方侵略和殖民东方的重要标志,为其军事侵略和殖民寻求新的路径。在19世纪40年代前后,中国在英国殖民战争——中英鸦片战争中失败。实际上,西方传教士早在明代就开始推进在中国的"西学东渐",甚至借以日本列岛作为重要的"跳板",这样的趋势在清代表现得日趋显著。但中国长期实施"闭关锁国"政策,却成为西方文化渗透与侵略的巨大障碍。为了打破这样的局面,西方世界进行了诸多的努力,比如马戛尔尼和阿美士德等先后作为使者来华,敦促清政府发展中西方经济贸易,并为西方国家提供各种便利。适逢此时,中西方之间已出现巨大的发展差距,从社会趋势角度来讲也出现发展的逆转迹象,即出现中国落后于西方的国际局面,显著地表现在科学技术、社会制度和军事技术等领域及其他诸多方面。

在封建时代向资本主义时代转型过程中,日本也面临诸多社会问题。从文化和历史角度来讲,中国是日本的"母国",但日本是善于学习的国家与民族,始终秉持"日本主体"的思想意识,致力推进本土文化的发展特色。在漫长学习与借鉴传统中华文化过程中,日本逐步确立神道教、天皇制度和武士道精神的文化支柱,并成为日本社会和文化的核心因素。封建时代中日本也奉行"闭关锁国"政策,但面对西方文化、经济和军事的侵略与殖民情势,以及中国鸦片战争失败的教训,日本随后采取主动"开国"策略,此即明治维新,其中的核心就是实施"脱亚入欧"政策,这是日本在对国际局势进行充分研判基础之上做出的社会与政治决策。通过明治维新以来的改革与发展,日本逐步摆脱封建思想和制度的束缚与羁绊,实现了日本社会发展的阶段性转型。但与此同时,日本也效仿西方侵略和殖民的模式,奉行东亚侵略与殖民的政策。在西方国家对华文化侵略("西学东渐")的时期,日本就已成为西方传教士踏上中国的"跳板",其中存在历史性实证。在实现近代社会转型之后,日本就以在东亚的西方国家自居,并积极参与西方列强对东方诸国,特别是对琉球、朝鲜和中国的侵略与殖民。最初的表现就是吞并琉球,然后以保护琉球"漂流民"为借口,派兵侵略中国台湾地区,并由此获取日本对华侵略的"第一桶金",随后派出最多兵力,参与八国联军攻占北京,并首先攻入清政府户部,成为此役搜刮中国财富最多的国家。当然最为惨痛与屈辱的还是中日甲午战争,最终日本强迫清政府签订极为严苛的《马关条约》,标志中国坠入半封建半殖民地社会的深渊,此后日本全面侵华战争的历史罪行更加罄竹难书,南京大屠杀是最为惨烈的典型。

在蒙元中国时期,成吉思汗征服亚欧诸国之后,其子忽必烈实施"东征"。在朝鲜臣服之后,蒙元中国准备征伐日本列岛。忽必烈征伐列岛之时,日本依然处于高度分裂的社会状态,境内分布诸小侯国,但"东征"最终以蒙元中国的失败而告终。当然其间存在客观性因素，比如海洋飓风，此即日本所称的"神风"。抗击蒙元中国"东征"获取胜利之后，日本出现如下的社会思想倾向：一是极大增强了日本民族的自信心，毕竟这是对漫长岁月中文化"母国"的军事胜利，并由此扩大了神道教、天皇制度和武士道的社会影响与作用。二是日本社会出现反华侵华的倾向。在蒙元中国之后，日本开始侵扰琉球、朝鲜和中国，典型的是丰臣秀吉所发动对朝鲜的侵攻、"倭寇"对中国东南沿海地区的骚扰，以及后来发动的侵华战争，甚至现今日本社会依然存在浓烈的"右翼"思想、意识、观点和行为。三是文化接受上出现游离传统中华文化的发展动向，虽然在西方文化尚未发挥影响与作用之时表现得并不明显。这样的发展动向在明治时代日益表现出来，最终发展出日本型文化，确立了本土化、"去中国化"和西方化的特色。"去中国化"是日本实现其文化本土化目标的路径选择，西方化是日本实现上述目标的工具与手段，其中渗透着日本型文化的侵华本质。日本型文化的成型和发展与明治政府在东亚的侵略和殖民政策存在相辅相成的密切关系，在相互借重中发力与推进，但日本型文化并非起源于明治时代。正如上述，这样的文化在蒙元中国时代就已显现出来，其萌发则更为久远，并在明治时代获取了成型和发展的国际条件与社会环境。这样文化的存在客观地推进了日本社会思想观念的转变，导致产生具有法西斯主义性质的军国主义思想，并促使明治政府在东亚开展更多的侵略与殖民的活动。由此看来，军国主义思想是日本本土思想与西方思想相结合的产物，并存在本土社会和文化的深厚基础。在前近代时期，已存在蒙元和满清政权对中国（中原）统治的前鉴，因此明治日本也产生了这样征服中国的战略构想，《田中奏折》就是显著的体现，山县有朋"生命线"思想的历史推移也是明治日本所存在这样思想观念的鲜明实证。关键是这样的思想观念已融入日本型文化的内涵，并逐步成为其中重要的组成部分。在日本型文化的支撑与作用之下，近代日本加速推进了对中国的侵略与殖民战争，最终发展成为全面侵华战争。太平洋战争中日本遭受战败，但现在这样的情势存在时代性的战略逆转，日本文化和社会也由此进入二战后的发展进程。

二战后国际形势存在显著的发展与变化，形成了以美苏为核心的东西方两大阵营。在东亚，中国和美国在朝鲜半岛爆发了激烈的对抗，中国台湾地区承受着美国所谓的"军事保护"，日本也由战败国身份演变成为美国在东亚重要的战略基地，并与美国构建了军事同盟关系。美国因素在东亚的存在加剧了中日关系的复杂性与多变性，导致日本社会陷入"泥潭"状态，日益呈现出"右翼"反华的发展倾向，此即战后日本型文化延续与发展的外在表现，并对现代日本社会产生深刻的影响与作用。正是由于存在源自日本型文化的深层原因，导致现代日本呈现出"虚实共生"和"泥潭印象"，并显著地表现为浓烈反华制华的社会生态。

初稿完成于 2010 年 10 月

一校完成于 2011 年 7 月

二校完成于 2015 年 10 月

三校完成于 2016 年 2 月

附 录

日本暗号现象及对中国的启示

传统日本社会中的保密意识非常浓烈，保密工作也做得相当绵密。现代日本依然存在暗号现象，诸多领域都极为重视做好保密工作，确实值得分析与破解这些暗号的含义，并吸收和借鉴其中的经验与做法，从而更为慎重地做好中国的保密工作。

日本暗号现象的诸种表现

密码虽然多运用于军事领域，但在日本却表现为更为广泛的范畴，可以说涉及到了日本社会生活的方方面面。一般来讲，日本人习惯上把密码称为暗号。在战争年代中，日本军队惯常使用各种军用密码。熟悉二战历史的人，肯定会知晓美军破译日本海军密码的事情，当然也对蒋介石政权的情报部门破译日本海军将奇袭美国珍珠港的密码而感叹不已。

正是由于美蒋情报部门破译和掌握了日本海军的密码，因而在战争进行中对日本海军的部署可谓了如指掌，导致美国在多次海军对抗中掌握了情报信息上的主动权，从而攻入日本周边并在琉球展开对日本的决战，以及成功实施对日本的本土轰炸，最终以原子弹的爆响结束对日本的反攻，迫使日本天皇发表《终战诏书》，采取无条件投降的举动，由此标志二战结束，以及步入美军驻扎琉球及日本本土的时代。二战后暗号现象并没有在日本社会中消失，而且逐步由军事领域扩张到日本社会的各领域。在现代日本社会中，可以说暗号依然无处不在。具体来讲，就是遍及日本政治、经济、科技、外交、商业和文化等广泛领域。

以日本企业中的暗号现象为例。在现代商业环境中，日本企业可以说独占鳌头，商业据点遍及世界的各角落，形成具有国际性特色的企业集团和系统，从而导致日本从20世纪60、70年代开始逐渐步入现代发达国家的行列，达到仅次于美国的经济规模。随着近些年来社会经济的迅猛发展，中国行将超越日本，而成为全球经济GDP总量季军的地位，但就人均占有GDP来讲中日的差距还处于10倍以上。不仅如此，日本本土与海外企业已形成庞大的内外部企业或商业集团或系统，这也是目前中国难以相媲美的地方。在对此庞大集团或系统管理方面，日本采取一系列的现代管理运作方式，其中重要方面就是运用过去在军事领域中广泛运用的暗号手段，从而造成在日本企业和商业中普遍存在诸多暗号现象。其实这就是日本企业和商业经营中的保密工作，其中涉及的范畴包括诸多方面，比如存在于技术和经营等层面。

再以日本社会和文化系统中的暗号现象为例。在日本社会和文化领域，也广泛存在暗号现象，这在日本历史教科书、社会符号系统（包括河岳名称选取），以及其他文化符号中充分地显现出来。分析日本所谓历史教科书时，通常都关注日本侵华历史的内容，但却忽略日本历史的习惯逻辑，也就是存在深切的"实像"和"虚像"共生现象，并成为日本社会所存在"虚实共生"规律的组成部分。日本文化的可考历史相对于中华文化而言较为短暂，而且存在对中华文化和历史的依赖性特征。这对充满文化独立意向、民族优越意识和军事殖民思想的近代日本来讲，确实存在某种历史的挫败感和羞辱感，单是朝贡大陆的历史，就足以让日本人感到历史的羞耻感，这在日本社会是确实存在的思想意识。而这种思想意识的存在依据，就是日本社会所存在对历史的捏造、戏弄、歪曲和背叛，当然还存在具有历史耻感的报复心态。上述方面也就成为了近代日本发动侵华战争的思想与意识基础。

　　二战后上述思想还表现为对侵华战争中种种暴行的拒绝承认和避免担责，甚至发展到对历史事实采取全盘或部分翻供或否认的态度，妄图抹杀历史的真实。而这些方面却是通过日本社会的特定暗号而呈现出来，比如以石原慎太郎和田母神俊雄等为代表的"右翼"言论。其实这是日本社会的暗号现象，并非独立和偶然发生的事件，而是存在诸多复杂的国际社会背景，比如中国整体实力的提升、日本主导东亚地位的弱化，以及摆脱美国控制要求的增强。诸多方面的因素导致日本对中国发展怀有畏惧的心态，并采取阻止中国发展的敌对态度，比如支持反对中国政府的势力，以及提出所谓"中国威胁论"和"围堵中国论"等反华论调，并对赴日中国公民采取挑唆、利诱和阴谋的策略，分化中国公民与政府之间的信念与意志。其实上述方面也是暗号现象，充分体现出日本社会所存在严重的"反华邪性"，这也确实在日本社会和历史中存在突出的反映，而不是在随便臆测和揣摩基础上获取的浅薄结论。

　　当然，暗号现象还充分体现在日本政治的诸多现实活动之中。有段时间，日本政府中的各国务大臣（相当于中国政府部长级官员）齐集议事堂，讨论有关UFO活动的问题。这看上去很具有戏剧性的色彩，好像进行的是没有政治主题的瞎议论。实质上，并非就是这样的浅薄含义，而存在深刻的政治内涵，而这样的政治内涵就存在于这种暗号之中。也就是说，日本政府官员谈论UFO活动问题，只是表象的描画，而并非就是实质上的政治内涵，其中存在特定的政治暗号。这并不是天方夜谭和胡乱猜测，而是建立在对日本政治伎俩进行深刻观察和认识基础上获取的分析结论。在现实日本政治生活中，这种暗号现象的存在是相当普遍的事实，而并不是偶然发生的事情。其实这种现象中所存在的广泛性特征，已逐步凝结为特定和固化的政治文化形式，乃至日本型文化的形式，并深刻存在于日本社会的日常生活之中，甚至成为其民风与习俗模式。

日本暗号现象的成因：保密工作

当然形成上述这种文化的形式存在一定的国际社会性基础，比如日本在历史与现实之间的国际关系。从历史角度而言，对日本侵略战争的追究并没有最终结束，原因就在于日本并没有完全承担起因发动侵略战争所应肩负的国际责任。况且日本社会依然盛行否定事实的历史观，这就造成国际社会对日本存在强烈的不信任，而日本则存在高度紧张的防备心理状态，甚至发展到心理警备的状态，这也就是东亚民间所阐述日本的民族性变态。当然无论从日本侵略者的角色还是从其他国家被侵略者的角色而言，日本所存在这样的心理状态也是必然的结果，确实也符合心理学上的本质特征。从现实角度而言，日本不仅面临上述民族性的心理危机，而且还遭受到美国驻军本土的现实困扰。无论从心理还是现实等层面来讲，上述这样状况的存在都促使日本社会形成对抗性的行为，比如对中国发展采取敌对的态度，以及对美国军事存在采取妥协的姿态。从现实性表达上来讲，就是以暗号的形式突出地表现出来，既体现出日本的阴谋性，也体现出日本不自信的民族性特征。

其实日本政治活动中经常会出现类似的暗号现象，并且分布得还相当广泛。毕竟当前国际形势也不容许日本政治存在具有明确对象和性向的政治议论，特别是牵涉日本与中美等国家在政治、军事和外交等领域的关系问题。然而日本民族性特征的存在又必然会导致在其政治生活中会谈及上述问题，这样就为日本政治生活中存在暗号现象，奠定广泛的社会性基础，而对UFO活动的议论则更为鲜明体现出这样的实质性精神。也就是说，日本政治议论中的UFO暗号现象具有深刻的范畴含义，既可以看成是具有军事安全的意味，也可以看成是具有政治经济的意味，还可以看成是具有文化教育的意味。当然还可以扩展到更为广泛的领域，比如外交的意味。从实质上来讲，这就是情报的意味。其实，这是可以理解的表述。因为暗号现象的本身就是保密意识和措施的呈现方式，其实质就是收集和分析情报信息的活动。由上可知，日本政治议论中的暗号现象体现出这样的实质性特征。

从上述内容可以发现，日本社会的保密工作做得相当周全，并已渗透到社会生产和生活细节之中，其鲜明的体现形式就是普遍存在暗号现象。当前日本社会的暗号现象已由传统军事领域扩展到科技研发、企业经营、政治经济、文化教育和风俗习惯等广泛的领域，存在范围日益扩大的趋势。因此，作为被日本社会视为威胁的国家，中国应对日本社会普遍存在的暗号现象给予足够的关注，需要认识和理解日本社会所存在暗号现象的本质。从社会学角度来讲，暗号已成为日本具有典型性的社会现象，甚至已发展成为社会文化现象。因为暗号已不是日本社会的偶然现象，而是已形成具有广泛社会范围和深刻社会含义的历史现象，发展范围日益获得拓展，并且各种暗号现象之间也存在盘根错节的关系，确实值得关注和发现这种现象的本质特征，破译其中所蕴藏深层的思想根源与文化内涵。

暗号现象存在于日本社会各领域的广泛层面，即完全已超越纯粹军事领域及其层面的机密问题，而涉及日本社会广泛领域及其层面的机密问题。若不了解日本社会所存在这样的暗号现象，肯定就难以认清和理解日本政府高级要人在政策辩论中谈论UFO活动问题，甚至会嘲笑日本政治的荒谬与可笑，殊不知这正是自己的可笑之处。其中主要的原因就在于并没有认识到这是日本政治中的暗号现象，同时也是日本社会各领域及其广泛层面所存在的暗号现象。由上可知，在嘲笑日本人存在怪异的言行时，首先要在内心问一问自己，是否已完全知晓日本所存在这样怪异言行的深层原因，切不可凭借自己的无知，猜测其言行的深层动因，这确实是非常重要的事情。

由日本社会存在的暗号现象可以推知，日本人特别注重保密工作，而且已深入日本社会，这是需要给予特别关注的事情。中国在上述方面还是要以日本为榜样，以便形成注重保密的社会文化。从历史角度而言，中国传统科学技术传入西方之后，对西方社会造成强烈的震撼，随之而来的就是有利于西方社会的文艺复兴运动，以及此后出现的宗教改革和工业革命，形成西方社会的资本主义革命，从而开创近代西方社会发展的新局面。以造纸术西传为例。中国传统造纸术是由于战争的原因，先由俘虏中会造纸术的中国人介绍到中亚和阿拉伯国家，再经由中亚和阿拉伯国家传到西方国家，从而极大地推进了西方社会的文明发展。实质上，其中就存在科技泄密的问题，从反面而言也就是存在保密问题。

当然从人类正义方面而言，这或许存在狭隘民族主义的成分，会遭受到某些人的非议。但世界上只要存在民族与国家，就会存在实质上的民族主义和国家主义。在现代社会中，西方国家对中国长期进行技术封锁，现在还通过各种途径对中国实行科技等方面严格的保密措施，比如采取持有专利和品牌等手段，从中国或其他国家获取大量的社会和经济利益。这不是夸张式的恫吓，而是现实的存在。其中的实质就是保密工作的延续，也是保密与经济之间的现代结合，以及科技与经济之间的紧密关联，体现出现代社会发展的鲜明特征。

由上可知，中国要做到与国际社会的发展保持高度一致，并力争在短时期内实现对西方国家的全面超越，就必须存在战略性的全面规划与应对，而不是单方面的超越过程。比如，中国不应只是经济实力上的超越，也不能只是文化上的超越，而是社会性的全面与系统超越，包括文化、社会和教育等领域及其层面。其中的核心部分应是科技上的超越，这是中国超越西方发达国家的重要引擎，其他方面的超越都可以由科技上的超越引发与扩散开来，从而产生聚合效应，实现对西方发达国家的整体性超越。而保密工作是其中重要的一环，这也是需要给予特殊重视与关注的事情。

上述认识与理解是具有必要性的重要步骤，而不是可有可无的宣讲或说教。只有转变了思维模式，才能最终从传统既有的思维框架中解脱出来。当然，需要认清与理解日本文化和社会中的暗号现象，以及观察和觉悟到其中的叛逆成分，由此可以窥视到蕴藏的本质特性，从而达到以小见大或见微知著的现实功效，这对中华民族的长远发展和中国社会的长治久安而言至关重要。因此，切不可以回避上述历史和现实问题，而是要采取正视和思考上述问题的态度，并在正确的思维模式指导下解决上述问题。

日本暗号现象的文化学分析

当然尚需要从文化视角，讨论日本的暗号现象。上述文字其实已对此问题分析和表达得很充分。但上述文字毕竟依然主要从更为广泛领域及其层面来探讨相关的问题，而不是单纯从文化视角来观察和分析相关问题。

第一，从文化视角来探究日本的暗号现象，其本身就是要揭示本质性规律的命题。文化学告诉我们，某种特定的文化不仅是文化要素经过长期积累之后所导致的结果，而且还存在生成与发展的过程，并奠基于一定的传统文化基础。因此，从文化角度而言，日本的暗号现象并不是空穴来风，而存在深刻的日本文化基础，并经历复杂的生成与发展过程，而现时的状态也并不是终结形式，而是联系过去与未来之间的中间点。由此看来，日本的暗号现象存在其发展的路径，而在这样路径中又存在其进化的规律。

由上述认识与理解出发，日本的暗号现象无论处于何种领域及其层面，都是规律性过程中的节点，而不是终结。当然这是纵向的分析。从横向角度而言，不同领域及其层面的暗号现象也并非没有相互之间的关联，比如在政治、经济和教育等诸多领域，处于交互的状态，从而构成运行的系统，这也就是日本社会中的运行体系。由上可知，日本社会普遍存在暗号现象，确实具有其文化上的基础，这是当前日本社会中的暗号现象所存在的深刻根源。

第二，现象与文化之间的关联是客观和辩证的存在，并不是偶然及或然的关系。社会现象的存在总是与一定的社会发展阶段相联系，这是具有客观性的规律存在，即坚持了这样的观点，就是用辩证的眼光看待客观现象和问题。暗号现象也同样符合这样的规律性存在，它必然是建立在既有文化基础上的现象。当然，日本的暗号现象不仅反映出社会的现象，而且还是具有广泛特征的现象，包括政治、经济、科技、教育和文化等领域及其层面，而文化则具有更深层次的内涵，成为连接过去、现在和将来的纽带。

其实任何现象都不是偶然及或然的存在，而是存在深刻的根源，特别表现为处于文化上的根源。而现象与文化之间的关联也正是这样的客观和辩证关系。日本的暗号现象也并不是孤立存在的发展状态，而是建立在日本文化的坚实基础之上。因此，分析和探究日本的暗号现象，就不能脱离对日本文化的考察，特别是对日本特有文化的观察与分析。日本暗号现象的生成与发展并不是神秘的过程，而是建立在日本保密文化的基础之上，而这样的保密文化又深刻体现出日本的民族根性。其实这样的民族根性也不是神秘之物，而是日本民族文化的体现形式。因此揭示日本文化的本质特性，才是认识与分析其暗号现象的基本依据。

第三，现象与文化之间的关联存在一定的规律性，而对这种规律性的认识方式一旦固定化，就会形成为特定的思维模式。也就是说，关键必须要认清这样的客观规律。对不同个人和群体，以及处于不同角度和阶段，认识这种规律的方式总存在千差万别，这是客观存在的事情。只有存在这样的认识，才能辩证地去看待这样的现象。当然就某种思维模式而言，既不存在先进与落后之分，也不存在正确与错误之别，关键是要考虑其所适应的对象和时机，比如对社会发展阶段的认识：奴隶社会比原始社会进步，而封建社会比奴隶社会进步，以及资本主义社会比封建社会进步，当然社会主义和共产主义社会比资本主义社会进步。但还必须承认这样的事实，就是某种社会发展阶段的优劣评价还必须要考虑社会发展的现实阶段。也就是说，超越社会发展阶段，难以获得成功的结局，这是存在现实性证明的。

当然任何思维模式都存在变化的需要，而不是呈现为一成不变的固定状态，其实这是具有相当必要的关键性认识。对日本暗号现象的认识，也不是没有变化的。随着时代和社会的发展，以及广泛领域及其层面的发展与变化，认识与理解也应存在相应的发展与变化。这在军事领域是不难理解的事情。比如，军事中的某种密码遭遇破译之后，紧随着就是要重新建立新的密码系统，而不是依然坚持原有的密码系统。日本的暗号现象也存在这样的规律。因此对日本暗号现象的认识与理解，不能采取固定化的思维模式，而要依据一定的客观条件，善于转换思维模式，并要树立多元化的思维模式。其实认识日本文化、社会和教育中的某些规律性特征，也应采取这样多元化的思维模式，而不应采取固定化的思维模式，这在对日本暗号现象的认识和理解过程中需要给予特殊的关注与考虑。

由上可见，暗号现象不仅仅是日本的社会现象，而是存在深刻的文化根源，这种文化根源孕育在日本历史和社会发展的进程之中，并存在生成与发展的过程。因此，日本文化与暗号现象存在紧密的联系，并涉及日本政治、经济和教育等领域及其层面，而不是单一的社会现象或文化现象。对日本暗号现象的认识与理解，也不能采取顽固和守旧的态度，而要存在一定的变化，并要依据一定的时代背景和社会条件，否则就难以认清其中深刻的文化内涵，以及难以寻求足以应对这种现象存在的具体对策与措施。日本社会具有"虚实共生"的特性，暗号现象的存在深刻揭示其社会所存在这样的特性。但也应认识到，任何现象的背后总存在规律性的东西，日本社会"泥潭"具有不可测的性质，但日本社会的规律却还是可以通过观察与分析等手段，获得揭示与破解，这就是要进行观察与分析的根本要义。

日本暗号保密经验对中国的启示

日本人注重保密工作，这已成为了日本社会和文化传统，或许这是日本人的"岛国根性"。近期日本还出现令人匪夷所思的事情，即民主党鸠山政权竟然把前自民党政权同美国所签署的核密约向全世界公布出来。从表面上来看，这件事情很存在"上屋抽梯"的感觉，其实这是日本人的故意作为，乃是日本社会已取得的共识。在当前国际形势下，美国经历国际金融危机之后势力日减，怀想起当年日本所遭受的"广场协议"，美国让日本社会的发展迟滞了十多年，此刻日本人很希望能落井下石。何况当前东亚局势也已出现新的发展与变化，中国的势力已日渐提升，日本人似乎已看到东亚的"曙光"，这正是日本寻找既能威胁与抗衡中国，又能反而挟持美国的绝好机会。因此，日本在此时公布日美之间的"核密约"，可谓恰逢其时。

但再反向来想，日本保守"核密约"已近半世纪，从时间上来看不可谓不长。当然，这并不是什么秘密的东西。可以这样说，这是无秘密可言的"核密约"。其实这种事例在历史中也存在，比如日本对华的《田中奏折》，以致到现在日本还不承认它的真实存在。由此看来，日本确实存在严格的保密制度，而且已深入日本文化之中，成为日本社会具有共识性的规制现象。但也存在让人匪夷所思的其他方面，比如日本的保密意识是如何形成的？对此问题的答复很简单，其实这是由日本传统文化所造成的。日本传统文化存在明显的军事特色，武士道精神是其中突出的表现，另外就是日本文化的忠君色彩，以及注重细节的精神，因而天长日久也就形成保密意识。在自称民主的日本社会，这是很让人不可思议的事情。

日本社会文化表面上来看容许多元的存在，但实质上则表现为绝对的集权，甚至具有宗教性和军事性特征。可以从很多方面学习日本的保密经验，比如强化政治工作，主要是确保思想上的统一。日本所采取的是宗教性和军事性的文化方式，而中国可以采取政治性的信仰方式，这是相当重要的事情。其实这也存在前车之鉴，比如中国革命的胜利就是存在统一政治工作上的保证，当然这也应成为现代中国做好保密工作的重要方式。

日本鼓励接收中国游学生政策的应对策略

当前，中国人海外教育获取空前的发展，游学生的规模日益扩大。日本存在地利上的条件，再加上推出各种鼓励接收外国游学生的政策，因此中国赴日学生的规模逐年扩大。近些年来，日本学校出现很多高中程度的中国游学生，且大多数还要接受日本高中阶段教育或预科学习，当然大多数是补习英日文，以适应在日本学校学习的语言需要。在接受日本的大学预科学习之后，赴日学生还要参加日本大学入学考试。当然这样的考试一般较简单，毕竟日本已进入大学普及阶段。由此提出这样的问题，即在没有实现大学普及化之前，中国如何应对大量高中毕业程度的学生赴外接受本科阶段教育的问题。毕竟这将涉及一系列的社会、管理和教育等方面问题。中国赴外学生规模近些年来扩大之后，解决上述方面的问题就显得更为迫切。中国赴日学生则面临更为复杂的境外环境，并存在深刻历史和现实因素的背景。

日本鼓励接收中国游学生政策出台的历史源流

长期以来，日本都是中华文化的输入国家，本质上日本附属中华文明的范畴，处于东亚文明的边缘。因此可以说，中国有文字记载的历史为分析与探究日本文化的源流留下最初的证据。中国古籍如《魏志》中的《倭人传》，详细记述了日本列岛的最初诸小国，记述上述诸小国的文字就是日本有文字记载的最初历史，此即日本文化的最初记述。随后还有诸多中国古籍，都涉及日本列岛诸小国的内容。中华文化对日本列岛产生深刻的影响，首推唐代的中华文化。遣唐使和学问僧及往来中日之间的商人，成为悠久中华文化传入日本列岛的主体，而古老的中华图书典籍则成为中华文化传入日本列岛的载体，并由此创制出日本的最初文字。随着日本列岛诸小国走向合体，这种文字也逐步走向普及，从而形成其本土特色的文化，这种文字也就成为日本文化的重要载体。唐代的中华文化对日本列岛具有极为强大的影响力，以致现今日本列岛还沿袭着唐代中华文化的诸多遗迹。

明治维新之后，中华文化对日本列岛的影响力出现时代性的逆转，西方文化逐步占据日本社会的中心地位，而中华文化随着清代中国的实力衰落而影响力日减，甚至在日本社会出现鄙视中国人的诸现象。由此看来，中华文化在近代之后日本列岛上的影响力日益呈现出衰微的状态。随着近代日益走向强盛，日本逐步加入西方列强的行列，并成为侵略中国的先锋。随后在侵华战争中，日本更加大对中国的军事与政治上的进攻，并对中华文化进行掠夺与摧残。最终的结果就是造成中华文物古籍的东移和东亚文明地位的变迁，即日本逐步由东亚文化的边缘转变为中心地位。当然日本实现这样地位转移的过程，还存在更为复杂的社会背景，比如中国长期的内乱战争及新中国成立之后传统中华文化的自我劫难。日本还借助朝鲜战争，实现其战后社会和文化的复兴，并逐步推进日本型文化的延续与发展。正是由于中日文化发展上存在上述这样复杂的社会背景，因而日本人对中华文化存在极为特殊的情感。现实社会中的日本人更是对中国人存在至为复杂的情绪，其中以"右翼"势力最为突出。其实，其中也存在历史性的原因。明治维新之后，日本制定出"大陆政策"，由此筹谋侵略与殖民朝鲜半岛和中国大陆等东亚地域。从表面上来看，上述方面是纯粹的政治和军事谋划，但并不是这样的简单，其实这是全方位的战略性谋划。

从社会角度来讲，日本妄图通过其社会的影响途径，改变中国人的国家观念。其实这样的策略在清代之时就已经实施。在清代，日本为了自身的利益主动前来中国，表达愿意接收中国学生，并积极为中国的流亡者提供政治上的庇护。不可忽视，虽然日本对中国的革命派提供政治上的庇护，但其政治上的意图则非常明显。早在清代游日浪潮发生的时期，日本就明显存在借助中国游日学生的政治影响，以达到控制中国未来的策略目标。比如协助中国的革命青年进入其政治和军事院校，以造就中国未来的亲日政军人物。从历史事实上来讲，这样的策略确实达到了日本的预定目标，从孙中山到蒋介石，诸多近代中国的政军人物都具有游学日本的经历。当然在现代中国社会发展中，也存在这样的一些事例。正是其存在这样的历史做法，现代日本社会同样也在运作这样的事情，某些国内外反华势力则千方百计地利用日本这样的政策思维，其实这也是必须给予承认的社会现实。正是在这样的社会现实中，大批年轻的中国学生涌入日本列岛，确实存在诸多的社会性风险，因此这应成为中国政府和民众给予特殊关注的问题。

日本鼓励接收中国游学生政策的系统应对

随着改革开放政策的深入发展，特别是社会经济和文教事业的发展，中国对深谙国外情形的各种类人才需求增多，中国人海外教育的规模正在逐年扩大，因而海外教育政策也获取重大的发展。赴外学生规模的扩大带来一些发展中的问题，年轻的赴外学生还存在某些不确定性的风险，如何帮助其认识和理解外部世界？特别是针对那些不利的境外社会环境，比如前往日本游学。其实这既是政策性问题，也是现实性问题。针对日本鼓励接收中国游学生的政策，宜从系统角度考虑，并采取如下应对的策略：

一是采取科学引导的方式。在新的社会和教育发展环境中，如何制定出适宜的海外教育政策？是采取措施鼓励和引导，还是抑制年轻人出国学习？从目前情势来讲，鼓励或抑制都不是最佳的做法，只能是采取引导的方式，并且其中应涵盖强化对年轻的赴外学生进行海外教育和管理的内容。主要原因在于：首先，目前中国社会经济获取较大的发展，富裕阶层子弟存在前往海外完成教育的愿望，何况这也符合中国改革开放的政策。这种符合政策和民心的事情还是要采取疏导的方式，而不应采取压制的做法。其次，相比较而言，海外教育在成效上存在成功的经验，某些做法值得中国教育界学习与借鉴，毕竟中外教育质量与水平还是存在差距。承认这样差距的存在，也就承认了需要接受海外教育的必要性，因此在条件容许情况下，应容许接受海外教育。再次，出国学习的本身对年轻的赴外学生成长也存在助益，至少这样的海外经历可以开阔社会的眼界，帮助确立正确的世界观和人生观，从而在更为复杂的社会情境中，增强辨别是否与正误的能力，其实这也正是实施素质教育和创建素质（能力）社会所需要的，因此也就没有必要采取压制的措施。但为何又不能采取鼓励的政策呢？首先，毕竟应考虑到年轻学生在海外社会将要面临的各种风险。确实这存在一些事实的依据，比如存在安全、经济和学业等风险。其次，当前中国教育已步入科学发展的轨道，普通教育和职业教育逐步走向并轨，中高等阶段的教育已出现互通的局面，文理分科也开始为文理兼修所取代，因此普通教育和职业教育之间的界限逐步缩小。这样情形的出现也就为教育质量的提升创设了重要的条件，从而促使在教育发展方面，中外之间的差距正在逐步缩小。再次，中国教育发展已达到重要的阶段，高中阶段的教育普及正在启动，高等教育也正由大众化向普及化阶段发展。虽然与发达国家相比还存在一定的差距，但社会制度和政策上的变动逐步地改变因学历、学位差异所造成机会的不均等。中国社会正走向注重能力（素质）的道路，加速由实施素质教育向素质（能力）社会转变，并已存在一些制度和政策方面转变的社会基础。

当然，中国不宜采取鼓励年轻学生出国学习还存在其他的理由，比如还存在庞大的学者和研究生群体，上述人员出国学习与年轻学生赴外求学相比，到底社会成效如何，还需要进行更为深入的分析与研究。其实无论是在历史经验还是在现实社会中，上述两类人员的出国效益问题都难以界定。年轻的赴外学生还是存在一些难以澄清的问题，比如求学时间较长，容易接受西方社会价值观，以及难以适应中国现实的需求，诸此种种问题的存在就造成难以获取应有的成效，也难以为现实社会所接纳。历史经验如此，而社会现实也是这样的状况。如此也就存在另外的问题，为何需要采取引导性的政策与方式，而不是采取压制的做法与措施？其实引导的本身就是管理，而且是科学管理。毕竟还存在这样的学生，其难以适应目前中国教育的环境，难以接受中国教育中的方式与做法，而对海外教育的方式与做法感到适应，因此这部分学生就存在前往海外接受教育的社会需求。而作为中国社会（包括政府治理和民众舆论）而言，应容许这部分学生达成接受出国学习的教育愿望，这是符合社会和人心的政策与措施。当然也还存在部分的家长和学生，由于不存在经济负担等问题，可以承受海外教育的经济负担，或者可以部分承担海外生活的消费，而且还具有接受海外教育的愿望，政府和社会也就没有必要阻止其实现这样的愿望。由此看来，在不鼓励年轻学生出国学习时，也不应采取压制的政策与措施，这样就为采取引导的方式提供了必要的前提。其实，引导的本身还是教育，当然这是政府的社会行为。上述已阐述引导即管理的问题，但作为海外教育还存在教育的问题。因此从上述角度而言，引导也就是教育。毕竟年轻的赴外学生居于海外社会环境中，在海外社会和学校中生活与学习，特别是接受不同程度和各种科类的教育，因此引导应成为政府和社会的责任。作为政府的海外驻在机构，特别是各使馆和领事馆中主管海外教育的部门，还是应承担这样教育的社会职能。当然，中国政府也存在这样的职能。毕竟各种海外教育的制度与政策都存在政府主管部门的社会职责，因此其就应承担相关的教育责任，这是显而易见的事情。但凡事都需要讲求方法，对海外教育的管理也需要讲究方法，比如采取引导的方式。这样的方式既体现为管理，也体现为教育，但无论是管理还是教育，都不能采取强制性要求的态度，而应采取协调和组织的途径，通过这样引导的方式来实现管理和教育的目标。其实引导还是服务，这样的特征也与管理和教育的特征具有同样的重要价值。

将上述这样的理念延用到对年轻赴外学生问题的阐释，就是要采取引导的方式来调节日趋大规模年轻学生出国学习和接受教育的社会现实，即不要采取鼓励或压制等激进的方式，而是应采取引导的方式，将这种主动权置于学生或家长，而不是操于政府和社会。政府和社会只能创造更为利于教育事业发展的环境，吸引学生在国内学校中完成大学前的教育过程，甚至在国内大学中完成高等阶段的教育过程。当前引导的方式大致可以细化为如下方面：发展各级各类教育，特别是要逐步普及高中以上阶段的教育；改革社会用人制度，特别是聘用、福利和工资制度，努力建成素质（能力）社会；改革教育模式，转变教育思维模式，确立大教育系统模式，优化教育教学方法，建立以素质（能力）提升为中心的课程与方法体系，以及进行教育管理模式的改革，特别是要转变教育行政模式和教育评价机制；深化教育教学内容的改革，确立适应素质（能力）社会建设的内容与课程体系，融合文理科类结构，拓展学校与社会之间的关联，并形成可操作性的运行机制；提升学校和社会两大教育系统中的软硬件建设，增强各类教育机构的经济实力，并以此为依托升级硬件设备，提升师资素质及其科研水平，以及教育系统的社会效益，增强教育的国际竞争力。

二是做好规划设计与分类委派。现今处于改革开放的社会环境中，海外教育是不可逆转的社会发展趋势。但在对年轻学生出国学习采取引导的方式之后，海外教育的突破口应置于何处？当然，还应从中国的人口说起。如何将庞大的人口资源转化成为丰富的人力资源，关键还是要做好规划：第一，系统规划。可以划分为社会大系统、学校教育系统和社会教育系统三部分。前者强调社会范畴的功能，开阔教育事业的发展空间，其中包括国内和国际两大教育场域，从而避免将教育事业的发展局限在狭隘的范畴与空间之内，并强化教育的社会效益；后两者则主要集中于教育系统的构建与设计，强化学校与社会两大教育系统之间的协调、沟通与交流，从而发挥社会大系统的功能，并形成大教育系统的模式。第二，内外规划。主要着眼于国内和国际两方面的因素。从国内角度而言，就是要在社会大系统的范畴中构建大教育系统的模式，并形成与此相适应的各项社会和教育制度、政策和做法；从国际角度来讲，就是要利用国外的发展优势，以主体性的意识与精神，吸收和借鉴其他国家、社会和教育优秀的发展经验与做法，特别是学习先进的科学知识和技术工具，以及各学科知识，拓展利于社会和教育事业发展的视野，从而提升社会和教育事业的发展水平。其实，这就是海外教育存在的重要理由。因此在教育规划方面，需要重视内外规划，从而把内外部的教育资源优势相结合，最大限度上地发挥教育的社会效益。第三，科类规划。主要是强调教育发展的基本性向。首先是以理工为主，强调文理兼修，并在教育制度、政策和措施等方面相应配套；其次是优化专业、学科和课程设置，建立利于新兴交叉等的专业、学科和课程发展机制，同时也对基础性的专业、学科和课程给予特殊的关照，但规划之时必须给予必要的引导、规制和支持；再次是对学生的选习进行引导与控制，重点是采取措施吸引学生选习直接服务于社会和经济等领域所急需的专业、学科和课程，但同时也必须给予必要的控制，从而保障薄弱和冷门专业、学科和课程的发展，保证其达到较高的教学质量，形成小规模和精水准的特色，并在学生就业和待遇等方面给予特殊的引导与支持。当然，科类规划应考虑国内和国外两大教育场域，而不能仅仅局限在国内的教育场域之内。

  海外教育开展的最为关键因素还是学生的派遣，如何做好学生的派遣就成为至为重要的问题。上述内容已论及中国人口资源的庞大，相对应学生的资源也很庞大。若再加上庞大的科研队伍，知识人的队伍在规模上堪称世界无双。因此就海外教育来讲，除中小学生和大学本科生之外，处于研究生层次和科研岗位的人员数也很庞大，其可以归结为成人类别。相对而言这类人员较成熟，辨别是非与对错的能力较强，也就具有更多抵御海外风险的能力与经验，因此安排这类人员出国学习，对个体和社会而言都是双赢的决策，应给予特别的支持与提倡。由此也就提出这样的观点，即应积极鼓励成年知识人游学游历，以及支持研究生接受海外教育。成年知识人的范围相当广泛，比如职员、管理者和学者。若按行业划分则包括教师、医生、技工、专家和科研人员等类别人员。其中存在共同的特性，即属于成人范畴，对外部的世界已存在实践上的判断，因而也就难以遭受海外各种思想因素的社会影响。况且还可以根据职业和岗位的需要，有目的去观察、分析与探究相关的问题，可以获取更多的实际成效。方式还是应以游历为主，而不应过多以游学为主。当然还是要以个体要求和素质（能力）基础为判断标准，而不能采取一刀切的办法。另外就是研究生，包括硕博层次，甚至还可以包括博士后人员，当然也可以划归成年知识人的范畴。对这类学生还是提倡以在学为主，而不应过度提倡"裸学"，即没有在中国大学入学，而单以考取海外大学为主要目标，这种需要预防的情形以文科类为主要。"裸学"做法存在诸多的社会风险，还是要从政策、措施等层面给予必要的引导。

显然，由于日本社会存在诸多不利的因素，这就造成赴日学生极有可能面临更多社会风险，而对年轻的赴日学生而言，就显得更为严重。由此看来，派遣年轻学生赴日学习，需要给予政策上的引导与调控，对已赴日年轻学生应给予特别的关照与教育，这是相当重要的事情。当然还是应在海外教育政策层面上加强宏观的规划与设计，比如在减少年轻学生赴日学习和接受教育的同时，逐步通过政策协调，增加成年知识人游学游历，以及派遣年龄稍长的研究生赴日学习，对此也还要尽量选拔和派遣已在国内大学完成注册的在校研究生，而不应从大学本科或硕士毕业生中选拔和派遣，以攻读更高级别的学历与学位。语言类学习的学生可从在校本科生中选拔和派遣，关键还是要从在册本科生中选拔和派遣，好处就在于存在这样的通道，即在难以获取海外学历与学位的情形之下，存在国内大学完成学业的绿色通道，其他科研机构也是选择的路径。或许存在这样的想法，即没有完成学业是否就是学业不良的游学生？情形或许未必，因此不能以在海外大学中是否拿到学历与学位为标准，关键还是要看是否在海外社会情境中学到实际的知识与技能，是否把心力都倾注到观察、分析和研究海外的经验、知识和技能等诸方面。

三是鼓励海外选题研究。目前在日游学生很多是在研究中国的相关问题，而并不是在研究日本社会的相关情形，这是需要关注的事情。毕竟在日本的大学研究中国的相关问题，存在很多让人感到滑稽的方面。但日本的大学指导教授更倾向于赴日学生选择中国的相关问题，并作为完成学业论文的基本评价标准。对中国而言这未必就是好的事情，对赴日学生而言也未必就是追求。应更多鼓励赴日学生选择日本相关的研究问题，而不是在日本选择中国相关的研究问题。因此相关的政策规划与设计就应存在这样的选择，即选拔和派遣在国内大学中已注册学生赴日学习和接受教育，而不是直接到日本的大学以攻读学历与学位为唯一目标。这样赴日学生还可以做出这样的选择，即放弃在日本的大学攻读学历与学位，转而选择观察与分析日本相关的研究问题，并选择在国内大学完成学业，逐步成为日本问题的观察者和研究者，甚至成为日本相关的研究专家，这是契合中国海外教育和社会实际的政策选择。

另外的群体就是成年知识人，其对象的范围极为广泛。成年人的标准是已具有工作年限的在职人员；知识人的概念具有更为丰富的内涵，可以包括具有知识和技能的人员，而不仅是学历上的限制，比如较低学历层次的专业技工也应属此范畴，而不仅是专家、学者。在上述两条件的约束之下，成年知识人就包含在职工作的所有人员。当然这里还存在选取的性向，即要按照一定教育的需求，做出必要的对象选择。但国家也不可能让所有的在职人员都出国学习和接受教育，这里存在制度性和政策性的空间，比如采取较长时期派遣游学与较短时期赴外游历等多种形式，而且还存在公费与自费相结合的政策空间。具体的运作模式更具有多样性的特征，比如中外合作、正规访问、组团参观、社会调查、技能实习和课题研究等，诸种政策的形式会导致产生多种运作的模式，这样的做法肯定会产生更好的社会功效。

在鼓励成年知识人游学游历中，特别还是要提倡学者访学，特别是奔赴像日本这样的国家。毕竟学者集中在大学和科研机构中，一般都具有较高的学历和学术素养，这部分人群的世界观和人生观都已确立，难以轻易受到外部意识形态和社会介质等的深刻影响，存在较强自我判断和分析问题的能力，同时还在各自专业学术领域中存在职业的敏感，能较快吸收和借鉴海外的经验与做法，并能实际运用在实践工作和学术研究之中。当然这部分人群还具有诸多其他的优势，主要存在于：一是社会身份上的优势，都在国内已具有一定的社会身份与地位，并具有稳定的工作岗位和经济来源，抗击外部影响和承受风险的能力相对较强；二是学术身份上的优势，基本上已确立在国内学术领域中的影响地位，具有专业研究的领域和兴趣，急切需要更为深入地了解海外相关领域的研究状况，以及确立在国际相关学术领域的影响地位,从而满足职业和专业上的发展需求,从社会效益上来讲也更有的成效;三是角色身份上的优势,其出国学习已较少存在学历与学位上的需求,没有太多的现实牵挂和未来担忧,可以更好借机拓展学术的思维与视野,通过观察、分析和调研等手段与方法,对海外相关的研究问题进行深入的分析与探究,同时还可以更为轻易地摆脱海外指导者有倾向性的科研面向限制,而根据自身学术科研的需要,自由选择相关研究问题,从而有效减少海外访学者分析与探究中国相关问题的概率,转而更大程度上分析与探究海外相关研究问题,不仅可以有效控制国内相关领域的科研信息外泄,而且还可以更为深入地分析与探究海外相关情形。

鼓励在校研究生特别是博士生出国学习和接受海外教育,也存在上述原因的考虑。正是由于具有在校身份,出国学习就存在另外绿色通道,在身份上就具有了相对的优势,毕竟还具有在国内大学完成学业的机会保障。当然相对于国内大学的学生而言,这批赴外学生还存在这样的优势,即可以通过自身的努力,在海外大学获取学历与学位,这样就存在另外的收获。但若出现难以在海外大学最终完成学业的情形,通过海外教育政策的相关规定,还可以在国内大学最终完成学业。这样就有效防止出现这样的情形,即海外指导者强迫赴外学生选择中国相关的研究问题。从另外方面来讲,就是鼓励赴外学生更多选择观察、分析和探究海外相关研究问题,并能有效规避海外的学业和社会风险。因此,上述政策设计具有一定的社会效益,应给予特殊的关注与重视,其实这样的海外教育政策对前往像日本这样的国家更为具有社会效益。

二 日本"综力战体制"的理论来源与延续发展

"综力战体制"是战时日本军国主义所奉行的重要战争组织机制,其产生存在鲜明的时代印记,也具有日本列岛文化的本质特征。概括地来讲,日本"综力战体制"的理论来源是纳粹德国鲁登道夫的"总体战"理论,但同时也融合了日本武士道的精神与文化，并在二战中逐步地成为指导日本战争行为的根本思想指针。在战后日本"右翼"反华思潮中，还可以发现其社会思想与文化上延续发展的踪迹，因此值得中国等受害国政府和人民给予密切关注，并采取必要的预防措施，从而极力避免日本重蹈二战历史的覆辙。

鲁登道夫"总体战"理论对日本的影响

20世纪30年代，纳粹德国以民族主义为口号，获取了大国的崛起，并继而奉行更为激进的法西斯主义，把全世界的各民族划分为不同的等级，其中日耳曼民族为最高等级，而犹太民族为最低等级，并采取消灭犹太人的行动，这就是纳粹德国屠杀犹太人的历史因缘。其实这样历史事件的核心原因还是体现在文化层面，也可以说是宗教文化层面上的差异所导致的结果。

纳粹德国在二战中基本上横扫了欧洲大陆。当再次审视苏联时，欧洲只有远离大陆的英国还在顽强抵抗，包括法国在内都成为了德国的控制地区，虽然还存在零星的抵抗。当然其中还有纳粹德国的盟友意大利，以及其他奉行中立的国家，比如瑞士。应该说，在进攻苏联之前，纳粹德国处于军事进攻和胜利的状态之中，虽然还存在英国的顽强抵抗。即便这样，纳粹德国依然处于技术和军事上的优势地位，比如已开始研制新型的火箭装置，这在当时是极为先进的技术，可以作为当时军事科技的代表性成果。

在上述富有侵略性的军事成果背后，纳粹德国其实还存在另外的比较优势，即军事理论，鲁登道夫的"总体战"理论最为著名。俗话说，没有革命的理论，就没有革命的军队，虽然这是从政治角度而言的。但从军事角度来讲，其内涵极为相同。可以这样说，没有革命的军事理论，就没有显赫的军事成果。由上可见，运用这样的一句话来评价鲁登道夫"总体战"理论的军事指导价值最为适宜。

鲁登道夫的"总体战"理论具有非常大的国际影响，特别是在当时的战争年代和氛围之中，其在各参战国都受到广泛关注与重视，并作为模板运用在战争实践之中，特别是同属轴心国阵营中的日本与意大利。德意日三国在二战中结成了"轴心国",而英法俄则结成了"同盟国",由此形成了"两大"军事阵营,当然后来美国加入"同盟国",从而增强了"同盟国"的力量。由于日本发动了侵华战争,中国在对抗日本侵华过程中付出了极大的民族牺牲。当日本发动珍珠港突袭之后,美国加入了对抗日本的行列,这就又增强了中国对抗日本侵华的力量,为此后军国主义的日本在军事上的失败奠定了基础。

在与德意结成"轴心国"之后,日本在军事上大量借鉴德国的战争经验,最为显著的就是依据鲁登道夫"总体战"理论的基本原理,提出具有日本民族特色的"综力战体制",并作为指导日本战争行为的根本思想指针。其间,出现诸如石原莞尔之类的所谓"军事理论家",以及在战争中逐步成长起来的所谓"军事家",比如山本五十六等。当然"综力战体制"是依据日本实际国情提出的军事理论,但其中存在鲁登道夫"总体战"理论影响的身影。

日本地狭偏僻,位于太平洋西岸和东亚大陆东侧的海岛之上,经常会发生各种类型的自然灾害,比如地震和飓风,以及自然资源相对非常贫乏,这就导致日本长期处在东亚和人类社会的边缘。传统上的日本并不发达,而且还处于高度政治分裂的状态,虽然存在长期一统的宗教文化与制度,此即神道教和天皇制度。明治日本获取了政教军合一的局面,并在维新之后开始推行东亚殖民和侵略的政策,出现所谓明治盛世的局面。其实这与日本所奉行殖民和侵略东亚的政策存在紧密关联。在对东亚的殖民和侵略战争中,日本将"综力战体制"发挥到极致,高潮期就是发动对美国的珍珠港突袭,这标志太平洋战争的全面爆发。

发动对美国的珍珠港突袭之前,实际上日本已吞并琉球群岛和朝鲜半岛,中国台湾地区在日本铁蹄下已蹂躏近半世纪,并且日本对中国大陆展开全面战争,同时还推进"南进战略",对东南亚和南亚国家展开军事行动,当然也就对西方殖民者在上述地域的利益存在强大的冲击,比如法英等老牌殖民地国家在上述地域都存在战略和现实利益,比如英国在印度、法国在越南的殖民利益,这就导致日本与上述老牌殖民国家的冲突加剧,当然还对美国的战略利益存在损害,比如美国对华实施的"门户开放"政策。因此,日本"南进战略"激化了其与西方新老殖民国家的矛盾与冲突,当然也就导致西方殖民国家对日本采取了武器禁运和资金管控等措施,这就更为进一步加剧日本与上述国家之间的矛盾与冲突。应该说,这也是日本与美国之间矛盾与冲突加剧的重要原因,直接导致日本对美国发动珍珠港偷袭,最终导致美国参与对日本的军事行动,即导致太平洋战争的全面爆发。

其实珍珠港偷袭显著反映了日本"综力战体制"的运用,即发动日本全社会的资源与力量,甚至日本控制地域内的社会资源与可用力量,用以军国主义日本实施侵略与殖民行动的军事体制。在战时日本,无论是妇女、儿童,还是学生、工人,甚至社会媒体、舆论等,都成为激发战争热情和推进军事行动的工具。比如日本妇女自愿充当慰安妇;学生踊跃参加日本帝国军队,即所谓的"学徒出阵";当然妇幼老残诸类人等也都积极参与到后方支援的组织之中。上述现象表明,日本采取的是全民战争的形式,即落实"综力战体制",并非是所谓"一小撮"军国主义者的军事冒险,其中存在深厚的文化基础,概括地来讲就是日本型文化。

所谓日本型文化,就是在明治维新之后,日本社会所逐步形成的文化类型,其中以本土化、"去中国化"和西方化为主要的特色,虽然也体现出杂种性的特征,但明显已具有近代特别是明治维新以来日本反华的文化特征。也就是说,从文化角度来讲,明治之后的日本型文化决定了日本对华政策的侵略本质,而且这样的侵略应该是全方位的行动,包括文化、军事和经济等各层面,而并非只是处在军事的层面,因此也就充分体现出日本"综力战体制"的基本特征。

综上可知,日本发动侵华战争和太平洋战争,存在"综力战体制"的理论指导,而这样的理论正是接受了鲁登道夫"总体战"理论的深刻影响与作用,同时结合了日本的现实国情,以及日本在东亚、东南亚和南亚等地域中的军事进攻情形,并由此逐步扩大其战争野心和军事行动,突袭珍珠港的发生是日本实施"综力战体制"的最为显著标志。但从另外角度而言,偷袭珍珠港的发生也正是日本走向失败的开端。美国参与对日本的战争,加速了日本侵略与殖民政策的失败,并以昭和天皇发布所谓《终战诏书》的形式,无条件地接受了投降的要求，最终结束了日本军国主义在亚洲等地域中的横行与侵略，恢复了太平洋周边的平静与安宁。

日本"综力战体制"的延续发展

明治维新之后，日本社会、经济、军事和文教等各方面都获取了时代性的进步与发展。19世纪末20世纪初，日本开始大规模地策动对东亚大陆的军事侵略。首先是吞并虾夷（今北海道）和琉球（今冲绳），然后是侵攻清末中国所隶属福建省的台湾地区，但终因中国军民反抗和时疫流行，日本被迫与清政府签订撤兵条约，并由此获取对清末中国战争的"第一桶金"，即清政府赔偿白银50万两。这样的赔偿犹如给日本社会注入了兴奋剂，刺激了日本军民进一步垂涎清末中国。此后日本派出最大数额的军队，伙同其他西方列强组成八国联军攻入北京，并首先攻入清政府的户部（相当于现在的财政部），洗劫白银300余万两，随后还获取战争的赔款。这就更为进一步刺激了日本军民的战争情绪，从而为日本独立攻略清末中国提供了新的激情。甲午黄海战争的爆发就是这样社会情绪的集中反映，日俄战争更是推进了这样的战争情绪。日俄战争之后，日本沉浸在战争胜利的社会气氛之中，并迎来史无前例的"明治时代"，此时日本基本上完成了工业化的进程，义务教育也基本上获取了普及，微量的战争成本获取了极大的战争收益，这就更助长了日本社会的战争情绪与氛围。其实，这就是此后日本发动大规模侵华和太平洋战争的时代与社会成因。

日本"综力战体制"的形成与发展过程就是这样社会情绪和氛围的集中体现。明治维新之前，其实日本依然处于政治分裂的状态之中，虽然日本社会精神层面上存在天皇制度的宗教约束，形成天皇和幕府的双重社会体制，即天皇制度掌控日本社会的宗教文化和精神，幕府制度掌控日本社会的政治和军事运作。"闭关锁国"是当时日本社会的对外政策特征，当然这样的特征还是仿效中国的对外政策模版，即康熙和乾隆以来的"教禁"政策。日本实施这样政策的目标，也是要预防西方文化对日本社会的侵蚀，特别是对日本传统制度的冲击，但日本参照了清末中国鸦片战争失败的经验与教训。明治维新初期，日本就确立了"开国"的对外政策，标志以中华文化为母体的时代结束，并步入以西方文化为母体的新时代。此即日本近代资本主义发展的时代，期间日本借取西方的侵略与殖民政策，在东亚展开大规模的军事侵略与殖民，其中的战略、政策和策略存在发展与变化的过程，但核心就是"八纮一宇"的社会理想，目标就是确立"大东亚共荣圈"，以及妄图建立横跨东亚的"大日本帝国"，由此日本逐步形成"综力战体制"，即集中全国的社会、经济和文教等各种资源，共力推进战争的准备与开展，也就是全民战争的体制。在"综力战体制"的指导之下，日本社会更深层次地步入战争的激情和狂热之中，战争资源的征集范围获取更进一步扩展，甚至还将媒体舆论、妇幼动员、文教思想和移民政策等纳入这样的体制，这就更增强了日本社会影响的范围，因此也就出现了"从军慰安妇""学徒出阵"和"神风突击"等战争怪胎，以及存在于日本社会狂热的战争氛围，其实上述社会表现也都是这样体制的集中反映。当然其中也存在巨大战争效益的原因，毕竟"明治记忆"已深深烙刻在日本民族的思想观念之中，即通过战争，可以获得极大军事利益，并由此扩大其社会利益。

由上述史实分析，就可以知晓现代日本社会存在强烈"右翼"反华思潮的历史原因。从社会变迁角度而言，"明治记忆"是现代日本社会中难以抹去的历史体验，因为首次造就了日本历史上的辉煌篇章，但日本并没有感受到其他民族和国家及其人民的痛楚与不幸。从社会体制角度而言，明治之后日本就建立起"军政合一"和"政教合一"的体制，"综力战体制"就是这样社会体制特征的显著反映与集中体现。其中的显著特点就是将日本社会及其人民纳入战争体制，由此形成所谓社会和人民的力量。当然这样的力量也是日本社会文化与精神的反映，比如现今日本社会中的团体趋向就是这样文化和精神特性的时代体现形式。由此看来，"日本人民也是战争受害者"难以存在史实依据，毕竟战争的施害者不应以受害者的身份定论，否则如何阐释"正义战胜邪恶"的社会论断？由上可见，日本人民也是日本发动侵华战争的施害者，也存在战争责任，因此放弃日本侵华战争国家赔偿的立论基础，存在明显的社会常识性错误，难以经受住历史事实和时代发展的检验，其实这也正是日本社会"反华邪性"盛行的重要原因。为此，中国政府和人民应改变既有的历史观念，同时还应改变既有的对日思维和政策，以防止日本"右翼"反华思潮的扩展，并由此形成应对性的战略、政策与策略。当然，首先还是要对日本社会出现的诸多现象做出合理与恰当的回应，甚至可以采取某些对应性的社会战略、政策与策略。

第一，声索日本侵华战争的民间赔偿存在法理上的基础。这样的做法与其说是以获取经济补偿为目标，毋宁说是以获取社会利益为目标。关键是要日本政府和人民在意识层面上承认侵华战争的基本史实，而不是竭力抵赖已载入历史的材料，比如南京大屠杀的人数，以此打击日本"右翼"与反华势力。日本政府和社会多次否定历史事实的行为，已证实其所持有的现实态度。在上述情形之下，任何声索的行动注定会出现失败的结局，何况大多还是处在民间的层面之上，更容易遭到日本政府、司法和舆论的抵制。由此看来，没有中国政府与社会的参与和争取，中国民间索赔难以走远，最多只能对国际舆论进行一定程度上的牵制，也就难能产生多么大的实际成效。当然，这样基本性的声索要求都不能实现，就更难以在历史意识和思想层面上获取必要的进展，相反还会助长日本"右翼"和反华势力及其思想的蔓延。应该观察到，日本已成为国际反华的基地，各种国际反华势力都已以日本列岛为据点，开展各种反华的活动，其中包括日本"右翼"和中国人反政府的组织及其势力。由此看来，声索日本侵华战争的民间赔偿只是点缀，关键还是要形成社会性的合力，做到知己知彼，甚至可以借鉴日本"综力战体制"的本质精神。其实日本社会的现状也正是战时"综力战体制"的延续发展，当然已包括日本企业和技术力量的在华布局，这也应成为中国政府和社会关注的重要对象。

第二，针对日本政府和社会存在诸多的对华怪象，应采取相对应的战略、政策与对策。当然这里谈及的怪象不仅指日本社会的反华思潮，而且还指中国社会的媚日思潮。比如为了获取日本的投资，火车可以为日本投资者暂停站点。虽然在现行中国行政体制中，行政官员有足够的权力这样做，但从社会影响角度来讲，这样做并不值得，毕竟社会规则是针对所有人的，而并非只是针对国民的。当然作为策略来讲也不是不可以，但不可以只为日本人这样做。但若普遍地这样做，中国社会将成为啥样？社会规制的约束力还剩几何？上述方面值得中国政府特别是掌控各种权力的官员进行深刻反省。况且日本企业和技术力量已在中国进行频密布局，试图掌控中国的经济和技术发展，并进而对中国政治和文化的发展产生深刻的影响与作用，这样的意图早在20世纪中叶之后就开始形成与发展起来，并与日本对华战略与策略相结合，形成了综合性的对华战略、政策与策略体系。其实日本对华政策只是其中的表象，而"实像"则深藏于日本社会系统，特别是在对华战略与策略之中。从外交角度而言，日本已设置中国"二课"，表象当然是深化中日关系与合作，其实更为重要的原因是为应对日本在华利益的日益增长，毕竟日本在华拥有巨大的社会利益，其实这也是战后日本"综力战体制"在对华战略、政策和策略中的本质反映与集中体现。

第三，关注日本文化和教育对中国的影响，并应针对性地制定赴日游学生管理制度。清末赴日游学运动是在非正常社会状态出现并发展起来的，这与清末中国社会、文化和教育的变迁存在一致性特征，当然也就存在某些时代性的印记。首先，清末游日运动是在日本的唆使之下形成浪潮，其原有的本质是培养日本在华的代理人，即可以称为日本所设计以培养代理人为目标的奴化教育。当然这样的教育也确实存在一些"成效"，比如战时中国出现众多的汉奸，这在多部影视剧都存在鲜明的反映与体现，但同时确实也更多培养出了日本军国主义思想的"掘墓人"。现代赴日游学教育与清末游学运动存在显著的差别，但日本对华游学教育的政策和思想却难以发生实质性的变化当然还是存在某些时代性的发展，这也是需要给予关注的重要问题，比如中国游学生在日研究性向的选取问题就是相当重要的事情，诸多中国游学生在日本的大学或研究机构都选取中国相关的研究问题。从研究角度而言，这是研究者个人的选择权力，但实际上这样的选择性向存在某种规律性的特征，很多都是在日本指导者的建议与要求下所选取的研究问题，其实当中存在日本对华信息搜集与分析的成分，并由此减少日本人从事中国相关信息收集与分析的研究成本。无论对中国游学生来讲，还是对中国政府和社会需求来讲，中国赴日游学生更应选取日本相关的研究问题，当然这不仅指赴日游学生，以其他国家为目的地的游学生，也应研究其游学目的地国家的相关问题，而并非大量选取中国相关的研究问题。当然弘扬中华文化与思想也是可取的，但不应成为潮流或主流，这需要中国政府在教育政策层面上给予必要的回应。比如制定鼓励赴外游学生选取海外相关研究问题的政策，以及通过国内大学或研究机构授予海外研究的对等学位，从而形成赴外游学生以论文形式获取中国相应学位的绿色通道，这是重要的游学思想和政策设想，并在现实社会中具有重要的价值与意义，确实这也是应对日本"综力战体制"延续发展的策略选择。

当然还应重视在金融和经济领域的中日竞争，有必要采取措施以获取东亚经济和社会发展的中心地位。在东亚对中国最具有经济与社会威胁的国家只有日本，历史上是如此，现实中也是如此。但最核心的中日竞争还是存在于金融和经济领域，这是军事、文教和社会等领域所存在中日竞争的重要基础。目前日本处于东亚金融和经济的中心地位，也是西方发达国家在东亚的唯一代表，这对中国经济和社会发展目标的达成存在某种程度上的现实威胁，比如货币战争也符合描述人民币与日元之间竞争的发展态势，即人民币与日元之间也必将存在代表权的竞争。

由上可知，中日竞争具有综合性的特征。日本为获取其对华战略与发展的优势，势必将重拾其固有的"综力战体制"，即日本"综力战体制"获取了时代性的延续发展。其实这已成为社会现实。为此，中国政府和社会应采取对应性的战略、政策和措施，而不能一味地固步"邓小平时代"的对策与精神，这是重要的战略选择与策略思路。

三 若中日再战的战术预想

在有史记载中，日本列岛还没有被外国完全控制过，除了战后美国驻军之外。在日本人的意念中，甚至美军驻日并非就是占领的行为，或并非就是现代殖民或半殖民的行为，毕竟战败之后由天皇发布《终战诏书》，从而实现东亚暂时的和平局面，并非就是外部世界所认为日本的投降行为。换句话来讲，就是日本并未承认战败之后存在投降的行为，而只存在终止战争的行为，美军驻日是通过国家之间协议的形式，并非就是美国对日本的侵略行为。其实在"怎说日本曾是侵略国家"征文中，田母神俊雄就渗透出这样的思维模式。从上述意义上而言，美国在战后也并没有完全控制日本。确实，这样的认识与理解也并非完全的错误。

毕竟战后日本依然维持了"天皇制"政权，虽然经历了一些波折。在天皇发布《人间宣言》之后，美军依照协议进驻日本列岛，并遵循美国社会和政治的理想，对日本社会及其制度进行了所认为的必要改造，比如短暂废止了天皇制度，声称天皇只是日本的国家象征。但美国并未从宗教文化上对日本进行精神层面上的彻底改造，这就导致日本仍然依照神道教的基本思想为指导，其实也就难以摆脱天皇制度这样的社会安排，毕竟这样的社会制度是建立在神道教的精神与思想控制之下。从上述角度而言，美国对日本的社会改造在很大程度上只处于显性和表面的层次，并未深入日本的宗教文化层次，也就难以形成对日本社会深刻和有力的影响与作用，这就导致日本天皇制度依然保持实质上的存在，并在国际社会的变化中获取新的发展。

二战后国际社会出现东西方两大阵营的格局，爆发由中美主导之下的朝鲜战争，最终导致日本型文化的延续发展，以及天皇制度的复生。其实也就是说，日本借机摆脱美国在政治上的深度控制，虽然依然还在日本列岛驻扎军队，但政治基础已转成日美军事同盟关系，并且日本还获取美国所给予的现实利益，即向日本移交琉球及中国钓鱼岛的管治权，这就形成二战后中日之间的边界纷争现状，即存在琉球、钓鱼岛及其附属岛屿和东海等权益问题。其实这是西方列强在历史中对中国所惯常采取的做法，渊源就是英国在中印边界问题上所划分出的"迈克马洪线"，从而造成20世纪60年代爆发中印战争，甚至现今依然存在中印之间的领土主权纠纷。确实美国在朝鲜战争之后也借鉴了英国在中印之间的做法，单独与日本在旧金山签署协议，转让琉球与钓鱼岛及其附属岛屿的管治权，从而制造中日领土主权的纠纷。日美这样私相收授的行为完全是建立在非法占有和霸道逻辑的基础之上,对美国而言是霸权战略层面上的考虑,对日本而言则是侵略行为,虽然存在日美非法协议,可以作为日本的政治托辞。

从上述事实而言,确实日本并未完全沦为美国的现代殖民地或半殖民地,虽然现今依然存在美军驻日,但名义上却是建立在朝鲜战争之后日美军事同盟关系的基础之上。由此看来,美国存在永久驻日的合法依据。但采取这样的方式,日本确实没有完全受控于美国,而且还恢复了日本的天皇制度,维持了日本"万世一系"的社会政治传统。

在日本历史中,并不缺乏战争这样的发展形态。明治维新之前,日本一直是保持相对离散的政权状态,虽然存在神道教和天皇制度这样宗教文化上的联系纽带。但从现实性角度来讲,还存在侯国幕府等实体政权和天皇这样宗教文化权力之间的矛盾与斗争,当然还存在为争取皇位而存在的社会纷争,长期处在社会分裂的发展状态。在冷兵器时代,日本出现了武士道这样的精神与文化,崇尚刀剑技艺和复仇意识,从而形成了战斗的意志,并深入日本社会和文化的传统之中。其实这样武士道的热情在热兵器时代也存在显著的反映,比如在太平洋战争中,日本甚至发起神风式的冲锋。由上可见,日本社会和文化传统中存在对战争的特殊偏好,而且还出现神道教与武士道之间的文化合流,并处于相对主流的地位。

在现代国际社会中,虽然日本表面上处于美国主导制定《和平宪法》的制约之下,诸多活动都局限于《和平宪法》所规定的范围之内,但对日本而言,这样的《和平宪法》也只是暂时性的摆设,现今日本自卫队已突破这样的禁锢。比如,实现海外自卫队的派遣。当然日本在很多方面确实还需要美国的支持,其实日本也很乐于接受美国的指使与支持,毕竟它还没有足够的实力获取全部的权力,包括在东亚的领袖地位,特别是全面地获取对中国的比较优势。但这也并不意味日本就放弃了长期以来所形成的社会和文化传统。毕竟神道教与武士道的现代合流,以及复活军国主义的思想和社会意识,都是日本妄图获取在东亚比较优势的重要途径与手段。日本"右翼"组织就是这样的社会代表,虽然其势力在日本社会和政治还不占绝对的主导地位。但由于日本习惯于采取灵活政策与策略的思维模式，一旦出现利于其扩张侵略、较为成熟的国际社会环境与条件，这股势力会即刻成为日本社会的主导力量，其实这是不容质疑的发展趋向。

由此看来，对日本而言战争的策源来自于日本的文化，特别是近代日本文化，即日本型文化。确实只要日本型文化还处于延续发展的状态，战争将依然是其发展的必然趋向。当然其中需要具备一定的社会环境和历史条件。因此妄谈"中日世代和平友好"，是中国政府和某些人士的一厢情愿，确实这存在历史的实证。比如，中国在与日本建立外交关系之时，从中日关系的历史和现实出发，放弃了对日本索取国家赔偿的权利。但在中国政府做出这样的承诺之后，日本在对待侵华战争的历史认识问题上，却出现了转变的过程，甚至将中国政府提出"日本人民也是受害者"这样的说法，也当成中国政府对日本的妥协行为，并对中国采取了离间的策略，即在处理中国受害者索取民间赔偿的问题上，刻意放大中国政府放弃国家赔偿的承诺，并以放弃赔偿和超越限时等为理由，持续判决中国受害者败诉，而且还试图借此离间中国政府和人民之间的感情，以及挑拨中国政府和人民之间的关系。

当然还存在更为突出的问题，即现代日本社会出现浓烈的反华与制华言论，比如提出"分裂中国论""中国威胁论""围堵中国论"和"自由与繁荣之弧论"，甚至包括"日本衰运论"，充分体现出"反华邪性"的社会存在，并在诸多社会行为中表现出来。确实"右翼"组织及其势力并非只是"一小撮"，而是现代日本的社会思潮。对中国而言，主要就是表现为具有浓烈反华和制华的思想、意识与观念，即浓烈的"反华邪性"。因此，"右翼"作为代表的不仅仅是日本社会的反华分子，而是具有社会组织性特征的"反华邪行"，在很大程度上表现为"明治记忆"在现代日本社会的反映与体现。确实也可以这样地来讲，这是现代日本社会出现日本型文化延续发展的标志，也是存在军国主义思想、意识和观念的集中表现形式。

由此看来，现代日本社会依然存在侵略中国和东亚殖民的思想、意识与观念，并通过"右翼"组织及其势力的发展而呈现出来，因此仍然存在中日战争策源的因素，必然还会导致出现中日战争这样的表现形态。那么中日战争一旦发生，中国如何应对日本的挑战？这是中国需要及早进行决策和部署的重要问题。

首先，要对日本的地理环境与国民特性等客观自然和社会因素进行分析。日本位于太平洋西岸的海岛之上，造就狭隘的国民性特征，但日本具有千余年来未受严重破坏的历史过程，同时具有与特殊的社会环境和自然条件进行斗争的经验。比如在建筑风格和地域布局等方面，就具有诸多显著的经验，集中体现在：一是日本已建成钢铁之国。长期以来，日本不断遭遇地震、台风和海啸等自然灾害的侵袭，为抗击这样频繁的自然灾害，特别是在明治维新获取富强之后，日本的建筑具有了钢铁支架建构工程的特征，从而形成以钢铁为建筑材料的堡垒，这样的建筑具有坚固性的特征，难以遭受灾害性和强力性的损坏。二是日本的建筑大多采取高科技的防火材料，并进行了轻型的处理，而且建筑多采取低矮的二层结构，城市的建设则显得极为分散，呈现出城市与农村交错存在的特征。从战争角度而言，难以确定发动对日本进攻的重点地域，可谓寓军工于社会、寓军力于全民，以及寓军事于民间。三是日本俨然已成为地上和地下的双层帝国，建有庞大的地下交通和建筑网络系统，甚至某些建筑深入地下几十米，甚至上百米，表现为较强隐蔽性和机动性的特征，这无疑也成为日本军事防守的有利条件。四是日本的地域布局保持纵横交错的状态，可谓胡同里巷无一定规则，街道极为狭窄，造成地面上的机动性能很差，无疑也对进攻性的军事行为造成困难。

从上述观察与分析可以看出，实质上日本存在易守难攻的战略优势，其实这也正是日本在社会历史上没有遭遇占领的重要原因。若再从地理和历史角度来分析，可以发现日本具有以下方面的显著特点：一是日本的地形和地貌表现出复杂多变的特征，或许这是上帝送给日本的天然礼物。日本列岛散落于太平洋的西岸，除了本州、四国、九州和北海道四大岛，以及非法占有的琉球大岛之外，大多呈现为小型岛屿的地形。但即便是这样的大型岛屿，同样具有复杂多变的地貌特征，多以山地和高原为主要。古代历史中日本列岛是莽荒之所在，处于东亚文化的边缘地位，可谓名副其实。但经历明治维新以来的对外扩张之后，日本出现显著的发展与变化，在文化地位上由东亚文化的边缘走向了中心,在社会发展上由莽荒之所在演变成东亚科技、工业和金融的中心。再加上凭借武道和神道的精神与文化,日本保持了社会历史的延续发展过程,除了战后出现美国疑似性的控制与征服之外,没有遭遇过外部世界的完全控制与征服。上述表达的内容基本上都是国际社会的发展事实。

上述方面也就更为促成日本侵略野心的膨胀,主要表现为殖民和侵略东亚大陆,包括琉球、中国与朝鲜半岛,当然核心集中表现为侵华的野心。诚然,无论是侵占琉球,还是侵略朝鲜半岛,日本的手段和目标都是针对中国。其实在历史与现实之中,这样的针对性都存在显著的反映与体现,比如日本侵占琉球,就是以对抗中国为起始。明治维新之后,日本强迫琉球向日本称藩,并强迫要求琉球对中国采取保密性的措施,这就开始了琉球向中日两国同时称藩的历史。随后迫使琉球只对日本称臣,甚至化藩为县,设置冲绳县,最终吞并琉球。当然这是在中国积弱而无力东顾的情形之下,日本做出的社会和军事行动。完全占领琉球之后,日本就将侵略的矛头,再次瞄准中国台湾和朝鲜半岛,并借机发动中日甲午海战,最终侵占中国台湾,包括澎湖列岛和钓鱼岛及其附属岛屿。1945年台澎回归之时,远离中国大陆的钓鱼岛及其附属岛屿却成为了日本宣称的无主岛,确实这是日本侵略行为的延续。在现代日本社会中,确实依然存在这样发展的态势,并依附于美国军事势力在东亚的存在。由上可见,即使在战后相对较长的时期之内,日本依然存在侵华的野心,甚至表现出诸多实际社会行为。

因此可以说,日本战争策源地的本质并没有出现显著的变化,中日战争极有可能会再次发生。其实这已并非杞人忧天的揣测,而是在历史、文化和社会视野中,观察与审视现代日本社会言行获取的必然结论。应该说,这是基于事实的理性推断,具有一定的先导性和科学性,因此需要慎重对待,并有所作为。也就是说,中日两国必然还会出现战争这样的表现形态。针对这样的现实和未来发展情形,中国需要提出战略和战术上的预想。战略处于宏观的视野,而战术则倾向于具体和可操作性的取向,关键还是要考虑如下方面的因素:

其一,在历史经验与教训中吸取营养。主要表现在:一是蒙元时期进攻日本的败绩。在蒙元时期，成吉思汗威震欧亚大陆，其子忽必烈发动对日本列岛的进攻，但却因为存在战略和战术上的失误，出现历史中的典型败绩。主要的原因就在于对日本文化和社会的无知，以及对海洋飓风气候的不察，其实这就违背了军事上"知己知彼"的重要原则。二是明代援助朝鲜，抵御丰臣秀吉的军事进攻。确实此时日本已出现"大陆政策"的雏形，这是由日本武士道精神所决定的结果，特别是其中存在的报仇思想与意识，并逐步演变为日本的社会政策。其实这符合日本由文化演变成制度的思维模式，由神道教演变成天皇制度就是典型事例。最终这场战争以丰臣秀吉的病亡而宣告结束。三是明代中后期出现在中国东南沿海地区猖獗的"倭寇"骚扰。在明代中后期，中国东南沿海地区出现较大规模的"倭寇"与海盗行为，而且出现内外勾结的情形，内部海盗中最有名的就是以王直为头领的海盗团体，而外部"倭寇"则是明代最大的安全威胁。在"倭寇"与海盗不断侵扰的情形之下，筹海策略就提上东南沿海地区的社会治理范畴，此时出现以郑若曾《筹海图编》为代表较早的筹海学著述，专门探究如何筹谋中国沿海及海洋治理的问题，涉及日本地理、地图、地形，以及与日本列岛诸国交通等事项，为抗倭和治倭提供了必要的学术支撑。四是清末时期遭遇日本侵略与殖民的历史过程。日本从侵占琉球开始，渐次历经如下侵华的过程：参与八国联军洗劫北京，并侵袭中国户部，获取巨大的经济和社会利益；制造琉球"漂流民"事件，图谋侵占中国台湾及其他附属岛屿，获取独立侵华的"第一桶金"；以朝鲜内乱为借口，引诱清政府出兵朝鲜，从而诱发中日两国在黄海上爆发甲午战争，最终侵占台湾及其他附属岛屿，并获取巨额的战争赔偿，其中以此款项建造日本最大的钢铁厂最为典型，而且还将巨额战争赔款用于普及与发展日本的教育；挑拨中国东北和蒙古等地区独立，以及谋划"华北自治运动"，并发动"卢沟桥事变"，掀起全面侵华战争，还阴谋发动"上海事变"，筹谋扩大在中国东南部地区的战争，并制造"南京大屠杀"。当然在由侵华战争扩大到太平洋战争之后，美国和苏联都先后参与在东北亚地区的战争，由此日本侵华必然会出现功败垂成的结局。

上述历史事实存在诸多教训，可以作为有益的借鉴。主要体现在：一是要有针对性地强化对日本及其周边海洋地形、地貌、地质和气候等地理环境的分析与探究,从而避免出现类似蒙元时期军事性和战略性的误察;二是制订并发展对日本的长期战略预想,并采取社会和军事等相关方面现实性的行动,从而平衡、反制和遏止日本对华的长期战略,并逐步确立与之相均衡的社会理想与文化;三是不断强化对朝鲜半岛的影响与作用力度,以及中国海疆和东南沿海地区的权益安全,特别是对美韩日等军事盟国在东亚的势力及其变化,有针对性地采取综合性的多种反制策略与措施,并在上述关系中最大限度上地维护中国的各种权益,包括领土主权;四是不断增强对日本社会内部组织及其势力的观察、调研与分析,在日本宗教文化和社会制度的大系统中,解读各种社会政治组织及其势力的消长,从而对日本社会的走向进行合乎逻辑和科学的预测,并提出对应性的反制构想;五是针对日本存在的"反华邪性",以及现实社会所表现出浓烈的反华制华心态与行为,必须采取强有力的措施与行动,予以坚决制止与遏制,在容许情形下实施必要措施,予以沉重的打击,从而杜绝日本的作为对存在权益争议的周边国家,产生"效颦"的影响与作用;六是在历史与现实中综合性地做出预设的战略与战术方案,坚决制止与打击日本任何的挑衅行为,甚至对日本"右翼"反华制华言行进行必要的回击与遏制,并督促日本政府给予必要的控制与阻止,否则就采取对应性的反制措施,给予日本以极大的经济与社会制裁;七是抛弃"中日世代和平友好"幻想,认清日本社会的真实,特别是蕴藏其中的基本理念,以及由此导致所产生的各种"右翼"组织及其势力,采取坚决措施压制其中的"反华邪性",针对所存在反华制华的思想、意识和观点,以及由此导致所产生的各种行为,制订周密的反制预案,绝不容许上述思想、意识、观点和行为在日本和国际社会滋长与蔓延,坚决杜绝其对中国的权益产生任何显性和潜在的危害。当然实现上述目标,还必须基于中国综合国力的持续增长,以及经济、军事等实力的不断增强,并获取对日美等军事同盟国家的比较优势。

其二,在军事战略部署上做好预备。可以这样说,在不久的将来,中日再战的可能性极大,这是由日本型文化延续发展现代日本社会所存在极为浓烈的"反华邪性",以及由此导致所产生各种反华制华的思想、意识、观点和行为所决定的必然结果。现实日本社会存在诸多典型的事例,比如"右翼"组织及其势力的发展。在上述事例的背后,其实就是日本社会特定的思维模式,即以中国作为假想敌国,内在的根源就在于日本所确立"八纮一宇"的社会理念,以及日本型文化的"反华邪性";外在的表现就是日本社会所存在反华制华的思想、意识、观点与行为。由此看来,对中国而言,中日再战似乎不可避免,任何奢谈"中日世代和平友好"都是自欺欺人的思想与行为。因此,中国必须在军事上做好战略性的预备与部署,以应对日本潜在或显性的攻击行为。中日存在诸多潜在的冲突,比如钓鱼岛及其附属岛屿权属问题、东海油气田开发问题,更有趋于表面化的渔业资源纠纷问题。当然还存在全球范围的权益分配问题,比如日本在非洲与中国进行激烈的权益争夺,并导致非洲道出这样的说法:中国是非洲的朋友,日本是非洲的爱人。虽然是如此说法,但实质上这是日本在非洲与中国展开权益争夺的生动反映与鲜明体现。其实中国欢迎竞争,更欢迎日本在非洲与中国展开竞争,这更有利于中国在非洲建立起威信与声誉,并为非洲的发展做出引导性的突出贡献。确实这也是中国作为发展中国家代表,应为非洲做出的"示范牺牲"。因此从全球的视野来讲,其实中国也值得这样做。毕竟这对非洲的发展具有绝大的益处。但其中却显著地呈现出日本以中国为竞争的对象,并赋予假想敌国的身份。在这一点上,可以日本社会所出现各种反华制华的报道为实证,比如日本新闻报道宣扬中国以获取非洲的资源为目的,而不惜牺牲非洲的环境,以及中国采取贿赂或支持腐败政府等不正当的手段,获取非洲的投资项目等,肆意歪曲与丑化中国在非洲的投资、生产和贸易等方面国际形象,借以谋取日本在非洲的特殊权益。

因此,可以这样说,中日冲突存在不可避免的性质,并在历史和现实中存在诸多显著的反映与体现。但中日战争一旦爆发,中国将采取何种应对措施,需要提前做出诸多战术预想。历史上惯常的做法是采取消极性的防御措施,比如明代中后期防御"倭寇"的举措;清末时期消极抗击日本的侵略;民国抗日战争时期更无力对日本开展积极的进攻。即使在明代支持朝鲜半岛抗击丰臣秀吉侵略时，也只采取不甚积极的战术，以将日本赶出朝鲜半岛为限界。当然也不可否认这样的事实，历史上曾提出过进攻日本的战术计划，虽然还只是战术上的预想，并未最终付诸实施，比如清末时期宋育仁就提出了借师进攻日本的战术策略。其实这样的攻日本土策略是可供选择的战术预想，但也需要做出诸多战术分析，以便为这样的战术预想提供可操作性的具体方案，这是至为重要的预备。上述问题上也存在前车之鉴，即蒙元时期忽必烈攻日的失利，根源就在于没有对战术预想进行深入的战前分析。但即便存在这样的失利，也不能就把日本看成是不能攻克的堡垒。正如日本天皇"万世一系"的神话，攻克日本并非没有可能，而且若中日再战，应将攻克日本作为首选的战术预想与方案。其实这也是在对日本进行深入观察、分析和探究的基础上，所做出战术层面上的军事预想与作战方案。

但在上述这样的战术预想中，首先就是要做到知己知彼。主要涉及如下方面：一是中国具有的战略优势。其实做出进攻日本本土的军事决策前提，就是中国应在战略上存在比较优势，比如海空军的优势，这是具有相当关键性的因素。二是进攻日本本土的线路。大致可以分为三条：最优选择是先行租用俄罗斯占有的北方四岛，并在此进行一定时期的民屯与军屯，以此为根据地和后方基地，进攻北海道，并策动、扶植与重建"虾夷人民共和国"，由此揭开进攻日本的序幕。次优选择是通过海空军的优势，运用军事手段，解放日本侵占的琉球，促动重建"琉球王国"政府，并脱离日本的控制；或直接运用海空军的力量，对日本的中心城市进行远程打击，极大程度上摧毁日本人的精神与意志，并派遣登陆部队，进行军事征服，但必须坚持以消灭日本的有生力量为主要目标，并破坏和摧毁日本人的精神支柱，比如神道教及其天皇制度的标志物，以靖国神社为代表宣扬军国主义的神道设施，以及其他代表日本人精神与意志的纪念场所。当然最为现实的还有摧毁日本社会系统，以及阻断日本军事系统的运行，特别是切断日本军事补给的路径与渠道。再次选择就是以陆军和海空军相配合，通过朝鲜半岛进攻日本列岛，但这必须先行就极为慎重地考虑周边地形、地貌、地质和气候等客观的环境与条件，防止出现蒙元时期忽必烈攻日的覆辙，毕竟日本列岛的西北面多是崇山峻岭，险恶难攻，但此也不失为一种选择。另外就是在对日本的战争进程中，在积极进攻的策略上要把握好如下重要原则：

一是以维护权益为凭借。中国向来不打非正义的战争，这已成为一种传统。但近代以来日本却始终在打非正义的战争，似乎这也已成为一种传统。在现实国际社会中，无论是钓鱼岛及其附属岛屿的主权问题，还是东海油气田的开发问题，日本制造中日纷争的战略目标，主要还是谋求日本的特殊权益。若中日再战，日本肯定还会采取非正义的战争选择，这是符合日本传统的推断。朝鲜战争之后，日本凭借与美国签署的军事同盟条约，以及损害中国主权的"旧金山和约"，开始肆意挑起与中国之间的权益争夺，甚至蔓延到国际社会的诸多层面，体现出浓烈的"反华邪性"，表现出反华制华的思想、意识、观点和行为。将上述都归纳为"右翼"，并非完全恰当，其实在很大程度上这是日本社会的文化现象，而并非是一小撮"右翼"组织及其势力的表现。当然在现实社会和政治逻辑中，无论是中日两国还是国际社会，总是将这样的文化现象视为"右翼"的表现与作为，其实这只看到部分的表面现象，而并没有深入日本社会和文化的本质层次。因此，中国以维护权益为凭借，是战争的必然根据。

二是以打击精神为最要。现代日本社会提出过很多立国的思想，比如科技立国、经贸立国、旅游立国等，其实本质上日本是精神立国。具体地来讲，传统日本社会是以神道教、天皇制度和武士道为精神支柱；明治之后出现以此为基础的日本型文化，表现出浓烈的军国主义特征，在东亚奉行侵略与殖民的"大陆政策"。战后日本型文化获取延续发展，表现在现代日本社会中就是存在浓烈的"右翼"思想、意识和观点，以及出现以反华制华思想、意识和观点为主要特点的"反华邪性"及其社会行为。由此看来，现代日本社会依然是以精神立国为主要特征。这样特征的存在也正是日本作为战争策源地的深层文化根源。因此若中日再战，最重要的是要打击日本社会这样的精神。但从文化角度而言，这样的精神却又是日本最为顽固的社会存在，它不仅是在长期发展中确立与形成，而且还在长期历史中获取延续发展，并且现代日本社会还存在文化上的深厚基础，以及国际社会还存在诸多政治、军事和思想等势力的支持。由此看来，打击日本这样的精神，是至大与至难的事情，应在战术预想上给予必要的重视。

三是以剿灭意志为重点。日本社会和文化中存在浓烈的忠君与复仇意识，并表现为强烈的意志，上述都是由神道宗教和武道精神决定的事情，应都属于文化的范畴。从历史和现实角度来讲，无论是社会生活还是战争，日本人总表现出强烈的团体意识和战斗精神，甚至以自虐与自残的方式表达出来，比如日本社会依然盛行自杀的风气。正是存在这样的文化特征，战争推进中的日本人就会表现出特别的作战意志，这往往成为其他国家深感忌惮的事情。但日本军人的这种品质中存在一些足以致命的弱项，即往往缺乏战略性的筹谋，虽然日本也注重一些战术上的阴谋。其实筹谋与阴谋存在层次上的差异，前者属于战略的层次，对战争存在宏观性的谋划，可以很好地掌控战争发展的结局；而后者属于战术的层次，只对具体的战术做一些微观性的设计，难以对战争进行完整规划，这就难以把握战争进程的结局。在这样知彼的基础上，就可以有针对性地提出一些策略，比如避开其勇猛气质，剿灭其意志。其实在抗日战争时期，毛泽东提出的游击战就是这样的策略，导致日本人勇猛难施、意志难酬，体现出灵活机动的战术特点，从战术机动中寻找有利的战机，并积小胜为大胜，从而获取抗日战争的胜利。因此若中日再战，要坚持以剿灭意志为重点。

四是以消灭有生力量为关键。相对而言，日本国小人少，人口只相当于中国的十分之一。与中国军队的规模相比，日本自卫队的规模也大致保持在这样的比例。因此在日常训练时，日本自卫队员经常采取以一对十的做法，假想敌其实就是中国的军队和人民。2008年日本曾报道这样的消息：日本自卫队在军事训练中发生意外事故，即在这样训练的过程中导致一名自卫队员死亡。确实日本人具有勇猛性格和坚强意志，在世界军事中存在尚武的声誉。在抗日战争时期，中国人领受过日本人的这种脾性。因此在对日作战中，就必须坚持以消灭敌人的有生力量为关键目标，而不应采取以正面战斗为主要的作战方式。其利可想而知，首先，相比而言日本存在人口资源上的劣势，这是日本难以改变的事实存在，中国宜采取持久战的策略，消耗日本在军备和资源上的能量支撑；其次，日本具有勇猛武士的性格，正面交锋对中国而言在战术上并非就是优选，而应采取灵活机动的策略，在运动中消灭敌人的有生力量，这才是对付日本人的良策；再次，对中国而言，攻日本土毕竟还是战争上的先行尝试，尚未存在一些具有实战性的历史经验，需要在复杂多变的高原与山地中，与狡猾的日本人进行对峙与较量，就必须采取渐进与持久的作战策略，而不应以直面作战为主要方式，但这又不应对进攻作战的策略带来消极的影响与作用，否则就难以获取对日本的比较优势。其实也就是说，若中日再战，攻日本土为优选方案，但具体策略上则应考虑在进攻中做好防御，在防御中展开进攻，并以持久战作为消耗日本军力与资源的重要策略，以消灭敌人的有生力量为关键目标，而且还必须在作战中推行"战时伦理"，毅然决然地消灭任何日本人的抵抗，从而成为最终战胜和制伏日本列岛的无畏力量。

五是以远程打击为先导。采取以远程打击为先导，是对日作战的优选方案。主要的考虑在于：首先，日本的地形、地貌和地质等地理条件相当复杂，高原和山陵的作战环境对登陆之后的陆军作战存在阻碍性的影响与作用，确实适宜于采取远程打击的作战行动。其次，本质上而言，日本是以精神立国为基础，战术上也应适合这样的情形，即需要以打击日本人的精神和意志为主要目标，因此可以选择以具有较大杀伤力的武器为方案，而远程打击就是这样的优选。再次，远程打击可以消除对日本的比较劣势，从而确立战术上的比较优势，比如可以采取多方位和远距离的投射，像在陆地和海洋上的远距离投射，甚至在登陆之后开展近距离的投射，以及采取无人机投射的方式，这样不仅可以最大程度上地消灭敌人的有生力量，而且还可以在最大限度上保证中国人员的安全，并可以选择多种类型的武器和多样进攻的方式，从而最大程度上消灭敌人的有生力量。其实这样先导性的做法还有助于消除日本人的战斗精神与意志，为中国采取对日本的持久战和消耗战，奠定先期的预备与基础，从而掌握战争进程中的主导权。当然这样先导性的作用并非就是固化的策略，而是以灵活机动为基本前提，军事力量的推进依然为必要的作战样式，但这样先导性方式的采用可以最大限度上减少己方人员的伤亡，并有针对性地采取各种有效和具体策略，消灭敌人的有生力量。因此以远程打击为先导，是具有相当必要性的做法，特别是在战争初期，具有重要的作用与意义。当然也不应否认，这样先导性的方式同样可以在战争推进中发挥重要的作用。

六是以高原山陵为辐射。其实前面已提及这样的地理环境与条件，即日本地形、地貌和地质等地理要素都很具有独特的方面，即在地形地貌上是以高原山地为主要，表现为山陵纵横；在地质上则是以相对坚硬岩石为主要，表现为山坡陡峭、怪石嶙峋。确实这样的地理环境与条件在军事上特别适合防守，而不利于进攻，可谓易守难攻。首先，对登陆作战来讲，山陵纵横、山坡陡峭和岩石嶙峋是极大的考验。毕竟对日本的防守而言，可以在这样的环境与条件下事先进行工事的构筑，比如占据利于己方的地形，巧妙利用多变的地貌，以及利用地质上的条件，构筑地下的防御工事，诸如上述的防守优势都可以对展开进攻作战产生现实性和潜在性的较大威胁。但实施先期远程打击，特别是完成登陆之后，可以通过局部作战的方式，先行占领某些高原与山陵，并以此为根据地向周边辐射，这样就可以在渐进和持久战的原则下，逐步做好战争的推进。当然作为远程作战，还是要立足就地解决好军队的补给，否则就难以在远离中国的日本站稳脚跟，这是足以致命的重要问题。因此在先行对高原与山陵进行策略性占领的同时，还必须占领日本的生命中枢，即资源集中的地区，特别是大中城市和农业产区。应该说，对远程进攻来讲，上述两种作战进程都应受到重视，即需要实施两线推进，但还必须做到互为策应，而不应是孤立性的军事行动。在获取充足给养的情形下，就应强化高原与山陵的辐射作战，此时需要防备敌人采取游击战的策略，从而以此为根据地消灭敌人的有生力量。

七是以大中城市为核心。明治维新之后，通过实施东亚侵略与殖民政策，日本获取巨额的物质财富，并在此基础上推进城市化的进程。因此，日本的城市化是与近代化相伴随而出现的。在城市化进程中，日本的人口开始向城市转移，以致现代日本农村地区出现空壳化的社会现象，即青壮年人口大多转移到城市，农村地区只剩下少数的老龄人口，甚至出现无人口居住的状况。由上可见，大中城市已成为日本人口与财富的中心。因此，战争推进必须以占据大中城市为核心，这是就地获取战争补给重要的途径与渠道。当然如此做法还远不止于基于这样的狭隘目的，即还应包括如下方面的目的：其一，控制日本社会的生命中枢，特别是工业和财富，从而减少日本军事资源补给甚至人力补给，最大程度上消灭敌人的有生力量；其二，采取控制大中城市这样的核心步骤，还可以实施堡垒战术与策略，把敌人的势力压缩到边缘的地区，从而为发挥高原与山陵的辐射作用创造必要的条件，同时还可以为此获取必要的战略后方与补给基地，有利于推进战局的发展；其三，由于日本的人口大多居住在大中城市，虽然在战争前后会出现少数人口的流动，但难以出现实质上的移动，毕竟城市生活的环境与条件还是要比边缘地区具有比较上的优势，何况即便出现大规模的人口移动，也应存在高原与山陵的辐射作战，并不构成威胁，还可以创造分割和进攻的作战条件，有效推动辐射作战的进程；其四，日本的大中城市大多处于沿海地区，或处于小片冲积平原或地势和缓地带，比如东京、大阪、京都、神户等，占据上述城市可以为战备物资补给创造有利的条件，毕竟上述城市都建有优良的港湾，可以大规模地从外界输入装备补给，从而对战争推进起到支撑的作用；其五，占据大中城市，以及高原与山陵之后，可以扩大对日本的分割政策，并以此为根据地向周边地区扩张，从而逐步形成大片地域的战略纵深地带，以致最终影响与作用于战争的结局。

综上所述，若中日再战，中国应采取积极进攻日本本土的策略，但要注重达成打击日本人精神与意志上的战略目标，即不是刻意占领一城、一地、一岛屿，而是采取鲸吞与蚕食相结合、富有成效的占领策略。

但达成上述这样的战略与战术目标，还需要具备一些必要的条件，比如要确立中国海空军的比较优势，以及要具有排除外界干涉的能力，比如美国的武装介入。在此基础上，还要预估到战争进程中的诸多困难，比如存在军事机动部署上的困难。毕竟日本是以高原与山陵为主要地形和地貌特色的国家，交通运输的方式又以有轨电车为主要，而且公路一般都较狭窄，胡同里巷较多见，上述方面就为军事机动部署制造了一些难题。因此必须在战争启端之前，就要做好诸多军事上的预备，甚至在武器装备和运输工具等方面，也要做好必要的军事预备，当然以武器和人员机动部署为主要。

　　作战武器的运用还是要着力进行预备，毕竟针对日本这样强悍的武士国家，战争推进还必须依靠有战力的武器装备。主要的预想武器可以包括：其一，为了实施远程打击的战术需要，必须配备对日本军事和精神中枢进行远程致命打击的现代武器；其二，针对日本地理环境与条件所具有复杂多样的特征，特别是日本存在大规模地下城的防御特点，需要针对强固工事配备具有极大破坏作用的特殊装备；其三，日本地面和地下设施都存在一些建造上的特征，以利于防止地震、海啸和飓风等自然灾害，比如传统上日本地面建筑采取木质的结构，现代多采取钢筋支架的结构，以及地下采取钢筋加木质的结构，因此可以有针对性地制造一些特殊用途的武器装备，借以对付作战中所存在特殊武器装备的需求问题。武器装备及其使用之目的并非是占领一城、一地、一岛屿，而是要以消灭敌人的有生力量为主要，需要对位于地面和地下的敌人以致命打击。武器的选择还要与战争推进的过程及其特点相结合，比如战争方式的选择、交通工具的采用、后期补给的配备，以及针对日本民族和作战特点创发的攻取战法，上述方面都具有相当的必要性。但在战争推进之时，武器还只是获取最终胜利的基础，而最关键的还是人，包括坚强的战争意志和灵活的战术机动。其实也就是说，只有将人与武器更加紧密地结合起来，才能创造史无前例的战争奇迹，获取进攻日本本土的最后胜利，并以此解除中华文化发展进程中最大的潜在威胁，为中华民族的发展与崛起扫平道路。

参考文献

中文著述

[1] 朱谦之. 日本哲学史[M]. 北京：人民出版社，2002.

[2] 戴季陶. 日本论[M]. 北京：九州出版社，2005.

[3] 蒋百里. 国防论[M]. 长沙：岳麓书社，2010.

[4] 丁守和. 中国近代思潮[M]. 北京：社会科学文献出版社，1999.

[5] 郑匡民. 梁启超启蒙思想的东学背景[M]. 上海：上海书店出版社，2003.

[6] 郭连友. 吉田松阴与近代中国[M]. 北京：中国社会科学出版社，2007.

[7] 钟叔河. 从东方到西方：走向世界丛书叙论集[C]. 长沙：岳麓书社，2002.

[8] 王尔敏. 清季军事史论集[C]. 桂林：广西师范大学出版社，2008.

[9] 钟叔河. 走向世界：近代中国知识分子考察西方的历史[M]. 北京：中华书局，2000.

[10] 于长敏. 菊与刀：解密日本人[M]. 长春：吉林出版集团有限责任公司. 2009.

[11] 王尔敏. 弱国的外交：面对列强环伺的晚清世局[M]. 桂林：广西师范大学出版社，2008.

[12] 钱穆. 文化与教育[M]. 北京：三联书店. 2009.

[13] 吕思勉. 中国近代史[M]. 上海：华东师范大学出版社，1997.

[14] 梁启超. 中国之武士道[M]. 北京：中国档案出版社，2006.

[15] 钟叔河. 走向世界丛书Ⅲ[M]. 长沙：岳麓书社，2008.

[16] 凯风. 东洋武士：图说冷兵器时代的传奇[M]. 北京：中国时代经济出版

社，2009.

[17] 王新生. 现代日本政治［M］. 北京：经济日报出版社，1997.

[18] 钱穆. 中国文化导论［M］. 北京：商务印书馆，1994.

[19] 吕理洲. 明治维新：日本近代史上最为惊心动魄的一页［M］. 海口：海南出版社，2007.

[20] 戚印平. 日本早期耶酥会史研究［M］. 北京：商务印书馆，2003.

[21] 钮先钟. 中国古代战略思想新论［M］. 合肥：安徽教育出版社，2005.

[22] 李秉刚. 日本侵华时期辽宁万人坑调查［R］. 北京：社会科学文献出版社，2004.

[23] 任振杰. 毛泽东与抗日战争［M］. 北京：中央文献出版社，2006.

[24] 茅海建. 国民党抗战殉国将领［M］. 新乡：河南人民出版社，1987.

[25] 邢祁、陈大雅. 辛巳劫难：1941年常德细菌战纪实［M］. 北京：中共中央党校出版社，1995.

[26] 袁鹰. 东瀛物语［M］. 北京：华夏出版社，1997.

[27] 郑翔贵. 晚清传媒视野中的日本［M］. 上海：上海古籍出版社，2003.

[28] 张魁堂. 张学良传［M］. 北京：东方出版社，1991.

[29] 郭成周，廖应昌. 侵华日军细菌战纪实［M］. 北京：北京燕山出版社，1997.

[30] 汪向荣. 古代中日关系史话［M］. 北京：中国青年出版社，1999.

[31] 汪向荣. 古代中国人的日本观［M］. 上海：上海古籍出版社，2006.

[32] 严加红. 文化理解视野中的教育近代化研究［M］. 西安：西安交通大学出版社，2011.

[33] 候庆轩、王明刚. 日本金融市场研究：发展.改革.比较［M］. 北京：经济管理出版社，1997.

[34] 中国人民抗日战争纪念馆. 中日学者对谈录：卢沟桥事变五十周年中日学术讨论会文集［C］. 北京：北京出版社，1990.

[35] 刘琦等. 南京保卫战：原国民党将领抗日战争亲历记［M］. 北京：中国文史出版社，1987.

[36] 唐晖、梁明. 大和"超霸"梦［M］. 北京：时事出版社，1996.

[37] 左禄. 日军屠杀录：溅血的武士刀［M］. 北京：解放军出版社，1994.

[38] 肖季文、陈显泗、尹明新. 日本：一个不肯服罪的国家［M］. 南京：江苏人民出版社，1998.

[39] 王俊彦. 警惕日本：昨日的侵略与今日的扩张（上册）［M］. 呼和浩特：内蒙古人民出版社，1996.

[40] 高平、唐芸、阴雨. 血债：对日索赔纪实［M］. 北京：国际文化出版社，

1997.

[41] 王勇. 中日关系史考 [M]. 北京：中央编译出版社，1995.

[42] 王晓秋. 近代中日文化交流史 [M]. 北京：中华书局，2000.

[43] 黄遵宪. 日本国志 [M]. 天津：天津人民出版社，2005.

[44] 陈真. 寻找英雄：抗日战争之民间调查 [R]. 桂林：广西师范大学出版社，2006.

[45] 王屏. 近代日本的亚细亚主义 [M]. 北京：商务印书馆，2004.

[46] 翟新. 近代以来日本民间涉外活动研究 [M]. 北京：中国社会科学出版社，2006.

[47] 石泉. 甲午战争前后之晚清政局 [M]. 北京：三联书店．1997.

[48] 王晓秋. 近代中国与世界：互动与比较 [M]. 北京：紫禁城出版社，2003.

[49] 黄鹤逸. 东京大审判 [M]. 北京：改革出版社，1999.

[50] 党德信、杨玉文. 抗日战争国民党阵亡将领录 [M]. 北京：解放军出版社，1987.

[51] 齐红深. 日本侵华教育史 [M]. 北京：人民教育出版社，2002.

[52] 黄宏. 世界军事变革报告 [R]. 北京：人民出版社，2004.

[53] 李惠、李昌华、岳思平. 侵华日军序列沿革 [M]. 北京：解放军出版社，1987.

[54] 王晓秋. 近代中国与日本：互动与影响 [M]. 北京：昆仑出版社，2005.

[55] 梅桑榆. 侵华日俘大遣返 [M]. 济南：济南出版社，1991.

[56] 安维华、钱雪梅. 美国与"大中东" [M]. 北京：世界知识出版社，2006.

[57] 余杰. "暧昧"的邻居 [M]. 北京：光明日报出版社，2004.

[58] 宋看看、张国清等. 日本政要访谈录：纪念中日邦交正常化35周年 [M]. 北京：中国国际广播出版社，2008.

[59] 郝祥满. 日本人的色道 [M]. 武汉：湖北长江出版社、湖北人民出版社，2009.

[60] 中共北京市委党史研究室. 侵华日军在北京地区的暴行 [M]. 北京：知识出版社，1993.

[61] 吴廷璆. 日本史 [M]. 天津：南开大学出版社，1994.

[62] 萧宇. 日本特务在中国 [M]. 北京：团结出版社，1995.

[63] 袁南生、武国用、声萧. 中日间谍大搏杀 [M]. 北京：九州出版社，1994.

[64] 余子道. 抵抗与妥协的两重奏："一•二八"淞沪会战 [M]. 桂林：广西师范大学出版社，1994.

[65] 北京市档案馆. 日本侵华罪行实证：河北、平津地区敌人罪行调查档案选辑

［C］．北京：人民出版社，1995．

［66］高殿芳、刘建业．田中奏折探隐录［M］．北京：北京出版社，1993．

［67］戚其章．中国近代史资料丛刊续编9：中日战争［S］．北京：中华书局，1994．

［68］哈佛燕京学社，全球化与文明对话［M］．南京：江苏教育出版社，2004．

［69］雷海宗．中国文化与中国的兵［M］．北京：商务印书馆，2007．

［70］乔良、王湘穗．超限战：对全球化时代战争与战法的想定［M］．北京：解放军文艺出版社，1999．

［71］白益民．三井帝国在行动：揭开日本财团的中国布局［M］．北京：中国经济出版社，2008．

［72］田正平．中外教育交流史［M］．广州：广东教育出版社，2004．

［73］南炳文、汤纲．明史（上、下）［M］．上海：上海人民出版社，2003．

［74］焦润明．中国近代文化史［M］．沈阳：辽宁大学出版社，1999．

［75］连燕堂．从古文到白话：近代文界革命与文体流变［M］．北京：中央民族大学出版社，2000．

［76］忻剑飞．世界的中国观［M］．上海：学林出版社，1991．

［77］葛兆光．域外中国学十论［M］．上海：复旦大学出版社，2002．

［78］陈孔立．台湾历史纲要［M］．北京：九州出版社，1996．

［79］袁珂．中国神话传说（上、下）［M］．北京：人民文学出版社，1998．

［80］梁忠义．战后日本教育研究［M］．南昌：江西教育出版社，1993．

［81］朱文富．日本近代职业教育发展研究［M］．保定：河北大学出版社，1999．

［82］杨晓．中日近代教育关系史［M］．北京：人民教育出版社，2004．

［83］王正毅．世界体系论与中国［M］．北京：商务印书馆，2000．

［84］何清．全球化与国家意识的衰微［M］．北京：中国人民大学出版社，2003．

［85］葛兆光．古代中国文化讲义［M］．上海：复旦大学出版社，2006．

［86］刘大钧、林忠经．周易古经白话解［M］．济南：山东友谊书社，1989．

［87］郑曦原．帝国的回忆：《纽约时报》晚清观察记［N］．北京：当代中国出版社，2007．

［88］季羡林．三十年何东　三十年何西［M］．北京：当代中国出版社，2006．

［89］宋大川．唐代教育体制研究［M］．太原：山西教育出版社，1998．

［90］卫道治．中外教育交流史［M］．长沙：湖南教育出版社，1998．

［91］尚小明．留日学生与清末新政［M］．南昌：江西教育出版社，2003．

［92］曲士培．抗日战争时期解放区高等教育［M］．北京：北京大学出版社，2005．

［93］王垒．日本对华ODA的战略思维及其对中日关系的影响［M］．北京：中国社会科学出版社，2005．

［94］孟宪斌．秦始皇出巡记［M］．西安：三秦出版社，2006．

［95］李鸣生、岳南．寻找"北京人"［M］．北京：华夏出版社，2000．

［96］王向远．日本对中国的文化侵略：学者、文化人的侵华战争［M］．北京：昆仑出版社，2005．

［97］王向远．"笔部队"和侵华战争：对日本侵华文学的研究与批判［M］．北京：昆仑出版社，2005．

［98］王向远．日本右翼言论批判："皇国史观"与免罪情结的病理剖析［M］．北京：昆仑出版社，2005．

［99］郑若曾．筹海图编［M］．北京：中华书局，2007．

［100］葛荣晋．道家文化与现代文明［M］．北京：中国人民大学出版社，1991．

［101］葛兆光．道教与中国文化［M］．上海：上海人民出版社，1987．

［102］马书田．华夏诸神［M］．北京：北京燕山出版社，1990．

［103］杨丽娟．世界神话与原始文化［M］．上海：上海社会科学出版社，2004．

［104］衣俊卿．文化哲学十五讲［M］．北京：北京大学出版社，2004．

［105］袁珂．中国神话传说词典［S］．上海：上海辞书出版社，1985．

［106］林景渊．武士道与日本传统精神：日本武士道之研究［M］．台北：自立晚报社文化出版部．1990．

［107］唐晋．大国崛起［M］．北京：人民出版社，2007．

［108］赵林．文明冲突与文化演进［M］．北京：东方出版社，2006．

［109］刘涛．中国崛起策［M］．北京：新华出版社，2007．

［110］孙立祥．战后日本右翼势力研究［M］．北京：中国青年出版社，2014．

中文译著

［111］［日］小泉八云．日本与日本人［M］．胡山源译．北京：九州出版社，2005．

［112］［日］宫本武藏．五轮书［M］．宗建新译．成都：四川出版集团、四川辞书出版社，2007．

［113］［日］内藤湖南、长泽规矩也．日本学人中国访书记［M］．钱婉约、宋炎辑译．北京：中华书局，2006．

［114］［英］肯尼斯·G.韩歇尔．日本小史：从石器时代到超级强权的崛起［M］．李忠晋、马昕译．北京：世界图书出版公司北京公司．2010．

［115］［美］康拉德·托特曼．日本史（第二版）［M］．王毅泽．上海：上海人民

出版社，2008．

[116]［德］约翰·拉贝．拉贝日记［M］．本书编译组译．南京：江苏人民出版社、江苏教育出版社，1997．

[117]［日］加藤周一．日本文化中的时间和空间［M］．彭曦译．南京：南京大学出版社，2010．

[118]［日］宇野哲人．中国文明记［M］．张学锋译．北京：中华书局，2008．

[119]［日］宫本武藏．五轮书［M］．一兵译．武汉：武汉出版社，2009．

[120]［日］吉川幸次郎．我的留学记［M］．钱婉约译．北京：中华书局，2008．

[121]［日］山本文雄．日本大众传媒史［M］．诸葛蔚东译．桂林：广西师范大学出版社，2007．

[122]［日］森贞彦．《菊与刀》新探［M］．王宣琦译．武汉：武汉大学出版社，2007．

[123]［美］鲁思·本尼迪克特．菊与刀［M］．吕万和、熊达云、王智新译．北京：商务印书馆，1990．

[124]［日］新渡户稻造．武士道［M］．张俊彦译．北京：商务印书馆，1993．

[125]［日］陈舜臣．鸦片战争实录［M］．卞立强译．重庆：重庆出版社，2008．

[126]［日］野村浩一．近代日本的中国认识［M］．张学锋译．北京：中央编译出版社，1999．

[127]［日］丸山真男．日本政治思想史研究［M］．王中江译．北京：三联书店，2000．

[128]［日］富永健一．日本的现代化与社会变迁［M］．李国庆，刘畅译．北京：商务印书馆，2004．

[129]［日］泰萨·莫里斯·铃木．日本经济思想史［M］．历江译．北京：商务印书馆，2000．

[130]［英］罗素．中国问题［M］．秦悦译．上海：学林出版社，1996．

[131]［日］井上清．钓鱼岛：历史与主权［M］．贾俊琪、于伟译．北京：中国社会科学出版社，1997．

[132]［日］东史郎．东史郎战地日记：1938.10-1939.9［M］．纪廷许、王丹丹、王健译．北京：世界知识出版社，2000．

[133]［日］文部调查局．日本的经济发展和教育［M］．吉林师大外研所、日本教育研究室译．长春：吉林人民出版社，1978．

[134]［美］戴维·贝尔加米尼．日本天皇的阴谋（上册）［M］．张震久、周郑、何高济等译．北京：商务印书馆，1984．

[135]［美］马汉．海权论［M］．萧伟中、梅然译．北京：中国言实出版社，

1997.

[136] [日] 吉田茂. 激荡的百年史: 我们的果断措施和奇迹的转变 [M]. 孔凡、张文译. 北京: 世界知识出版社, 1980.

[137] [日] 夏掘正元. 北方的墓标 [M]. 南京大学外文系欧美文化研究室译. 南京: 江苏人民出版社, 1977.

[138] [日] 广岩近广. 原子弹下的广岛. 南敬铭、南方译. 呼和浩特: 远方出版社, 2001.

[139] [美] 约瑟夫·C. 格鲁. 使日十年: 1932 至 1942 年美国驻日大使格鲁的日记及公私文件摘录 [R]. 蒋相泽译. 北京: 商务印书馆, 1983.

[140] [日] 历史研究委员会. 大东亚战争的总结 [M]. 东英译. 北京: 新华出版社, 1997.

[141] [日] 中村雄二郎. 日本文化中的罪与恶 [M]. 孙彬译. 北京: 北京大学出版社, 2005.

[142] [日] 名和太郎. 经济与文化 [M]. 高增杰、郝玉珍译. 北京: 中国经济出版社, 1987.

[143] [日] 薄井由. 东亚同文书院大旅行研究 [M]. 上海: 上海书店出版社, 2001.

[144] [日] 紫式部. 源氏物语 [M]. 殷志俊译. 呼和浩特: 远方出版社, 1996.

[145] [日] 三岛由纪夫、安部公房. 金阁寺 [M]. 焦同仁、李征等译. 北京: 工人出版社, 1988.

[146] [日] 小原雅博. 日本走向何方 [M]. [日] 加藤嘉一译. 北京: 中信出版社, 2009.

[147] [日] 土居健郎. 日本人的心理结构 [M]. 阎小妹译. 北京: 商务印书馆, 2007.

[148] [日] 家永三郎. 家永三郎自传: 日本历史学者的思想轨迹 [M]. 石晓军、刘燕、田原译. 北京: 新星出版社, 2005.

[149] [美] 西奥多·C. 贝斯特. 邻里东京 [M]. 国云丹译. 上海: 上海译文出版社, 2008.

[150] [日] 大沼正则. 科学的历史 [M]. 宋孚信、关英民等译. 北京: 求实出版社, 1983.

[151] [日] 福井谦一. 学问的创造 [M]. 那日苏译. 石家庄: 河北科学技术出版社, 2000.

[152] [日] 福泽谕吉. 劝学篇 [M]. 群力译. 北京: 商务印书馆, 1996.

[153] [日] 角野雅彦. 日本近代高等教育与专门学校发展研究 [M]. 保定: 河

北大学出版社，2008.

［154］［日］堀尾辉久. 全球化时代的教养与学力［M］. 陈俊英译. 北京：人民教育出版社，2009.

［155］［美］特拉维斯·黑尼三世、弗兰克·萨奈罗. 鸦片战争：一个帝国的沉迷和另一个帝国的堕落［M］. 周辉荣、杨立新译. 北京：三联书店．2005.

［156］［美］顾立雅. 孔子与中国之道［M］. 高专诚译. 太原：山西人民出版社，1992.

［157］［日］天野郁夫. 高等教育的日本模式［M］. 陈武元译. 北京：教育科学出版社，2006.

［158］［美］怀特海. 思维方式［M］. 刘放桐译. 北京：商务印书馆，2004.

［159］［意］马基亚维里. 君主论［M］. 张志伟、梁辰、李秋零译. 西安：陕西人民出版社，2001.

［160］［日］盛田昭夫. 经营之神：日本·索尼·AKM［M］. 陈建译. 北京：经济管理出版社，1988.

［161］［日］盛田昭夫. 学历无用论［M］. 赵方方译. 北京：华夏出版社，2004.

［162］［英］马凌诺斯基. 文化论［M］. 费孝通译. 北京：华夏出版社，2002.

［163］［加］大卫·杰弗里·史密斯. 全球化与后现代教育学［M］. 郭洋生译. 北京：教育科学出版社，2000.

［164］［日］藤枝晃. 汉字的文化史［M］. 李运博译. 北京：新星出版社，2005.

［165］［日］岛田虔次. 中国近代思维的挫折［M］. 甘万平译. 南京：江苏人民出版社，2005.

［166］［中］刘建辉. 魔都上海：日本知识人的"近代"体验［M］. 甘慧杰译. 上海：上海古籍出版社，2003.

［167］［日］池谷伊佐夫. 神保町书虫：爱书狂得东经古书街朝圣之旅［M］. 桑田草译. 北京：三联书店．2008.

［168］［英］李提摩太. 亲历晚清四十五年：李提摩太在华回忆录［M］. 李宪堂、侯林莉译. 天津：天津人民出版社，2005.

［169］［日］西里喜行. 清末中琉日关系史研究（上、下）［M］. 胡连成等译. 北京：社会科学文献出版社，2010.

［170］［英］斯当东. 英使谒见乾隆纪实［M］. 叶笃义译. 香港：三联书店（香港）有限公司．1994.

［171］［美］约翰·奈斯比特. 世界大趋势［M］. 魏平译. 北京：中信出版社，2010.

［172］［美］克里斯·华莱士. 危机时刻的大国领袖［M］. 程克雄译. 北京：中

共中央党校出版社，2006.

［173］［英］马丁·雅克. 当中国统治世界［M］. 张莉、刘曲译. 北京：中信出版社，2010.

［174］［美］塞缪尔·亨廷顿. 谁是美国人？——美国国民特性面临的挑战［M］. 程克雄译. 北京：新华出版社，2010.

［175］［美］塞缪尔·亨廷顿. 文明的冲突与世界秩序的重建［M］. 周琪等译. 北京：新华出版社，2010.

［176］［日］小森阳一. 日本近代国语批判［M］. 陈多友译. 长春：吉林人民出版社，2004.

［177］［日］古屋安雄等. 日本神学史［M］. 陆若水、刘国鹏译. 上海：上海三联书店. 2002.

［178］［日］升味准之辅. 日本政治史（共4册）［M］. 董果良译. 北京：商务印书馆，1997.

［179］［日］辻清明. 日本官僚制研究［M］. 王仲涛译. 北京：商务印书馆，2010.

日文原著（汉字简化）

［180］［日］平山武章. 铁炮传来记［M］. 东京：八重岳书房. 1969.

［181］［日］富永健一. 近代化の理论［M］. 东京：讲谈社，1996.

［182］［日］关裕二. 出云神话の真实［M］. 京都：PHP研究所. 2004.

［183］［日］市川须美子等. 教育小六法（2004）［S］. 东京：学阳书房. 2004.

［184］［日］安井久善. 玉碎战史［M］. 东京：军事研究社，1970.

［185］［日］近代外交史研究会. 变动期の日本外交と军事［M］. 东京：原书房. 1987.

［186］［日］教育史学会. 教育史研究の最前线［M］. 东京：日本图书センタイ. 2007.

［187］［日］立花隆. 天皇と东大：大日本帝国的生と死（上）［M］. 东京：文艺春秋. 2005.

［188］［日］永井宪一、今桥盛胜. 教育法入门［M］. 东京：日本评论社，1985.

［189］［日］小岛淑男. 留日学生の辛亥革命［M］. 东京：青木书店. 1989.

［190］［日］中村通夫. 文字教育［M］. 东京：春秋社，1957.

［191］［日］井上清. 日本帝国主义の形成［M］. 东京：岩波书店. 1968.

［192］［日］藤原银次郎. 日本工业精神［M］. 东京：日本评论社，1935.

［193］［日］北山茂夫. 王朝政治史论［M］. 东京：岩波书店. 1970.

［194］［日］岩崎友吉．文化財の保存と修復［M］．东京：日本放送出版协会．1977．

［195］［日］大久保利谦．日本の大学［M］．东京：创元社，1943．

［196］［日］角间隆．日本の教育［M］．东京：佼成出版社，1980．

［197］［日］奈良本辰也．武士道の系谱［M］．东京：中央公论社，1971．

［198］［日］黑川雄三．近代日本の军事战略概史［M］．东京：芙蓉书房．2003．

［199］［日］竹内诚等．教养の日本史［M］．东京：东京大学出版会．1987．

［200］［日］中村启信、菅野雅雄．日本神话［M］．东京：樱枫社，1978．

［201］［日］五味文彦等．详说日本史研究［M］．东京：山川出版社，1998．

［202］［日］奥野里义．日本发见记［M］．东京：讲谈社，1971．

［203］［日］加藤健二郎．自卫队"战略"白书［R］．东京：宝岛社，2004．

［204］［日］黑羽亮一．战后大学政策の展开［M］．东京：玉川大学出版部．1993．

［205］［日］早川弘道．东欧革命の肖像［M］．东京：法律文化社，1993．

［206］［日］安藤实．日本财政の研究［M］．东京：青木书店．1996．

［207］［日］加藤地三．教育敕语の时代［M］．东京：三修社，1987．

［208］［日］朝野直弘等．日本通史（第6卷．古代5）［M］．东京：精兴社，1995．

［209］［日］矢野真和．高等教育の经济分析と政策［M］．东京：玉川大学出版社，1996．

［210］［日］大矢雅彦．河川の开发と平野［M］．东京：大明堂．1979．

［211］［日］金子义夫．俳文俳论［M］．东京：武藏野书院．1969．

［212］［日］伊藤正德．世界大海战史考［M］．东京：日本电报通信社出版部．1943．

［213］［日］宫崎正弘等．中国が崩坏する日［M］．东京：オークラ出版．2008．

［214］［日］津田左右吉．我が国民思想の研究（共8卷）［M］．东京：岩波书店．1978．

［215］［日］井上清．日本の军国主义Ⅰ：天皇制军队の形成［M］．东京：现代评论社，1975．

［216］［日］海保岭夫．近世虾夷地成立史の研究［M］．东京：三一书房．1984．

［217］［日］高桥庄五郎．尖阁列岛ノート［M］．东京：青年出版社，1979．

［218］［日］大久保利谦、海老泽有道．日本史学入门［M］．东京：广文社，1965．

［219］［日］小西四郎．新日本史大系（第五卷）：明治维新［M］．东京：朝仓

书店．1952．

［220］［日］次田润．古事记新讲［M］．东京：明治书院．1937．

［221］［日］荒居英次．日本史の诸问题［M］．东京：文化书房博文社，1980．

［222］［日］庄司兴吉．地域社会计画と住民自治［M］．松户市：梓出版社，1985．

［223］［日］矶部忠正．神话哲学［M］．东京：朝仓书店．1943．

［224］［日］佐藤昌一．地方自治体と军事基地［M］．东京：新日本出版社，1981．

［225］［日］藏并省自．江户时代史：武士の支配と町人の生活［M］．东京：世界书院．1964．

［226］［日］家永三郎．日本近代思想史研究［M］．东京：东京大学出版会．1954．

［227］［日］大江志乃夫等．近代日本と殖民地8：アジアの冷战と脱殖民地化［M］．东京：岩波书店．1993．

［228］［日］和田一郎．朝鲜土地地税制度调查报告书［R］．东京：宗高书房．1967．

［229］［日］新妻利久．やまと邪马台国［M］．东京：新月社，1967．

［230］［日］由良猛．信长と秀吉と家康の人间性［M］．东京：开放经济研究所．1968．

［231］［日］山田孝雄．古事记概说［M］．东京：中央公论社，1943．

［232］［日］三枝源一郎．学校でつくる教育课程［M］．东京：明治图书出版株式会社，1978．

［233］［日］日本史研究室．日本史概说［M］．东京：东京大学出版会．1961．

［234］［日］川崎庸之、笠原一男．体系日本史丛书18：宗教史［M］．东京：山川出版社，1964．

［235］［日］三浦藤作．青少年学徒ニ赐ハリタル敕语谨解［M］．东京大阪：东洋图书株式会社，1939．

［236］［日］伏见猛弥．综合日本教育史［M］．东京：明治图书出版株式会社，1951．

［237］［日］牛窪全净．教育かながわ万叶集［M］．横滨：神奈川新闻社出版局．1988．

［238］［日］大雄信行．国家科学への道［M］．东京：东京堂．1941．

［239］［日］山内芳文、斋藤太郎．教育史［M］．东京：树村房．1994．

［240］［日］藤田省三．天皇制国家の支配原理［M］．东京：未来社，1966．

［241］［日］酒井坚次. 日本の历史（ジユニア版. 4卷）［M］. 东京：读卖新闻社，1960.

［242］［日］莅原一男. 日本史研究［M］. 东京：山川出版社，1965.

［243］［日］吉田善明. 日本国宪法论［M］. 东京：三省堂. 1990.

［244］［日］冈山俊雄. 日本の山地地形［M］. 东京：古今书店. 1974.

［245］［日］冈田芳郎等. 日本古代史の诸问题［M］. 东京：福村出版株式会社，1968.

［246］［日］我部政男. 近代日本と冲绳［M］. 东京：三一书房. 1981.

［247］［日］柴田宵曲. 幕末の武家［M］. 东京：青蛙房. 1965.

［248］［日］坂本昭. 学校と教育行政［M］. 东京：创言社，1987.

［249］［日］日本教育评价研究会. 教育评价の新动向［M］. 东京：图书文化社，1976.

［250］［日］儿玉幸多等. 史料による日本の步み［M］. 东京：吉川弘文馆. 1960.

［251］［日］西田直二郎. 日本文化史序说［M］. 东京：改造社，1932.

［252］［日］竹月兴三郎. 二千五百年史［M］. 东京：二酉社，1916.

［253］［日］藤原彰. 近代日本史の基础知识［M］. 东京：有斐阁. 1979.

［254］［日］栗田元次. 日本の特性［M］. 东京：贤文馆. 1937.

［255］［日］肥后和男. 日本神话研究［M］. 东京：河出书房. 1938.

［256］［日］西村真次. 日本民族理想［M］. 东京：东京堂. 1939.

［257］［日］津田左右吉. 日本古典の研究（上、下）［M］. 东京：岩波书店. 1950.

［258］［日］志水宏吉. 全国学力カテスト：その功罪を问う［M］. 东京：岩波书店. 2009.

［259］［日］横须贺薰. 图说教育の历史［M］. 东京：河出书房新社，2008.

［260］［日］历史の谜研究会. 图说战国地图帐［M］. 东经：青春出版社，2008.

［261］［日］中岛英迪. 皇位继承を考える：男系主义への疑问［M］. 大阪：株式会社イグザミノ. 2007.

［262］［日］金子胜. 日本再生论［M］. 东京：日本放送出版协会. 2000.

［263］［中］王敏. 日本と中国：相互误解の构造［M］. 东京：中央公论社新社，2008.

［264］［日］新崎盛辉. 冲绳现代［M］史. 东京：岩波书店. 1996.

［265］［日］高桥紘. 平成の天皇と皇室［M］. 东京：文艺春秋. 2003.

［266］［日］船桥洋一. 日本の对外构想［M］. 东京：岩波书店. 1993.

［267］［日］笠原十九司. 南京事件论争史［M］. 东京：平凡社，2007.

［268］［日］小川原正道. 西南战争：西乡隆胜と日本最后の内战［M］. 东京：中央公论新社，2007.

［269］［日］丸山真男. 日本の思想［M］. 东京：岩波书店. 1961.

［270］［日］千田稔. 伊势神宫：东アジアのアマテラス［M］. 东京：中央公论新社，2005.

［271］［日］增田弘. 自卫队の诞生：日本の再军备とアメリカ［M］. 东京：中央公论新社，2004.

［272］［日］田中宏. 在日外国人：法の壁、心の沟［M］. 东京：岩波书店. 1991.

［273］［日］中村政则. 战后史［M］. 东京：岩波书店. 2005.

［274］［日］村松岐夫. 日本の行政：活动型官僚制の变貌［M］. 东京：中央公论新社，1994.

［275］［日］池田清. 海军と日本［M］. 东京：中央公论新社，1981.

［276］［日］村上重良. 国家神道［M］. 东京：岩波书店. 1970.

［277］［日］旗田巍. 元寇：蒙古帝国の内部事情［M］. 东京：中央公论社，1965.

［278］［日］大野晋. 日本语の起源［M］. 东京：岩波书店. 1957.

［279］［日］远山茂树等. 昭和史［M］. 东京：岩波书店. 1959.

［280］［日］宫崎勇. 日本经济图说［M］. 东京：岩波书店. 1989.

［281］［日］梅林宏道. 在日米军［M］. 东京：岩波书店. 2002.

［282］［日］井上清、铃木正四. 日本近代史［M］. 东京：合同出版社，1955.

［283］［日］安田武. 学徒出阵：されど山河に生命あり［M］. 东京：山省堂. 1967.

［284］［日］山边健太郎. 日韩合并小史［M］. 东京：岩波书店. 1966.

［285］［日］藤村道生. 日清战争：东アジア近代史の耘换点［M］. 东京：岩波书店. 1973.

［286］［日］入交好修. 德川幕府制の构造と解体［M］. 东京：印刷局朝阳会. 1963.

［287］［日］河野恒吉. 国史の最黑点（前编、后编）［M］. 东京：时事通信社，1963.

［288］［日］河上民雄. 胜者と败者の近现代史［M］. 镰仓：かまくら春秋社，2007.

［289］［日］加藤圣文. 满铁全史："国策会社"の全貌［M］. 东京：讲谈社，

2006.

［290］［日］原为一．帝国海军の最后［M］．东京：河出书房．1967.

［291］［日］德富猪一郎．国史の键：战败学校［M］．东京：日本出版配给株式会社，1948.

［292］［日］大本营海军报道部．大东亚战争と帝国海军（第二辑）：海军战记［M］．东京：兴亚日本社，1942.

［293］［日］室伏高信．战争私书［M］．东京：全貌社，1966.

［294］［日］天野郁夫．学历の社会史：教育と日本の近代［M］．东京：平凡社，2005.

［295］［日］高仓新一郎．北海道小史［M］．札幌：榆书房．1956.

［296］［日］石原慎太郎．日本よ［M］．东京：产经新闻社，2002.

［297］［日］高木铃作．住民自治の权利（修订版）［M］．东京：法律文化社，1973.

［298］［日］本多公荣．历史教育：社会科历史への期待［M］．东京：青木书店．1990.

［299］［日］伊藤大一．变动期の公的规制［M］．东京：行政管理研究センター．1998.

［300］［日］柳田国男．日本の祭［M］．东京：弘文堂书房．1942.

［301］［日］木村素卫．国家に于ける文化と教育［M］．东京：岩波书店．1956.

［302］［日］并木赖寿．日本人のアジア认识［M］．东京：山川出版社，2008.

［303］［日］外崎光广．土佐の自由民权运动［M］．高知：高知市文化振兴事业团．1988.

［304］［日］坂本太郎．日本史［M］．东京：山川出版社，1957.

［305］［日］石原慎太郎、田原总一郎．胜つ日本［M］．东京：文艺春秋．2000.

［306］［日］山内健生．日本思想史论考［M］．东京：大东出版社，2001.

［307］［日］永野信利．外务省研究［M］．东京：サイマル出版会．1975.

［308］［日］自由主义史观研究会．教科书が教えない历史（3）［M］．东京：产经新闻社，1997.

［309］［日］和歌森太郎．日本史の虚像と实像［M］．东京：每日新闻社，1972.

［310］［日］风间健．武士道教育总论［M］．埼玉：壮神社，2000.

［311］［日］司马辽太郎等．古代日本と朝鲜［M］．东京：中央公论社，1974.

［312］［日］大沼保昭．倭国と极东のあいだ：历史と文明のなかの"国际化"［M］．东京：中央公论社，1988.

［313］［日］吉田和男．官僚极权からの脱出［M］．东京：读卖新闻社，1993.

［314］［日］小室直树. 大东亚战争ここに苏る：战争と军队、そして国运の大研究［M］. 东京：クレスト社，1995.

［315］［日］中岛丰. 非正规社员を活かす人材マネジメント［M］. 东京：日本经团连出版. 2003.

［316］［日］天野郁夫. 大学—变革の时代［M］. 东京：东京大学出版会. 1994.

［317］［日］池田正之. 郑和の南海大远征［M］. 东京：内外事情研究所. 1972.

［318］［日］平顶山事件诉讼辩护团. 平顶山事件とは何だつたのか［M］. 东京：高文研. 2008.

［319］［日］东山魁夷. 唐朝提寺への道［M］. 东京：新潮社，1875.

［320］［日］日本文化会议. 日本に教育はあるか［M］. 东京：研究社，1972.

［321］［日］青井哲等. 革新自治体と学校［M］. 东京：民众社，1974.

［322］［韩］姜范锡. 明治14年の政变：大畏重信一派ガ挑んだもの［M］. 东京：朝日新闻社，1991.

［323］［日］稻盛和夫. 日本国改造プログラム［M］. 东京：PHP研究所. 2002.

［324］［日］佃实夫. 志士と壮士の歌［M］. 东京：新人物往来社，1973.

［325］［日］猪濑直树. 日本国の研究（续）［M］. 东京：文艺春秋. 1999.

［326］［日］手塚信夫. 中日、恩仇の朋友：中国辽宁省の旅［M］. 东京：文艺社，2002.

［327］［日］五十岚显等. 战后教育の历史［M］. 东京：青木书店. 1970.

［328］［日］小池长之. 日本の宗教史［M］. 东京：学艺图书株式会社，1963.

［329］［日］木村昌人、田所昌幸. 外国人特派员［M］. 东京：NHKプックス. 1998.

［330］［日］富田仁. 日本の产业技术事始め［M］. 东京：ダイヤモンド社，1980.

［331］［日］增田光吉. アメリカの家族. 日本の家族［M］. 东京：NHKプックス. 1969.

［332］［日］草野厚、渡边利夫. 日本のODAをどうするか［M］. 东京：NHKプックス. 1991.

［333］［日］本多胜一. 石原慎太郎の人生：贫困なる精神N集［M］. 东京：朝日新闻社，2000.

［334］［日］井上和彦. こんなに强い自卫队その秘密99［M］. 东京：双叶社，2008.

［335］［日］藤木坚准二. 陛下の"人间"宣言：旋风里の天皇を描く［M］. 东京：同和书房. 1946.

［336］［日］色川大吉. 明治の文化［M］. 东京：岩波书店. 1970.

［337］［日］松下芳男. 明治の军队［M］. 东京：东京：至文堂. 1963.

［338］［日］岩永健吉郎. 战后日本の政党と外交［M］. 东京：东京大学出版会. 1985.

［339］［日］笠谷和比古. 武士道と日本型能力主义［M］. 东京：新潮社, 2005.

［340］［日］司马辽太郎. 手掘り日本史［M］. 东京：每日新闻社, 1969.

［341］［日］吉村德藏. 神话と历史教育［M］. 东京：吉川弘文馆. 1973.

［342］［日］衫浦重刚. 昭和天皇の学ばれた教育敕语［M］. 东京：勉诚出版. 2006.

［343］［日］宗像诚也、国分一太郎. 日本の教育［M］. 东京：岩波书店. 1962.

［344］［日］田中彰. 明治维新と西洋文明［M］. 东京：岩波书店. 2003.

［345］［日］大久保乔树. 洋行の时代［M］. 东京：中央公论新社, 2008.

［346］［日］森木享. 海军兵学校［M］. 东京：东京ライフ社, 1956.

［347］［日］山中恒. 子どもたちの太平洋战争：国民学校の时代［M］. 东京：岩波书店. 1986.

［348］［日］中山茂. 帝国大学の诞生：国际比较の中での东大［M］. 东京：中央公论新社, 1978.

［349］［日］胜田守一、中内敏夫. 日本の学校［M］. 东京：岩波书店. 1964.

［350］［日］大田尧. 教育とは何か［M］. 东京：岩波书店. 1990.

［351］［日］平川祐弘. 和魂洋才の系谱（上、下）［M］. 东京：平凡社, 2006.

［352］［日］野原明. 日本の教育：いま家庭で学校で［M］. 东京：丸善株式会社, 1993.

［353］［日］竹内洋. 教养主义の没落：変わりゆくエリート学生文化［M］. 东京：中央公论新社, 2003.

［354］［日］读卖新闻大阪本社, 大学大竞争：［トップ30］から［COE］へ［M］. 中央公论新社, 2003.

［355］［日］喜多村和之. 大学は生まれ变われるか［M］. 东京：中央公论新社, 2002.

［356］［日］兼子仁. 国民の教育权［M］. 东京：岩波书店. 1971.

［357］［日］武光诚. 合战の日本地图［M］. 东京：文艺春秋. 2003.

［358］［日］加地伸行、三浦永光. 靖国神社をどう考えるか［M］. 东京：小学馆. 2001.

［359］［日］吉田俊雄. 五人の海军大臣［M］. 东京：文艺春秋. 1986.

［360］［日］甲乙女胜元. 东京大空袭の记录［M］. 东京：新潮社, 1987.

［361］［日］松井茂. 世界军事学讲座［M］. 东京：新潮社，1996.

［362］［日］周刊朝日. 父の战记［M］. 东京：朝日新闻出版. 2008.

［363］［日］多田道太郎等. 日本人の知惠［M］. 东京：中央公论社，1973.

［364］［日］神一行. 石原慎太郎と都知事の椅子［M］. 东京：角川书店. 2000.

［365］［日］佐藤铁章. 召集兵：中国. 芷江作战の全记录［M］. 东京：河出书房新社，1989.

［366］［日］加藤周一. 日本人とは何か［M］. 东京：讲谈社，1976.

［367］［日］柄谷行人. 日本近代文学の起源［M］. 东京：讲谈社，1988.

［368］［日］秋庭俊. 帝都东京：隐された地下网の秘密 2［M］. 东京：新潮社，2004.

［369］［日］柘植久庆. 旅顺：日露决战の分水岭［M］. 东京：PHP 研究所. 2001.

［370］［日］日本战没学生纪念会. きけわだつみのこえ［M］. 东京：岩波书店. 1995.

［371］［日］井上光贞等. 日本书纪（一、二）［M］. 东京：岩波书店. 1994.

［372］［日］福泽谕吉. 福翁自传［M］. 东京：角川书店. 1953.

［373］［日］久米邦武. 米欧回览实记（一、二、三、四、五）［M］. 东京：岩波书店. 1982.

［374］［日］朝日新闻テーマ谈话室. 战争：体验者の贵重な证言［M］. 东京：朝日新闻社，1990.

［375］［日］大道寺友山. 武道初心集［M］. 东京：岩波书店. 1943.

［376］［日］佐佐木信纲. 新训万叶集（上卷、下卷）［M］. 东京：岩波书店. 1927.

［377］［日］铃木大拙. 东洋的な见方［M］. 东京：岩波书店. 1997.

［378］［日］巌本善治. 海舟丛谈［M］. 东京：岩波书店. 1983.

［379］［日］朝日新闻社. 女たちの太平洋战争［M］. 东京：朝日新闻社，1996.

［380］［日］司马辽太郎. 历史の中の日本［M］. 东京：中央公论社，1976.

［381］［日］鹿野政直. 近代日本思想案内［M］. 东京：岩波书店. 1999.

［382］［日］历史街道. 解说＆ピジユアル山本五十六［M］. 东京：PHP 研究所. 1994.

［383］［日］朝日新闻东京裁判记者团. 东京裁判（上、下）［M］. 东京：朝日新闻社，1995.

［384］［日］吉田满、原胜洋. ドキユメント战舰大和［M］. 东京：文艺春秋. 1986.

[385][日]丰田穰. 海军军令部[M]. 东京：讲谈社，1993.

[386][日]中川靖造. 海军技术研究所[M]. 东京：讲谈社，1990.

[387][日]多田道太郎. しぐさの日本文化[M]. 东京：角川书店．1978.

[388][日]松田十刻. 乃木希典：[廉洁、有情]に生きた最后の武人[M]. 东京：PHP 研究所．2005.

[389][日]福田和也. 乃木希典：[有徳な人间]であろうとした最后の日本人[M]. 东京：文艺春秋．2007.

[390][日]衫田玄白. 兰学事始[M]. 东京：岩波书店．1959.

[391][日]木下真弘. 维新旧幕比较论[M]. 东京：岩波书店．1993.

[392][日]冈仓觉三. 茶の本[M]. 东京：岩波书店．1929.

[393][日]仓野宪司. 古事记[M]. 东京：岩波书店．1963.

[394][日]和辻哲郎. 日本精神史研究[M]. 东京：岩波书店．1992.

[395][日]和辻哲郎、古川哲史. 叶隐（上、中、下）[M]. 东京：岩波书店．1941.

[396][日]坪内祐三. 靖国[M]. 东京：新潮社，1999.

[397][日]山崎丈夫. 地域自治の住民组织论[M]. 东京：自治体研究社，1996.

[398][日]关裕二．[天皇家]诞生の谜[M]. 东京：讲谈社，2007.

[399][日]天野隆雄等. 教育の历史：东アジアと欧米と日本[M]. 东京：アジア文化综合研究所出版会．1994.

[400][日]松本三之介. 明治精神の构造[M]. 东京：日本放送出版协会．1981.

[401][日]高桥幸八郎等. 日本近代史要说[M]. 东京：东京大学出版会．1980.

[402][日]石仓秀哉. 留学で生れ变わ[M]. 东京：三省堂．1998.

[403][日]海音寺潮五郎. 西乡と大久保[M]. 东京：新潮社，1967.

[404][日]寺田正孝. 蒙古が来る[M]. 东京：文艺社，2002.

[405][日]朝日新闻社，日本の思想家（上、中、下）[M]. 东京：朝日新闻社，1975.

[406][日]冈本太郎. 冲绳文化论[M]. 东京：中央公论社，1972.

[407][日]藤田丰八. 东洋历史物语[M]. 东京：アルス．1929.

[408][日]西谷修. 战争论[M]. 东京：岩波书店．1992.

[409][日]井泽元彦、金文学. 逆检定中国教科书[M]. 东京：祥传社，2005.

[410][日]堀雅昭. 战争歌ガ映す近代[M]. 东京：苇书房．2001.

［411］［日］笠谷和比古．关ケ原合战：家康の战略と幕藩体制［M］．东京：讲谈社，1994．

［412］［日］佐佐木克．大久保利通と明治维新［M］．东京：吉川弘文馆．1998．

［413］［日］石井幸孝、上山信一．自治体DNA革命：日本型组织を超えて［M］．东京：东洋经济新报社，2001．

［414］［日］水谷次郎．大日本勤王史［M］．东京：日本书院出版部．1928．

［415］［韩］吴善化．新スカートの风：日韩合わせ镜の世界［M］．东京：三交社，1992．

［416］［日］加藤秀俊．日本文化论［M］．东京：德间书店．1966．

［417］［日］司马辽太郎．幕末［M］．东京：文艺春秋．1973．

［418］［日］池田祯治．政界秘帖［M］．东京：广济堂．1972．

［419］［日］斋藤阿具．西洋文化と日本［M］．东京：创元社，1941．

［420］［日］中岛健藏、吉田精一．现代文学论大系（第1卷）：明治时代［M］．东京：河出书房．1954．

［421］［日］吉川宗男、行广泰三．文化摩擦解消のいとぐち［M］．东京：人间の科学社，1989．

［422］［日］池田雅之．摩擦时代の开国论：英国から见た日本［M］．东京：成文堂．1988．

［423］［日］植木直一郎．国史と日本精神［M］．东京：青年教育普及会．1936．

［424］［日］后藤靖．自由民权：明治の革命と反革命［M］．东京：中央公论社，1972．

［425］［日］井上清．日本の"近代化"と军国主义［M］．东京：新日本出版社，1966．

［426］［日］横田健一．日本古代の精神［M］．东京：讲谈社，1969．

［427］［日］大久保利谦．岩仓具视：维新前夜の群像［M］．东京：中央公论社1973．

［428］［日］生田惇．日本陆军史［M］．东京：教育社，1980．

［429］［日］外山三郎．日本海军史［M］．东京：教育社，1980．

［430］［日］松本重治．近卫时代（上、下）［M］．东京：中央公论社，1987．

［431］［美］サミユエル・ハンチントン．文明の冲突と21世纪の日本［M］．［日］铃木主税译．东京：集英社，2000．

［432］［日］松下圭一．日本の自治・分权［M］．东京：岩波书店．1996．

［433］［美］カッテンデイーケ．长崎海军传习所の日日：日本滞在记抄［M］．［日］水田信利译．东京：平凡社，1964．

[434][日]儿岛惟雄、家永三郎. 大津事件日志[M]. 东京：平凡社，1971.

[435][日]内田银藏、宫崎道生. 近世の日本；日本近世史[M]. 东京：平凡社，1975.

[436][日]川路圣谟、川田贞夫. 东洋金鸿：英国留学生への通信[M]. 东京：平凡社，1978.

[437][日]さねとうけいしゅう. 大河内文书：明治日中文化人の交游[M]. 东京：平凡社，1964.

[438][日]佐藤诚实、仲新等. 日本教育史（1·2）[M]. 东京：平凡社，1973.

[439][中]景梅九. 留日回顾：一中国アナキストの半生[M]. 大高岩等译. 东京：平凡社，1966.

[440][日]岩波书店编集部：教育をどうする[M]. 东京：岩波书店. 1997.

[441][日]佐藤实. 先代旧事本纪：神代から天孙へ[M]. 东京：新人物往来社，2008.

[442][日]武田清子. 比较近代化论[M]. 东京：未来社，1970.

[443][日]铃木良、高木博志. 文化财と近代日本[M]. 东京：山川出版社，2002.

[444][日]别册宝岛编集部. "南京大虐杀"という阴谋[M]. 东京：宝岛社，2007.

[445][日]奈良本辰也、前田一良. 近代国家の成立[M]. 东京：创元社，1970.

[446][日]田久保忠卫、谷森义久. 文化人の通信簿：媚中度から历史认识まで彻底採点[M]. 东京：扶桑社，2005.

[447][日]山崎拓. 日本の近未来[M]. 东京：ダイヤモンド社，1998.

[448][日]松本清张. 古代探求[M]. 东京：文艺春秋. 1974.

[449][日]永田秀次郎. 放送忏悔[M]. 东京：实业之日本社，1937.

[450][日]江口圭一. 十五年战争小史[M]. 东京：青木书店. 1991.

[451][日]大前研一等. うろたえるな、日本：アジアから见た日米关系[M]. 东京：德间书店. 1994.

[452][日]谷泽永一. 恶魔の思想："进步的文化人"という名の国贼12人[M]. 东京：クレスト社，1996.

[453][日]吉田茂. 日本を决定した百年[M]. 东京：日本经济新闻社，1967.

[454][日]岩田明. 日本超古代王朝とシユメールの谜[M]. 东京：日本文艺社，1998.

［455］［日］儿岛德弥. 神话传说：日本文学物语［M］. 东京：研文书院. 1940.

［456］［日］内海弘藏. 平家物语选［A］. 东京：明治书院. 1940.

［457］［日］永元庆二. 历史学叙说［M］. 东京：东京大学出版会. 1978.

［458］［日］石原慎太郎、盛田昭夫. "NO"と言える日本：新日秘关系の方策［M］. 东京：光文社，1989.

［459］［日］石原慎太郎、マハテイール. "NO"と言えるアジア：対欧米への方策［M］. 东京：光文社，1994.

［460］［日］森谷克己. 东洋小文化史［M］. 东京：白扬社，1938.

［461］［日］池田清. 海军と日本［M］. 东京：中央公论社，1981.

［462］［日］奈良本辰也. 高杉晋作：维新前夜の群像［M］. 东京：中央公论社，1965.

［463］［日］竹田恒泰. 旧皇族ガ语る天皇の日本史［M］. 东京：朝日メデイアインターナショナル社，2008.

［464］［日］高桥紘. 象征天皇［M］. 东京：岩波书店. 1987.

［465］［日］伊原弘. 中国中世都市纪行：宋代の都市と都市生活［M］. 东京：中央公论社，1988.

［466］［日］安田元久. 镰仓幕府と源濑朝［M］. 东京：教育社，1977.

［467］［日］加藤秀治郎. 日本の选举［M］. 东京：中央公论社，2003.

［468］［日］山口二郎. 政治改革［M］. 东京：岩波书店. 1993.

［469］［日］胜田守一、中内敏夫. 日本の学校［M］. 东京：岩波书店. 1964.

［470］［日］丹宇健夫. 恶问だらけの大学入试：河合塾から见えること［M］. 东京：集英社，2000.

［471］［日］井上清. 日本の历史（上、中、下）［M］. 东京：岩波书店. 1965.

［472］［日］笠原英彦. 历代天皇综览：皇位はどう继承されたか［M］. 东京：中央公论新社，2001.

［473］［日］中江克己. 战国军师の知略：将を动かし胜机を掴む［M］. 东京：青春出版社，2008.

［474］［日］浅井信雄. 日本の本当の顺位：世界レベルで见た国の姿［M］. 东京：アスキー株式会社，2007.

［475］［日］司马辽太郎、ドナルド．キーン，日本人と日本文化［M］. 东京：中央公论新社，1972.

［476］［日］鹿野政直. 日本の近代思想［M］. 东京：岩波书店. 2002.

［477］［日］家永三郎. 日本文化史［M］. 东京：岩波书店. 1959.

［478］［日］氏家幹人. 武士道とエロス［M］. 东京：讲谈社，1995.

[479][日]笠原英彦.明治天皇[M].东京：中央公论新社，2006.

[480][日]鸟山喜一.支那小史：黄河の水[M].东京：角川书店.1951.

[481][日]大道寺友山.武道初心集[M].东京：岩波书店.1943.

[482][日]土屋乔雄、玉城肇.日本远征记（1.2.3.4）[M].东京：岩波书店.1955.

[483][日]佐伯有清.三国史记倭人传：他六篇[M].东京：岩波书店，1988.

[484][日]石原道博.旧唐书倭国日本传.宋史日本传.元史日本传[Z].东京：岩波书店，1956.

[485][日]田口卯吉、嘉治隆一.日本开化小史[M].东京：岩波书店，1934.

[486][日]和辻哲郎.锁国：日本の悲剧（上、下）[M].东京：岩波书店，1982.

[487][日]山田济斋.西乡南洲遗训[M].东京：岩波书店，1939.

[488][日]田冈岭云.明治叛臣传[M].东京：青木书店，1953.

[489][日]森本哲郎.战争と人间：历史が语る２０の教训[M].东京：PHP研究所.2003.

[490][日]神坂次郎.今日われ生きてあり[M].东京：新潮社，1985.

[491][日]小仓丰文.绝后の记录：广岛原子爆弹の手记[M].东京：中央公论社，1982.

[492][日]奈良本辰也.宫本武藏五轮书入门[M].东京：德间书店，1984.

[493][日]宫本武藏.五轮书[M].东京：岩波书店，1985.

[494][日]村田昭治.活性经营の知惠[M].东京：三笠书房.1985.

[495][日]深田祐介.激震东洋事情[M].东京：文艺春秋.1999.

[496][日]深田祐介.最新东洋事情[M].东京：文艺春秋.1997.

[497][日]邑井操.维新の群像[M].东京：社会思想社，1965.

[498][日]林子平.海国兵谈[M].东京：岩波书店，1939.

[499][日]三岛由纪夫.近代能乐集[M].东京：新潮社，1968.

[500][日]伊藤桂一.私めたる战记：悲しき兵队战记[M].东京：光人社，1994.

[501][日]野村实.海战史に学ぶ[M].东京：文艺春秋.1994.

[502][日]儿岛襄.史说山下奉文[M].东京：文艺春秋.1979.

[503][日]吉田敦彦.日本神话の源流[M].东京：讲谈社，2007.

[504][日]宫本常一.日本文化の形成[M].东京：讲谈社，2005.

[505][日]新渡户稻造.自警录[M].东京：讲谈社，1982.

[506][日]直木孝次郎.日本神话と古代国家[M].东京：讲谈社，1990.

［507］［日］桑田忠亲.武士の家训［M］.东京：讲谈社，2003.

［508］［日］村上重良.日本宗教事典［S］.东京：讲谈社，1988.

［509］［日］山本博文.殉死の构造［M］.东京：讲谈社，2008.

［510］［日］山口敏.日本人の祖先［M］.东京：德间书店，1990.

［511］［日］司马辽太郎.日本语と日本人［M］.东京：中央公论社，1984.

［512］［日］衫山彻宗.军事帝国中国の最终目的［M］.东京：祥传社，2005.

［513］［日］佐藤昭子.私の田中角荣日记［M］.东京：新潮社，1994.

［514］［日］井上清.天皇の战争责任［M］.东京：岩波书店，1991.

［515］［日］名越二荒之助.反日国家.日本：国辱一扫のホームラン重大裁判の进行［M］.东京：山手书房.1984.

［516］［日］青江舜二郎.石原莞尔［M］.东京：中央公论社，1992.

［517］［日］森口豁.最后の学徒兵：BC级死刑囚.田口泰正の悲剧［M］.东京：讲谈社，1996.

［518］［日］衫本健.海军の昭和史［M］.东京：文艺春秋.1985.

［519］［日］古森义久.日中再考［M］.东京：扶桑社，2003.

［520］［日］松井茂.世界纷争地图［M］.东京：新潮社，1995.

［521］［日］冈本太郎.冲绳文化论：忘れられた日本［M］.东京：中央公论新社，1996.

［522］［日］藤井康男.文科的理科の时代［M］.东京：福武书店，1986.

［523］［日］浅井信雄.アジア情势を读む地图［M］.东京：新潮社，1999.

［524］［日］原田宗典.见学ノススメ［M］.东京：讲谈社，1997.

［525］［日］地方自治制度研究会.地方自治小六法［S］.东京：学阳书房.2003.

［526］［日］齐藤政秋.文禄.庆长の役の战迹（倭城）［M］.东京：こま书房.2008.

［527］［日］石弘光.大学はどこへ行く［M］.东京：讲谈社，2002.

［528］［日］潮木守一.世界の大学危机：新しい大学像を求めて［M］.东京：中央公论新社，2004.

［529］［日］中井浩一.大学入试の战后史：受验地狱から全入时代へ［M］.东京：中央公论新社，2007.

［530］［日］尾崎ムゲン.日本の教育改革：产业化社会を育てた130年［M］.东京：中央公论新社，1999.

［531］［日］中井浩一.大学"法人化"以后：竞争激化と格差の扩大［M］.东京：中央公论新社，2008.

［532］［日］渡边利夫、草野厚.日本のODAをどうするか［M］.东京：日本放

送出版协会.1991.

[533][日]大桥武夫.指挥の要诀：命令は行动开始の合図にすぎない[M].东京：建帛会.1970.

[534][日]加濑俊一.吉田茂の遗言[M].东京：读卖新闻社,1967.

[535][日]东野治之.遣唐使[M].东京：岩波书店,2007.

[536][日]佐伯有清.最后の遣唐使[M].东京：讲谈社,2007.

[537][日]半藤一利.指挥官と参谋[M].东京：文艺春秋.1992.

[538][日]北岛正元.江户时代[M].东京：岩波书店,1958.

[539][日]圭室谛成.西乡隆盛[M].东京：岩波书店,1960.

[540][日]远山茂树.明治维新と现代[M].东京：岩波书店,1968.

[541][日]梅棹忠夫、多田道太郎.日本文化の构造[M].东京：讲谈社,1972.

[542][日]井上光贞.日本国家の起源[M].东京：岩波书店,1960.

[543][日]冈田英弘.倭国：东アジア世界の种で[M].东京：中央公论社,1977.

[544][日]上田正昭.日本神话[M].东京：岩波书店,1970.

[545][日]兼子仁.地方自治法[S].东京：岩波书店,1984.

[546][日]外间守善.冲绳の历史と文化[M].东京：中央公论社,1986.

[547][日]矢田晶纪.变貌する东京圈最后はこうなる[M].东京：经济界.1989.

[548][日]村井友秀等.失败の本质：日本军の组织论的研究[M].东京：中央公论新社,1991.

[549][日]寺崎昌男.东京大学の历史：大学制度の先驱け[M].东京：讲谈社,2007.

[550][日]岛善高.早稻田大学小史[M].东京：早稻田大学出版部.2005.

[551][日]山室建德.军神：近代日本ガ生んだ"英雄"たちの轨迹[M].东京：中央公论新社,2007.

[552][日]直木孝次郎.壬申の乱[M].东京：墒书房.1961.

[553][日]龟田隆之.壬申の乱[M].东京：至文堂.1961.

[554][日]原口清.戊辰战争[M].东京：墒书房.1963.

[555][日]陆奥宗光.蹇蹇录[M].东京：岩波书店,1933.

[556][日]佐久间象山.省謷录[M].东京：岩波书店,1944。

[557][日]北畠宏泰.ひとりひとりの战争[M].东京：岩波书店,1984.

[558][日]中村孝俊.日本の巨大企业[M].东京：岩波书店,1983.

［559］［日］饭村嘉章.刀剣要覧［M］.东京：刀剣美术工艺社，1958。

［560］［日］山住正己.日本教育小史：近・現代［M］.东京：岩波书店，1987.

［561］［日］中内敏夫.学力とは何か［M］.东京：岩波书店，1983.

［562］［日］户濑信之、西村和雄.大学生の学力を診断する［M］.东京：岩波书店，2001.

［563］［日］尾木直树.教师格差：ダメ教师はなぜ增えるのか［M］.东京：角川书店，2007.

［564］［日］梶田正己.異文化に育つ日本の子ども：アメリカ学校文化のなかで［M］.东京：中央公论社，1997.

［565］［日］尾籐正英.日本文化の历史［M］.东京：岩波书店，2000.

［566］［日］渡边诚.禅と武士道：柳生宗炬と山冈铁舟まで［M］.东京：KKベストセラーズ.2004.

［567］［日］小林千草.応仁の乱と日野富子：将军の妻として、母として［M］.东京：中央公论社，1993.

［568］［日］二母木谦一.关ケ原合战：战国のいちばん长い日［M］.东京：中央公论社，1982.

［569］［日］鸟越宪三郎.弥生の王国：北九州古代国家と奴国の王都［M］.东京：中央公论社，1994.

［570］［日］大石慎三郎.元绿时代［M］.东京：岩波书店，1970.

［571］［日］森浩一.古坟の发掘［M］.东京：中央公论社，1965.

［572］［日］铃木良一.応仁の乱［M］.东京：岩波书店，1973.

［573］［日］铃木良一.织田信长［M］.东京：岩波书店，1967.

［574］［日］国分一太郎.教师：その仕事［M］.东京：岩波书店，1956.

［575］［日］武田英克.满州脱出：满州中央银行干部の体验［M］.东京：中央公论社，1985.

［576］［日］小川津根子.祖国よ："中国残留妇人"の半世纪［M］.东京：岩波书店，1995.

［577］［日］大江志乃夫.日本の参谋本部［M］.东京：中央公论社，1985.

［578］［日］宫本常一.绘卷物に见る：日本庶民生活志［M］.东京：中央公论社，1981.

［579］［日］小田部雄次.华族：近代日本贵族の虚像と实像［M］.东京：中央公论社，2006.

［580］［日］渡边正雄.日本人と近代科学：西洋への対応と课题［M］.东京：岩波书店，1976.

[581] [日] 中村吉治. 武家の歴史 [M]. 东京: 岩波书店, 1967.

[582] [日] 平冈定海. 东大寺 [M]. 东京: 教育社, 1977.

[583] [日] 高桥正卫. 二.二六事件: "昭和维新"の思想と行动 [M]. 东京: 中央公论社, 1965.

[584] [日] 北山茂夫. 壬申の内乱 [M]. 东京: 岩波书店, 1978.

[585] [日] 隅谷三喜郎. 近代日本の形成とキリスト教 [M]. 东京: 新教出版社, 1961.

[586] [日] 村上重良. 天皇の祭祀 [M]. 东京: 岩波书店, 1977.

[587] [日] 毛利敏彦. 大久保利通: 维新前夜の群像5 [M]. 东京: 中央公论社, 1969.

[588] [日] 隅谷三喜郎. 日本资本主义とキリスト教 [M]. 东京: 东京大学出版会. 1962.

[589] [日] 早乙女胜元. 东京大空袭: 昭和20年3月10日の记录 [M]. 东京: 岩波书店, 1971.

[590] [日] 海野弘. 世纪末の街角 [M]. 东京: 中央公论社, 1981.

[591] [日] 胁田修. 织田信长: 中世最后の霸者 [M]. 东京: 中央公论社, 1987.

[592] [日] 高松四郎. 东照公遗训と逸话 [M]. 东京: 内外印刷合资会社, 1925.

[593] [日] 玉城肇. 日本教育史: 教育に见る日本の100年 [M]. 东京: 三一书房. 1956.

[594] [日] 饭塚浩二. 东洋史と西洋史とのあいだ [M]. 东京: 岩波书店, 1963.

[595] [日] 渡部升一. 昭和史 [M]. 东京: ワック株式会社, 2003.

[596] [中] 柏杨. 绝望の中国人 [M]. 张良泽、宗像隆幸译. 东京: 光文社, 1989.

[597] [日] 兴梠一郎. 中国激流: 13亿のゆくえ [M]. 东京: 岩波书店, 2005.

[598] [日] 宫岛司. 株式会社の知识 [M]. 东京: 日本经济新闻社, 1996.

[599] [日] 渡边洋三. 日本社会はどこへ行く: 批判的考察 [M]. 东京: 岩波书店, 1990.

[600] [日] 矢野畅. "南进"の系谱 [M]. 东京: 中央公论社, 1975.

[601] [日] 大塚雅春. 历史风土记 [M]. 东京: 潮出版社, 1970.

[602] [日] 佐佐木芳隆. 海を渡る自卫队: PKO立法と政治权力 [M]. 东京: 岩波书店, 1992.

［603］［日］加藤徹.貝と羊の中国人［M］.东京：新潮社，2006.

［604］［日］武光诚等.日本人のための神道入门［M］.东京：宝岛社，2007.

［605］［日］加地伸行.儒教とは何か［M］.东京：中央公论社，1990.

［606］［日］园田茂人.不平等国家中国：自己否定した社会主义のゆくえ［M］.东京：中央公论新社，2008.

［607］［日］村上重良.慰灵と招魂：靖国の思想［M］.东京：岩波书店，1974.

［608］［日］铃木正幸.皇室制度：明治から战后まで［M］.东京：岩波书店，1993.

［609］［日］一坂太郎.幕末历史散步：东京篇［M］.东京：中央公论新社，2004.

［610］［日］宫崎勇、本庄真.日本经济图说（第3版）［M］.东京：岩波书店，2001.

［611］［日］猪木正道.军国日本の兴亡：日清战争から日中战争へ［M］.东京：中央公论新社，1995.

［612］［日］江藤淳.明治の群像（Ⅰ.Ⅱ）：海に火轮を［M］.东京：新潮社，1977.

［613］［日］日本近代史研究会.写真图说近代日本史：明治维新百年［M］.东京：图文社，1966.

［614］［日］苅谷刚彦.大众教育社会のゆくえ：学历主义と平等神话の战后史［M］.东京：中央公论新社，1995.

［615］［日］丰下楢彦.安保条约の成立：吉田外交と天皇外交［M］.东京：岩波书店，1996.

［616］［中］钱国红.日本と中国における"西洋"の发见：十九世纪日中知识人の世界像の形成［M］.东京：山川出版社，2004.

［617］［日］笹山晴生.古代国家と军队：皇军と私兵の系谱［M］.东京：中央公论社，1975.

［618］［日］大田尧.教育とは何かを问いつづけて［M］.东京：岩波书店，1983.

［619］［日］石原莞尔.战争史大观［M］.东京：中央公论新社，1993.

［620］［日］福泽谕吉.文明论之概略［M］.东京：岩波书店，1995.

［621］［日］山住正己.福泽谕吉教育论集［C］.东京：岩波书店，1991.

［622］［日］三好行雄.漱石文明论集［C］.东京：岩波书店，1986.

［623］［日］高桥哲哉.靖国问题［M］.东京：筑摩书房.2005.

［624］［日］井出孙六.中国残留邦人：置き去られた六十余年［M］.东京：岩波书店，2008.

［625］［日］小泽征悦.西乡隆盛：孤高の英雄全轨迹［M］.东京：新人物未来社，2008.

［626］［日］谢花直美.证言冲绳"集团自决"：庆良间诸岛何が起きたか［M］.东京：岩波书店.2008.

后 记

哲人说过,读史使人明智。在初中和高中阶段,由于存在历史学科的偏好,阅读了诸多历史图文典籍。在大学期间,同样钟情历史学科,特别是对中日关系的历史存在浓厚的兴趣,积累了最初对日本的书本认识。因此今次有机会赴日访学,便欣然而前往。在东京游学期间,时常与丹舟、广军等在会馆畅聊,并习惯性地以札记的形式,将观察、认识与感受等都记录下来,这就有了眼前恭飨诸位读者的美味小餐。

以2008年1月16日札记为基础,加以充实和扩展之后,形成了专门的研究著述,力求从文化角度透视日本社会现象的内在本质,从而进一步深化对日本社会的认识与理解。本书内容:提出中国应对日本型文化的策略构想,即"后羿计划"和"嫦娥计划",以及阐明"两大"计划提出的社会基点;总结日本文化对传统中华文化的"悖逆论",以及在东亚的"边缘—中心论",即明治维新以来日本文化"悖逆"传统中华文化,以及由东亚文化边缘走向中心的过程;概括日本型文化的概念及其内涵,以及本土化、"去中国化"和西方化特征,特别是其中的"反华邪性"和侵华本质;提出日本社会的"虚实共生论"和"泥潭论",阐述其中"虚像"和"实像"之间的"显隐交互"、存在规律与"泥潭"印象,认识与理解日本社会现象的内在成因,特别是明晰日本"右翼"反华制华的根本精神,明了日本社会的舆论本质，由此利于中国社会和民众调整对日本的认知，重估中国政府对日本的相关政策。随后附录四篇专题研究论文：《日本暗号现象及对中国的启示》《日本鼓励接收中国游学生政策的应对策略》《日本综力战体制的理论来源与延续发展》和《若中日再战的战术预想》。

  概括地讲，本书基于中国的视角，揭示了明治维新以来日本文化的类型与特质、日本社会的构造与规律，以及日本教育的理念与系统，特别是在中国与日本，以及历史与现实之间，搜集了诸多实证依据，从而形成了对日本认识与理解的全新"图式"，并就调整中日关系和中国对日本的相关政策，提出了新的思考与期待，阐述了中国应对日本型文化的策略构想，强调要进一步推动改革开放，以及促进社会系统发展，由此达成国家富强和民族崛起的战略目标。

  "读史忧愤赴东瀛，撮尔列岛何敢雄；翻检今近明治史，方识日人真性情"，这是访学结束之时抒发的感怀。虽然中日近邻，但中国人尚未透视日本，包括其过去、现在与未来，中日战争的"活剧"就已体现出日本反华制华的意识、观念、思想与精神。史鉴不远，来者可追。在撰述成篇之时，中日之间在钓鱼岛主权上风波又起，中国英雄船长詹其雄凯旋而归，可惜熊猫"龙龙"却牺牲在异国他乡。事件的余波依然未平，听闻美国又伙同日本进行所谓的"夺岛演习"，假想敌当是中国无疑。作为文化人，其实对国际政治伎俩了解甚少，更遑论国际军事关系之类，当然也不必丧失应有的赤胆与雄心。但依然冀望另有"龙子"在日本列岛诞生，重要的是能健康地存活下来。拳拳絮语，聊表寸心。

  东京访学之后，存在诸多感怀、随想。在东京会馆旅居之时，创作了一首歌词《曾经的梦，不忘的情》。歌词创作于2008年5月1日，改定于5月3日。内容如下："多少梦，都已碎；多少梦，皆已圆。不要为失去而悲伤，不要为获得而欣喜。人生本就如此平常，只要用心，努力过。多少情，都已逝；多少情，今还在。不要为忘却而落寞，不要为记起而欣然。友谊本是同席酒，只要真心，诚信过。"在此，借以表达对人生和友谊的慨叹，但愿可以获取精神上的沟通与共鸣。正如人生和友谊，国家之间的关系又何尝不是这样。

在东京游学期间,友人慧峰、同事进强,以及妻儿前往东京,帮忙将购置的部分图书与资料携带归国,在此表达诚挚的谢意!同时,感谢学苑出版社的领导和编辑同仁,特别应感谢任彦霞编辑的热心帮助与大力支持!

严加红　谨识

2016年2月17日